공생을 향하여

공생을 향하여

在日とともに歩んだ半世紀

자이니치와 함께 걸어온 반세기

다나카 히로시 지음
김윤형 옮김

일러두기

1. 재일동포를 뜻하는 자이니치在日란 말은 그 자체로 역사성을 갖는 용어이기에 재일동포로 따로 번역하지 않고 '자이니치'로 표기한다. 단, 단체명에 들어갈 경우 재일이라 표기한다.

2. 저자의 시원시원한 입말이 살아 있는 인터뷰이기 때문에 말의 정확한 앞뒤 맥락이 생략된 부분이 많다. 옮긴이가 저자의 의도가 좀 더 명확히 드러날 수 있도록 대괄호([])안에 내용을 보충했다.

3. 단행본의 제목은 겹낫표(『』)로 표기하였고, 단편, 잡지, 신문을 비롯해 영화, 텔레비전 프로그램 등 예술 작품의 제목은 홑낫표(「」)로 표기하였다.

4. 옮긴이 주는 각주의 끝에 '—옮긴이'라고 표시했으며, 표시가 없는 것은 모두 저자 주다.

5. 인명 등 외래어는 외래어표기법을 따랐으나, 일부는 관례와 원어 발음을 존중해 그에 따랐다.

한국 독자들에게

내 책의 외국어판에 '머리말'을 쓰는 것은 이번이 처음이 아닌가 한다. 돌이켜보니, 타이완 작가 황춘밍黃春明 씨의 소설을 번역해 출판할 때 '일본어판 서문'을 써달라고 부탁해 그것을 번역했던 생각이 난다. 1979년이니 꽤나 옛날 일이다.

황 씨는 "내 소설이 외국어로 번역된다 해도, 내가 무언가를 해냈다는 생각이 들었던 적은 없었다"면서 "나는 내 사회에 관심을 기울이고, 내 땅을 작품의 무대로 골라, 내 동포 중에 등장인물을 찾아내, 이 땅에서 살아가는 사람들의 생활이나 직면하고 있는 문제를 소재로 삼아 내 문학, 내 언어로 소설을 써왔다"고 적었다.

그래서 나는 어떤가 자문해봤다. 세 개 대학에서 교편을 잡았지만 나는 해외 유학, 해외 연구의 경험이 없는 좀 드문 예에 속한다. 그러나 대학 교원이 되기 전에 좀 특별한 경험을 했다. 아시아에서 온 유학생들과 관련한 일에 몸을 담았던 적이 있다. 그 일을 하며 이 책에 나오는 '이토 히로부미가 인쇄된 천 엔 지폐', 「아카하타赤旗」[1]에 실린 프랑스어 강좌 광고 등과 같은 문제와 접하게 됐다. 그럴 때마다 "1억 명이 무슨 생각을 하는지, 어쩐지 섬뜩하다"거나 "일본의 좌익도 망가질 대로 망가졌군요"라는 얘기를 들으면서도 대꾸할 말을 찾지 못했다. 아시아에서 온 유학생들과 나는 거의 같은 세대였다. 그런데도 이런 일에 대해 아무 문제의식도 느끼지 못하는 나와 "어쩐지 섬뜩하다"고 반응하는 그들 사이의 차이는 어디서 온 것일까. [이런

---

1   일본공산당의 기관지.—옮긴이

경험들은] 나에게 '해외 유학'과 비교해 나으면 나았지 못하진 않을
만한 '성과'를 안겨다 주었다. 이는 일본이라는 자기 나라에 대한, 수
많은 발견 중 또 하나의 '발견'이었다.

1980년 한종석 씨로부터 시작된 지문날인 거부운동으로 외국
인에 대한 지문등록제도는 2000년 막을 내리고 사라졌다. 그 뒤의
과제는 외국인에게 지방 참정권을 개방하는 문제였다. '정주 외국인
의 지방 참정권을 실현시키는 일·한·재일 네트워크'(공동대표 다나카
히로시, 우쓰미 아이코內海愛子, 박경남朴慶南, 김경득金敬得)는 2005년 5월
일한정상회담(고이즈미 준이치로, 노무현)을 앞두고, 양 정상에게 이 제
도의 시행을 요청하는 편지를 보냈다. 일본 총리는 아무런 응답도 해
오지 않았지만, 한국에선 '민원에 대한 회답'으로 "19세 이상의 외국
인에게 지방자치단체장과 의회의원의 선거권을 부여하는 내용의 공
직선거법 개정안이 2005년 6월 30일 국회에서 통과되었다는 것을
알려드립니다"라는 회신이 왔다. 한국에서는 [외국인에게 지방 참정
권을 부여하는 일이] 현실화되었지만, 일본은 여전히 움직일 기색 없
이 오늘에 이르고 있다.

그때 우연히 읽게 된 글에 나는 충격을 받았다. "일본의 식민
지 지배에 저항하는 과정에서 형성되어버린 단일민족론과 순혈주의
는 극복되어야 한다. … 조선 사회의 문화적 우월주의나 문화적 동
질성을 내세워 민족 정체성을 형성하는 것은 잘못된 것일 뿐만 아니
라 현실에도 맞지 않는다는 것을 먼저 인정해야 한다. 새롭게 재편되
는 한국 사회 또는 한국인은 민족과 문화의 다양성을 통해 새로운 역
사를 만들어가야 하기 때문이다"(한건수 강원대 교수, 「Koreana(일본어
판)」15권 2호, 한국국제교류재단, 2008). [이 글을 읽고] 식민지 지배
를 했던 반대쪽 당사자인 일본 역시 그 역사를 돌이켜보며 전후를 어
떻게 살아왔는지에 대한 답변을 요구받고 있는 게 아닌가 자문하게

됐다. 한국은 외국인에게 이미 지방 참정권을 부여했지만, 일본에선 실현되지 못하는 배경이 거기에 있는 게 아닌가 생각했다.

머리에 떠오르는 이는 전쟁 전에 도쿄제국대학에서 '식민정책론'을 강의하고, 전후에는 2기에 걸쳐 도쿄대학 총장을 지낸 야나이하라 다다오矢内原忠雄(전 도쿄대 총장, 1893~1961)이다. 야나이하라의 편저인『전후일본소사 상·하』는 야나이하라가 '총설'을 쓰고 같은 대학의 저명한 교수들이 분담해 집필한 것이다. 야나이하라는 '맺음말'에 "상·하 두 권을 모아 전후 일본 민주화와 관련된 여러 문제의 소재를 분명히 해 이후의 나아가야 할 방향을 보여줄 수 있었다면 다행스런 일"이라고 썼다. 그러나 이 책은 자이니치 조선인을 둘러싼 여러 문제(예를 들어 나는 지금도 "조선학교가 고교무상화 정책 대상에서 제외된" 문제 등 조선학교 차별 문제와 대면하고 있다), 가령 그 유명한 '한신교육 사건'[2]조차도 전혀 다루지 않는다. 예전에 식민정책론을 가르친 야나이하라에게 있어 전후 일본에 사는 옛 식민지 출신자를 둘러싼 여러 문제는 "전후 일본 민주화의 여러 문제"에 포함되지 않았던 것이다. 야나이하라는 "식민정책론이라는 강좌명을 어떻게 해야 하는가라는 말이 나와서 나는 일본에 더는 식민지가 없으니 식민정책이 아니라고 생각해 식민정책론 강좌 이름을 국제경제론이라고 바꿨다"고 말한다. 야나이하라의 '전후'에는 '거대한 어둠'이 잠복해 있는 것 같다.

---

2   연합국군총사령부(GHQ)와 일본 정부가 1948년 1월에 내놓은 통달을 통해 조선학교에 대한 사실상의 강제 폐쇄 결정을 내리자, 조선인들이 이에 반발해 일으킨 반대 투쟁. 특히 1948년 4월 24일 학생·교사·부모 약 1만 5,000여 명이 효고 현청 부근 공원에 모여 집회를 열고, 그중 수백 명은 현청에 돌입해 폐쇄령을 철회하게 만들었다. 당황한 연합국군총사령부는 비상사태를 선언하고 무력으로 진압에 나서 1,700여 명을 체포됐다. 이 과정에서 경찰의 과잉 진압으로 열여섯 살 소년 한 명이 숨졌다.—옮긴이

　　도쿄조선중고급학교에 다니는 한 학생이 통학 경로에 있는 JR 아카바네역에 '조선인을 죽이는 모임朝鮮人コロス会'이라고 쓰인 낙서를 발견하고 "누가 내 목숨을 노리고 있을지도 모른다는 공포를 느꼈다"고 말했다.[3] 2022년 10월, 나는 "외국인인권법연락회'의 공동대표 자격으로 법무성 인권옹호국을 방문해 "즉시 조선학교 등 자이니치 코리안에 대한 증오 표현, 증오 범죄를 용인하지 않겠다는 성명을 내고, 각지의 조선학교 주변에 경비를 강화하는 등, 일촉즉발의 증오 범죄를 멈추기 위해 구체적인 행동을 취할 것을 강하게 요청"했다.

　　타이완 작가 황춘밍 씨와는 좀 다를지도 모르지만, 나도 내 나라인 일본에 집착할 수밖에 없다고 각오하고 있다.[4] 일본어 독자들에게 내 얘기를 전하는 매개 역할을 해준 이는 나카무라 일성 씨였고, 이번에 한국어 독자들과 매개 역할을 해준 이는 「한겨레」의 길윤형 씨였다. 여기에 감사의 뜻을 표하고 싶다.

2022년 10월 18일

법무성 인권옹호국을 방문하고 돌아온 날

다나카 히로시

3　　아카바네역에서 사이쿄선을 타고 한 정거장 더 가면 조선중고급학교생들이 내리는 주조역이 있다. 조선학교의 남학생이 2022년 9월 9일에 낙서를 발견했고, 이 사실이 일본 언론에 보도된 것은 그달 30일이다.—옮긴이

4　　이런 일본의 문제를 꼭 해결하겠다는 의미.—옮긴이

머리말

내셔널리즘과 배외주의를 최대 '자원'으로 삼아 아베 신조가 두 번째 총리직에 취임한 지 7년 가까이[1] 되어간다. 이 나라[일본]의 인권 의식은 후퇴하고, 역사수정주의가 횡행하고 있다. 이 흐름이 멈출 조짐은 보이지 않는다.

현재 [일본에선] "북한[2]과 관련된 이들에겐 어떤 짓을 해도 좋다"는 공기가 사회의 모든 곳에 침투해 조선학교를 고교무상화 대상에서 배제하는 상황이 이어지고 있다. [그로 인해 학생 한 사람이 감당해야 하는] 연간 수십만 엔의 부담만이 문제인 것은 아니다. 매년 수백 명의 조선고급학교 출신 학생들이 "당신들은 권리의 향유 주체가 아니다"라고 낙인찍힌 채 졸업하고 있다.

'재일 특권을 용납하지 않는 시민 모임'(이하 재특회)이 대표하는 차별주의 단체의 전횡도 방치되고 있다. 재특회로부터 생겨난 우익정치단체인 '일본제일당日本第一党'[3]은 지방자치단체 의원선거에 후보자를 내고, 이들처럼 노골적인 '선거 헤이트'[4]를 하진 않은 인종주의자

---

1 책이 출간된 시점인 2019년을 기준으로 했다. 아베 총리는 지병인 장궤양이 악화돼 2020년 8월 28일 기자회견을 열어 사임했다. 이후 자민당 내 최대 파벌인 아베파를 이끌며 막대한 정치적 영향력을 행사하다 2022년 7월 8일 이틀 뒤로 다가온 제26회 참의원 선거 유세 도중 총격을 받아 숨졌다.—옮긴이

2 원문에는 북조선이라 표기돼 있다. 이하 한국 독자에게 익숙한 표현인 북한으로 바꾸도록 한다.—옮긴이

3 2016년 8월 결성됐다. 대표는 재특회를 만든 사쿠라이 마코토桜井誠다. 일본 정계에서 영향력이 크진 않다.—옮긴이

4 선거운동을 빌미로 자이니치 등 사회적 약자에게 혐오 공격(헤이트 스피치)을

후보들의 당선을 지원하고 있다. [재특회 등과 같은] 민간과 '정치인' 사이에서 인종주의가 순환하며 증폭되는 구도가 점점 강해지고 있다.

이를 극명하게 보여주는 것이 이 원고를 집필하던 중에 발생한 '개원광소곡改元狂騒曲'[5]이었다. 존재 자체가 차별이며, 아시아 침략과 식민지 책임을 망각하게 하는 장치에 불과한 천황제에 대해 전국지·지방지·텔레비전이 무비판적으로 보도하는데도 대다수가 그것에 의문조차 느끼지 않는다. 작가 서경식[6] 씨의 표현을 빌린다면 과거를 배우고, 타자와 '공생'을 추구하며, '국민'에서 '시민'으로 탈피를 지향하기는커녕, 오히려 스스로 나서 '신민臣民'(=노예)이 되길 목표로 하는 사람들이 대다수를 점하고 있는 사회에서 '인권'이나 '역사적 책임'이란 말은 점점 더 현 상황을 돌파해나갈 수 있는 힘을 잃어가고 있는 게 아닌가 생각하게 된다.

그런 시대일수록 앞서 세상을 살아간 이들의 투쟁의 역사에 관심을 가져보면 어떨까. 그들은 어떤 상황에서, 어떤 세계를 전망했는가. 공적·제도적 차별이 지금보다 훨씬 더 엄혹했던 시대에 어떻게 상황을 타개했을까. 그런 생각이 맴돌던 가운데 귀를 기울여봤으면 좋겠다고 생각했던 이가 [이 책의 주인공인] 다나카 히로시田中宏 씨

하는 것.─옮긴이

5   2019년 5월 1일 일본의 아키히토 천황이 왕위를 아들에게 물려줌에 따라 연호가 기존의 헤이세이平成에서 레이와令和로 변경됐다. 이렇게 연호가 바뀌는 것을 개원改元이라 한다. 이를 계기로 일본 전국에서 천황 관련 보도가 무비판적으로 쏟아졌다. 저자는 이를 두고 광소곡(미친 듯 소란을 피우는 노래)이라 표현하고 있다.─옮긴이

6   1951년생, 자이니치 조선인 저술가, 도쿄경제대학 현대법학부 교수. 『디아스포라 기행ディアスポラ紀行: 追放された者のまなざし』(돌베개, 2006), 『책임에 대하여責任について』(돌베개, 2019) 등 많은 저술이 한국어로 번역돼 있다. 재일 간첩단 사건으로 19년간 옥고를 치른 서승 우석대학교 동아시아평화연구소 소장(전 리쓰메이칸대학 교수)과 인권운동가로 활약했던 서준식의 동생이다.─옮긴이

였다.

그와 인연을 맺게 된 것은 신문기자였던 1990년대 후반, 외국 국적 주민의 교육 문제에 대해 전화로 코멘트를 받았던 것이 처음이었다고 기억한다.

이 무렵은 과거 청산과 재일 외국인의 인권 상황이 앞뒤로 크게 요동치던 시기였다. 1991년 전 일본군 '위안부'였던 김학순金學順 씨[7]가 처음 자신을 드러내며 일본 정부를 상대로 사죄와 보상을 요구하는 소송을 일으켰다. 이른바 '증언의 시대'가 시작된 것이다. 그리고 2년 뒤 피해자들의 투쟁에 떠밀리는 모양새로 '고노 담화'(1993)가 공표됐다. 위안소는 당시 군 당국의 요청으로 설치됐고, 위안소의 설치와 관리, '위안부'의 이송에 옛 일본군이 직접 혹은 간접적으로 관여했다는 사실을 인정하며 "마음에서 우러난 사죄ぉゎび와 반성"을 표명하는 내용이었다. 아베 총리를 필두로 하는 우파가 적대시하고 있는 이 담화는 지금도 일본 정부의 공식 견해[8]로 남아 있다.

그리고 정주 외국인을 둘러싼 인권 상태다. 외국적 주민의 지방 참정권을 둘러싼 소송에서 최고재판소는 1995년 소를 기각하면서도 입법 조치를 통해 영주자에게 참정권을 부여하는 것은 "헌법상 금지되어 있지 않다"라고 부언했다. 그로 인해 [정주 외국인에게 지방 참

---

7   1924년생, 1997년 사망. 1991년 8월 14일 자신이 일본군 위안부였다는 사실을 처음 공개적으로 밝혔다. 이후 위안부 피해자들의 명예를 회복하고 일본 정부에게서 올바른 사죄를 받아내는 일은 한국 사회가 반드시 이뤄내야 할 '시대적 과제'가 됐다.—옮긴이

8   일본 정부가 인정하는 정부의 공식 견해란 '각의(한국의 국무회의 의결) 결정'이 이뤄졌거나 최고재판소 판결로 확정된 내용을 뜻한다. 고노 담화 자체에 대해선 각의 결정이 이뤄지지 않았지만, 2007년 아베 1차 내각 때 "역대 내각이 이를 계승하고 있다"는 답변서를 각의 결정한 바 있다. 그로 인해 간접적인 형태로 일본 정부의 공식적인 견해로 자리매김돼 있다.—옮긴이

정권을 요구하는] 운동이 큰 힘을 받게 됐다. 외국 국적자를 공무원
으로 임용하는 문제를 둘러싸고서도 가와사키 시가 1996년 정령지정
도시政令指定都市[9] 중 처음으로 '임용 제한'이란 단서를 두면서도 일반직
의 국적 조항을 철폐하겠다고 밝혔다. 역사 인식의 개선과 제도적 인
종주의의 철폐라는 '공생'으로 가는 기반이 정비되어가는 것처럼 보
였다.

　한편으로 '진자가 제자리로 돌아오는 것' 같은 반동의 움직임
이 시작되고 있었다. 1995년에는 뒤에 배타주의운동의 '허브'가 되는
우익정치단체인 '유신정당·신푸維新政党·新風'가 결성됐다. '위안부 문
제'가 교과서에 기술[10]된다는 사실에 위기감을 느끼고 있던 우파들은
1996년 '새로운 역사 교과서를 만드는 모임新しい歴史教科書をつくる会'을
만들었다. 아베 정권의 최대 지지 기반인 '일본회의日本会議'도 1997년
발족했다. 결코 '없었던 것처럼'은 만들 수 없는 식민지 지배와 침략
전쟁의 책임을 둘러싼 논의가 고조되면서, 이 사회의 추악한 본성이
밖으로 드러나게 된 것이다.

　[하지만 다나카 씨와] 실제로 만나게 된 것은 그 뒤였다. 대장
목수 같은 묵직한 풍모와 털털한 말씨에 놀랐다(이 책에선 그 말투의 묘

9　법정 인구가 50만 명을 넘는 도시 가운데 일본 내각이 정령(한국의 대통령령)
으로 정한 도시이다. 다른 지자체엔 허용되지 않는 여러 권한이 부여된다. 현
재 20개 도시가 지정돼 있다. 한국의 광역시를 생각하면 된다.—옮긴이

10　1993년 고노 담화를 통해 일본 정부는 "우리들은 이러한 역사의 진실을 회피
하지 않으며 오히려 이것을 역사의 교훈으로 직시하겠다. 우리는 역사 연구,
역사 교육을 통하여 이러한 문제를 오랫동안 기억하면서 동일한 과오를 결코
반복하지 않는다는 굳은 결의를 다시 한번 새롭게 표명한다"고 약속했다. 이
에 따라 1990년대 중반부터 중·고등학교 교과서에 위안부 문제를 기술하기
시작한다.—옮긴이

미를 가급적 살리려 했다[11]). 히토쓰바시대학을 정년퇴직한 뒤 내가 사는 교토의 류코쿠대학에 부임하기도 해서, 이후에도 자이니치의 지방 참 정권 운동, 공무원의 국적 조항, 자이니치 고령자의 무연금을 둘러싼 법정 투쟁, 외국인학교의 처우 개선, 공안조사청의 외국인 등록원표 대량 수집 문제 등을 통해 그의 활동을 직접 피부로 접할 수 있었다.

　관계 법령을 철저히 분석한 뒤 대안을 제시하며 상대를 몰아붙 이는 교섭술, 명쾌하면서도 재판관이 '받아들이기 쉬운' 논리로 작성 한 수많은 의견서. 비판, 특히 내부의 비판[12]도 두려워하지 않고, 어디 까지나 눈앞에 있는 차별의 '구체적 개선'을 우선하는 일관된 자세. 무엇보다 흥미로웠던 것은 술자리 등에서 술술 자연스럽게 튀어나오 는, 지금까지 해왔던 권리 투쟁의 기억들이었다. 상징적인 의미에서 말하자면, 자이니치 2세 이후의 권리 신장 운동이 시작된 것은 히타 치日立 취업 차별 재판의 원고인 박종석朴鐘碩 씨가 이 투쟁을 지원하던 이들이 만든 소식지 「현계탄玄界灘」에 한글로 자신의 이름을 쓰면서[13] 부터였다. 이후 수많은 제도화된 인종주의를 상대로 한 투쟁 열기가 증폭돼간다. 1960년대 유학생들과 만남을 통해 다나카 씨는 1970년 대 이후 주로 자이니치 2세 이후 세대가 짊어져왔던 대부분의 권리 운동에 깊이 관여하고, 함께 달려왔다. 이 책은 자이니치 조선인, 자

11　옮긴이의 역량 부족으로 그 느낌을 100퍼센트 살리진 못했다.—옮긴이
12　눈앞에 있는 차별을 구체적으로 개선하려면, 원칙적 입장을 고수하기보다 현 실을 받아들여 타협해야 할 때도 있다. 그러다 보면 원칙을 내세우는 이들로 부터 아픈 비판을 받기도 한다.—옮긴이
13　지금도 적잖은 자이니치가 자신의 한글 이름(본명) 대신 일본식 이름(통명)을 사용한다. 통명 대신 본명을 떳떳하게 사용해 자신의 정체성을 드러낼 수 있 게 되었다는 의미다.—옮긴이

이니치 한국인[14]의 권리 투쟁으로 대상을 좁혔지만, 중국인 강제 연행 등을 포함하면 [다나카 씨가 함께해온 투쟁의] 범위는 한층 더 넓어진다. 문자 그대로 자이니치 외국인의 인권 투쟁의 살아 있는 증인 가운데 한 명인 것이다. 그 기억을 기록으로 남기고 싶었다. 매일 '역대 최악'을 갱신하고 있는 꽉 막힌 상황이기에 더욱, 인권 투쟁의 전문가에게 실천을 통해 쌓아온 '투쟁의 철칙'을 배워보고 싶었다. 그리고 무엇보다 다나카 씨와 그 동지들의 '양보할 수 없는 선'(사상)이 무엇이었는지를 듣고, 우리가 이 다음을 살아가는 데 [기준이 되는] 반석을 얻고 싶었다.

자기 얘기를 하는 것에 난색을 보여온 다나카 씨가 내 제안을 받아들여준 것은 2016년이 저물어갈 무렵이었다. 그로부터 1년여 동안 한 번에 두세 시간씩 인터뷰를 거듭했다. 60년대 후반부터 이어진 인권 투쟁의 역사를 듣는 매우 행복한 시간들이었다. 그 행복을 내가 독점해선 안 된다는 생각이 들어 잡지 「부락해방部落解放」(가이호출판사)에서 15회에 걸쳐 연재를 진행했다.

나에게 있어선 전작인 『사상으로서의 조선적思想としての朝鮮籍』(이와나미쇼텐, 2016)에서 다음 단계로 나아가는 한 걸음이었다. 전작에서 내가 시도한 것은 '조선적'[15]을 하나의 실마리로 삼아 자이니치 조선인들이 가장 경제적, 정치적으로 엄혹한 상황에 내몰렸던

---

14   자신의 국가정체성을 북쪽에 둔 이들을 대개 자이니치 조선인, 남쪽에 둔 이들을 자이니치 한국인이라 부른다. 이 둘을 포괄할 때는 자이니치 코리언이란 말을 쓴다.─옮긴이

15   조선적은 1952년 4월 발효된 샌프란시스코 강화조약에 의해 '일본' 국적이 박탈된 뒤 일본 출입국관리법상 국적이 '조선'으로 적혀 있는 동포(무국적 취급)를 뜻한다. 자이니치 조선인 가운데 상당수는 냉전 해체 이후 한국 국적을 얻거나 일본 귀화를 택했다. 일본 법무성 자료를 보면 2015년 말 현재 조선적은 3만 3,939명에 이른다.─옮긴이

1940년대 후반부터 1950년대를 당사자들의 증언을 통해 더듬어가는
작업이었다. 후발제국주의 국가로서 식민지 정책과 침략 전쟁을 수
행한 결과 미증유의 파국을 체험했던 사회가 국가나 사회로서 '새롭
게 거듭날' 수 있는 기회를 잃어버리는 과정을 검증하는 것이자, 이
사회가 가진 퇴폐성의 뿌리를 묻는 것이기도 했다. 다나카 씨의 얘
기는 '그다음' 시대를 그려가는 것이었다. 차별과 투쟁하면서 비춰본
'1960년대는 어떤 시대였는가'에 대한 고찰은 이 책 가운데 특히 주
목했으면 하는 부분이다. 여기엔 일본 사회가 '역사 인식'과 '반차별'
이라는 타자와 공생하기 위해 꼭 필요한 기반을 확립하는 데 완전히
실패해가는 모습이 새겨져 있다.

　　지난 연재를 다시 묶어내면서 몇 번인가 추가 인터뷰를 하고,
보론과 서간 등을 더한 것이 이 책이다. 내 질문에 다나카 씨는 앞서
언급한 권리 투쟁을 중심으로 하는 여러 싸움에 대해서 종횡무진으로
답변해주었다. 등장하는 이들은 주로 '공권력'을 상대로 개인으로서
싸움을 걸어, 길이 없는 곳에 길을 뚫어낸 선인先人들이었다. 손진두
孫振斗 씨, 송두회宋斗會 씨, 최창화崔昌華 씨, 김경득 씨, 니미 다카시新美
隆 씨, 강부중姜富中 씨, 그리고 정향균鄭香均 씨. 나도 잘 알고 있는 이들
로, 이미 숨진 분들도 적지 않다.

　　패전을 겪고도 아무것도 변하지 않는 이 국가의 식민주의에 처
절히 패배하면서도, 낙담의 바닥에서 목소리를 쥐어짜내 차별에 대한
분노와 '함께 살아가는 사회'에 대한 희망을 사회 다수자에게 끊임없
이 전해온 이들. 그 투쟁의 궤적을 되돌아보면서, 내 마음도 다시 크
게 요동침을 느꼈다. 그리고 마음속 깊은 곳에서부터 용기를 얻게 된
것은 그들이 어떤 [승리에 대한 명확한] 전망이 있었기 때문에 투쟁을
결행한 게 아니었다는 사실이었다. 투쟁했기 때문에 비로소 '전망'이
열린 것이었다. 자신의 존엄을 위해, 다음 세대를 짊어지게 될 동포들

이 같은 차별을 맛보지 않게 하기 위해, 그리고 차별 가운데 살아갔던 앞선 이들에게 정의를 되돌려주기 위해 그들은 투쟁했다. 이 선인들의 마음에 나 자신의 마음을 새기고, 쓰고 말하는 것을 통해 그들의 언어를 새겨넣어 거기서부터 나 자신의 언어를 만들어가겠다고 다시금 결의한다. 그것이 남겨진 자의 의무일 것이다.

나카무라 일성

차례

1장

'원점'이 된 '아시아문화회관'

재일 외국인을 둘러싼 인권 문제 해결을 위해 노력해온 다나카 히로시는 자신의 '원점'은 '아시아문화회관'의 직원으로 아시아 유학생들과 만났던 1962년부터 1972년까지 10년 간의 세월 속에 있다고 말했다. 예전에 일본이 유린했던 국가에서 태어나고 자란 청년들과 속마음을 주고받고, 재류 자격 등 여러 문제 해결을 위해 바쁘게 뛰어다니며 통감했던 것은 가해자와 피해자 사이에 놓인 인식의 격차와 '외국인'을 권리의 향유 주체로 보지 않는 국가의 법 제도였다. 여기서 개별적이고 구체적인 경험을 쌓은 것이 그의 그 후 인생을 규정하게 된다.

유학생들과의 만남과 관련해 애초에 이를 '예견하게 하는' 만남이 있었다고 하셨는데요.

1960년 3월 도쿄외국어대학 중국학과를 졸업해 4월 히토쓰바시대학원 동양경제사[학과]에 들어갔습니다. 중국어를 고른 것은 '개나 소나 영어'를 배운다는 당시 [일본 사회의] 풍조에 반발을 느꼈기 때문입니다. 말할 필요도 없이 [그해는] 안보 투쟁이 일어난 해'였습니다. 통상 자치회를 만드는 것은 학부생이지만 히토쓰바시에는 대학원생이 만든 협의회가 있었고, 나도 그 임원이었습니다. 고가네이[히토쓰바시대학이 위치한 지명]의 차고에서 연좌 농성을 하거나, 히비야²나

---

1 아베 전 총리의 외조부인 기시 노부스케(1896~1987)가 1960년 미일안보조약 개정에 나서면서 일본에서 대대적인 반대 운동이 전개됐다. 기시 전 총리는 결국 그해 6월 사임했다.─옮긴이

2 일본 도심 한가운데 지명. 히비야 공원이라는 큰 공원이 있어 각종 집회가 자주 열린다.─옮긴이

국회 등으로 나가곤 했습니다. "지금 우리는 연구실에서 나와 가두
로 나가야 하지 않는가"라고 문제를 제기하는 사람도 있었습니다. 그
래서 난 거의 학교를 나가지 않게 되었어요. 결과적으로 기시 노부스
케岸信介가 퇴진했지만, 히토쓰바시에서 난 외부 사람[3]이잖아요. [계속
수업을 빠지다] 아무 일도 없었던 듯이 연구실로 돌아오는 것도 어색
해서, 지도 교수였던 무라마쓰 유지村松祐次(중국사회경제사, 1911~1974)
교수에게 "책으로 읽은 신중국의 혁명과 관련해 이번 총리대신 교체
로 좀 현실감각을 갖게 되었습니다. 아주 소용없는 일은 아니었다고
생각합니다"라고 쓴 편지를 보냈습니다(웃음). 편지가 도착할 무렵 학
교로 갔더니, 선생님께선 아무 말씀도 하지 않았습니다.

　　그러던 어느 날, 선생님께서 "이번에 베이징대학에서 의화단[4]
을 연구한 인도인 유학생이 귀국 전에 일본에 오고 싶다고 한다. 네가
뒤치다꺼리를 좀 하라"고 했습니다. 그는 중국어를 할 수 있고, 나도
회화 정도는 할 수 있으니까요. 그게 1960년 여름방학 때였습니다.
중국에서도 일본의 안보 투쟁에 관심이 높아서, 그도 간바 미치코樺
美智子(도쿄대의 학생운동가. 1960년 6월 15일 학생 데모대가 국회에 돌입해
경찰들과 충돌했을 때 사망했다. 향년 23세)의 이름을 알고 있었습니다.
현장에 가고 싶다고 하기에 지금은 변했지만, 총리관저 정면에 있는
남쪽 출입구로 데려갔습니다.

　　여름방학이라 나도 고향으로 돌아갈 예정이었습니다. 그에게

3　　타 대학 학부 출신이라는 의미.—옮긴이

4　　청나라 말기 종교적 비밀결사. 중국 내 기독교도의 증가와 열강의 침입에 반
　　발해 화베이 일대에서 지지세를 늘려갔다. 1900년에 무장봉기를 일으켜 교
　　회를 습격하고, 외국인을 살해했다(의화단 사건). 청나라 정부도 이들에 동조
　　해 열강에게 선전포고를 하지만, 일본·독일·영국·프랑스 등 8개국이 합친
　　연합군에게 제압당했다.

같이 가자고 말하니, 그러겠다고 해서 오카야마의 시골로 데려갔습니다. 시골 마을에 인도인이 오는 일은 없잖아요. 그때 동급생들이 꽤 [고향에 남아] 있었고, 일은 저질러놓고 보는 것이라는 생각에 마을 회관(공민관)에서 일고여덟 명을 모아 잡담을 하는 시간을 만들었습니다. 그게 간담회처럼 되어 젊은 마을 사람들이 꽤 모였습니다. 그 가운데 한 사람이 "일본에 와서 가장 놀란 게 뭐냐"고 물었습니다.

그랬더니 그는 "천왕이 건재하고, 수도 도쿄 한가운데에 그렇게 큰 집을 거느리고 있다는 점이었다. 나는 천황이 퇴위했거나 어디 떨어진 작은 섬에 은거하고 있을 거라고 생각했다"고 답했습니다. "그러니까, 그 전쟁으로 많은 아시아 사람이 희생되었고, 당신들도 천황의 전쟁으로 여러 고통을 받은 거 아닙니까. 여러분의 가족 중에도 전사한 사람이 있지 않습니까? 그 책임을 천황이 지지 않는 것이 이해되지 않습니다. 그렇지 않습니까?" 그랬더니 시골 사람들이 그런 얘기를 한 번도 들은 적이 없잖아요. 어떤 반응을 보여야 할지 곤혹스러워한다고 할까, 상상도 못 해본 답변이라 침묵이 이어졌습니다. 나도 도쿄외대에서 중국어과에 있었지만, 천황에 대해 그렇게 말하는 사람을 처음 만났습니다. '얘기 자체는 일리가 있지만, 너무 황당한 말을 하는 사람이구나'라고 생각했습니다. 그 사람 이름은 '메타'였는데, 이때의 만남이 아시아와 일본 사이에 존재하는 [인식의] 갭을 느끼게 된 계기였습니다. 나중에 생각해보니 [그것이 내 인생의] 하나의 '전조'였다고 생각합니다.

그랬던 대학원 생활을 '어떤 사정'으로 단념할 수밖에 없게 되는데요.

기시 다음으로 총리가 된 사람은 이케다 하야토池田勇人(1899~1965)입

니다. 이후 사회[의 주 관심사]는 정치에서 경제로 바뀌게 됩니다.[5] 그
래서 젊은 중국 연구자에게 자금을 제공해서 정보를 수집하고 포섭을
하겠다는 것인지, '아메리카·포드AF자금'이라는 게 생겼습니다. 미국
은 얕볼 수 없는 게, 미리 앞을 내다봅니다. 이를 받아들인 사람 가운
데 한 명이 무라마쓰 선생이었습니다. 당시 나는 가정교사를 하며 생
활비를 충당하고 있었는데, 선생님이 이렇게 말하는 겁니다. "지금은
가정교사를 하면서 생활할 수 있을 거라 생각할지 모르지만, 박사 과
정에 들어가면 도움이 안 된다. 이런 연구 프로젝트가 오니까 활용해
야 한다." [그 프로젝트의] 일이라는 것은 주요 대학과 연구기관을 방
문해서 중국 근현대사와 관련된 정기간행물의 상세 목록을 만드는 것
이었습니다. 당시는 학위가 없는 사람을 서고에 들여보내지 않았지
만, 프로젝트를 명목 삼으면 들어갈 수 있었습니다. 귀중한 자료를 눈
으로 보고, 입수할 수도 있었습니다. "연구에도 도움이 되고, 돈을 벌
수도 있다"는 것이었습니다. 기차 등 교통비, 숙박비, 일당도 나왔습
니다.

그렇지만 곤란하게도 아사누마 이네지로浅沼稲次郎(전 사회당 위
원장, 1898~1960)가 베이징에서 "미 제국주의는 일-중 공동의 적"이
라고 격문을 날린 게 1959년 3월이었습니다. 중국과 미국은 '불구대
천의 원수'였습니다. 당시 교토대학의 조교였던 하자마 나오키狹間直

---

5   이케다(재임 기간 1960~1964) 총리는 재임 기간 중 미일안보조약 개정 등 대등
     한 미일 관계나 안보를 중시하는 기시 전임 총리의 노선에서 벗어나 소득배증
     계획 등 경제를 중시하는 정책을 도입한다. 이후 일본은 세계 역사상 유례를
     찾기 힘든 고도성장기에 접어들었다. 자연스레 이케다의 노선이 자민당의 주
     류를 형성하게 된다. 이케다로부터 시작되는 온건 노선을 '보수 본류', 기시에
     뿌리를 두는 강경 노선을 '보수 방류'라 부른다. 일본 정치의 우경화는 애초
     자민당 내 방류였던 기시 노선(=아베 노선)이 당의 본류가 되었기 때문에 발생
     한 것이다.—옮긴이

樹 씨(중국 근현대사)가 "AF자금이 하코네 산⁶을 넘지 못하게 하겠다"는 글을 썼습니다. 즉, 도쿄의 바보들은 마음대로 해도 좋지만, 그런 추접스러운 꿍꿍이가 있는 AF자금이 이쪽으로는 못 오게 하겠다는 것이지요. 그런 상황에서 우리가 돈을 받는 쪽에 설 것이냐라는 문제가 생긴 것입니다. 무라마쓰 선생은 내가 대학원에 들어오기 직전까지 하버드대에서 재외[해외] 연구를 하고 있던 대학자였습니다. 그때는 대학 투쟁이 발생하기 전이라 외부인인 내가 "교수님! 미국의 자금 같은 것을 받아서야 되겠습니까!"라고 물고 늘어질 용기가 없었습니다. 하라고 하면 물러나서 할 수밖에 없는 입장이었죠. 진퇴양난이었습니다.

그래서 아시아문화회관의 창설자 호즈미 고이치穂積五一 씨(1902~1981)에게 찾아간 것이군요. 천황주권설을 제창했던 우에스기 신키치上杉慎吉⁷(헌법학자, 1878~1929)의 제자로, 국수주의자들을 수평적으로 엮은 조직인 '황도익찬청년연맹皇道翼賛青年連盟'의 창설자 중 하나였던 우익입니다. '만주'에 일본인들을 보내 정주시키는 정책에 반대했고, 조선·대만의 해방을 주장하는 등 넷우익과 다름없는 지금의 우익과는 차원이 다른 사람이지만, 그렇다고 해도 그런 사람에게 상담을 청하고 싶다는 생각이 들었다는 게 흥미롭습니다.

---

6   도쿄 서쪽 시즈오카현에 있는 산. 도쿄에서 이 산을 넘어야 간사이 지역인 교토와 오사카에 갈 수 있다.—옮긴이
7   도쿄제국대학 법학과 교수로 천황은 곧 일본이기 때문에 당연히 그의 뜻에 따라 운영되어야 한다는 천황주권설을 주장했다. 우에스기의 제자들은 일곱 번 고쳐 죽어도 천황을 위해 살겠다는 시치세이샤七生社를 만들어 1932년 사회 주요 인물들을 암살하는 '혈맹단 사건'을 일으켰다. 아베 신조 전 총리의 외할아버지인 기시 노부스케가 그의 수제자였다.—옮긴이

학부생 시대로 얘기가 거슬러 오르지만, 호즈미 선생이 열었던 기숙사인 '신성학료新星学寮'(우에스기가 만든 지헌료至軒寮의 후신)에 들어갔었던 게 인연이 생긴 계기입니다. 어쨌든 가난했으니 [이곳저곳을] 찾다가 흘러 들어가게 됐습니다. 아침에는 모두 모여 청소를 하고, 식사는 예산 범위에서 직접 장을 봐서 기숙사 학생들이 교대로 만들었습니다. 매월 호즈미가 출석하는 기숙사 학생 회의가 열렸습니다. 기숙사비는 거의 안 들었지만, 뭔가 이상한 곳이었습니다.

그러고 있다 보니, 이곳이 '우익 기숙사'라는 얘기가 들려왔습니다. 게다가 졸업생이나 선생의 지인들이 와서 선배 티를 내면서 잘난 척 떠들곤 했습니다. 미카미 다쿠三上卓(5·15 사건[8] 때 이누카이 쓰요시犬養毅 총리를 쏜 국수주의자, 1905~1971)나 사이코 만키치西光万吉(전국수평사全国水平社[9] 창설 멤버, 1895~1970) 같은 사람이 호즈미 선생을 찾아왔습니다.

사이코는 수평사선언을 기초한 사람 중 하나이지만, 옥중에서 사상 전향을 해서 전쟁 중에는 국수주의의 깃발을 흔들었고, 패전 후에는 다시 변해서 전쟁 반대와 아시아와 공영 등을 호소했던 인물이기도 합니다. 호즈미 씨와는 우익운동가 시절에 관계가 있었던 것이군요. 어떤 얘기를 했습니까.

"자위대를 비무장의 화영대和栄隊[평화와 번영의 부대라는 의미]

---

8   1931년 만주의 관동군이 일으킨 만주사변을 승인하길 거부하는 이누카이 쓰요시 총리를 해군 장교들이 몰려가 참살한 사건.—옮긴이

9   일본의 피차별민인 부락민의 지위 향상을 위한 운동단체. 1922년 3월 만들어졌다. 1946년 출범한 부락해방연맹의 전신이다.—옮긴이

로 개조해 아시아와 화합할 수 있도록 전부 바꿔야 한다"고 거듭 말했습니다. 그 뒤로 내가 기숙사에 들어간 1957년에 기숙사생의 자살 사건이 있었습니다. 이른바 '아마기산 자살'[10]입니다. 당시 기숙사에서 대학 2학년생은 오쿠보 군과 나뿐이었습니다. 행방불명이 됐을 때 모두가 이곳저곳을 찾아다녔고, 같은 기숙사생으로서 장례식에도 갔었습니다.

수상한 기숙사구나 싶었습니다. 그 후에 들어가게 된 '아시아문화회관'이란 곳도 자금은 [그리] 많지 않았다고 생각합니다. 그렇지만 호즈미 선생은 우에스기의 직계 제자였기 때문에, 그런 인연으로 여러 사람이 돈을 만들어 보내주었습니다. 나도 자금을 모으러 다녔던 적이 있습니다. [우리가] 기부자 명단을 적은 명부를 갖고 다니면, 후지은행富士銀行의 이와사 요시자네岩佐凱実(제3대 은행장)나 니혼코교은행日本興業銀行의 나카야마 소헤이中山素平(제2대 은행장) 등 쟁쟁한 사람들이 "호즈미가 아시아의 청년들을 위해 하는 일이니까"라고 하면서 돈을 냈죠.

다나카 씨는 호즈미 씨에 대한 위화감을 불식하지 못하고, 히토쓰바시로 진학한 단계에서 기숙사를 나와 거리를 두셨는데요.

그렇지만 바로 이 부분이 신기한 점이에요. 진퇴양난의 상황에서 비틀거리면서 [호즈미 씨에게 상담하러] 갔는데요. 선생님은 그렇게

---

10 이즈반도 아마기산 산중에서 가쿠슈인대 학생 오쿠보 다케미치大久保武道가 동급생인 약혼자 아이신교로 후이성愛新覚羅慧生을 살해하고 자살한 사건. 후이성은 이른바 '마지막 황제'인 푸이의 조카이다. 이 사건은 언론을 통해 대대적으로 보도돼 「아마기 자살, 천국에서 이어진 사랑天城心中 天国に結ぶ恋」(이시이 데루오石井輝男 감독, 1958)이란 제목으로 영화화되었다.

사람을 끄는 힘을 갖고 있었습니다. 엇비스듬히 마주 보는 자리에 있는 도요문고東洋文庫에서 매일 사료를 읽었고, 아시아문화회관의 식당에서 밥을 먹곤 했지만요. 그 사람은 논리 같은 것은 말하지 않습니다. 언제나 감각적입니다. 자기 얘기를 하는 일은 거의 없었는데, 그때는 왜 그랬는지 술술 이런 얘기를 했습니다. "학생 시절과 다르게, 사바娑婆 세계로 나가면 다른 사람의 가랑이 사이를 지나가야 할 때도 있다. 그러나 이 AF자금은 사정이 다른 것 같다"라고요. 그러니 "우리한테 와서 일하지 않겠냐"고 하는 겁니다. 이게 마침 '강 건너려는데 배 들어온 것'처럼 되어 "가겠습니다"라고 말했습니다. 예전에 기숙사에 함께 있던 이들도 꽤 있고, 안면이 있는 사람들도 있었습니다. 그래서 무라마쓰 선생님에게는 "학부 때 신세를 졌던 곳이 있는데, 그 후에 유학생을 위한 회관이 생겼습니다. 저는 외부 사람이고 박사 과정에서 노력할 자신도 없으니까 그만두겠습니다"라며 AF자금에 대해선 한마디도 못하고 공부를 그만두었습니다. 그랬더니 선생님이 "애써 지금까지 했으니 석사 논문이라도 내서 결말을 짓는 편이 좋다"고 하셨지요. 그래서 1년 늦게 1963년에 석사 논문을 제출했습니다. 구두시험에서는 부심사위원으로 고대사 전문가였던 마스부치 다쓰오增淵龍夫(1916~1983) 선생에게 "왜 박사 과정에 안 가냐"는 가벼운 질문을 받았습니다.

　　하지만 바로 앞에 무라마쓰 선생님이 있는데 AF자금 얘기를 입에 담을 수는 없잖아요. 무라마쓰 선생님에게 말한 것과 같은 설명을 되풀이했습니다. 그래도 내가 왜 그만두는지, 마스부치 선생에게는 제대로 전하고 싶어서 집으로 찾아가 "무라마쓰 선생님은 AF자금을 받는 분들 중 하나입니다. 그 자금으로 연구를 하는 것에서 벗어날 수 없어서 그만둡니다. 선생님만큼은 이해를 해주셨으면 해서 찾아왔습니다"고 말했습니다. 그랬더니 선생님이 "(무라마쓰 군의) 동료로서 할 말이 없다"며 사과한 뒤에 "그러나 자네, 그만뒀다고 지금 우리가 직면한 문제가 무엇 하나 해결된 것은 아니네. 그러니 내일부터 자네는 무엇을 하며 어떻게 살아갈 것인지라는 질문을 항상 잊지 말도록 하게"라고 말해주었습니다. 그 말이 [내 인생에] 큰 영향을 끼쳤습니다. 그것은 '아시아문화회관'에서 일을 하는 것의 의미나, 인도 학생의 한마디 등과도 이어지는 것이었습니다.

그러는 한편, 매일 유학생과 교류하며 '자명한 것'이 요동치는 체험을 계속 쌓아가시는데요.

그중 하나가 강연에서 자주 언급하는 1963년 11월의 천 엔 지폐 사건입니다. 식민지 지배의 상징이었던 이토 히로부미伊藤博文를 가장 많이 사용하는 단위의 지폐에 새기는 [일본인의] 감각을 알 수 없다, 자이니치 한국인, 조선인의 마음을 생각하지 않는 것 아니냐고 말하곤 했지요. 통상적으로 좌와 우, 보수와 혁신 사이에서 의견 대립이 발생하지만, 천 엔 지폐에 대해서는 다들 아무 말도 하지 않았습니다. "전쟁 전의 일본은 언론의 자유가 보장되지 않아서 정부를 비판하면 형무소에 들어갔다. 전후에는 그렇지 않아서 일상적으로 정부를 비판하는 문화인·지식인들이 많다. 하지만 누구 하나 천 엔 지폐가 이상하다고 말하는 사람이 없다. 1억 명이 무슨 생각을 하고 있는지, 어쩐지 섬뜩하다"는 얘기를 들었습니다.

이듬해는 도쿄올림픽이라는 축제가 열리는 해였습니다. 잠시 시간을 돌려보면 1963년 9월 「주오코론中央公論」에 하야시 후사오林房雄(작가·평론가, 1903~1975)의 「대동아전쟁 긍정론」[11]이 연재되기 시

---

11   아시아태평양전쟁은 서구 열강의 침략에 일본이 대항해 아시아의 독립을 지

작했습니다. 대동아전쟁이란 말은 당시엔 아무도 사용하지 않았습니다. 게다가 엄청나게 자극적인 '긍정론'이라는 표현을 쓰면서, 우익 잡지가 아닌 「주오코론」에 1년 이상(16회) 연재가 이어졌습니다. 아시아에서 온 유학생들은 일본이 어디로 가고 있는가, 위기감을 느꼈을 것입니다. 긍정론을 읽었지만, 단순한 긍정이 아니라 자극적이고 재미있는 글이라고 생각했습니다. 그렇지만 끝부분에는 100년 동안 아시아를 위해 싸워왔기 때문에 일본은 곧 은거해도 된다, 조금 쉬는 게 좋다는 내용이 적혀 있었습니다. 그 무렵은 베트남전쟁이 한참 진행 중이었고, 1965년 2월에 북부 베트남 지역에 대한 폭격이 개시됩니다. 남베트남에서 많은 유학생이 와 있었습니다. 그래서 히비야 공원에 모여 신바시 쪽으로 "베트남에 평화를" 외치는 데모를 했습니다. 이 문제는 일본 사회에 강렬한 영향을 끼치게 됩니다. 주일 미군기지에서 요코스카를 거쳐 전차를 베트남으로 보내는 일도 있어서 베트남 유학생들이 "(전차가 베트남에) 가면 동포들이 살해당한다"면서 이를 저지하려 하기도 했습니다.

한국전쟁[12]을 통해 부흥한 일본에서, 자이니치 조선인들이 일본에서 조선으로 무기 수출을 멈추라며 온몸을 내던져 싸운 스이타吹田 사건과 히라카타枚方 사건(두 사건 모두 1952년 6월)이 생각나네요.

그때는 가나가와현 지사가 다리가 튼튼하지 않아 [무거운] 전차가 지나갈 수 없다고 이를 멈췄습니다. 강하게 기억에 남아 있는 일이 있습

키려던 싸움이었지만, 그 이념이 왜곡된 비극이었다는 주장. 도쿄재판을 전면 부정하면서도 쇼와 천황의 전쟁 책임은 인정하고 있다.

12   원문에는 조선전쟁으로 되어 있다. 이하 한국전쟁이라 표기한다.—옮긴이

니다. 당시 아시아문화회관에는 로비에만 텔레비전이 있었습니다. 숙박 중인 베트남인 학생이 텔레비전 뉴스를 보다가, 브라운관을 통해 고향의 거리가 폭격으로 파괴된 모습이 나오는 것을 보고 울면서 쓰러졌습니다. 한편, 일본에서 전차를 [베트남으로] 보내고 비행기가 출격하고 부상병이 일본의 기지로 이송돼 옵니다. '그렇다면 우린 어찌해야 하나'라는 생각에 하야시 후사오 씨에게 엽서를 쓴 뒤 가마쿠라에 있는 그분 댁을 방문했습니다. "당신은 일본은 은거하는 게 좋다고 썼는데, 일본에서 비행기가 떠서 아시아의 동포인 베트남으로 가 폭격을 하고 있다. 내 직장에서는 베트남 유학생들이 고향의 거리가 박격포로 파괴되는 광경을 보면서 쓰러져 울고 있다. 신성한 우리 나라 국토가 같은 아시아인을 살해하기 위해 사용되고 있는 것에 대해 선생은 어떻게 생각하냐"고 물었습니다. 그랬더니 [돌아온 답은] "자네, 좌익 같은 소리를 하는군"이라는 한마디뿐이었습니다. [그래서] '이 남자는 안 되겠다, 가짜구나'라고 생각했습니다. 난 유학생과 늘 접하는 곳에 있어서 특별한 마음의 준비가 없더라도 그런 생각을 할 수 있었습니다. 이 남자는 틀렸다, 아시아, 아시아라고 하지만 얄팍한 논리뿐이라고요.

자신의 [아시아를 바라보는] 민감도를 매일 시험받은 날들이었군요.

어느 날, 내 책상에 신문 기사를 자른 스크랩이 놓여 있었습니다. 1964년 4월 25일 자 「마이니치신문」이었습니다. 연합국군총사령부 시대에 중단됐던 '전몰자 서훈'이 그해부터 재개되는데, "서훈의 뒤편에叙勲のかげに"라는 타이틀로 전몰자들의 '미담'이 게재되고 있었습니다. 현창되는 사람의 명부도 나왔고요. 당시 싱가포르에서 일본군에게 학살된 화교들의 유골 수집이 진행되면서, 현지에서 '일본을 추

궁하는 집회'가 열렸습니다. "일본 점령기에 목숨을 잃은 아시아 사
람들의 명부가 일본인에게 보이긴 하는 겁니까?"라는 얘기를 들었습
니다.

그리고 베트남전쟁입니다. 1965년 2월 북폭北爆이 개시되면서
유학생들과 함께 데모를 했습니다. 4월에 아시다시피 '베헤런'(베트남
에 평화를! 시민연합ベトナムに平和を!市民連合)[13]이 만들어져 데모가 시작됩
니다. 반전 데모 제1호는 유학생이었습니다. 그 가운데 베트남 유학
생이 '베헤런' 집회에 참가하곤 했는데, 그때 이런 얘길 들었습니다.
"일본인들이 잘도 '베트남이 둘로 분단된 것이 불쌍하다'고 말하고
있지만, 일본과 오키나와도 완전히 분단 상태잖아요. 일본인들은 뭘
생각하고 있는 거죠?"라고요.

이런 [일본인들과 다른 아시아인들 사이의] 감각의 어긋남이,
이때껏 왜 메워지지 못하는지 모르겠습니다. 도쿄대에 유학하고 있
던 베트남인이 나는 일본어를 할 수 있는데, 도쿄대생들은 프랑스어
로 말을 걸어온다는 얘길 했습니다. 도쿄대생들이 그를 어학의 연습
상대로 삼은 것입니다. "왜 우리가 프랑스어를 할 수 있는지, 식민지
지배에 대해서 그들은 무엇을 배우고 있나요? 도쿄대는 일본의 일류
엘리트들이 배우는 곳이죠? 다나카 씨, 일본의 장래는 위험하네요."
그리고 또 생각나는 것은 「아카하타」에 실린 '프랑스어 강좌' 광고
(1973년 10월 31일 자)를 가져왔던 일입니다. 캐치프레이즈는 "인도차
이나 3국에 보급되어 있는 프랑스어를 배워, 인도차이나 인민과 우호

---

13   베트남전쟁에 반대하는 일본의 시민운동단체로 1965년 4월 발족했다. 소설
　　　가인 오다 마코토小田実(1932~2007)와 일본의 저명한 철학자인 쓰루미 슌스케
　　　鶴見俊輔(1922~2015) 등이 주도해 만들었다. 미군 탈주병들을 도와 북유럽 등
　　　에 망명시키는 활동을 한 것 등으로 유명해졌다.—옮긴이

를"이었습니다. 아직 신문 1면에 베트남의 전황이 보도되고 있는 때였습니다. 그런데 일주일 후에도 같은 광고가 나왔습니다. [일본공산당원들인] 독자도, 당 간부도 아무 생각이 없었던 거죠. 유학생이 "다나카 씨, 일본의 좌익도 추락할 데까지 추락했군요"라고 말했습니다. 공산당 욕하는 것을 정말 좋아하는 「주간신초週刊新潮」 같은 데서 "공산당, 땅에 떨어지다!"라는 비판 기사를 쓰면 좋을 텐데, 그마저도 없었습니다. 좌도 우도 화제로 올리지도 않는 이 뿌리 깊음이란 무엇일까 생각합니다.

그 뒤로 1970년 미시마 유키오三島由紀夫(작가)가 배를 갈랐을 때도, "일본의 우익은 할복까지 하고 있는데, 일본의 좌익은 뭘 하느냐"는 얘기를 들었습니다. 이것은 미묘한 얘기이지만, 1971년 대학투쟁이 화려하게 전개될 무렵 오키나와 청년들이 황거皇居에 돌입[14]한 사건이 있었습니다. 그때 "간다 카르티에 라탱神田カルチェ・ラタン[15](좌익당파에 의한 해방구 투쟁)이다 뭐다 하지만, 황거에 쳐들어간 것은 오키나와 청년들뿐이다. 목숨 걸고 뛰어든 것은 오키나와의 청년뿐"이라는 얘기가 나왔습니다. 정곡을 찔렀죠. 그리고 잊을 수 없는 일은 호세이대학에 다니던 싱가포르인 유학생의 얘기입니다. 진보적인 발언을 하

---

14 1971년 9월 25일 황거[일왕의 거처]의 사카시타坂下 문으로 돌진해온 승용차에서 여러 명이 튀어나와 눈차쿠[쌍절곤과 비슷하게 생긴 오키나와 무기]를 휘두르고 발연통을 던지면서 문 안으로 돌입해 4명이 체포됐다. 4명 모두 오키나와 출신 청년으로 신좌익계 조직에 소속돼 있었다. 쇼와 천황인 히로히토의 유럽 방문에 반대하는 실력투쟁이었다. 1975년에도 사카시타 문에서 같은 시위 행위가 벌어졌는데, 두 번째 사건의 실행자들은 오키나와 출신이 아니었다.

15 1968년 6월 21일 공산주의동맹 학생 조직인 '사회주의학생동맹'(사학동)이 기획한 시위. 카르티에 라탱Quartier latin이란 프랑스 5월혁명의 무대가 된 학생 거리를 의미한다. "간다의 스루가다이를 일본의 카르티에 라탱으로"라는 슬로건을 내걸고 메이지대 앞 거리에 바리케이드를 설치했다.

는 어떤 교수가 있었는데 그 사람은 좋은 사람일 것이라 생각해 일본을 비판했더니, "자네, 그렇게 일본이 싫으면 다른 나라에서 유학을 하는 게 어떻겠나"라고 하더랍니다. 그는 "정말로 나는 사람 보는 눈이 없다. 부끄럽다"라고 했습니다.

그들이 한 말 가운데 "식민지 지배를 받았던 사람은 눈앞의 인간이 적인지 자기 편인지 순간적으로 판단하지 못하면 다음 순간에 살해당할 수 있다. 우린 그런 긴장감을 갖고 산다"는 얘기가 인상에 남아 있습니다. 그래서 "이 사람"이라고 생각하며 믿었다가 그렇지 않은 경험을 할 때 나는 여전히 안 되는구나, 라는 생각을 한다고 합니다. 지금은 어떤지 모르지만, 당시엔 기본적으로 그들은 일본인에게 속내를 말하지 않았습니다. 모범 답안은 이랬습니다. 일본은 세계에서 두 번이나 원폭이 떨어진 유일한 국가인데, 그 폐허에서 이런 번영을 이룩하고 신칸센이 개통되고 고층 빌딩이 나란히 서 있는 나라를 만들었다. 이것을 배우고 싶어서 왔다고요. 그렇게 말하면 표면적으로는 일이 잘 풀린다고요. 그들은 두 얼굴을 갖고 있었습니다. 하나는 신칸센을 칭찬하는 얼굴, 또 하나는 천 엔 지폐를 내밀면서 [일본과의] 감각의 엇갈림을 묻는 얼굴입니다.

그런 한편, 정치 활동을 하는 유학생에 대한 탄압이 표면화되어 갑니다.

베헤련 같은 데도 참가하고, "베트남에 평화를" 같은 구호를 외치며 활동하는 유학생들에게 당시 사이공 정부가 귀국 명령을 내리고, 그에 발맞춰 일본도 비자 연장을 해주지 않는 문제가 발생합니다. 당시 베트남 유학생은 1년에 한 번, 대사관에 가서 여권의 유효기간을 연장해야 했습니다. 도쿄대 경제학부에 재학 중이던 부 탓 땅 Vu tat thang 군이란 일본 국비 유학생이 절차를 밟기 위해 [주일남베트남] 대사관에 갑니다. 대사관 쪽은 "당신은 본국에서 안 된다고 한다"면서 갱신을 해줄 수 없다고 해 여권이 실효됩니다. 그래서 이번엔 비자 연장을 하러 일본 입국관리국[16]으로 향합니다. 그들도 "여권은 옛날 것이고, 이미 무효가 됐기 때문에 비자 연장을 할 수 없다"고 거부했습니다. 머잖아 불법 체류자가 되어 강제 퇴거 명령이 나왔습니다. 하지만 언론에서도 다뤄주고, 모두 서명을 모아서 가까스로 강제 송환을 면할 수 있었습니다.

이 사건을 둘러싸고 여러 일이 있었습니다. 불법 체류가 되면 원칙적으로 '수용'이 되기 때문에 임시 석방 허가를 받아야 학교에 갈 수 있습니다. 이를 위해선 보증인이 필요합니다. 국비 유학생의 보증인은 문부과학성의 유학생과장이 맡게 됩니다. 그래서 과장을 만나 "보증인으로서 법무성과 교섭을 해서 보증금을 내야 한다"고 하니, "내가 하기에는…"이라고 물러서는 겁니다. 그래서 호즈미 선생이 보증인이 되었습니다. 당시 보증금은 50만 엔 정도였습니다. 지금 돈으로 하면 300만 엔 정도 됩니다. 그래서 "호즈미 선생이 보증인이 될 거니까 법무성과 교섭해서 가능한 한 싸게 해달라"고 했습니다. 그랬더니 50만 엔이 1만 엔이 됐습니다(웃음).

그래서 그를 도우려는 서명운동을 하고 있는데, 나가타초[17] 부근에서 "좌익의 베헤련과 베트남 유학생이 붙어서 소동을 일으키고 있다. 단호히 사이공으로 보내야 한다"는 움직임이 일어났습니다. 여기에 앞장선 것이 지바 사부로千葉三郎(1894~1979)라는 우익 정치가로 (이 소동을) 호즈미가 뒤에서 지원하고 있는 것 같이 말하고 다

---

16   2019년 4월 출입국재류관리청出入国在留管理庁으로 이름이 바뀌었다.—옮긴이
17   일본 국회가 있는 지역.—옮긴이

닌다는 정보가 들어왔습니다. 호즈미 선생은 열화와 같이 화를 냈습니다. "자네도 오게"라는 연락을 받고 지바 사부로가 있는 곳으로 갔습니다. "나는 전전戰前부터 '반정부'라는 이유로는 어떤 비판을 받더라도 아무렇지도 않았다. 그런데 나를 '빨갱이'라고 말하는 것은 무슨 뜻이냐!"라고 호통을 쳤습니다. 그러면서 "너, 옛날이었으면 없는 목숨이야"라고 했습니다. 엄청났습니다. 박력이 있더군요(웃음). 어디까지 관여했는지는 모르지만, 호즈미 선생은 전전에 도조 히데키東条英機 암살 미수 사건으로 체포된 적도 있습니다. 반정부라는 비판엔 신경 쓰지 않지만, '빨갱이'라고 불리는 것만큼은 용납할 수 없다고 했습니다. 그 뒤로도 선생이 움직여 당시 도쿄대 총장이 오코치 가즈오大河内一男(사회정책·노동문제, 1905~1984)였는데, 나를 총장 비서와 만나는 데 데려갔습니다. 그러면서 "다나카 군, 요점만 설명하게"라고 했습니다. 결국 가루이자와에 피서를 가 있던 오코치 씨가 도쿄로 돌아와 법무대신 다나카 이사지田中伊三次(1906~1987)를 만나러 가게 됩니다. "어떻게든 공부를 계속할 수 있도록 배려해줬으면 한다"라고 추상적인 얘기를 했을 겁니다. 이 얘기를 듣고 다나카 대신이 국회에서 "무겁게 받아들이겠다"라고 발언했습니다. 이를 계기로 송환은 불가능해졌습니다. 호흡이 잘 맞았던 것이죠. 당시는 배짱으로 일을 할 수 있던 시기였습니다.

유학생이나 재일 외국인의 베트남 반전 운동이 고양되면서 출입국관리법 개정안이 상정됩니다.

출입국관리법 개정안은 1969년부터 1973년까지 모두 네 차례 나오는데, 그때 유학생의 재류 기간 갱신 등을 둘러싼 문제가 법안의 모든 것처럼 된 구조가 만들어져 있었습니다. 신문이 주목할 만한 기삿거

리로는 미국인 반전 유학 승려였던 빅토리아 료준Ryōjun Victoria 씨, 최
고재판소 판결[18]로 유명해진 미국인 영어 교사 로널드 맥린의 재류 기
간 갱신 거부 등이 있었습니다.

모두가 반전 운동을 했기 때문에 입국관리국이 엄청나게 신경
을 곤두세워서, 그들로부터 자가발전돼 외국인의 정치 활동을 금지
하는 게 출입국관리법 개정안의 핵심 중 하나가 되었습니다. 당시 '출
입국관리법에 반대하는 유학생 25개국 공동성명'이 나오는데, 그 과
정에서 재일본조선유학생동맹(유학동)[19] 학생들과 처음 알게 되었습
니다. 유학생이라고 해서 '조선에서 온 유학생이 있는가'라고 생각했
더니, 총련[20]계 학생조직이었습니다(웃음). 그때는 이른바 화청투華青
鬪 고발[21] 같은 사건도 있어서 유학생과 자이니치, 쌍방이 함께 투쟁하

---

18 '베헤련'에 소속돼 베트남전쟁 반대운동 등에 참가했던 로널드 앨런 맥린
    Ronald Alan McLean 씨가 1970년에 낸 재류 기간 갱신 신청을 법무대신이 거부
    했다. 그는 처분 취소 등을 요구하며 제소했다. 재일 외국인의 정치 활동의 자
    유와 헌법상 인권 보장이 재류 외국인에게 어디까지 이르는가를 놓고 법적 다
    툼이 이뤄졌다. 최고재판소는 1978년 10월 인권의 보장은 원칙적으로 외국
    인에게도 적용되지만, 그 보장은 어디까지나 재류제도의 틀 안에서 부여되는
    것에 지나지 않는다며 재류 거부의 판단에 대해 법무대신에게 광범위한 재량
    이 있다고 인정해 원고의 청구를 기각했다.

19 조선대학교 이외의 대학 및 전문학교에 다니는 학생이 소속된다. 해방(일본의
    패전)과 동시에 결성된 '재일조선학생맹'을 전신으로 해 1955년에 현재의
    명칭이 됐다.

20 재일본조선인총연합회의 약칭. 해방 후에 결성된 재일본조선인연맹은 이
    들의 좌익 색채를 적대시한 연합국군총사령부에 의해 강제해산에 내몰리게
    된다. 이후 좌파 조선인 운동은 일본공산당의 지도 아래서 반미, 반제국주의
    를 내건 실력투쟁 노선으로 나아가게 된다. [일본공산당의 이런] 방침을 '내
    정간섭'이라고 비판하는 형태로 1955년에 결성된 민족조직이 조선총련이다.
    [일본에 거주하는 자이니치들은] 조선민주주의인민공화국의 해외 공민이라
    는 입장을 견지하면서 조국 통일과 민족 교육 촉진 등의 운동을 해왔다.

21 화교청년투쟁위원회는 출입국관리령을 새로운 출입국관리법으로 개정하려
    는 일본 정부의 움직임에 반대하기 위해 1969년 3월 일본에 사는 화교 청년

는 상황이었습니다.

1970년 5월 이른바 '류차이핀劉彩品 투쟁'이 일어났습니다.[22] 그
녀는 대만에서 온 도쿄대 유학생이었는데, 2년 전에 실효된 대만 여
권을 그대로 갖고 일본에서 재류 기간을 갱신하려 했지만 거절당했습
니다. 그녀는 도쿄대전학조교공동투쟁회의東大全学助手共闘会議과 관계
하고 있어 학내에서도 다양한 지원 움직임이 있었고, 언론은 이 사건
도 크게 다뤄주었습니다. 신좌익계로 보이는 독특한 글자체의 입간판
이 도쿄대 안에 만들어졌습니다. 이를 통해 그녀가 중화민국을 거부
하고 중화인민공화국을 선택하고 싶어 한다는 배경도 밝혀져서 나도
지금까지의 유학생 문제와는 조금 다른 형태로 관여하게 되었습니다.

들이 모여 만든 조직이다. 일본의 신좌익들과 함께 투쟁을 전개했다. 하지만
1970년 7월 7일로 예정되어 있던 '7·7 노구교 33주년, 일제의 아시아 침략 저
지 인민대집회' 실행위원회 사무국 인선을 둘러싸고 화청투와 신좌익의 중핵
파가 대립하게 된다. 화청투의 반대에도 중핵파가 자신들이 원하는 대로 인
선을 강행하자, 이들은 집회 당일 "당사자를 무시하는 신좌익도 아시아 인민
의 억압자"라는 통렬한 비판을 남기고 결별을 선언했다.—옮긴이

22   1957년 사비유학생으로 일본에 온 류 씨는 도쿄대학에서 천체물리학을 전
공한 뒤 일본인 남편과 결혼해 혼인신고서를 제출했다. 이후 체류자격 변경
과 영주허가신청을 냈지만, 일본 입국관리국은 대만(중화민국) 정부가 발행
한 여권의 기간이 실효됐다며 이를 거부했다. 일본 법무성은 1970년 그가 중
화민국대사관에 절연장을 내고, 법무성이 이를 확인할 수 있다면 무국적자로
재류 허가를 내줄 수 있다고 제안했다. 류 씨는 이에 응하면서 절연장에 적힌
"법무성의 요구"라는 부분을 수정하기를 요구했다. 1972년 닉슨 미국 대통령
의 방중과 일본과 중화인민공화국의 국교 수립, 그에 따른 대만과의 단교가
벌어지기 전의 일이다. 문안을 대폭 수정한 뒤 9월에 재류 허가가 나왔다.

2장

한국인 피폭자, 손진두의 넋

아시아에서 온 유학생들과의 인연을 통해 '외국인을 배척하는 사회'라는 일본의 현실과 직면하게 된 다나카가 '계속되는 식민지주의'와 대치하는 계기가 된 것은 1971년에 있었던 두 가지 만남이었다. 하나는 히로시마에서 피폭된 뒤 외국인등록령 위반으로 한국에 강제 송환되었다가 피폭 치료를 받기 위해 입국 절차를 거치지 않고 일본에 와[1] 수용소에 갇히게 된 한국인 피폭자[2] 손진두(1927~2014)였다. [그를 지원하기 위한] 행정 교섭과 재판을 통해 볼 수 있었던 것은 '전후라는 허구와 기만'이었다.

'류차이핀 투쟁'을 통해 다나카 씨는 두 명의 옛 식민지 출신자와 만나게 됩니다. 한 명은 한국인 피폭자 손진두 씨인데요.

사무국 회의를 하는데 어떤 청년이 정색을 하고 내게 와 "나는 지금 일본 피폭자 운동의 배외주의와 싸우고 있다"는 얘기를 하는 겁니다. 들어보니 사연이 두 개가 있었는데, 하나는 위령비 문제였습니다. "일본의 피폭자는 너무나 배타적이어서, 조선인위령비를 [히로시마] 평화공원 밖으로 몰아내고 있다"고요.

---

1 밀항을 했다는 의미임.—옮긴이
2 한국원폭피해자협회의 추계에 따르면, 히로시마·나가사키에서 피폭된 조선인은 피폭자 전체의 약 10퍼센트인 7만 명(히로시마 5만 명, 나가사키 2만 명)에 달한다. 그 가운데 사망자는 4만 명(히로시마 3만 명, 나가사키 1만 명) 정도이다. 청일전쟁 때 대본영이 만들어진 뒤 히로시마는 군항으로서 발전했고, 탄광이나 조선소가 있었던 나가사키는 군수산업으로 번영했던 역사가 있어 많은 조선인을 싼값에 흡수했다. 재한 피폭자에 대한 법 적용을 거부하는 것을 통해 드러나는 차별적 원호 행정은 손진두 등 당사자의 투쟁으로 개선되어왔다. 일본 정부는 1990년 '인도조처'로서 재한 피폭자에게 40억 엔을 출연했지만, 조선민주주의인민공화국 피폭자 1만 명에게는 '국교가 없다'는 이유로 지금까지 어떤 원호 조처도 하지 않고 있다.

나중에 히로시마 시장이 된 히라오카 다카시平岡敬(전 「주고쿠신문中國新聞」[3] 기자, 1927~)의 판단으로 1999년 공원 안으로 이설된 위령비[4] 얘기네요.

그리고 또 하나가 한국인 피폭자 문제였습니다. "피폭자 치료를 받으려고 한국에서 밀입국한 손진두 씨라는 사람이 있는데, 어떻게든 일본에서 치료를 받을 수 있도록 운동하고 있다. 꼭 지혜를 빌려달라"는 것입니다. 그래서 "그 사람 지금 어디 있냐"고 물으니, "히로시마의 형무소에 들어가 있는데, 지금은 결핵이 악화돼 집행정지 상태로 국립 후쿠오카 히가시병원에서 치료를 받고 있다. 어느 정도 회복되면 다시 형무소에 돌아간다"고 했습니다. 밀입국으로 초범이라면 대체로 집행유예가 나오지만, 그는 세 번째였기 때문에 '8개월 징역'형이 나와 복역하고 있었던 겁니다. "퇴거 명령은?"이라고 물으니, 그는 "퇴거 명령이 뭡니까?"라고 하는 겁니다. 피폭자라는 이유로 이 문제에 관여하게 됐기 때문에 출입국 제도에 대해선 아무것도 몰랐던 것이죠. 퇴거 명령을 받았는지 아닌지는 결정적 요소입니다. 얘기를 들어봐도 정리가 안 되어서 "자, 그렇다면 내가 잠시 가보겠다"고 했

---

3   히로시마를 중심으로 하는 일본 혼슈의 서부 지방을 주고쿠 지방이라 부른다. 이 지역을 대표하는 지방지.—옮긴이

4   히로시마 평화공원 안으로 위령비를 옮기지 못했던 것은 공원 내에 더는 새로운 위령 기념물 설치를 인정하지 않겠다는 히로시마 시의 방침(1967년)에 기초한 것이었다. 그때까지 전혀 만들어지지 않았던 옛 식민지 출신자를 위한 위령비에 그 방침을 일률적으로 적용한 관청의 대응이나 그에 대해 이의를 제기하지 않았던 '피폭자 운동'의 배타성, 역사적 책임에 대한 무자각, 국민주의는 비판을 받아야 한다. 그러나 1970년 자이니치의 위령비를 공원 밖 혼카와바시 서쪽 끄트머리에 세운 데에는 다른 이유가 있었다. 피폭된 다음 날인 1945년 8월 7일 사망한 조선 왕족 이우李鍝(1912~1945)가 발견된 장소가 예전에 비가 있었던 곳이다. 이우를 경모하는 자이니치 인사들이 그가 마지막으로 숨진 곳에 비를 세운 것이었다.

습니다. 당시는 신칸센이 운행하지 않던 시대라 일반 기차를 타고 후쿠오카의 히가시병원으로 손 씨를 만나러 갔습니다. 그러고는 "미안하지만, 출입국 서류를 전부 보여줄 수 있겠냐"고 했습니다. 봤더니 이미 강제 퇴거 명령이 나와 있었습니다. 병원에서 몸이 회복되면 형무소로 돌려보내져 8개월 복역한 뒤에 오무라(나가사키의 출입국수용소[5])로 끌려가 한국에 송환되는 것입니다.

나는 출입국 절차에 대해선 알고 있었지만, 거꾸로 피폭자에 대해선 아무것도 모르니까 지원자인 그에게 피폭자 의료에 대해 물어보았습니다. '피폭자 건강수첩'이라는 제도가 있어서, 인정질환에 해당하면 '건강관리수당'이 나오는 틀이 갖춰져 있다는 것을 배웠습니다. 이것저것 조사해보니, 어떤 법률에도 국적 조항[6]이 없었습니다. 그래서 "먼저 피폭자 건강수첩을 신청하자"고 했습니다. 1971년 10월에

---

5   한국전쟁이 한창이던 1950년 12월, 나가사키 오무라 시에 설치된 '오무라 수용소(정식 명칭, 법무성 오무라 입국자수용소)'를 이른다. 전쟁 피해나 혼란을 피해 일본으로 도항쳐온 밀입국자(원래 난민, 게다가 옛 식민지에서 온 난민이다)나 모종의 형벌을 선고받고 강제 송환이 결정된 자이니치들을 수용·송환하는 기능을 담당하고 있었다. 여기에서 집단 송환된 한국인·조선인은 1950년대에만 1만 명을 넘는 것으로 알려져 있다. 좌파 운동에 참여해온 조선인에게 '오무라에 보낸다(반공국가 '한국'으로 강제 송환된다는 것을 의미)'는 것은 사형에 버금가는 의미였다. 가혹하고 비인도적인 처우로 인해 '형기 없는 감옥'이라 불렸다. 수용자들이 일으킨 항의운동과 당국에 의한 탄압(사망자도 나왔다)이 거듭돼왔다. 지금도 '오무라입국관리센터'의 이름으로 수용시설로서 역할을 수행하고 있다.

6   전후 보상, 사회보장의 수급·가입 자격자나 공직에 취임하는 대상자를 일본 국적자로 한정하는 조항을 이른다. 명문화 규정이 없는데도 내각법제국의 견해(11장 참조)에 기초해 외국 국적자를 배제하고 있는 공직·직종도 많다. 국민연금에 국적 조항이 있었던 영향으로 무연금 생활을 하는 자이니치 고령자, 장애자가 존재하는 문제나 법제국 견해를 근거로 최고재판소가 외국 국적 변호사의 조정위원 임명을 거부하고 있는 문제 등에 대해 유엔(UN) 인종차별철폐위원회 등이 개선을 요구하고 있다.

신청했는데 후쿠오카현 지사—형식적으로는 지사이지만, 실제로는 후생노동성이었다—의 판단이 좀처럼 나오지 않았습니다. 이런 일이 종종 있지 않습니까. 결정이 너무 늦어졌기 때문에 '부작위의 위법 확인'이라는 명목으로 제소를 했습니다. 지사가 판단을 내리지 않고 방치하는 것은 위법이라는 주장으로요. 그랬더니 그쪽도 어쩔 수 없다고 생각했는지, 수첩을 교부하지 않겠다는 판단을 내렸습니다.

그래서 이쪽은 새로이 수첩을 교부하지 않겠다는 결정을 취소해달라는 행정소송을 일으켰습니다. 상대가 매우 곤혹스러워하는 것 같았습니다. 법률에 규정이 없으니 "이 법 몇 조, 몇 항의 규정에 따라 교부하지 않았다"는 논리를 사용할 수 없잖아요. 그때 그들이 쥐어짜낸 논리를 지금도 기억하고 있습니다. "이 사람은 조만간 송환될 사람이기 때문에 일본의 '지역사회 구성원'으로 인정할 수 없다. 그러니 안 된다"는 것이었습니다.

구차한 변명이군요.

안 된다고 하기로 한 이상 논리가 필요했겠지만, 근거가 없잖아요. 그 상태에서 판결이 나왔습니다. 나는 1심에서는 어찌어찌 이길지도 모르겠지만, 최고재판소까지 가면 무리일 거라고 생각했습니다. 그러나 결국 1심(1974년 3월), 2심(1975년 7월), 최고재판소(1978년 3월)까지 모두 이겼습니다. 나도 솔직히 놀랐습니다. 지금까지 여러 재판에 얼굴을 디밀어왔지만, 전부 이긴 것은 이 사건밖에 없습니다.

이유는 명쾌하고 단순했습니다. 법률에 국적 조항, 국적 요건이 없기 때문에, 유일한 쟁점은 그가 피폭자인가 아닌가입니다. 손 씨는 원폭이 떨어졌을 당시 히로시마에 살고 있었고, 주변에 어떤 사람이 살았는지 증명해줄 사람이 두 명 있으면 된다는 조건[7]도 만족하고 있었습니다. [이 사실은] 행정에서도 부정할 수 없었습니다. 그런 상황에서 최고재판소가 판결에서 원폭 의료를 폭넓게 적용하는 것은 "이 법이 가진 국가보상의 취지"에 부합한다거나 "자기 의사와 관계없이 일본 국적을 상실했다는 사실도 감안한다면"이라는 식으로 역사적 경위도 명기했기 때문에 재외 피폭자와 관련된 그 뒤의 재판에 길을 열어주게 됩니다.

한편, 피폭자 건강수첩을 신청한 뒤에 손 씨는 퇴원해서 형기를 마치고 그대로 오무라에 수용됩니다. 그래서 1973년 10월에 강제 퇴거 명령의 무효를 확인하는 집행정지 재판을 일으키게 됩니다. 하지만 밀입국자가 일본에 재류할 권리가 있다고 법률적인 주장을 구성하는 것은 거의 불가능에 가깝잖아요. 여기서 근거가 되었던 것은 역사적 배경이나 일본의 책임성이었습니다. 모두가 열심히 공부해서 36년 동안의 식민 지배와 손진두 씨가 왜 히로시마에서 피폭됐는지에 대한 경위를 언급한 뒤에 일본이 손 씨에게 져야 할 책임이 있는 게 아니냐고 재판소에 추궁하게 된 거죠.

그런 가운데 수첩 재판은 술술 진행됐습니다. 당시는 한 달에 한 번씩 오무라에서 한국으로 송환선이 출항했지만, 배가 출발하기 전 주 정도에 다음 배로 송환되는 사람의 명부를 형무소 내에 붙여두는 관행이 있었습니다. 그래서 이쪽 변호단도 입국관리국에 다음 배에 그를 태울 것인지 물었습니다. 그쪽이 거짓말을 할 수 있을 리가 없잖아요. 그래서 "억지로 (손진두 씨를 배에) 태우려 한다면, 재판소도 [강제 송환을 금지한다는] 가처분 판단을 내릴 수밖에 없다"는 식

---

7   이른바 인우보증이다.—옮긴이

으로 응수를 이어가다 보니, 앞서 낸 수첩 재판에서 승소하게 되었습니다. 입국관리국도 곤혹스러웠을 거라 생각합니다. 만약 이 상태에서 강제 송환한다면, 1심이라고는 하지만 일본 법원이 인정한 피폭자를 송환하는 것이니까요. 그래서 결국 법무성도 최고재판소의 승소 판결 후 '재류 특별 허가'를 내줘서, [손진두 씨가] 일본에 머물면서 치료를 받을 수 있게 되었습니다.

그때 열심히 싸운 이가 구보타 야스후미久保田康史(1946~)로, 지금은 벌써 엄청난 베테랑이 된 변호사입니다. 손 씨의 사건이 발생한 것은 구보타 씨가 변호사로 첫발을 떼던 무렵이 아니었나 합니다. 나도 그때까지는 운동이란 것은 전문가인 변호사와는 별개로 움직이는 것이라고 생각했지만, 그 사건에선 달랐습니다. 구보타 씨와 피폭자 운동을 하는 나카지마 다쓰미中島竜美(저널리스트, 재한피폭자문제시민회의 대표, 1928~2008) 등이 매번 재판 준비를 위해 모였습니다. 거기서 누군가가 보고를 하면 논의하는 것이죠. 36년간의 [식민 지배] 역사나 피폭자는 어떤 이들인지에 대해 논의하고, 그 내용을 서면으로 만들었습니다. 시민운동과 변호사가 이런 식으로 협력해서 문제 해결을 위해 나서는 것은 그때까지 거의 없었을 겁니다. 지원자 가운데서는 후쿠오카의 이토 루이伊藤ルイ 씨(시민운동가, 오스기 사카에大杉栄와 이토 노에伊藤野枝[8]의 딸, 1923~1996)도 있었습니다.

그 재판을 통해 구보타 씨도 변호사로서 큰 보람을 느끼지 않았을까 생각합니다. 1심부터 최고재판소까지 모두 이기는 재판이라는

---

8   일본의 저명한 사회운동가이자 무정부주의자 부부로 1923년 9월 1일 간토대지진 이후인 16일 일본 헌병대사령부에 연행돼 학살됐다. 이들을 참살한 헌병 대위 아마카스 마사히코甘粕正彦(1891~1945)의 이름을 따 아마카스 사건이라 부른다.─옮긴이

건 길게 변호사 생활을 해도 좀처럼 드문 일이니까요.

특히 식민지 책임이나 과거 청산에 관련된 사건에서는 획기적인 결과입니다.

역시 결정적 요인은 '국적 조항'이 없었다는 것입니다. 그게 있었다면 졌을 겁니다. 역으로 말하면 국적 조항이 얼마나 강력한지 알 수 있습니다. 덧붙이자면 피폭자 문제에만 국적 조항이 없는 이유도 살펴봤습니다. [국적조항은] 아동수당이나 국민연금과 관련된 것에도 있고, 모두 후생노동성 소관이잖아요. 왜 피폭자만 없는 것일까 생각했습니다. 당시 피폭자는 공중위생국 기획과의 소관 업무였습니다. 이것이 힌트였습니다. 전상병자戰傷病者[9]는 인양원호국引揚援護局에서, 연금은 연금국에서, 아동수당은 아동가정국이 각각 담당합니다. 왜 (피폭자 문제는) 공중위생국인지 생각해봤습니다. 여러 자료를 읽어보니 포인트를 알 수 있었습니다. 역시 그렇구나, 생각했습니다. 정부 입장에서 피폭자는 전쟁 피해자가 아니라고 보고 있었던 것입니다. 전쟁 피해자는 인양원호국이 담당하게 되어 있습니다. 은급국恩給局은 총리부 소관이니, 그렇다면 피폭자와 공습 피해자가 남게 됩니다. 실제 국가 입장에서 말하자면, 귀찮은 문제는 전쟁 피해자의 범위입니다. 나도 그 후에 전상병자 문제에 대해 상당히 공부를 했지만, 국가가 보는 전쟁 피해자 즉, 원호 대책의 대상이 되는 기준은 "국가를 위해 무엇인가를 기여했는가?" "국가를 위해 일했는가?"입니다. 국가와 특별한 관계가 있는 사람에 대해 책임지는 것입니다. 공습 피해자의 경우

---

9   전쟁 중에 다치거나 병든 사람.—옮긴이

전전에는 '전시재해 보호법'(1942년)으로 보장을 해줬는데, 전후가 되면 [전쟁이 이미 끝났으니] 필요 없게 되는 것이죠. 좀 더 상세히 말해볼까요? 인양자[10]는 왜 피해자인가 하면, 예를 들어 조선은 일본의 영토였지만, 전쟁에서 패해 [그곳에 살던 이들은] 겨우겨우 목숨을 건져 [일본으로] 돌아와야 합니다. 개중에는 서울에서 크고 호화로운 저택을 갖추고 생활하던 사람도 있었을 테지만, 대부분 맨몸으로 돌아올 수밖에 없었습니다. 이른바 '재외자산의 상실'입니다. 그에 대해 국가는 책임을 져야 하기 때문에 '인양자급부금 등 지급법'(1957년)이 생겼습니다. 그리고 결국, 공습[피해]은 [국가보상 대상에서] 제외됩니다. 하늘에서 소이탄이 떨어져 피해를 입은 것이지 국가를 위해 무언가 일을 한 것이 아니기 때문에 안 된다는 논리입니다. 그런 의미에서 원폭도 마찬가지로 폭탄이 떨어진 형태로 피해를 입은 것이지만, 다른 한편으로 방사능 장애라는 후유증이 남게 됩니다. 이는 특별한 문제이기 때문에 난치병 대책으로서 국가가 대응해야 한다고 해 1957년에 '피폭자 의료법'(원자폭탄 피해자의 의료에 관한 법률)을 만들게 되었습니다. 이 제도를 통해 건강진단을 무료로 받고, 그 결과 치료가 필요한 경우엔 국가가 치료비를 지불하게 됩니다. 숨지게 되면 국가에서 장례식비로 10만 엔 정도를 지급합니다. 즉, 대상은 생존자뿐인 것입니다.

한편, 군인은 유족에게도 연금이 나옵니다. 하지만 피폭자 의료법이 생기는 1957년 이전에 죽은 피폭자에게는 어떤 수당도 지급되지 않습니다. 왜냐면 난치병 대책이기 때문이죠. 군인은급(연금)을 받

---

10   일본의 패전이 확정된 뒤 일본 본토 외에 머물다 본국으로 돌아온 이들.─옮긴이

고 있는 사람과의 불평등 때문에 피폭 당사자들이 열심히 운동을 합니다. 그 결과 국가를 움직여 1968년 피폭자 특별조치법(원자폭탄 피해자에 대한 특별조치에 관한 법률)이 생겼습니다. [피폭자들은] 난치병을 앓고 있다고 해석해 건강관리 수당이라는 형태로 현금이 지급됩니다. 하지만 어디까지 이는 '수당'이고, '연금'이라는 이름으로 수급을 받는 군인은급과는 다른 것입니다.

즉, 인양원호국이 소관하게 되면 국가의 책임 문제와 얽히게 됩니다. 여기에 공중위생국이 달라붙게 됩니다. 이 부분이 포인트입니다. 이 국은 결핵예방법이나 성병예방법 등 공중위생 전체를 개선하는 일을 합니다. 예를 들어 결핵예방법은 전염병인 결핵을 퇴치하기 위한 특별법입니다. [감염된 외국인을 치료하지 않으면 내국인도 위험해지니] 일본 국적을 가지고 있는 사람만 상대할 수는 없죠. 그래서 이곳이 소관하는 법률에는 국적 조항을 붙이지 않았습니다. 어쨌든 전부를 커버하지 않으면, 그러니까 국적으로 배제를 하면 전체를 상대해야 하는 일의 성격과 모순이 발생하게 됩니다. 공중위생국이 일을 가져가 처리했기 때문에 국적 요건을 부과할 수 없었던 것입니다.

누가 어떻게 관여해서 이렇게 된 것인지를 조사해보니 재미있는 결론을 얻었다고 생각했지만, 사실상 이는 '뜻밖에 얻게 된 공'입니다. 손 씨의 재판에서도 내가 몇 번이나 후생노동성으로 가 항소를 단념하라고 말할 때마다 응대하러 나온 것은 공중위생국 기획과였습니다. 이상한 일이라고 생각했는데 이런 이유 때문이었습니다. 그래서 후생성이 1997년에 발간한 『원호 50년사援護五〇年史』(후생성 사회·원호국 원호 50년사 편찬위원회 감수, 교세)라는 총괄적인 책을 보면, 피폭자에 대해서는 한 마디도 나오지 않습니다. 실로 대단하다 해야 하는지….

내가 일본의 아카데미즘에 매우 문제가 있다고 여기는 것은 지금 얘기한 사회보장이나 전쟁 희생자 원호가 만들어지게 된 과정 등은 전전의 역사와 [현재와의] 관계, 전전·전후의 연속성을 생각할 때 매우 구체적인 문제입니다. 예를 들어 군인은급은 계급별로 연금 액수가 달라집니다. 바꿔 말하자면, 전전의 군 제도가 전후에도 그대로 남아 있는 것입니다. 이것도 송신도宋神道 씨(옛 위안부라고 자신을 밝히고 법정에서 싸웠던 자이니치 조선인, 1922~2017)의 재판 때 청구액을 얼마로 할지 논의하면서 그렇다면 도조 히데키의 부인이 받는 연금액을 청구하자고 얘기가 모아졌습니다. 금액을 산출하는 게 까다롭지 않을까 생각해 조사해보니 군인이었을 때의 지위에 호응해 금액이 정해지기 때문에 기계적으로 액수가 나오는 겁니다. 독일에선—내가 조사해본 것은 서독뿐이지만—전후에는 계급 같은 것은 모두 폐지하고 받은 손해에 따라 금액을 정합니다. 전쟁에서든 공습에서든 죽은 사람은 모두 같은 금액을 받습니다. 지위와 관계가 없습니다. 죽은 사람은 모두 같다는 것이고, 장애를 입은 사람은 그 등급에 따라 금액이 달라집니다.

전전과 전후의 연속성, '계속되는 식민지주의'라는 실태가 있는 것이군요.

역시 일본의 전후 사상과 역사 같은 것을 제대로 연구하려 한다면, 지금 말한 얘기를 어떻게 정리할 것인가가 매우 중요합니다. 풍부한 재료가 있으니까요. 그리고 주목해야 하는 것은 일본에서 원호입법과 사회보장법이 1960년대에 대체로 완성된다는 점입니다.

고도 경제성장기에 접어들면서 이 사회는 과거에 뚜껑을 덮었다는 것이

군요.

나한테 시간과 능력이 있다면 "일본의 전후사에 있어서 60년대란 무엇인가"를 정리해보고 싶어요. '1960년'이라는 제목을 단 책을 몇 권 보긴 했지만, 내가 관심을 갖는 문제는 나오지 않았습니다. 함부로 내놓은 하찮은 이론이 많고요. 팩트를 캐낸다면 좀 더 리얼한 것들이 보일 것이라 생각합니다. 예를 들어 전국 전몰자 추도식을 정식으로 거행한 것은 1963년입니다. 그 전에 야스쿠니신사에서 한참 전에 한 번 한 듯하지만,[11] 「잊혀진 황군忘れられた皇軍」(오시마 나기사大島渚 감독의 텔레비전 다큐멘터리)이 방영된 것도 천 엔짜리 지폐 인물로 이토 히로부미가 선정된 것도 모두 1963년입니다. 그리고 1964년에 전몰자 서훈이 재개됩니다. 1964년에는 도쿄올림픽이 있었고, 신칸센, 모노레일, 수도고속도로 개통 등으로 이어집니다. 그리고 마지막 마무리가 1970년의 오사카 만국박람회(엑스포)입니다. 1960년부터 1970년, 나는 이 시기를 '천 엔 지폐' '잊혀진 황군' '대동아전쟁 긍정론'이라는 세 가지를 통해 생각합니다. 다른 한편에서는 '서훈' '도쿄올림픽' '삼종신기'[12]를 떠올리겠죠. 이 갭입니다.

『전후 일본 스터디스戦後日本スタディーズ』(이와사키 미노루岩崎稔, 우에노 지즈코上野千鶴子, 기타다 아키히로北田暁大, 고모리 요이치小森陽一, 나리타 유이치成田龍一 편저, 전 3권, 기노쿠니야서점, 2008~2009)라는 책이 나

---

11 1952년 5월 2일 전후 첫 정부 주최 전몰자 추도식이 열렸다. 야스쿠니신사가 아닌 신주쿠 교엔에서 개최됐다.—옮긴이

12 일본 고대부터 대대로 천황이 계승하는 세 개의 보물인 청동거울·칼·구슬을 이르는 말이다. 이 시기의 삼종신기란 일본의 경제성장을 대변하는 세 개의 가전제품인 텔레비전·냉장고·세탁기를 뜻한다.—옮긴이

와 있죠? 훌훌 넘겨봤지만 어쨌든 내가 알고 싶은 것은 나와 있지 않
았습니다. 최근에 나온 『'전후'의 탄생—일본, 그리고 '조선'이라는 경
계』(그린비, 2013)[13]가 그런 의미에선 역작이라고 생각합니다. 도쿄외
국어대학을 퇴직한 나카노 도시오 씨(역사사회학)가 모두 논문을 쓰
고, 권혁태權赫泰 씨(성공회대 일본학과 교수, 한일관계사, 일본현대사) 등
한국 연구자들의 논고를 번역한 책입니다. 일본의 전후 사상에서 '조
선인'이란 존재가 얼마나 누락돼 있는지, 식민지 지배에서 기인하는
자이니치의 존재와 식민지 이후의 문제를 얼마나 무시한 채 전후사를
써왔는지, 그런 거짓말이 상당히 구체적으로 폭로되어 있습니다.

> **'전후라는 허구/기만'이라는 것이지요. 피폭자 지원이 공중위생국의 관**
> **할이라는 얘기로 돌아가면, [일본 내의] 공중위생이란 관점에서 해외 피**
> **폭자에게는 1원도 지급하지 않겠다는 방침도 어느 의미에선 정합성이 있**
> **네요.**

그렇습니다(웃음). 최고재판소 판결을 요약한다면 "피폭자는 어디 있
더라도 피폭자"라는 것입니다. 국적 조항이 없다면 남는 것은 피폭자
인지 아닌지뿐입니다. 그래서 건강관리 수당도 나오게 되었습니다.
여기에는 공금이 수반됩니다. 게다가 밀입국이라도 일본의 영역 내
에 들어오게 되면 법률을 적용해서 커버해야 한다는 판단도 확정됐습
니다.

아시다시피 일본 정부는 그 이후, 재한 피폭자가 일본을 방문해

13　일본에서 나카노 노부코中野宣子가 번역한 『〈戰後〉の誕生—戰後日本と「朝
鮮」の境界』(新泉社, 2017)로 출간되었다.—옮긴이

치료받을 수 있게 합니다. 일본에 올 수 있는 사람은 일본에 와서 원폭병원에 입원하면 무상으로 치료받을 수 있고, 그 사이에 건강관리 수당도 나옵니다. 그러나 어느 정도 치료가 끝나 귀국하면 건강관리 수당은 나오지 않게 됩니다. 일본 땅을 떠나면 피폭자 건강수첩의 효력이 없어진다는 게 정부의 견해였습니다. 그러나 그것은 사실 법률을 통해 취한 조처가 아닙니다. 1974년에 나온 이른바 '402호 통달'[14]입니다. 그 문제로 다시 재판을 해 그 통달 자체가 위법이라는 형태로 뒤집혀서 지금은 이미 폐지되었습니다. 이 또한 재한 피폭자의 법정 투쟁이 [문제 해결의] 돌파구가 됐지만, 이를 통해 실질적으로 도움을 받은 일본인도 많지 않은가 생각합니다. 처음에는 이른바 '재한 피폭자 문제'라고 말했었지만, 그 뒤에는 '재외 피폭자 문제'로 확장되었으니까요. 피폭자 중에는 전후 미국이나 브라질로 이주한 이들도 있는데, 나이가 들어가면서 이런저런 병에 걸리기도 했다고 해요. 나카지마 다쓰미 씨에게 듣고 매우 인상에 남았던 얘기는 피폭자에게는 금이 생겨버린 그릇 같은 측면이 있다는 것입니다. 바로 깨지는 것은 아니지만, 아주 작은 일이 생기거나 나이를 먹어감에 따라 장애가 드러나게 된다고요. 정말 그렇겠구나, 생각했습니다.

제게는 '일본 정부로부터 치료받을 권리가 있다'고 선언하는 투쟁으로 다가왔습니다. 역사적 승소에 대해 손 씨와 기쁨을 나눌 기회는 있었습니까.

---

14   옛 후생성이 1974년 7월 내놓은 통달. 법률이 아니라 후생노동성의 재량적 판단으로 피폭자가 일본국 밖을 벗어나면 수당을 지급하지 않게 했다. 2002년 12월 오사카고등재판소가 "피폭자는 어디에 있어도 피폭자"라는 판결을 내놓은 뒤 일본 정부가 이 통달을 폐지했다.—옮긴이

없었습니다. 손 씨는 수첩 재판의 최고재판소 판결 이후 재류 특별 허
가가 나올 때까지 오무라 수용소에서 나오지 못했습니다. 재류 허가
가 나온 뒤 한번 만나러 가야 한다고 생각하던 중에 돌아가셨습니다.
그 재판에도 갈림길이 있었습니다. 손 씨와 한 달에 한 번씩 줄곧 면
회를 해왔던 이리에 기요히로入江清弘(1932~2013)라는 후쿠오카의 목
사님이 있었습니다. 그에게 들은 얘기인데, 재판을 하고 있을 때 부산
에 살고 있던 손 씨의 어머니가 돌아가셨습니다. 그래서 입국관리국
에서 손 씨에게 "부모가 돌아가셨으니, 돌아가서 제대로 장례식을 치
러야 하지 않겠냐"고 집요하게 권했다고 합니다. 당시는 일본에 와야
비로소 수첩이 나오는 구조였기 때문에, 본인이 자신의 의사로 돌아
가면 수첩도 사라지고 재류도 할 수 없게 됩니다. 재판도 끝나기 때문
에 입국관리국으로서는 만만세를 부르게 되는 상황이었습니다. 비루
한 공격 방식이지만, 그렇게 돌아간다면 [지금까지의 투쟁이] 전부 수
포로 돌아가게 되는 겁니다.

　　'작은 미물에게도 다 자기 생각이 있'듯이, 상당히 고뇌했으리
라 생각합니다. 그는 남기로 결정했지요. 면회할 때 그가 이 얘기를
하면서 "입국관리국으로부터 이런저런 말을 들었지만, 나는 일본에
서 최선을 다하겠다. 돌아가지 않겠다"고 말했다고 합니다. 그가 거
기서 버텨준 것이 결정적인 의미를 가지게 됐습니다. 지금은 재외 피
폭자에 대한 수당 문제도 상당히 개선되었지만, 그때 손 씨가 돌아
갔다면 지금과 같은 상황은 만들어지지 못했을 겁니다. 그래서 정말
로 역사라는 것은 아이러니하다고 생각합니다. 나 자신도 그 경험을
통해 식민지 지배 36년간의 역사에 좋든 싫든 마주할 수밖에 없게 되
었습니다.

3장

'국적'이라는 차별 장치

유학생의 재류 자격 문제를 통해 다나카 히로시는 조선인 피폭자 손진두 투쟁에 관여하게 됐다. 이는 식민지 지배 36년 그리고 그 후에도 이어지는 정의롭지 않은 것들과 "좋든 싫든 마주할 수밖에 없게 된" 경험이었다. 같은 1971년 다나카는 그의 미래를 결정짓는 또 하나의 만남을 갖게 된다. 일본 국적 확인 소송, '개의 명찰犬の鑑札'이라 불리던 외국인등록증명서 소각, 수많은 '전후 보상 소송' 등을 통해 일본을 급진적으로 추궁했던 송두회(1915~2002)와 인연을 맺게 된 것이다. 그와의 만남은 '국적이란 무엇인가'를 본격적으로 생각하는 계기가 됐다.

송 씨와의 만남도 유학생 장학금 지급 중단을 둘러싼 재판이 계기가 된 것인가요.

출입국관리법 개정과 병행하는 모양새로 일본 정부는 외국인의 정치 활동에 대한 공격을 강화해갑니다. 여기서 내가 관여하게 된 것은 싱가포르 출신의 유학생 추아수이린Chua Swee Lin 군 사건이었습니다. 그는 일본 정부의 국비 유학생 신분으로 지바대 유학생부에서 공부하고 있었습니다. 그러면서 말레이시아재일학생연합회의 회장으로 말레이시아 연방 결성에 항의하는 목소리를 냅니다. 그랬더니 신생 말레이시아 정부는 그의 장학금을 끊고 일본 정부에 본국 송환을 요청합니다. 일본은 어이없게도 이 요청을 간단히 받아들여 그의 장학금을 끊고, 대학마저 그를 제적하고 맙니다. 1964년 12월이었습니다.

지바대의 제적 결정은 그가 장학금 지급 중단 처분의 취소를 요구하며 문부과학성을 상대로 소송을 벌인 것에 대한 음습한 보복이라고 해석할 수밖에 없습니다. [지바대의] 유학생과 일본인 학생, 다나카 씨 등 지원자

들이 대학에 몰려가 밤낮을 가리지 않고 감시·항의한 결과, 비자 갱신 기한의 마지막 날 가까스로 사비 유학생이라는 신분으로 재입학을 하는 데까지는 반격에 성공합니다. 미나마타水俣 시리즈[1]로 알려진 다큐멘터리 영화감독 쓰치모토 노리아키土本典昭 씨(1928~2008)의 대표작 중 하나인 「유학생 추아수이린留学生チュアスイリン」(1965)[2]은 그 기록입니다. 그 뒤로도 장학금 지급 중단을 둘러싼 재판이 이어져 다나카 씨는 원고 보좌인으로 법정에 서기도 했고, 추아 씨는 최종적으로 전면 승소했습니다.

쓰치모토 씨는 처음에 니혼테레비의 「논픽션 극장ノンフィクション劇場」[3]에서 다뤄보고 싶다는 생각으로 찾아왔습니다. 하지만 외교 문제가 될 수 있다는 방송국의 뜻에 따라 기획이 묻혀버렸던 것 같습니다. 비슷하게 NHK도 찾아와 「현대의 초상現代の肖像」이라는 연재 프로그램을 통해 방송하려 했지만 역시 중지되었습니다. 역시 이유는 '외교 문제'라는 것이었습니다. 그리고 "재판 중인 사안이다"라는 것이었죠.

「잊혀진 황군」[4] 같은 내용도 방송했던 「논픽션 극장」에서도 방송 불가였다는 사실이 큰 충격이네요. 그 정도로 큰 벽이 가로막고 있었던 운동에 대한 기록이 이 작품입니다.

---

1   일본의 공해병인 미나마타병의 문제를 추적한 다큐멘터리 연작.─옮긴이

2   https://www.youtube.com/watch?v=OYKWSPEwiHo─옮긴이

3   1962년 1월 18일부터 1968년 3월 28일까지 니혼테레비에서 방송한 다큐멘터리. 특정 인물과 함께 생활하면서 밀착된 모습을 날 것 그대로 전하는 파격적인 형식과 NHK에서는 쉽게 다루지 못하는 주제에도 주목해 큰 호응을 받았다.─옮긴이

4   일본군으로서 출정해 회복할 수 없는 장애를 입었지만, 일본에서도 한국에서도 보상받지 못한 자이니치 한국인 상이군인들의 모습을 추적한 작품. 9장과 10장에서 자세히 다룬다.

쓰치모토 씨는 훌륭한 사람이었다고 생각합니다. 그는 이런 얘기를 썼습니다. "기획이 폐기됐다고 해서 절대로 몸을 뺄 순 없었다. 추아 군 같은 사람들이 또 '일본'에게 배신당했다고 실망할 것을 생각하니 그럴 수 없었다"라고. 여기서 포기한다면 다큐멘터리 작가로서 그를 두 번 배신하는 게 된다. 니혼테레비가 빠진다 해도 나는 어쨌든 계속 카메라를 통해 추아 군을 지켜보겠다고요. 그랬더니 이와나미岩波영화의 예전 동료이자 당시 텔레비전 광고를 찍으며 밥벌이를 하던 구도 미쓰루工藤充 씨가 "도로쨩(쓰치모토의 애칭)이 한다면 내가 전부 필름을 제공하겠다, 트라이엑스(고감도 필름)를 마구 써도 내가 전부 책임지겠다"고 했습니다. 그 덕에 대학에서 숙박 농성을 하거나 총장을 마구 규탄하는 모습을 전부 촬영할 수 있었습니다. 1965년 6월에 독립영화로 완성되었습니다.

이를 계기로 쓰치모토 씨는 방송국을 나와 영화 작가로서 자립하게 됩니다. 참으로 기념비적인 작품입니다.

추아수이린 문제에 관여했던 사람 중에 교토약과대학에서 선생을 하고 있던 오사와 모토이大沢基(역사학, 1922~1991)라는 분이 있었습니다. 아시아·아프리카연대위원회의 교토 쪽 임원이었고, 교토대학 구마노 기숙사 근처에 있었던 '교토 국제학생의 집'에서 사감을 하며 유학생들의 뒤를 봐주고 있었습니다. 그런 관계로 오사와 씨는 송두회 씨와도 인연이 있었습니다. 그가 송 씨에게 내 얘기를 했던 것 같습니다. "유학생 사건이나 출입국관리법이라든가, 외국인에 관한 여러 활동을 하는 다나카라는 사람이 있다"고 말이죠. 그래서 어느 날 갑자기 송 씨에게서 속달우편이 온 것입니다. "오사와 씨에게 당신의 이름을 들었다"라는 내용으로 시작되는 편지지에 빽빽이 글자가 적혀 있었습니다(웃음).

놀라셨겠네요. 정말 송 씨답습니다.

송 씨는 1915년생입니다.

경상북도 칠곡군에서 태어나 1920년 아버지를 따라 교토부 북부에 있는 아미노초로 건너갑니다. 그 후에는 절에 맡겨져 승려로서 성장합니다. 1933년 옛 만주로 건너가 대륙에서 방랑 생활을 한 뒤 해방은 베이징에서 맞게 됩니다[송두회, 『만주국 유민—어느 자이니치 조선인의 혼잣말 満州国遺民—ある在日朝鮮人の呟き』(후바이샤, 2003)].

1910년 병합 이후에 태어난 것이죠. 그래서 편지를 읽어보니 취지는 이렇습니다. "나는 태어났을 때 일본인이었는데 내게 어떤 양해도 구하지 않고 내 국적을 없애더니, 어느 날 갑자기 외국인으로 만든 뒤 이러쿵저러쿵하고 있다"는 것이죠. 게다가 1947년에 일본으로 돌아왔으니, 전후에 입국한 셈입니다. 그러니 이른바 옛 식민지 출신자들에게 부여되는 재류 자격도 인정받지 못하고,⁵ 일반 외국인과 똑같이 정기적으로 재류 기간을 갱신하지 않으면 재류 자격이 없어지게 됩니다. 그래서 말하는 겁니다. "지금까지의 역사를 생각하면 '그다지 살기 좋은 곳이 아닐지 모르지만 부디 와 주십시오' 정도의 인사는 있어야 할 텐데, 비자를 연장한다는 둥 연장하지 않는다는 둥 지문을 찍

---

5   재류 자격이 인정되려면 1945년 8월 이전부터 계속 일본에 머물러야 한다.—옮긴이

으라는 둥 이러쿵저러쿵 얘기를 들어야 한다니 납득할 수 없다. 그래서 일본국을 상대로 내 일본 국적을 확인하는 소송을 하고 있다. 그러하니 여러 가지로 협력해줬으면 좋겠다"라고요. 놀랐습니다. 생각지도 못한 얘기와 논리였기 때문이죠.

식민지 지배로 조선인을 황국신민으로 삼고, 말과 이름도 빼앗고, 마지막에는 전쟁에까지 끌어냈으면서, 전후에는 표변해 샌프란시스코 강화조약이 발효되는 것과 동시[6]에 일본 국적을 상실시켰습니다. 일본의 국적법에는 본인의 의사 확인 없이 국적을 없앤다는 내용은 없는데도 국적 선택권을 부여하지 않았습니다. 그래서 자이니치 조선인은 지금도 일본 국적을 갖고 있어야 한다는 송 씨의 주장은 논리적으로는 성립한다고 생각하지만, 그렇게 말하는 사람과 만난 것은 처음이었습니다.

분명 일본의 국적법에 비춰본다 해도 자이니치의 [일본] 국적을 빼앗는 것은 있을 수 없는 일이었습니다. 게다가 두 번의 세계대전을 경험하고 [1948년] 채택된 세계인권선언에서 "모든 사람은 국적을 가질 권리를 가진다"(제15조 1항), "어느 누구도 자의적으로 자신의 국적을 박탈당하지 아니하며 자신의 국적을 변경할 권리가 부인되지 않는다"(제15조 2항)고 정한 후 4년 뒤에 이뤄진 조치였습니다. 자이니치 조선인의 국적을 둘러싼 문제의 시작점에는 두 차례의 세계대전을 경험한 뒤 생겨난 '국제인권'을 정면으로 거스르는 폭거가 있었던 것입니다. 『재일 외국인 제3판 ─법의 장벽, 마음의 골在日外国人 第三版 ─法の壁, 心の溝』(다나카 히로시 저, 이와나미신쇼, 2013)에서도 그 경위를 다루고 있지만, 최초 자이니치의 국

---

6   1952년 4월 29일이다.—옮긴이

적은 선택제로 한다는 견해였는데 어느새 일방적으로 국적을 박탈하게
되었습니다. 그런 불합리함을 생각한다면 "나는 일본인"이라고 주장하
는 건 일리가 있지만, 한편으로 일본 국적은 일본어와 일본식 씨명과 마
찬가지로 동화정책의 상징이며, 내팽개쳐야 할 대상이기도 합니다. "일
본 국적을 확인한다"는 재판에는 '자이니치' 사회로부터 상당한 반발이
있었던 것 같습니다만.

그래서 송 씨는 본인소송으로 혼자 재판 투쟁을 하고 있었던 것입
니다. 어쨌든 만나보자고 생각해 교토에 날아가 오사와 씨에게 갔습니
다. '교토국제학생의 집'의 응접실 같은 곳에서 자신의 지론을, 뭐
랄까 간절히 쏟아내는 송 씨의 얘기를 들었습니다.

1973년에는 법무성 앞에서 외국인등록증을 소각하고, 형사피고인이 되
어 자기 주장을 전개—저는 정당한 행위라고 생각합니다만—하는 등 송
씨는 분명 '기인이자 별난 사람'이었습니다. 적어도 저에게는 그렇게 멋
지고 매력적인 사람도 없었습니다. 그를 만난 것은 우키시마호浮島丸 소
송[7] 때였습니다. 기자회견에서는 "왜놈들에게 천벌을 내리자"고 말하고
싶은 대로 실컷 말한 뒤 자리에서 일어나, 한마디를 더 얻어내려고 뒤따
르는 기자들에게 "시끄럽다"며 일갈하고 퇴장했죠. 우키시마호 폭침 현

---

7   1945년 8월, 귀환하는 조선인을 태우고 아오모리현 오미나토를 출항한 '우
    키시마호'가 기항해 있던 마이즈루 항(교토부)에서 폭발한 뒤 침몰해 최소
    549명이 사망한 대참사를 이른다. 기뢰에 접촉했다는 게 원인이라고 하지만,
    자폭설도 있어 진상은 불명확하다. 1990년대에 들어서 송두회 씨의 호소를
    받아들인 한국의 생존자와 유족들이 일본 정부를 상대로 배상과 공식 사죄를
    요구하며 제소했다. 1심에서 교토지방재판소는 원고에게 일부 승소 판결을
    내렸지만 고등법원에서 역전 패소를 당했고, 2004년 최고재판소에서 청구
    권 각하를 최종 확정했다.

장을 바라보며 부모의 이름을 부르는 유족들을 앞에서 찍으려고 정면에서 카메라를 들이댄 방송 스태프들을 "무례한 놈, 비켜"라면서 지팡이로 때리기도 했습니다. 그러다 항구에서 제사가 끝난 뒤 제사상에 올랐던 떡, 과일, 건어물 같은 것에 더해 맥주를 캔째로 바다에 던지는 겁니다. 텔레비전 카메라가 찍고 있어도 상관하지 않습니다. "그래도 캔은 내용물만!"이라고 말하면, "괜찮아. 물고기들이 먹어"라며 생긋 웃습니다. 정말로 범상한 사람은 아니었습니다. 다나카 씨는 어떤 인상을 받았나요?

보통 때는 담담히 말하는 사람이었죠. 그런데 한마디 한마디가 뭐랄까요, 들어본 적이 없는 얘기라서 빨려드는 것 같은 느낌이랄까. 그게 매우 신선했고 눈에서 비늘이 떨어지듯 시야가 확 트인다고 할까, 완전히 딴 세계에 있는 한 번도 생각했던 적이 없는 것들이었죠. 당시 나는 손진두 씨 문제에도 관여하고 있었기 때문에 국적 문제에 관심을 갖기 시작했던 시기였지만, 거의 생각해본 적도 없는 얘기들이었습니다. 그래서 재판을 방청하러 가게 되었습니다. 그러는 사이에 지금은 교토변호사회의 큰 어른이 된 오노 노부유키小野誠之(1942~), 당시엔 아직 신참내기였던 오노 씨가 송 씨의 상담에 응하게 되었습니다. 그 무렵엔 학생운동이 상당히 활력이 있어서, 학생들에게 송 씨는 존경의 대상이었습니다. 교토대 구마노 기숙사의 방 두 개를 제공해서 살게 하기도 했죠(웃음).

기숙사의 신좌익 학생들이 가모가와 다리 밑에서 노숙을 하는 통에 정해진 주거가 없었던 송 씨를 이른바 '삼고초려'를 해 모셔왔다고 들었습니다. 1973년의 일입니다. 내가 그를 취재했던 「마이니치신문」의 교토지국 시절에도 방 두 개를 사용하고 있었습니다.

나도 교토에 갈 때마다 여러 번 거기서 묵었습니다. 여하간 나는 1972년 아시아학생문화협회에서 아이치현립대학으로 옮기게 되었습니다. 그래서 대학에 가보니, 「기요紀要」라는 학술지가 있어서 교수라면 뭔가 [그곳에 논문을] 써야 했습니다. 이런 귀찮은 게 있는지 몰랐던 터라 어떻게 할까 생각하면서 곤란해하고 있었습니다. 그러다 '이런 이야기도 재미있었으니 그것을 실마리로 삼아 뭔가 만들어보자'고 생각해서 쓴 것이 「일본의 식민지 지배하에 있어서 국적 관계의 경위―대만·조선에 관한 참정권과 병역 의무에 대해日本の植民地支配下における国籍関係の経緯―台湾・朝鮮に関する参政権と兵役義務をめぐって」(「아이치현립대학 외국어학부 기요(지역연구·관련제과학편)」 9호, 1974)였습니다. 즉, 병역 의무와 참정권에 대한 논고였습니다. 계기가 된 것이 송 씨였죠. 글의 앞머리에 송 씨에게서 온 편지에 이런 얘기가 적혀 있어서, 그것을 기초로 내가 이런저런 생각을 해 논문으로 썼다는 내용을 적었습니다. 나로서는 매우 기념할 만한 논문이었습니다. 바꿔 말한다면, 그 정도로 송 씨가 나에게 큰 임팩트를 주었다는 말이 됩니다. 그래서 송 씨와 만나지 못했다면, 그 이후 나의 미래는 전혀 달라졌을지도 모릅니다. 그러니까, 자이니치 조선인으로서 여태껏 일본 국적을 갖고 있다고 주장하는 것은 자이니치 사회 안에서도 금기라고 할 정도까진 아닐지 모르지만 거의 들을 수 없는 주장이잖습니까.

그렇지만 자이니치를 둘러싼 문제 해결에 뛰어들기 시작한 초기에 만난 인물이 '이단' 그 자체라 할 수 있는 송 씨였다는 것은 운명적이네요.

이단아라고 한다면, 그다음으로 만난 최창화 씨(목사, 1930~1995)도 그랬죠. 모두 잘 아는 '김희로金嬉老 사건'[8](1968년) 때 그가 자이니치 조선인을 '소수민족'이라고 써서[최창화, 『김희로 사건과 소수민족金嬉老事件と少数民族』(사카이쇼텐, 1968)], 이것도 자이니치 사회에서 엄청난 반발을 사게 됩니다. 최 씨도 몸이 억세서 좀 무서운 느낌이 드는 사람이었죠(웃음).

그렇다고 해도 자이니치 중 이단인 사람들의 얘기에 위화감은 없으셨는 지요?

음, 호즈미 고이치 선생의 영향이랄까요. 선생은 논리가 아니라 감성으로 얘기를 하는 사람이었습니다. 그런 선생이 염불처럼 하던 얘기가 "가치관을 버려라"였습니다. 굳이 내 식으로 말하자면, 유학생들과 마주할 때는 자신이 가진 가치관을 전부 버리고, 그 지점에서 시작해야 한다고 생각했습니다. 이를테면 이쪽 입장에서 상대에게 설명하거나, 이쪽 입장을 유학생들에게 이해시키는 모양새로 커뮤니케이션을 하면 안 된다는 겁니다. 처음엔 먼저 유학생들이 말하는 것, 그들

---

8   1968년 2월, 시즈오카 시내 카바레에서 자이니치 조선인 2세인 김희로(권희로)가 금전 문제로 야쿠자 두 명을 소총으로 사살하고 스마타쿄 온천으로 도망친 뒤, 손님과 종업원 들을 인질로 삼아 농성한 사건. 김희로는 취재하러 온 기자들에게 자신이 받았던 수많은 민족 차별을 토로하고, 지역 경찰서의 형사에게 차별 발언에 대한 사죄를 요구하기도 했다. 그로 인해 일본 사회에서 크게 주목받았다. 농성을 시작한 지 약 88시간 뒤 김희로는 기자들에 섞여 들어온 경찰관에게 체포되었지만, 재판에서도 "조선인에 대한 민족 차별을 빼고 사건을 말할 수 없다"고 주장했다. 법정에서 김달수金達洙(작가), 김시종金時鐘(시인), 고사명高史明(작가), 히다카 로쿠로日高六郎(사회학자) 등이 의견을 진술했다. 사형이 구형됐지만 재판소는 무기징역을 선고했고, 1999년 출소했다. 일본 정부가 일본 내에서 보호관찰을 받아들이지 않아 한국으로 돌아가 2010년 3월 한국에서 사망했다. 향년 81세.

의 논리, 가치관에 가만히 귀를 기울여서, 물론 반론은 할 수 있다 해도 먼저 이쪽의 생각을 없애고, 차분히 그들의 얘기를 들어야 한다고요. 뭐랄까, 추상화해서 말하자면 그런 공간 안에서 살았었습니다.

다나카 씨의 공정한 자세와도 통하는 게 있다고 생각합니다.

그래서 송 씨와 만났을 때도 아마 나는 어쨌든 이 사람이 말하는 것을 가만히 듣자, 라는 태도를 취했을 겁니다. 그렇지만, 뭐(웃음), 한마디 한마디 듣는 얘기 하나하나가 일반적으로 지금까지 들어본 적은 없지만, 논리적으로는 "정말, 그렇네"라는 생각이 드는 것들이었습니다. "조그마한 나라에, 뭐 별로 살기 편하지 않을지 모르지만 괜찮으시다면 부디 와주십시오, 정도의 인사는 있어야 하는데 비자를 연장하라는 둥 지문을 찍으라는 둥 뭐 하는 짓인가 싶다"라는 얘기였습니다. 그렇지만, 듣고 보면 역시 그건 정말 그렇다고 생각하게 됩니다(웃음).

그래서 '국적이란 무엇인가'에 대해 생각하게 되어, 국적을 매개로 생각할 때 비교적 이해하기 쉬운 예로서 의무 중 가장 상징적인 것인 병역 의무, 나아가 권리의 상징인 참정권에 관심을 가지고 들여다보며 식민지 시대엔 이것이 어떻게 되어 있었고, 전후에는 어떻게 되었는지를 쓴 것이 그 논문이었습니다.

정말로 열심히 쓴 논문이라 그 후에도 내 학문 생활의 매우 중요한 기반이 되었습니다. 송 씨 문제도, 손진두 씨 문제도 나중에 다룰 석성기石成基 씨(전 군속, 1922~2001) 등 이른바 '잊혀진 황군'들의 문제도 결국 따지고 들어가면 전부 '국적' 문제로 환원됩니다.

그런데 국적 확인 문제 소송의 방청은 어떻게 하셨는지요.

간간이 갔습니다. 도중에 오노 노부유키 씨가 대리인을 하게 되어서, 내가 교토까지 가면 대체로 송 씨가 머무르는 기숙사에서 묵으면서 변호단 회의에 참석하거나 법정에 가기도 했습니다. 교토 변호사들과의 인연은 그 무렵부터입니다. 고야마 지카게小山千蔭 씨(1944~2019) 같은 분들요.

송 씨는 변호사분들과 교류할 때도 강렬했습니다. 사무실을 돌아다니는데, 보통 30분에 5,000엔 정도 비용을 내고 상담하지 않습니까. 그는 거꾸로 변호사들로부터 모금을 받으면서 돌아다녔습니다(웃음). 그다음에 학자들에게도 그랬죠. 돈은 있는 곳에서 걷으면 된다는 식으로요. 예전의 '대륙낭인' 같은 대단함이랄까, 오스기 사카에 같은 20세기 초에 있었던 아나키스트들의 막무가내 같은 것들을 생각나게 했습니다.

맞아요, 맞아요(웃음). 누구도 어떤 불평도 하지 않았습니다. 우키시마호 소송도 송 씨가 원고를 모아 조직책으로 돌아다녔죠. 그리고 사할린 잔류 코리안 문제[9]도 송 씨가 가장 먼저 문제를 제기했습니다.

---

9   러일전쟁으로 일본은 북위 50도 이하의 남가라후토(남사할린)를 획득했다. 이후 일본 정부는 그곳에 있었던 여러 탄광에 조선인 노동자를 동원했다. 일본이 패전할 무렵 사할린에서 살던 조선인이 약 4만 명이나 됐던 것으로 알려져 있다. 1946년 7월 조사를 보면 지시마(쿠릴열도)를 포함해 사할린 전토에 있던 조선인 인구가 2만 3,000명이 넘었다고 한다. 1946년 12월 '미소인양협정' 체결과 1956년 '소일국교회복'으로 사할린에 살고 있던 일본인들은 대부분 귀환했지만, 현재 대한민국이 고향인 조선인 대부분의 귀환은 점점 늦어져 진전되지 못했다. 큰 원인은 [조선인들이 사할린에 살게 된 데 대해] 역사적 책임이 있는 일본 정부가 1980년대 후반까지 귀환 운동을 지원하는 데 부정적이었다는 점을 들 수 있다[또 하나의 이유를 꼽자면 1990년까지 한국과 소련 사이에 정식 국교가 없었다는 점이 있다]. 일본이 그 '이유'로 제기한 것은 일방적인 조처로 빼앗아 버린 일본 국적의 유무였다.

사할린 재판에서 변호단 사무국장이 된 다카기 겐이치高木健一(1944~) 변호사를 설득해서요. 그 후에 오누마 야스아키大沼保昭(도쿄대 명예 교수, 국제인권법, 1946~2018) 씨가 들어와서 '의원연맹'을 만드는 등 여러 가지 시도를 하면서 움직이게 되지만요. 우키시마호도 그렇습니다. 그 문제도 간단히 말하면, 국적 문제입니다. 옛 식민지 출신자를 둘러싼 문제는 결국 '국적'이 키워드가 됩니다.

참으로 분명한 차별을 '합리화'하는 마법 지팡이 같은 것이지요.

그렇습니다. 역시 국적의 문제로 수렴합니다. 그것을 사실에 입각해 재판을 통해 구체적으로 싸워나갔습니다. 사할린 문제도 그렇고, 우키시마호도 그렇습니다. 이른바 '위안부'에 대한 전후 보상도 그렇고요. 한국인들의 전후 보상을 여러모로 지원했던 '태평양전쟁 희생자 유족회'의 양순임梁順任 씨(전 위안부 김학순 씨의 재판을 지원한 인물)에게 제일 처음 찾아갔던 것은 분명 나와 오노 노부유키 씨였습니다. 그런 의미에서 국적이라는 것을 단서로 삼아 식민지 지배의 청산 문제라고 할까, 최근 쓰는 말로 표현한다면 포스트 식민지 문제의 가장 큰 근간을 추궁해왔다는 느낌입니다.

4장

'히타치'에서 '민루련'으로

손진두와 송두회라는 두 인물과 만나게 된 것과 거의 동시에 자이니치 권리 신장 운동의 역사가 시작되려 하고 있었다. 1970년 히타치제작소日立製作所의 입사 시험 이력서에 '통명通名'을 써서 합격했던 자이니치 조선인 2세 박종석(당시 19세)의 입사 결정이 취소된 것이었다. "거짓말을 했다"는 것을 해고 이유로 제시한 히타치를 상대로 박 씨는 그해 12월 민사소송을 제기했다. 자이니치 조선인의 권리 투쟁의 문을 열어젖힌 '히타치 취직 차별 재판'이었다.

민족 차별에 법적으로 응전한다. 히타치 투쟁은 지금에 이르는 자이니치의 권리 운동에 새 지평을 열었습니다.

나는 당시 조선인 피폭자 손진두 씨 문제 해결을 위해 노력하고 있어서 실제 이 재판에 관여하진 않았습니다. 변호단 회의에 나갔던 적도, 법정에 갔던 적도 없습니다. 다만 히타치 취직 차별 재판을 위해 전국 각지에서 '박 군을 둘러싸는 모임'[2]이라는 지원 모임이 만들어졌는데, 나는 나고야 모임을 보조하고 있었습니다.

이런 자리를 통해 자이니치를 둘러싼 여러 문제나 1세들의 속마음과 접할 수 있었다고 하셨죠. 조선학교의 대학수험 자격 문제[3]와 접하게 된 것도 이 자리에서였지요?

---

1   자이니치들이 본명인 조선 이름 대신 사용하는 일본식 이름.—옮긴이
2   박종석을 둘러싸고 그의 얘기를 듣는 간담회라는 의미.—옮긴이
3   13장 참조.

여러 일이 있었습니다. 한번은 자이니치 중에 연세가 좀 있으신 분이 있는데, 히타치 소송 집회에서 "잠깐 여러분께 여쭤볼 게 있는데 우리가 시영주택에 들어갈 수 없다는 사실을 아시는 분은 손을 들어달라"고 했습니다. 아무도 몰랐습니다. 지원 집회에 오는 사람도 자이니치의 상황이 보이지 않았던 것이죠. 충격적이었습니다. 당시 나고야 시장은 진보 쪽의 모토야마 마사오本山政雄 씨(전 나고야대학 교수, 1910~2009)였는데, 사람들 사이에서 "시장에게 뭐라고 불만을 전해야 되는 게 아니냐"는 쪽으로 얘기가 정리되어, 나도 시청에 가서 국적 조항을 없애달라고 했습니다. 인상적이었던 것은 교섭에 나선 담당과장이 이러는 겁니다. "여러분들 얘기는 잘 알겠습니다. 역으로 하나 묻고 싶은 것은 여러분께서 말씀하시는 대로 국적 조항을 없애면, 예를 들어 시영주택을 100호 만들면 지금까지는 전부 일본인이 입주했습니다. 국적 조항을 없애면 일본인이 98호밖에 못 들어가고, 2호는 외국인이 들어가게 될 수도 있습니다. 그래도 되는 거지요?" 그렇구나, 그것이 포인트였던 거죠. 그 뒤에 조금 지나 나고야에서는 [외국인도 시영주택에] 입주할 수 있게 되었습니다. 국제인권규약 가입(1979년)을 통해 가능해지는 것보다 한층 더 빨리 이뤄졌습니다.

또 한번은 역시 자이니치 중에 꽤 연세가 있으신 분이 "나 같은 사람은 재판을 하면서까지 일본 사회에서 일을 하고 싶은지에 대해 소박한 의문을 갖고 있다"라고 말하는 것입니다. 나중에 지문날인 거부운동 때도 비슷한 얘기를 들었습니다. "분명 지문을 찍으라는 것은 괘씸하다. 손가락을 새까맣게 해서 지문을 채취할 때 '왜 우리는 이런 일을 당해야 하는가'라는 생각이 든다. 하지만 다르게 생각해보면 이는 우리가 어떤 사람인지를 돌아보는 중요한 기회이기 때문에 지문날인 의무는 오히려 사라지면 안 된다, 이른바 [자이니치로서 정체성을 확인하게 되는] 중요한 통과의례이다"라는 식으로요. 그것은 일본 사회에서 태어나 자라고 앞으로도 살아가야 하는 박 씨와 같은 2세들과 [1세들의] 생각이 다른 지점입니다. 인권 문제나 차별에 어떻게 맞서야 할지를 생각할 때 역시 제1세대들에겐 그런 지점이 있지요.

어쩔 수 없이 건너온 곳이기 때문에 뿌리를 내릴 생각이 없다. 어디까지나 여기는 타향이라는 감각이죠. 그리고 체험을 통해 생겨난 일본 사회에 대한 거부감이 있습니다. 투쟁의 배경에 '세대'라는 변수가 존재하는 것이죠.

나는 박 씨와는 그다지 얘기해본 적이 없지만, 그는 1951년생입니다. 김경득 씨(일본의 외국 국적 변호사 제1호)는 1949년에 태어났죠(2005년 사망). 양쪽 모두 1952년의 '일본 국적' 박탈[4] 이전에 태어났습니다. 일본 학교에서 민주주의를 공부했는데, 이제 막 사회로 진출하게 되니 [자이니치에 대한] 차별이란 현실과 직면하게 된 것입니다. 우리를 둘러싼 상황은 무엇인가, [일본 사회는] 민주주의가 아니었단 말인가, 이런 사실 앞에서 우리는 어떻게 살아가야 하는가를 생각할 수밖에 없게 된 것이죠. 그런 세대적 상황과 관련되어 있는 게 아닌가 싶습니다. 김경득 씨 이전에도 사법시험에 합격했던 자이니치가 12명 있었지만, 이들은 모두 '귀화'를 했습니다. 이 지점에서 그가 [귀화하지 않고] 제자리에 머물렀다는 것도 세대의 영향이라고 생각합니다. 정향균 씨(국적 조항에 의해 관리직 수험을 치지 못하게 한 문제를 소송을 통해 추궁했다)도 1950년에 태어났습니다(2019년 사망).

---

4   일본 정부가 자이니치의 일본 국적을 공식적으로 박탈한 것은 샌프란시스코 강화조약이 발표되는 1952년 4월 28일이었다.—옮긴이

[자이니치가 직면한] 차별의 현실을 학생운동에 관여했던 [동시대의 일본] 사람들에게 제기합니다. "[당신들이] 입국 투쟁… 같은 것을 했다고 하지만, 구체적인 [생활 속] 차별 문제에 대해선 어떻게 생각하십니까"와 같은 형식으로 말이죠. 재판 이전부터 박 씨는 동세대 일본인들과 여러 인연이 있었을 겁니다. 손진두 씨 문제를 나에게 가져왔던 이도 아마 학생운동을 했던 사람이고요. 당시는 김희로 씨 사건(1968년)으로 차별이라는 문제가 큰 주목을 받아서 가지무라 히데키梶村秀樹 씨(조선사 연구자, 1935~1989), 최창화 씨도 이에 관여해 '김희로 공판 대책위원회'[5]가 만들어집니다. 1970년이라는 해에 이런 문제들이 하나로 겹쳐지게 됩니다.

양자는 완전히 다르지만, 온몸을 다해 차별을 저격했다는 의미에서 저는 '히타치 취직 차별 재판'과 '김희로 사건'이 동전의 양면 같다는 생각을 했습니다. 말 그대로 시대가 낳은 투쟁이 '히타치 투쟁'이었습니다.

그러나 김희로 투쟁에 모인 이들은 이른바 지식인들이었죠. 지원자도 법정에 선 이들도요. 반면에 '히타치'는 순전한 시민운동이었습니다. 당시 사회 배경에는 베트남 반전 운동이 있었습니다. 입국관리국이 유학생들의 정치 활동을 탄압하기 시작합니다. 내 경우를 봐도 일본

---

5 대학교수나 언론인들이 중심이 되어 1968년에 만들었다. 멤버로는 스즈키 미치히코鈴木道彦(프랑스 문학자), 오카무라 아키히코岡村昭彦(언론인), 구보 사토루久保覚(편집자), 가지무라 히데키(역사학자) 등이었다. 김희로가 무기징역이 확정되고 형무소로 이송돼 활동이 끝날 때까지 약 8년간 법정 투쟁, 집회, 40호에 이르는 「김희로 공판 대책위원회 뉴스」 간행 등을 통해 자이니치 조선인을 둘러싼 문제를 드러내고, 그에 대한 일본 사회의 책임을 묻는 것을 목표로 활동했다.

정부가 1964년 지바대의 유학생 추아수이린 군의 장학금을 중단하는 처분을 내려 재판이 시작된 것입니다. 판결이 나온 것이 1969년 4월입니다. 1969년에 정부 방침을 구체화한 '출입국관리법 개정안'이 나오게 됩니다. 그다음 해인 1970년에는 '류차이핀 투쟁'이 있었습니다. 그 무렵 나라현립의대 학생인 리지성李智成이라는 화교 청년이 '출입국관리법 반대'를 유서로 써놓고 자살합니다. 그해에는 '화청투 고발'도 있었습니다. 그런 흐름 속에서 나온 것이 히타치 취직 차별 문제이기 때문에 시민운동이 확 넓어졌다는 인상을 받게 됩니다.

그리고 사회운동 자체의 변화도 있었습니다. 기본적으로는 역시 '베헤련' 이후의 흐름이라고 생각합니다. 그동안의 시민운동은 '꼭두각시'라 표현한다면 실례가 되는 얘기겠지만, 실제로 대부분 정당이 움직여왔습니다. 그래서 피폭자운동도 원수폭금지일본국민회의[원수금·옛 사회당 계열]와 원수폭금지일본협의회[원수협·일본공산당 계열]로 갈라지고, 아시아·아프리카연대위원회도 분열되고 말지요. 베헤련은 그런 의미에선 달랐습니다. 모임의 이름에 '히라가나'가 들어가 있다는 게 하나의 상징입니다. 예전에는 관공서처럼 한자뿐이었습니다. '일본평화위원회' '원수폭금지일본협의회'처럼요. 그런데 '베헤련ベ平連'은 그 긴 이름[원래 이름은 '베트남에 평화를! 시민연합'이다]에 히라가나가 들어가 있잖아요. 오다 마코토小田実 씨(작가, 1932~2007)의 '문화'적 영향인지, 어찌 됐든 신선했습니다. 그 영향이겠지요. 히타치 소송을 지원하는 단체의 이름도 '박 군을 둘러싸는 모임'이잖아요.

처음 종석 씨와 만났을 때의 인상은요?

그는 시끄럽게 연설을 하는 타입이 아니었지요. '둘러싸는 모임'의 뉴스에 자기 이름을 처음으로 한글로 썼을 때에 대한 얘기를 더듬더듬 말하던 모습을 기억하고 있습니다. 그게 처음 만났을 때가 아닐지도 모르겠지만요.

'둘러싸는 모임'의 기관지인 「현계탄」에 한글로 서명을 했을 때 말씀이군 요. 실제로 그걸 봤을 때는 어떤 생각이 들었습니다.

"어라~" 하고 조금 놀랐습니다. 그렇지만 생각해보니 그럴 수 있겠더 라고요. 한글로 자기 이름을 쓰고, 자신의 정체성에 우뚝 서 투쟁하는 것이죠. 그는 이런 모습을 보인 선구자였습니다. 나중에 깊이 관여하 게 되는 지문날인 거부운동 때도 [투쟁에 나선 자이니치들이] 완전히 똑같은 모습을 보였습니다. 결국 날인 거부를 하면, 아무리 통명을 사 용한다 해도 자신이 자이니치라는 것을 공식적으로 밝혀야 합니다. 관공서에 교섭을 하러 가면 누가 누가 거부했는지 알 수 있게 됩니다. 이 마을에는 세 명이 거부한 줄 알았는데, 관공서에 가보면 다섯 명 있다고 하거나 말이죠. 이름을 감추면서 거부하는 사람들은 표면에 나서진 않지만, 우리가 파악하는 세 명은 운동을 하는 가운데 모두 본 명을 공개하게 됩니다. 그래서 자신이 자이니치인데 줄곧 출신을 감 추고 생활해왔기에 가령 같은 반에 있는 조선인이 이지메(집단 괴롭 힘)를 당할 때 나도 일본인 쪽에 서서 함께 괴롭혔다, 그러지 않으면 스스로가 위험해질 거라고 생각했다고요. 그런 체험을 때로 눈물을 흘리며 고백하면서, 왜 지문날인 거부에 나서게 됐는지, 한 사람 한 사람의 스토리가 나오게 됩니다.

　　결국은 말이죠, 차별에 맞닥뜨리게 되면 자신의 정체성을 확인 하면서 싸울 수밖에 없습니다. 그 하나의 선구적인 움직임이 「현계 탄」에 쓴 박 씨의 한글 서명이 아니었나 하는 생각이 듭니다.

그 무렵 박 씨는 "이 재판에 이기든 지든 자신은 완전히 새롭게 태어날 수 있었기 때문에 오히려 히타치에게 고맙다고 말하고 싶을 정도다" 같은 얘기를 했었습니다. 나는 역시 이게 매우 중요하다고 생각합니다. 지문날인 거부 문제에도 그런 면이 있습니다. 그래서 차별이라는 문제는 그에 맞서는 행동을 통해 자기 자신이 변해가는 것이고, 그렇지 않다면 역시 차별과의 싸움은 할 수 없는 게 아닐까 생각합니다. 특히, 이름과 관련된 문제도 계속 숨겨져 있으니까요.

그 재판에서는 원고의 의향을 존중한 소송 지휘가 이뤄졌습니다.

그때 재판관이 나카다이라 겐기치中平健吉(1925~2015)였다는 게 컸죠. 나카다이라 씨가 재판관을 그만두고 변호사가 된 뒤, 몇 번인가 [그로부터] 이와 관련한 얘기를 들었습니다. 자세한 내용은 얘기하지 않지만, 그 안에서 상당히 열심히 노력했었던 것 같습니다. 원고 쪽 증인을 많이 채택한다거나, 박 씨의 출신지인 나고야나 다카라즈카 시의 피차별부락에 출장 신문을 가거나 했습니다. 지금은 생각할 수도 없는 일들을 상당히 많이 했습니다.

거꾸로 생각하면 재판관이 누구인지에 따라 그 정도는 가능하다는 것이군요. 지금의 고교 무상화 소송의 재판관들은 뭘 하고 있느냐는 생각이 듭니다. 그리고 재판은 1974년 요코하마 지방재판소에서 승소. 자이니치의 역사성이나 통명 사용을 포함한 민족 차별의 실태를 인정한 획기적인 결과였습니다.

내 인상에 남아 있는 그때 생각은 '하면 되는 게 아닌가!'였습니다. 히타치제작소라는 천하의 거대기업을 상대로 한 명의 자이니치가 재판을 해서 이겼다. [억울한 일을 당한 뒤에] 울다 잠들기를 반복해봤자 아무리 시간이 지나도 문제는 해결되지 않는다. 불합리하다는 생각이 들면 확실히 "이의를 제기"해야 한다는 것. 김경득 씨가 '귀화'를 거부하고 변호사가 되려 했던 계기 중 하나도 여기에 있는 게 아닐까 생각합니다.

한국에서는 불매운동이 벌어지고, 미국에서도 기독교인들이 항의의 목소리를 높였다고 들었습니다. 히타치가 항소하지 않았던 것에 이것들도 영향을 끼쳤습니까?

당시 서울 지하철에 히타치제 모터를 도입할지를 놓고 검토가 이뤄지고 있다는 정보가 공개되어서 '차별 기업의 부품을 쓰지 말라!'고 한국에서 분노의 목소리가 높아졌습니다. 이것은 교회를 통한 시민운동이 담당한 일입니다. 그것이 얼마나 효과가 있었는지는 불명확하지만, 이들이 일본의 지원자들과 협력해 히타치와 교섭을 했습니다. 그 결과, 재판 전 단계에서 "만약 패소한다면 항소하지 않고 1심에서 끝낸다"는 약속을 얻어냈습니다. 그래서 히타치도 물러난 것입니다. 일반적인 경우라면 항소를 했겠죠.(웃음).

　　그런 의미에서 이 재판은 자이니치의 인권 문제로 일한이 협동한 최초 사례였다고 생각합니다. 애초 한국엔 자이니치에 대한 일들이 거의 알려지지 않은 상태였고, 의식 있는 사람들도 자이니치의 차별 문제에 관여했다가 까딱 잘못하면 '조선총련'과 관계가 생기기 때문에 일부러 손 놓고 있는 측면도 있지 않았겠습니까. 지금은 우토로[6]

---

6   교토부 우지시에 있는 자이니치 조선인 마을. 전쟁 말기 군사 비행장을 건설

라든지 조선학교 문제 등에 있어서 총련이 곤혹스러울 정도로 한국의 시민운동이 전력으로 지원하고 있지만요.

예전부터 다나카 씨는 이 싸움을 협정 영주[7] 문제와 연결해서 발언하고 있는데요.

하나 생각해야 할 점은 제소했을 때 박 씨는 미성년이었습니다. 소장을 보여달라 해서 봤더니, [원고의 이름을 쓰는 항목에] '오른쪽·친권자'라고 쓰여 있었습니다. 여담이지만, 지금 하고 있는 조선학교 고교 무상화 재판의 원고도 미성년자입니다.

박 씨는 제소하기 전 단계에서 부모님과 함께 '협정 영주' 자격을 취득하고 있었습니다.

일본과 한국 두 나라 사이에는 이 '법적지위협정'을 통해 자

---

* 할 때 조선인 노동자를 모아 살게 했던 '함바'가 기원이 됐다. 마을이 터 잡은 땅은 국책회사의 후신인 닛산차체日産車体가 소유하고 있었지만, 한 주민을 거쳐 '부동산 브로커'에 팔렸다. 이 브로커가 나가줄 것을 요청하며, 남은 주민들은 오랫동안 강제 퇴거의 위기에 몰리게 된다. 하지만 주민, 민족단체, 일본인 지원자 등의 끈질긴 운동이 한국 내 여론을 환기해 한국 정부가 예산을 들여 매수 지원금을 마련했다. 토지 일부를 사들여 공영주택을 건설해 '토지 문제'로서 우토로 문제는 해결됐다[2018년 일본 정부가 주거개선사업으로 지은 시영아파트 1호에 40가구가 입주했고, 2023년 봄에 만들어지는 2호에 12가구가 들어올 예정이다. 2022년 4월30일엔 '우토로 평화기념관' 개관식이 열렸다. 기념관의 건립·운영 비용은 한국 정부 지원과 한일 시민들의 모금을 통해 마련했다].

7 한일 국교 정상화와 함께 체결된 '한일 법적지위협정'에 명기된 재류 자격이다. 대한민국 국민이 신청할 수 있는 것으로 '조선적을 갖고 있는 자'는 대상이 아니었다. 취득하면 퇴거 강제 사유 등에서 일반 영주에 비해 일정한 우대 조처가 적용됐다. 1991년 출입국특례법의 제정에 따라 '특별영주자격'으로 통합됐다.

이니치의 처우 문제와 관련해선 일단 문제 해결에 이른 상황이었습니다. 하지만 취직 차별에는 대처할 수 없었습니다. 결국 이 협정은 어중간한 정치적 타협의 산물로, 어찌 됐든 자이니치가 버림받은 상태라는 사실이 오히려 백일하에 드러났습니다. 그러니 지문날인 문제나 김경득 씨 문제도 [한국 정부의 외교적 도움 없이] 전부 자력으로 싸웠던 것입니다.

[1981년] 난민조약[8]에 일본이 가입하면서 국민연금법 등의 국적 조항이 사라졌지만, [1965년 체결된] 한일 법적지위협정을 통해선 아무것도 바뀌지 않았습니다. [1952년 4월 발효된] 전상병자 전몰자 유족 등 원호법도 그 전형입니다. 한일 국교 정상화를 야유해 "박(박정희)에게 줄 것이면 나에게 달라"[9]라는 말이 유행하던 시대였습니다. 무상 3억 달러를 공여한 것도 일본은 어디까지나 '보상'이 아닌 '독립 축하금'설을 취했기 때문에 역사 문제는 완전히 누락되어버렸던 것이지요.

그리고 [히타치 재판의] 승소는 '민족 차별과 싸우는 연락협의회'(민투련)의 결성에 이르게 됩니다. "자이니치 한국·조선인의 생활 실태를 감안해 민족 차별과 투쟁하는 실천을 한다" "민족 차별과 싸우는 각지의 실천을 강화하기 위한 교류의 장을 보장한다" "자이니치 한국·조선인과 일본인이 공동 투쟁한다"는 내용 등을 내걸고 [이 취지에 동의하는 모든 이들이] "여기여기 붙어라"라는 느낌으로 연결된 느슨한 연합체였습니다.

---

8   정식 명칭은 '난민의 지위에 관한 조약'이다. 1951년에 성립돼 1954년에 발효됐다. 일본은 1981년 이 조약에 가입해 1982년 1월에 발효됐다.─옮긴이

9   박정희를 의미하는 박(보쿠)과 나를 의미하는 일본어 보쿠僕는 발음이 같다.─옮긴이

투쟁을 통해 생겨난 각지의 연대를 그다음으로 이어가자는 자연 발생적인 모임이었다는 느낌입니다. 간토에서는 이인하李仁夏 씨(목사, 1925~2008), 배중도裵重度 씨(현 청구사靑丘社 이사장, 1944~)가 중심 역할을 했습니다.

　매년 여름에 모여서 각지의 운동 성과나 과제에 대한 얘기를 나눴습니다. 공영주택이나 아동수당 같은 문제에 대해서요. 지문날인이나 전후 보상, 참정권 같은 얘기도 했습니다. 우리가 요구하는 사회상을 제시해야 한다는 생각에 1987년에는 '재일 옛 식민지 출신자에 관한 전후 보상 및 인권 보호법(초안)'을 만들었습니다[『한국·조선인의 보상·인권법韓国·朝鮮人の補償·人権法』, 민족 차별과 싸우는 연락협의회 편, 신칸샤, 1988]. 또 교육 과제 해결을 위한 '전국재일조선인교육연구협의회'(전조교)도 발족했습니다. 동화교육同和教育[10]을 위해 필사적으로 노력하던 교사들이 역시 자이니치 조선인 문제는 따로 떼어내 개별적으로 대응해야 한다고 생각해 만든 것입니다. 그것도 '히타치'의 승리가 낳은 것이라고 나는 생각합니다.

　일본전신전화공사日本電信電話公社[현재의 NTT그룹 전신이다. 한국의 KT에 해당한다]의 국적 조항 문제나 일본육영회의 장학금 대여의 국적 조항 철폐 등의 문제 해결도 시도했고, 나도 이에 참여했었습니다. "왜 [자이니치는 일본전신전화공사에 취직이] 안 되는 것이냐"고 물으면 "전화를 가설할 때 자택에 들어가 회선을 끌어와야 하는데 외국인이면 곤란하다"고 말하는 것입니다. 완전히 열이 받아서, "그렇다면 조선인의 집에 일본인이 들어가서 선을 끌어오는 것은 괜찮은가"라고 하니까 아무 말도 하지 못했지만요. 묘한 논리로구나, 일본

10　일본 내에 아직도 만연해 있는 부락 차별을 해소하기 위한 교육.—옮긴이

의 차별은 공공이 솔선하고 있는 게 아닌가 생각했습니다.

　　그런 가운데 민단[11]이 권익옹호위원회를 만들어 1977년에 「차별백서」 제1집을 발간했습니다. 이것도 '민투련'의 영향이었습니다. 지방공무원의 외국 국적자 채용 등에 대한 지차체의 일람표를 만들어서 ○와 ×를 달았습니다. 이것을 하나하나씩 철폐해나가겠다고 말하면서요.

　　일본인과 자이니치 조선인이나 자이니치 한국인이 차별 철폐라는 하나의 이슈 아래 모이고 구체적으로 협동한다. '민투련'은 운동 형태로서도 획기적이었습니다.

구체적인 협동이라는 의미에서 본다면, 최초가 아니었나 생각합니다. 예를 들어 1960년대 후반 미노베 도정[12] 때에 조선대학교 인가 문제가 있었잖아요. 그때 사회당과 공산당의 영향 아래에서 이 문제를 다뤘습니다. 국립대학의 총장 성명 같은 것도 의미가 있었고, 그렇게나 사람이 모였는데도 조선학교 졸업생의 대학수험 자격 문제까지는 이어지지 못했습니다. 지금과는 다르게 국립대 총장은 영향력이 있었고

11　　재일본조선인연맹(1945년 10월 결성)의 좌경화에 반발한 우익과 친일파들이 몇몇 단계를 거쳐 1946년 10월에 결성한 '재일조선거류민단'에 뿌리를 둔 단체. '재일동포의 민생 안정' '재일동포의 문화 향상' '국제 친선'이라는 강령을 내세웠다. 초대 단장에는 천황 암살사건을 꾸몄다는 이유로 22년 옥살이를 했던 박열朴烈(1902~1974)이 취임했다. 1948년에 대한민국이 건국된 뒤 이승만은 민단을 자이니치의 공식 단체로 인정했다. 그와 함께 명칭도 '재일본대한민국거류민단在日本大韓民国居留民団'으로 변경했다(1994년에 현재 명칭인 재일본대한민국민단이 되었다). 그리고 '대한민국의 국시 준수'를 강령에 더했다. 일관되게 대한민국을 지지해왔다.

12　　진보적 성향인 미노베 료키치美濃部亮吉 도쿄 도지사가 이끌던 1967~1979년의 도쿄도의 도정을 의미한다.—옮긴이

그 정도 사람들이 모였다는 것도 대단하다고 생각하지만, 한 단계 더 나아가 당사자가 놓여 있는 차별 상황을 감안하면서 일본 사회를 어떻게 바꿀 것인가에는 이르지 못했습니다. 구체적으로 무엇이 문제인지, 어디를 어떻게 공격할지를 생각해서 지혜를 짜내 움직여야 합니다. 정치 투쟁적인 방식으로는 곤란한 것이죠.

> 권리 신장은 당연한 일이겠지만 [앞으로도 계속 일본에] 정주한다는 것을 전제로 한 운동에 많은 제2세대들이 참가했습니다. 그런 한편으로, '조국'을 어떻게 생각할 것인가라는 문제도 불거지게 됩니다. 이누마 지로飯沼二郎 씨(농업사, 운동가, 1918~2005) 등이 제창했던 '제3의 길'[13]론도 있었지만, '일본에 사는 것을 지향하느냐'(재일 지향), '본국을 지향하느냐'(본국 지향)라는 이분법도 있었습니다. 이런 '자이니치론'에 대해서 어떻게 생각하십니까.

하나는 박종석 씨나 김경득 씨의 존재입니다. [자이니치들이] 그들을 보고 생각하게 됩니다. 역시 '일본에서 어떻게 살아갈 것인가'라는 물음 앞에서 자신들이 멈춰서 생각을 하는 것이죠. 좀 더 말하자면, 전 세대의 자이니치들이 자신들이 직면해 있는 그 '물음'에 제대로 된 답변을 제시하지 못한 현실이 있었다고 생각합니다. 한편 '일본에 남는가, 조국으로 돌아가는가'를 한칼에 나눠서 대립적인 것으로 보는 발상 역시 문제가 아닐까 생각합니다. 특히 민족 교육의 문제를 생각하

---

13 자이니치들에게 제1의 길은 본국 귀국, 제2의 길은 일본에 귀화해 일본인이 되는 것이다. 이누마는 이들에게 "북도 남도 독재정권이니 돌아가기 힘들다. 일본에 귀화하지 말고 조선민족으로 자각과 자긍심을 갖고 일본에서 정착해 살라"는 제3의 길을 제안했다.—옮긴이

면 정말 어렵습니다. 먼저, 민족학교입니다. 이 경우 불가피하게 조국
과의 관계[14]라는 문제가 불거집니다. 또 하나는 군사정권 시대에 한국
에서 체포되었던 자이니치 정치범[15]이라는 문제입니다. 최근 들어 그
들(재일동포 간첩단 사건 피해자)이 일본에서 법적 지위를 회복하는 문
제[16]에 관계하게 되어, 그들과 교류하게 되었습니다. 거기서 여러 얘
기를 들었는데, 조선학교에 가는 것을 주저하던 자이니치들이 자신의
정체성을 자문하면서 선택하게 된 것이 본국[한국] 유학이었습니다.
몇 사람에게 얘기를 들으며 느낀 것은 역시 민족성을 둘러싼 문제였
습니다. 나는 무엇인가, 앞으로 어떻게 살아갈 것인가를 생각할 때 어
찌 됐든 조국의 문을 유학이라는 형식으로 두드리게 되는 것입니다.

    거기서 국가의 장래를 걱정하고, 생각하고 있는 한국의 학생
들과 관계를 맺게 되면서, 국가보안법으로 체포되는 일이 발생했습
니다. 한국 치안기관의 관점에서 본다면, 자이니치는 [잡으면 적용한
혐의에 대해] 증거를 확보하지 않아도 됩니다. 두들겨 패서 자백을 받
아내면 되고, 게다가 자기 친척 중에 총련계의 사람이 있는 건 자이
니치에겐 흔한 일이니까요. 일본에 돌아갔을 때 친척 누구와 얘기를
했다거나, 그런 것으로 [혐의를] 뒤집어씌웁니다. 이제야 겨우 재심

---

14   여기서 말하는 조국이란 북한이다.—옮긴이

15   재일동포 간첩단 사건을 의미한다.—옮긴이

16   군사정권 시대에 한국에 유학하던 중 '북한의 스파이'라는 혐의를 뒤집어써,
      장기형이나 사형 판결을 받은 자이니치들이 적지 않다. 민주화를 거쳐 그들
      의 재심 무죄가 이어지고 있지만 큰 문제 가운데 하나로 남은 것이 일본 내 재
      류 자격 회복이다. 오랜 기간 갇혀 있었기 때문에 '재입국 허가'(이 자체가 극히
      부당한 일이다)의 기한을 넘겨 영주권을 상실하고 말았다. 그로 인해 일본과 아
      무런 인연이 없는 일반 외국인처럼 '신규 입국자' 취급을 받게 됐다. 대부분의
      자이니치들이 가진 '특별영주'라는 법적 지위가 사라져 생활에 여러 불편을
      겪고 불이익을 당하고 있다.

판결을 통해 무죄 확정이 이어지고 있지만요.

그래서 원래 얘기로 돌아가면 내가 그들과 만나 얘기를 들으면서 느낀 것은 역시 조선학교에 가지 않은 사람들에게 또 하나의 길은 한국 유학이고, 이를 통해 자신의 정체성에 대해 생각하는 구조가 있었다는 것입니다. 그렇게 보면 '일본에 남는가, 조국을 지향하는가'라는 이분론으로 생각하는 것은 역시 좀 형식적이고, 그것으로는 문제를 다 설명하지 못한다는 느낌을 받습니다.

이누마 지로 씨의 '제3의 길'이라는 것은 여러모로 화제가 되었지만, 문제는 이런 것이라 봅니다. 교육을 제외한 단순한 권리 옹호 문제뿐이라면 '일본에 남는 것'으로 깔끔히 문제가 풀리지만, 역시 교육이나 정체성의 문제를 생각한다면 그렇게 단순한 게 아니라고 생각합니다.

70, 80년대에 자이니치를 둘러싼 차별 철폐 투쟁을 견인한 민투련이지만, 90년대에 들어가면서 민단, 총련과는 다른 제3의 민족운동단체를 지향하는 사람들과 자이니치와 일본인들의 공동투쟁을 추구하는 사람들 사이에 노선이 갈려 결국 수년 후에 해산되었습니다. 지금 다시 한번 '민투련'의 운동을 종합 평가해본다면요.

'민투련'이 없어졌어도 이 운동에 참여했던 일본인 대부분은 여전히 '공생으로 이어지는 시민운동'으로 지금까지 이어져 있지 않습니까. 얼마 전 참의원회관에서 열린 공립학교 교원의 상근강사 문제[17]에 대한 집회에서도 말했지만, 운동을 계속하는 사람들의 기본은 옛 '민투

---

17   외국 국적자는 교감이나 교장이 되는 일반 교사가 될 수 없다는 문제.

련'입니다. 간사이의 경우는 부락 해방 운동에서 이어지는 흐름도 있
지만, [옛 민투련에서 활동했던 사람들이] 각각의 과제 해결을 위해
지금도 노력하고 있습니다.

　　그리고 또 하나, 뉴커머[18]들의 인권 옹호나 차별 문제에 관여하
는 시민운동에는 과거 민투련에 참가했던 사람들이 많습니다. 너무
일반화하면 잘못된 얘기가 될지 모르지만, 언젠가 야마나시현에서
"힘을 빌려줬으면 좋겠다"고 전화가 왔습니다. 예전에 나고야에서 민
투련에 참가했던 사람으로 지금은 야마나시현에 살고 있는 사람이었
습니다. 역시 우직하게 활동하고 있다고 생각했습니다. 20년 만에 만
나 여러 얘기를 했습니다. 잘 알려진 재특회의 '사이타마현 와라비시
사건'[19]과 비슷한 케이스로 강제 퇴거 명령을 받은 어머니는 귀국했
지만, 아이들의 재류 문제는 어찌할 것인가가 문제였습니다. 이들은
"입국관리국은 재류 특별 허가를 내라!"고 요구했습니다. 이와 관련
해선 조만간 허가가 나올 것이라 생각합니다. 그는 한때 태국에서 [일
본인 남성들과 결혼하기 위해] 많이 건너온 신부들을 지원하는 운동
도 했었습니다. 태국에서 1년에 한 번씩 스님을 불러 2~3주 정도 머
물게 하며 사람들을 만나러 다니면, 태국 여성들이 정신적으로 도움

18　한국과 일본이 국교를 수립한 뒤 일본에 이민 온 한국인들.—옮긴이

19　다른 사람 명의의 여권으로 입국해 10년 이상 일본에서 살아온(재류 자격이 없
　　는) 필리핀인 부부와 일본에서 둘 사이에 태어난 딸 3인 가족이 2006년 적발
　　되어 이들의 강제 퇴거를 둘러싸고 논란이 발생했다. 이에 편승해 재특회가
　　2009년 가족이 살던 지역에서 강제 송환을 주장하는 혐오 집회를 강행했다.
　　100명 단위의 데모대가 딸이 다니는 학교와 인접한 코스를 행진하면서 "범
　　죄 외국인을 내쫓아라" 등의 구호를 외쳤다. 이 집회가 수도권에서 '재특회'
　　가 세력을 키우는 기점이 되었다. 또 간사이 지역의 우익 활동가들과 '과격함'
　　을 경쟁하게 되는 구도가 만들어졌다. 그로부터 반년 뒤에 재특회 멤버로 구
　　성된 간사이의 인종차별주의자 집단인 '팀 간사이'가 교토조선학교 제1초급
　　학교를 습격하게 된다.

을 받는다는 얘기를 하더군요.

**어떤 의미에선 '화려한' 민투련이 소멸했어도, 보이지 않는 곳에서 '공생'
을 목표로 하는 활동은 멈추지 않고 있군요.**

그런 사람들이 여럿 있을 겁니다. 역시 민투련은 일본 사회 안의 자기
중심주의, 배외주의와 싸우는 한 가지 이슈로 연결된 모임이었기 때
문에, 그 후 특정한 정치세력과 함께 활동하는 것 없이 스스로 활동을
해왔습니다. 그것이 민투련의 또 하나의 중요한 부분이 아닐까요. 그
렇기에 어디를 가더라도 자기 스타일로 나름대로 활동을 하는 게 아
닐까요. 그리고 민투련은 일본인과 자이니치가 함께하는 것이었죠.
그러는 가운데 이는 분명 자이니치의 인권 문제이지만, 다른 한편으
로 일본 사회가 가진 문제이기도 하다는 인식을 공유할 수 있었다고
생각합니다. 즉, 참여했던 일본인은 '응원단'이 아니었습니다. 각각이
[자이니치의 문제를] 자신의 문제라고 생각한 사람들의 모임이었습
니다. 역시 이 지점이 중요하다고 생각합니다.

5장

'헌법 파수꾼'의 인권 감각을 쏘다

자이니치 한국인과 자이니치 조선인의 인권 신장 운동에 새 지평을 연 '히타치 취업 차별 재판 투쟁'에 의해 촉발된 것처럼, 1976년 또 하나의 획기적인 투쟁이 시작된다. 자이니치 2세인 김경득(1949~2005)이 외국 국적을 가친 채로 변호사가 되겠다면서 [일본 최고재판소에] 임용을 요구한 것이다. 이는 그때까지 일본에서 불가능한 일이었다. 예전부터 알던 유학생의 부탁으로 다나카 히로시는 '헌법 파수꾼'을 저격하는 투쟁에 참여하기 시작한다.

김 씨와의 첫 만남은요.

1976년 10월입니다. 아시아학생문화협회에서 아이치현립대로 옮기고 몇 년이 흐른 뒤였습니다. 전 직장 시절부터 친하게 지내던 쥐난성卓南生이라는 싱가포르 유학생이 있었습니다. 어느 날 그가 "내 친구 중에 김용권金容權(저작가·번역가, 1947~)이란 자이니치가 있다. 그 사람의 후배가 이번에 고생을 해 사법시험에 합격했는데 '귀화'하지 않으면 변호사가 될 수 없다고 한다. 그 후배는 변호사는 자유업이니 일본 국적을 취득하지 않아도 된다는 생각이다. [자이니치의 신분을 유지한 채로] 변호사가 되어 다음 세대를 위해 길을 개척하고 싶다고 하는데, 이래저래 힘든 것 같다. 그에게 힘이 되어줄 수 있겠나?" 하고 부탁을 해왔습니다. 그래서 만나러 가게 되었습니다.

---

1 일본 최고재판소를 이르는 말이다. 한국과 달리 일본엔 헌법재판소가 없어 위헌심판소송을 걸 경우 최종적으로 최고재판소가 이를 판단하게 된다.—옮긴이

일본 국적 확인 소송의 송두회 씨도 추아수이린(유학생) 씨를 통한 인맥
으로 연결된 것입니다. 조선인 피폭자 손진두 씨도 유학생 투쟁을 통해
알게 된 일본인 청년에게서 부탁을 받은 게 단서가 되었습니다. 이토 히
로부미가 천 엔 지폐에 실렸다는 사실에 문제의식을 느끼지 않는 일본인
의 파렴치를 지적한 것도 유학생이었습니다. 자이니치 문제는 모두 유학
생과 연결되어 있네요.

전부터 느끼긴 했지만, 싱가포르뿐 아니라 동남아시아의 유학생들
에게는 왜 그런지 자이니치 친구들이 많습니다. 이유가 뭘까 궁금
해하다가 이런 생각이 들었습니다. '아, 그들에게는 외국인등록증
(2012년 외국인등록법이 폐지되며 '재류카드'로 바뀌었다)이라는 공통점
이 있다. 이들은 거주지를 비롯한 개인정보를 일본 정부가 관리하고
있다. 거기부터 공감대가 형성되는 게 아닌가'라고요. 이 진단은 꽤
정확할 거라 봐요. 모두가 지문을 찍은 수첩(외국인등록증)을 가지고
다녀야 하고, 까딱 잘못하면 소지하지 않고 있다는 이유로 잡히게 되
니까요. 일본인들과는 전혀 관계없는 일들이지요.

사법시험에 합격한 뒤엔 사법연수소에서 수습을 거쳐야 비로소 법조인
이 됩니다. 최고재판소는 연수소 입소 자격에 국적 조항을 두어 외국 국
적자를 배제해왔습니다. 한편 신청 단계에서 '귀화'를 약속하면 가입소가
인정됩니다. 지금까지 자이니치들은 모두 그렇게 해왔습니다. 사법시험
을 돌파한 뒤 김 씨는 사회운동을 하는 사람뿐만이 아니라 폭넓은 자이니
치 선배들에게 의견을 구했습니다. 이전에 작가 고사명 씨(1932~)의 증
언을 채록했을 때도 갑자기 "그러고 보니 이전에 김경득 씨가 상담을 받
으러 온 적이 있다"고 말씀하셔서 놀랐던 적이 있습니다. 일면식도 없는
사람이 돌연 전화를 걸어온 뒤, 집에 찾아와서 한국 국적을 가진 채 변호

사가 되는 것에 대한 생각을 터놓고 얘기하다 돌아갔다는 겁니다.

음, 상당히 여러 곳을 방문하고 다녔었습니다. 김경득 씨에게 나중에 들은 얘기지만, 이회성李恢成 씨(작가, 1935~)를 방문했더니 쾌히 "자네! 이 문제는 귀화를 해서 제대로 변호사가 되는 게 좋아요"라고 말했다고 합니다. 그 마음속 뜻은 '자이니치 가운데서 변호사가 나오는 건 매우 의의 있는 일이니까, 복잡한 얘기하지 말고 먼저 변호사가 되는 게 중요하다'라는 것이었습니다. 경득 씨는 그래도 움직이지 않았습니다. 그 사람은 그런 점이 훌륭했어요. 이회성 씨는 자이니치로서 처음으로 아쿠타가와상을 받은 작가[2]로, 젊은 자이니치들에게 상당한 영향력을 갖고 있었습니다. 그런 유명한 선배의 얘기를 들으면, 보통 "힘센 사람이 하는 말은 듣는 게 좋다"는 식으로 자기 생각을 굽혀도 이상한 일이 아니죠. '아, 그런가. 역시 선배도 그렇게 말하니 그럴 수밖에 없다'는 식으로요. 하지만 그는 그렇게 생각하지 않았습니다.

이 씨는 [와세다]대학 선배이기도 하죠. 그렇지만 김 씨는 원래 민족운동과 거리를 두고 있는 사람이었습니다.

그렇습니다. 나도 한번은 "애초에 왜 와카야마에서 도쿄까지 왔느냐"고 물었던 적이 있습니다. 그랬더니 "우리 집은 야키니쿠 가게를 해서 조선인이라는 게 뻔하게 드러난다. 좁은 세계에서는 나 자신이 빤히 노출되는데, 도쿄라면 내가 조선인이라는 것을 아무도 모를 거라

2   1972년 「다듬이질하는 여인砧をうつ女」이라는 제목의 작품으로 수상했다. 외국인이 이 상을 받은 것은 이회성 씨가 처음이다.—옮긴이

고 생각했다"[3]고 했습니다. "그런데 오고 나니, 와세다에는 자이니치가 엄청나게 많아서 조문연(조선문화연구회朝鮮文化硏究会)이다 한문연(한국문화연구회韓国文化硏究会)이다[4] 매일 [들어오라고] 권유하러 오니까, 너무 시끄럽고 화가 나서 '나는 더 이상 당신들과 관계없다'고 말하고, 일절 관계를 맺지 않았다"고 했습니다. 그래서 복싱부에 들어갔다고요.

당시 얘기 가운데 인상에 남아 있는 것은 그는 고등학교 때 농구를 했는데, 경득 씨가 나한테 이런 말을 하는 겁니다. "농구는 매우 비겁하고 어정쩡한 스포츠"라고요. "왜 그런가" 물으니 "어쨌든 다른 사람에게 패스하면 그것으로 끝난다. 책임을 회피할 수 있기 때문이다"라고 하더군요(웃음). "그렇지만 복싱은 일 대 일로 붙기 때문에, 그야말로 자기 책임으로 치느냐 맞느냐이다. 이것이야말로 진짜 스포츠라고 생각해 자신을 단련하기 위해서 복싱을 했다"고요. 그렇게 체격이 큰 사람이 아니지만, [체력 단련을 위해] 쇠로 된 신발鉄下駄[5]을 신기도 했고요(웃음). 부주장까지 했다고 하니 상당히 열심히 했을 겁니다.

복서 특유의 좀 부어올라 처진 양쪽 눈꼬리가 매일 같이 격렬하게 주먹을 주고받던 날들을 연상시킵니다. 김 씨는 농구부에서는 주장을 맡았고, 현 대회나 긴키 지방[6] 대회에서 우승을 했습니다. 하지만 국적 조항으로 인

---

3   김경득은 학창 시절 가나자와 게이도쿠金沢敬得라는 통명을 쓰며 일본 학교에 다녔다.─옮긴이

4   상부 조직이나 관련 단체는 다르지만, 모두 대학의 자이니치 학생 서클이다.

5   게타下駄는 슬리퍼 모양을 한 일본의 전통 신발인데, 쇠 같은 무거운 재질로 만들어 운동선수들이 체력 단련을 한다.─옮긴이

6   일본 중부의 오사카부·교토부·효고현·나라현·미에현·시가현·와카야마현

해 전국 대회에는 나가지 못한 경험이 있습니다. 그는 자이니치 조선인이라는 정체성을 만들어준 것은 '국적' '이름' 그리고 '차별'이라고 분명히 말하고 있습니다. 고등학교 시절 차별을 당했던 경험도 그런 생각을 갖게 된 원점이었을 것입니다. 애초 사법시험을 치른 것도 「아사히신문」 기자가 되겠다는 꿈이 입구에서 도전도 못 해보고 무너진 것이 계기였다고 합니다.

와세다대 법학부에 입학했지만, 사법시험을 목표로 했던 것은 아니었던 듯합니다. 복싱에 몰두했으니 공부도 그렇게 열심히 하진 않았을 겁니다. 그러다 취직할 때가 가까워지니 취업과에 가게 됩니다. 그런데 "조선인을 채용하는 언론사는 없다"면서 일절 상대해주지 않았습니다. 그러면서 직원이 안쪽 방으로 가 [당신의] "선배들도 본 것"이라고 말하면서 내준 것이 피차별부락 출신자, 자이니치, 장애자를 고용하는 기업의 파일이었습니다. 그러면서 "조선인이라도 채용하겠다는 회사가 있다면 연락해주겠다"고 했습니다.

　상당히 충격을 받았던 것 같습니다. 그래서 그는 "어쨌든 간에 법학부에 들어왔으니, 사법시험을 목표로 해보자"고 결심합니다. 그래서 막일로 생활비를 벌면서 돈이 조금 모이면 와세다 도서관에 틀어박혀 수험 공부를 했다고 합니다. 책을 살 돈이 없었으니까요.

　와세다대 선배인 강성姜誠 씨(르포라이터, 1957~)의 회고에 따르면, 캠퍼스에서 마주치는 경득 씨는 늘 연두색 후드 점퍼를 입은 단벌 신사였다고 합니다. 옷을 갖춰 입을 여유도 없었다고요.

등이 묶인 지역. 김경득은 와카야마 출신이다.—옮긴이

그는 분명 세 번 만에 합격했습니다. 그리고 나서 앞서 말한 국적 조항 문제에 직면한 것이지요. 나는 평소 알던 아이치대학의 중국법 전공 선생이었던 우부카타 나오키치幼方直吉 씨(1905~1991)와 [김경득의 문제에 대해] 상담을 했습니다. 그게 하라고 산지原後山治 씨(변호사, 1926~2008)에게 전달되면서 [향후 투쟁을 위한] 진형이 만들어지게 됩니다.

애초 변호사법에도 사법시험법에도 국적 조항이 없는데, 최고재판소가 일부러 요항에 국적 조항을 넣어 자이니치가 프로 법조인이 되는 길을 막았습니다. 극히 부당한 일입니다.

전쟁 전의 변호사법에는 '제국신민'이라는 것이 명기되어 있었지만, 1949년 신법이 만들어지면서 사라졌습니다. '헌법 파수꾼'이라는 최고재판소가 그로부터 20년 가까이 지났는데도 이런 모습을 유지하고 있었습니다. 정말 국적 조항이라는 것은 엉망진창입니다. [이렇게 제멋대로인 것이 여전히 살아 있으니] 법치국가가 아닌 것이죠.

사법시험법(구법)도 1949년에 만들어집니다. 연합국군총사령부(=미국) 점령 아래서 제정되었기 때문에 '국적 조항'이 들어가지 못한 것인지도 모르겠네요. [이 문제에] 대응을 해나가는 중에 다나카 씨는 김 씨에게 '귀화'라는 선택지도 포함해 생각해야 한다고 제안했다고요.

먼저 말했던 것은 시간이 걸릴 것이라는 점이었습니다. 그러니까 사법연수소의 '선고요항選考要項'이라는 하얀 B4용지 한 장에 연수소에 입소하는 신청 자격이 적힌 문서가 있는데, 가장 먼저 나오는 항목이 "일본 국적을 가진 자"입니다. 그 밖에 금치산자는 안 된다는 내용 등이 있지만, 가장 앞에 있는 게 '국적'입니다. 우선순위가 높은 것이지요. 그래서 경득 씨에게 말했습니다. "최고재판소가 생각을 고쳐먹어 내년도 선고요항에서 그 부분을 삭제해야 당신이 비로소 신청을할 수 있게 된다. 최단 거리라 해도 내년으로 넘어가기 때문에 최소한1년은 허송세월하게 된다는 각오를 해야 한다"고요.

그리고 하나 더 말한 것이 그 제안, 즉 '귀화' 신청입니다. 지금은 없어졌지만, 당시엔 귀화 절차를 할 때 이름을 '일본식 씨명'으로바꾸게 했습니다.[7] 하지만 본명으로 귀화 신청을 하자고요. 그의 이름은 김경득으로 모두 상용한자라 한자 제한에는 걸리지 않습니다. 바꾸지 않고 신청할 수 있습니다. 그렇지만 법무성의 일본식 씨명 방침에 걸리게 되어 '김'을 가네야마金山나 가네다金田로 하지 않았다는 이유로 허가가 안 나올 가능성이 높습니다. 그래서 법무성이 "민족명으로는 귀화시키지 않겠다"고 말해 그가 연수소에 들어갈 수 없게 되면, 이제 적은 법무성이 되는 것입니다. 그러면 그곳을 악역으로 만들어 싸울 수 있습니다. 만약 최고재판소를 상대로 싸우면, 재판을 건다해도 최고재판소가 목덜미를 누르고 있는 하급심 재판관이 판결을 하기 때문에 쉬운 일이 아니게 됩니다. 만약 본명으로 허가를 받아 거리에 '김경득법률사무소'라는 간판을 내걸게 되면, 누가 보더라도 자이니치 변호사임을 알 수 있습니다. 그러니 귀화도 하나의 수단이라고,이름으로 승부를 걸어보는 쪽이 싸움으로서 재미있지 않겠냐고 말한

---

[7]　1980년대 이후 귀화제도로 일본 국적을 취득하거나, 일본 이중국적자가 재판을 통해 민족명을 되찾으려는 싸움을 전개하면서 민족명을 가진 채 '일본 국적을 취득'하는 길이 열린 것으로 알려져 있다. 일본 정부가 자주적으로 방침을 바꾼 것이 아니다. 이 투쟁에 대해서는 '민족명을 되찾은 모임'이 편집한 『민족명을 되찾은 일본 국적 조선인―우리 이름民族名をとりもどした日本籍朝鮮人―ウリ・イルム』(아카시쇼텐, 1990) 등에 자세한 내용이 담겨 있다.

겁니다.

제안을 받고 그는 뭐라고 하던가요?

"지금까지도 막일을 하며 공부해왔고, 이제 와서 1년이나 2년 늦는다고 해도 별다를 것 없다"고 되받아쳤습니다. 매우 깊은 인상을 받았습니다. 이 부분에 왜 이렇게 집착하는지 본인에게 직접 들은 게 아니니 뭐라 말할 순 없지만, 그 후에 재판소에 제출한 청원서를 읽고, '과연 그렇겠구나'라고 생각했습니다. 자신은 유소년기부터 조선인으로 태어난 것에 한을 품고, 조선과 관련된 것을 완전히 배제하고 일본인으로서 행동하기 위해 노력해왔다. 그러나 그렇게 소심하게 새가슴으로 살아가는 참담함을 더 이상 견딜 수 없다. 그리고 대학 시절에 맛본 취업 차별을 계기로 차별을 해소하고, 일본의 민주화를 위해 조선인 변호사가 되겠다는 것을 목표 삼아 아르바이트를 해가면서 공부해 사법시험에 합격했다는 얘기였습니다. 그는 이렇게 적었습니다. "최고재판소에서 국적 변경을 요구받는 이 시점에 가볍게 귀화 신청을 하는 것은 나로서는 불가능한 일입니다. 이는 내가 변호사가 되려 했던 입각점[초심] 그 자체를 상실하는 것을 의미하기 때문입니다. 귀화한 뒤에 조선인 차별을 해소하기 위한 노력을 하면 되고, 조선인을 위해 변호 활동을 하면 되지 않느냐고 그렇게 [자신에게] 말해보았지만, 귀화한 내가 어떤 모양으로 조선인 차별을 해소하는 문제에 관여할 수 있겠습니까. 또 조선인이라는 점을 원망하며, 티 없는 어린 마음에 상처받고 있는 동포 아이들에게 '조선인이라는 것을 부끄러워하지 말고 강하게 살아가거라'라고 말한다고 해도 그게 귀화한 사람의 말이라면, 과연 무슨 효과가 있겠습니까"라고요.

귀화라는 '전략'은 다나카 씨에게도 상당한 결단이 필요한 제안이었다고 생각합니다만.

'타협점'이라는 표현에 대한 찬반은 있겠지만, 살아 있는 인간의 문제이니까요. 게다가 어떻게든 확실히 앞으로 상황을 개선시켜야 하는 상황에서 어떻게 하는 게 좋을까 내 딴에 진지하게 생각했던 것이지요. 그건 유학생 문제를 다룰 때부터 일관된 입장입니다. 나는 이렇게 기술적으로 해보면 어떻게 잘 수습되지 않을까 생각해서 말해본 것이지만, 본인에겐 전혀 그럴 마음이 없었습니다. 그 제안에 대해, 뭐라고 할까 [진지하게 고민하지 않고] 가볍게 넘겨버렸다는 느낌이었습니다.

법치국가의 최고기관이 정한 것을 부수고 현상 돌파를 하겠다는 발상은 그렇게 할 수밖에 없는 소수자이기 때문에 할 수 있는 일이라고 생각합니다. 최고재판소에도 교섭을 하러 가셨죠.

지금은 생각할 수도 없는 일이지만, 하라고 씨가 최고재판소와 교섭해 하라고 씨, 경득 씨, 나 이렇게 세 사람이 태어나서 처음 [일본 최고재판소라는] 미로의 안쪽으로 들어갔습니다. 그 자리에 이즈미 도쿠지泉德治(1939~)라는 사람이 나왔습니다. 당시 인사국 임용과장이었기에 그와 공방을 주고받게 되었죠. 이즈미 씨는 "조사해보니 지금까지 외국 국적 합격자가 12명 있었다. 귀화하면 어떤 문제도 없다"면서 '최근의 예'라며 구체적인 사람 이름을 말했습니다. 지금이라면 개인정보 보호 때문에 있을 수 없는 일이지만, 그는 전 민단 중앙단장의 아들이었습니다. 임용과장인 이즈미 씨는 그런 '거물'도 모두 '귀화'했다는 현실을 보여주면 경득 씨도 꺾일 것이라고 생각했던 것이

죠. 그렇지만 경득 씨는 역시 대단한 사람이었어요. 그 말을 듣고 이
렇게 말하는 겁니다. "저는 평생 귀화하지 않겠다는 생각을 가진 사
람은 아니지만, 이렇게 뭔가 사상 검증을 하는 것처럼 끌려나와서 '귀
화하면 이걸 얻을 수 있다'고 하는 식의 귀화는 하고 싶지 않습니다.
귀화를 한다면 오로지 자발적인 뜻에 따라 하고 싶다"라고요. 목소리
가 거칠어지지도 않고, 온화하고 담담하게요. 이즈미 씨는 아마 그때
'이 사람은 좀 다르구나'라고, '이 이상 말해도 안 되겠구나'라고 생각
하지 않았을까요.

　　최고재판소와 교섭한 것은 그때 한 번뿐입니다. 그 외에도 기억
하고 있는 게 있습니다. 가장 처음에 하라고 씨가 "오늘 담당과장이
나오니까, 최고재판소가 얼마나 이상한지 분명히 알아듣게 말해주십
시오. '연수소에 입소시키지 않는 것은 말이 안 되는 일'이라는 것을
충분히 설명해주십시오"라고 나사를 조이듯 단단히 당부했습니다.
교섭이 시작되니 하라고 씨는 아무 말도 안 하고, 내가 기세가 올라서
"사법시험에 합격해 변호사가 되려면, 반드시 사법연수소에 들어가
야 한다. 변호사법에도 사법시험법에도 국적 조항이 없는데, 그 중간
에 일본 국적을 가져야 한다고 요구하는 것은 말이 안 된다. 변호사법
과 사법시험법의 취지에 반하는 일을 최고재판소가 하고 있는 게 아
니냐"고 말했습니다.

　　그랬더니 이즈미 씨가 "실은 알고 계실지도 모르겠지만, 대학
의 법학과에서 5년 이상 교수로 근무했던 사람은 사법시험에 합격하
지 않아도 변호사 자격을 취득할 수 있다(당시 박사 과정이 있는 대학의
법학부에선 5년 이상 기초과목을 담당한 교원은 시험과 연수를 거치치 않아
도 변호사가 될 수 있었다). 사립대학의 교수는 외국인이라도 변호사가
될 수 있으니 꼭 두 법의 입법 취지에 반한다 할 순 없다"라고 말했습
니다. 궤변도 정도가 있어야죠. 저는 완전히 열이 받아서 "그에 대해

선 나도 얼핏 알고 있지만, 너무 모양새 빠지는 설명이네요"라고 말했습니다.

그러고 나서는 완전히 말하고 싶은 대로 말했습니다(웃음). 사무관[8]이 상대라고 생각했으니까 길게 길게 법률 해설을 하면서, 상당히 멋대로 여러 얘길 했습니다. "뭡니까, 최고재판소의 일처리 방식이라는 게!"라고 말이죠.

나중에 알게 된 일이지만, 이즈미 씨는 사무관이 아니라 재판관이었습니다. 나도 여러 재판에 관여하고 있으니 재판소에 가지 않습니까. 어떤 재판관이 어디에 있는지도 중요한 정보이니까 법정에 걸려 있는 재판관의 명찰을 보게 됩니다. 어느 날 명찰을 보니까 '이즈미 도쿠지'라는 이름이 있는 게 아닙니까. '아마 동성동명이겠지'라고 생각을 한 뒤에, 나중에 누군가에게 물으니 "최고재판소의 과장은 모두 재판관이니까 거기에 이름이 나올 수 있다. 본인일 것"이라고 하더군요. 정말 놀랐지만 이미 지난 일이죠. 내가 재판관을 상대로 법률을 강의한 겁니다(웃음). 하라고 씨도 능글맞다고 해야 하나, 저를 바싹 조여서 말하고 싶은 것을 다 말하게 해놓았습니다. 하라고 씨는 그다음에 다른 법정에서 또 만나게 될지도 모르니까 자신은 재판관과 안 싸운 게 아닐까요. 그때도 마지막까지 거의 침묵을 지켰습니다(웃음).

그리고 1976년 11월 30일 기자회견을 열어 '최고재판소'와의 싸움에 나서게 됩니다.

10월 9일 합격 발표가 있었고, 18일에 사법연수생 채용선고 신청서를

---

8 판사가 아닌 최고재판소의 행정공무원이란 의미.—옮긴이

제출했습니다. 19일에 최고재판소가 귀화 신청을 하겠다고 약속한다는 내용을 담은 추가 서류를 요청했지만 응하지 않고, 11월 20일에 한국 국적으로 임용을 요구하는 청원서를 최고재판소에 제출하고 그쪽의 대응을 지켜봤습니다. 그러는 가운데 수습 신청자를 대상으로 건강진단을 한다는 통지가 엽서로 날아오기 시작했습니다. 실은 여기서 빠지게 되면 최고재판소와의 싸움을 '공개적'으로 해야겠다고 정하고 있었습니다. 경득 씨는 와세다 출신이니 동기생이 몇 명인가 합격했습니다. 그 루트로 확인해보니, 역시 몇 명에겐 엽서가 와 있었습니다. 우편이니까 하루나 이틀 늦을 수 있지만, 며칠이 지나도 경득 씨에게는 엽서가 오지 않았습니다. 그래서 투쟁을 시작하기로 한 것이지요.

아직도 기억나는 것이 이름입니다. 당시에는 최창화 씨의 재판(NHK를 상대로 이름을 조선어 발음으로 읽어주기를 요청하며 1엔의 위자료를 청구했다[9])도 있었으니까 기자회견에서 이름을 어떻게 할 것인지가 문제가 되었습니다. 그는 가나자와金沢라는 통명을 쓰고 있었지만, 이 회견에선 역시 가나자와라고 하면 안 되잖아요. 그렇지만 김경득이라는 이름은 발음이 어렵습니다. '김콩'[경을 일본어로 읽으면 콩이 된다]까지는 그나마 괜찮지만, 득을 한국어 발음에 가깝게 읽으려면 '둬오욱쿠ドゥオッグ'가 됩니다. 특히 '욱크'가 커집니다. 그래서 김용권 씨 같은 사람이 "신문기자들이 물어볼 때 욱크를 크게 발음하는지 작

예를 들어 최창화를 한국식으로 읽으면 '최창화'이지만, 일본식으로 읽으면 '사이쇼카'가 된다. 이를 최창화로 읽어달라는 소송이다. 재판은 패소로 끝났지만, 이 법적 투쟁을 통해 대부분의 언론이 자이니치 조선인·한국인의 이름을 기본적으로 민족어를 읽는 방식으로 표기하게 됐다. 최창화, 『이름과 인권名前と人権』(사카이쇼텐, 1979).

게 발음하는지 같은 데서 틀리면 꼴사나우니까 오늘 밤에 잘 외워두라"고 놀리듯이 말했습니다.

그렇게 기자회견에 참석하고 나면 다음 날 신문에 기사가 나옵니다. 일단, 얼굴 사진이 나오지 않습니까. 그러면 대학 등에서 알던 지인들 가운데 "그 사람 자이니치였나" "너 한국인이었구나"라고 말하는 사람들이 나옵니다. 옛날 친구들은 가나자와밖에 모르니까요. 늘상 있는 얘기지만. 그래서 결국 차별에 맞부딪히며 그와 대항하게 되면, 역시 자신의 정체성을 확인하면서 싸울 수밖에 없게 됩니다.

취직 차별 때문에 신문기자가 되는 것을 포기한 게 계기가 되어 자신이 조선인이라는 것에 '열등감'을 느끼게 되고, 일본인 가운데서 소심하게 살아가는 스스로를 견딜 수 없게 돼, 결국 김경득이라고 자신을 밝히기로 결의했다. 그리고 최고재판소와 투쟁을 선언하는 기자회견은 거기서 한 발 더 나아가 '본명을 선언하는' 무대가 된 것이네요.

기본적으로 그 무렵까지 가나자와란 이름을 사용하고 있었던 게 아닐까 합니다. 사무국회의 등에서는 물론 '김 군'이라고 했지만요. 지문 날인 거부 투쟁에서도 그랬었습니다. 지문을 거부하고 나서, 자신은 자이니치이지만 지금까지는 일본인 가운데 숨어서 예컨대 같은 반에 있던 조선인이 이지메를 당할 때 일본인 쪽에 서 왔다. 함께 괴롭히지 않으면 위험하다고 느꼈기 때문이라는 경험을 고백하는 이들이 있었습니다. 왜 내가 지문 거부를 결심했는지에 대한 한 사람 한 사람의 스토리가 투쟁 과정에서 넘쳐나오곤 했습니다.

히타치 취직 차별 재판 투쟁에 나섰던 박종석 씨가 「현계탄」에 한글로 서명했던 일이 떠오르네요.

자신을 속속들이 드러낸다는 게 이상한 일일지 모르지만, 역시 투쟁
을 통해 정체성을 확립해야만 현실의 차별과 싸워갈 수 있습니다. 이
런 사실은 투쟁해가는 과정에서 분명해집니다. 자이니치가 투쟁한다
고 하면 왠지 일본인만 나무라는 것처럼 보일지 모르겠지만, 실제로
는 그렇지 않습니다. 자기 자신과 마주해야만 한다는 것이 자이니치
와 관련된 문제에 공통돼 있는 특징이 아닐까 생각합니다.

'적'과 싸운다는 것은 내면화된 차별을 잘라내는 듯한 아픔을 동반하게
됩니다. 교토조선학교 습격 사건[10] 때도 같았습니다. 민간의 차별주의자
를 상대로 한 투쟁을 통해 "어쩔 수 없다" "어차피 [우린] 외국인이니까"
"참을 수밖에 없다"라면서 감정을 억누르며 살아온 지금까지의 방식을
되묻게 되는 것이죠. 그런 그의 마음을 응축해 표현한 것이 앞서도 여러
번 언급했지만, 1976년 11월 20일 최고재판소에 제출한 청원서입니다.

기자회견을 하고 나니 이제부터는 뭘 해야 하는가란 문제가 생겼습
니다. 재판이라면 구두변론이 이어지지만, 이번엔 다르니까요. 그래
서 역시 왜 '귀화'를 하지 않고, 변호사가 되려 하는가를 제대로 글로

---

10   2009년 12월부터 다음 해 3월까지 재특회 멤버들이 교토조선제1초급학교를
      상대로 인종차별 데모를 거듭했다. 습격범 4명이 위력업무방해죄 등으로 유
      죄판결을 받았다. 이어진 민사소송에서 교토지방재판소는 2013년 10월 인종
      차별철폐조약을 원용해 습격자와 재특회는 1,226만 엔을 지불하라는 판결을
      내렸다. 오사카고등재판소, 최고재판소도 각각 이를 지지해 판결은 이듬해
      12월에 확정됐다. [당시 사건을 일으킨 니시무라 히토시西村眉(52세) 전 재특
      회 교토지부장은 2017년 4월에도 옛 교토조선제1초급학교 부지 근처 공원에
      서 확성기로 "일본인을 납치하는 학교는 쫓아내야 한다"는 등의 혐오 발언을
      거듭하며 이 모습을 인터넷으로 생중계했다. 일본 검찰이 이런 혐한 발언에
      처음 명예훼손죄를 적용해 기소해 주목을 받았다. 2019년 11월 교토지방재판
      소는 명예훼손을 인정해 벌금 50만 엔을 판결했다.]

써서 최고재판소에 제출하기로 했습니다. 이것은 하라고 씨의 제안이 었습니다. "어찌 됐든 너의 생각을 최고재판소의 재판관에게 쓰라"고 했죠. 하라고 씨도 예스러운 기질을 가진 사람이어서, 문장을 한 단어 한 단어 꼼꼼하게 체크했습니다. 앞서도 인용했지만, 이것은 지금 읽 어봐도 자이니치의 권리 투쟁과 관련된 역사적인 글입니다. 그 뒤로 는 말하자면 최고재판소와 논리 투쟁을 하게 되었습니다. 왜 외국 국 적자는 사법연수소에 들어갈 수 없는가, 이유가 없지 않는가. 그래서 '의견서'를 제출하기로 했습니다.

덧붙여서 히타치 취직 차별 재판의 승소 판결이 나온 것은 그 2년 전이었 습니다. 그것도 김 씨의 결단에 긍정적 영향을 끼쳤나요?

그게 컸죠. 경득 씨는 뒤에 이상호李相鎬 씨(지문날인 거부로 체포·기소 됐다)의 형사재판에서도 히타치 건을 인용했습니다. 이를 언급한 뒤 에, 재판관을 향해 "'왜 나를 조선인으로 낳았느냐!'는 아이들의 말에 가슴을 칠 수밖에 없는 엄마의 마음을 당신은 알 수 있습니까! 이런 일을 당해야 하는 '자이니치'와 같은 존재가 세상 어디에 있습니까!" 라며 눈물로 호소했다고 합니다. 난 그때 법정에 없었지만, 경득 씨와 함께 변호를 했던 니미 다카시 씨(변호사, 1947~2006)에게서 그 얘기 를 들었습니다. 대단한 변론이었다고요.

김 씨가 변호를 해야 할 순서가 돌아와 옆에 앉아 있던 니미 씨가 귀를 기 울였지만, 몇 분이 지나도록 목소리가 들리지 않았습니다. 오열하고 있어 말할 수가 없었다고 합니다. 이는 니미 씨에게 잊을 수 없는 경험이었던 것 같습니다. 술자리에서 니미 씨는 자신이 기대를 걸고 있는 젊은 변호 사들에게 그때 얘기를 몇 번이나 되풀이했다고 합니다. "그때 [김경득 변

호사의] 변론에는 이론뿐 아니라, 논리에 혼이 들어 있었다. 자네들도 재판에 혼을 넣어야 한다!"고요. 투쟁을 지원한 하라고 변호사와 관련해 인상에 남아 있는 것은요.

하라고 씨는요 도쿄대 시절에 학생운동을 한 사람입니다. 그러다 쓰쓰미 세이지堤清二 씨(전 세이부유통그룹 대표, 1927~2013) 등과 함께 체포되었습니다. [그때는] 모두 공산당이었으니까요. 그 일이 사법시험에 합격하고 나서 연수소에 들어갈 때 문제가 됐습니다. 과장해서 말하자면 전과자인 거죠. 그래서 단도 시게미쓰團藤重光 씨(도쿄대 교수, 나중에 최고재판소 판사, 1913~2012)에게 신원보증서를 한 부 받아서 제출한 뒤 가까스로 연수소에 들어가 변호사가 되었습니다. 학생운동을 해 체포됐던 사람들이 당시에 그렇게 납작 엎드려 연수소에 들어가던 일이 있었던 듯합니다. 변호사는 대학을 졸업하지 않아도 되잖아요. 70년 안보투쟁 때 난동을 부린 사람들 가운데도 대학 졸업은 못했지만 변호사가 된 사람들이 꽤 있습니다. 그래서 하라고 씨가 말했습니다. "나로선 그때 일의 원한을 갚은 것이다. 그 일이 있었기 때문에 나도 최선을 다했다"고요. 그 말이 매우 인상에 남았습니다(웃음). 그래서 이번엔 [내가] 최고재판소를 괴롭혀 주겠다는 말을 역시나 입에 담진 않았지만, 그런 마음이 있었던 거지요.

그렇다 해도 대학 때까지는 '민족'으로부터 달아나려 했던 김경득 씨가 터무니없는 높은 벽에 도전한 것이네요.

경득 씨가 돌아가신 뒤에 추모회에서 형님에게 얼핏 들은 얘기가 있습니다. 그는 줄곧 통명으로 생활했기 때문에 내가 만났을 무렵엔 말[한국어]조차 전혀 할 줄 모르는 사람이었습니다. 그런데 어떻게 해서 지금까지 [자이니치로 사법시험에 합격한] 12명은 전원이 귀화했는데 그 사람 차례에서 멈춘 까닭은 무엇인가, 그 동기랄까 버틸 수 있었던 원인은 무엇인가, 그걸 자신도 잘 모르겠다고요. 다만 역사라는 것은 무엇이 계기가 되어 움직일지 모른다는 생각이 들 뿐이지요. '동화'라는 말을 써서 말해보자면, 그는 거의 동화되는 벼랑 끝까지 몰렸던 남자입니다. 애초에 경득 씨가 어떤 선배의 '조언'을 받아들여 순순히 '귀화'했다면, 사법연수소의 귀화 조항은 지금도 없어지지 않았을지 모릅니다. 게다가 그는요, 투쟁을 계기로 점점 변해가게 됩니다.

6장

자이니치 한국인 변호사 제1호,

김경득이 남긴 것들

다나카 히로시는 한 유학생의 도움 요청을 받은 것을 계기로 외국 국적을 유지한 채 사법연수소 입소를 요구했던 김경득의 도전에 함께하게 된다. 사실과 논리를 구사해 공격한 결과, 최고재판소는 '맥없이' 문호를 개방한다. 투쟁을 통해 확인할 수 있었던 것은 이토록 근거 없는 '국적 조항'이 사람들을 배제해왔다는 현실과 이를 큰 관심 없이 넘겨왔던 '헌법 파수꾼'들의 감성이었다. 이후로도 김경득의 투쟁은 계속된다.

기자회견에서 청원서로 이어지게 된 투쟁은 어찌 진행됐나요.

하라고 산지 씨, 스즈키 이소미鈴木五十三 씨 그리고 이즈미 히로시泉博 씨, 스기타 미쓰요시杉田光義 씨와 나 다섯 명이 모여 사법연수, 변호사 제도의 연혁, 자이니치의 법적 지위 등을 조사해 의견서를 제출했습니다. 모두 젊었고 의기가 고양됐다고 할까, 어떻게든 최고재판소를 이론적으로 논파하려 했습니다. 적이 '헌법 파수꾼'이니까, 상대하기에 부족함은 없었죠. 재판을 하는 듯한 기분이었습니다. 뭐, 저는 그 정도로 깊이 생각하진 않았지만, 나 말고는 모두 변호사였으니까요. 해외 사례도 여러모로 찾아봤습니다.

미국에서 변호사를 하고 있는 여성의 사례 말이군요.

이즈미 히로시 씨가 미국에서 변호사를 하는 일본인 여성이 「겐다이現代」(고단샤)에 쓴 글(이토 미치코伊藤䄂子, 「뉴욕에서 여변호사가 되다ニューヨークで女弁護士になる」, 1977년 3월 호)을 찾아냈습니다. 하라고 씨가 그에게 연락해 최고재판소에 의견서를 써줬으면 좋겠다고 부탁했습니다. 하지만 너무 바빠 [글을 쓰는 것은] 무리라고 해서, 하라고 씨와

주고받은 서신을 의견서에 첨부해 냈습니다. 포인트는 "나도 미국 국적을 취득해야만 한다고 들었다면, 그렇게 간단히 일본 국적을 버리고 변호사가 될 수 있었을지 의문"이라는 의견을 당사자가 썼다는 것이었습니다. 그에 대한 양해를 받고, 이를 의견서에 자료로 첨부했습니다. 그리고 코네티컷주에선 주법으로 변호사를 미국 시민으로만 한정했지만, 이것이 연방최고재판소에서 평등조항에 반해 위헌이라고 하는 판결이 나왔다는 것을 찾아냈습니다.

최고재판소에 납작 엎드려 연수소에 가까스로 들어갔던 원한 때문이었는지, 그땐 하라고 씨도 정말 열심이었죠(웃음). 다섯 명이 계속 모여 다음 의견서에는 무엇을 써야 하는지를 논의했습니다. 그리고 사법연수생은 급료를 받지 않습니까(이후 한때 폐지되었다가 지금은 부활). 그러고 나서는 "사법연수생은 국가로부터 급료를 받으니까 국가공무원에 준한다. 그래서 국가공무원이 될 수 없는 외국인은 연수소에 입소할 수 없다"는 논리가 있었기 때문에 그때 내가 열심히 조사해서 끌어온 것이 '연수의'였습니다. 똑같이 국가로부터 급료를 받지만 연수의에겐 국적 조항이 없습니다. 그건 이상하지 않느냐고요. 좀 더 자세히 말하자면, 옛 변호사법에 있던 '제국신민'을 신법에서 삭제한 것은 사법시험에 합격하면 변호사가 된다는 틀을 만들 필요가 있었기 때문으로, 전전에서 전후가 되며 변화한 것을 최고재판소가 무시하며 사법연수를 받아야 하는 단계에서 국적을 꺼내 든다는 것은 말도 안 되는 일이 아니냐고요. 어쨌든 이런저런 논리를 끌어내며 논파해서 의견서를 작성했습니다. 상당히 공부가 되었습니다.

한편으로는 언론이나 지원 운동과 관계를 조정하는 데 고생을 했다고요.

경득 씨가 주목을 받게 되면서 여러 일이 발생했습니다. 하나는 한국 언론의 취재였습니다. 당시「조선일보」의 도쿄 지국장이었던 허문도許文道(1940~2016)라는 사람이 있었습니다. 그가 경득 씨를 밀착 취재해 "김경득의 일주일" 같은 타이틀을 붙여 연재하고 싶다고 했습니다. 나는 "안 된다"고 이를 뿌리쳤습니다.

지금과 좀 다르게, 당시 최고재판소 판사 15명은 모두 할아버지들뿐이고 여성도 없던 시대였습니다. 그래서 허 씨에게 "목적이 무엇인가를 생각해주기 바란다. 안타깝게도 일의 성패는 머리가 딱딱한 할아버지들이 정하는 것이기 때문에 이런 때에 경득 씨를 한국의 영웅으로 끌어올리면, 그들의 머릿속에 반발심이 생겨날지 모른다. 될 일도 안 될 수 있다는 것을 모르는가. 최종적으로 결정하는 것은 그 할아버지들이니까 그걸 좀 생각해달라!"고 말했습니다.

"당신은 일본인 주제에 [한국 언론의 취재를] 방해하는 것인가. 싸가지가 없다"라고 그가 화를 내 큰 싸움이 났습니다(웃음).

"그(경득 씨)와 함께 합격한 사람이 이듬해 4월에 사법연수소에 입소한다. 그때 그가 입소하지 못한다면 뭘 해도 상관없지만, 그때까지는 어쨌든 이론 투쟁을 해야 한다. 내가 싸가지가 있는지 없는지 모르지만, 이렇게 말하는 이유는 그런 문제 때문이니까 당신도 생각해보라"고 말하니, 결국 수습은 되었습니다. 그는 귀국 후에 청와대에 들어가 비서실장인지 뭔지 높은 사람이 됐습니다. 지금은 무엇을 하고 있는지 모르지만.[1]

다음은 한국 민단이었습니다. "최고재판소 앞에 가서 데모를 하겠다"는 말을 꺼냈습니다. 거기서도 큰 싸움을 벌였습니다. 나는

[1] 전두환 대통령의 측근 중 하나로 언론통제를 주도했다. '전두환 정권의 괴벨스'라고도 불렸다.

민단에게도 싫은 소리를 했습니다. 앞에서도 말했지만, 최고재판소와 교섭할 때 이즈미 도쿠지 씨(당시 최고재판소 임용과장)가 이름을 밝힌 '최근의 귀화 예'는 민단의 전 중앙단장의 아들이었습니다. "당신들 단체에서 전에 단장을 하던 사람 아들이 합격했을 때는 순순히 귀화를 해놓고서 이제와서 '귀화하라고 하는 최고재판소가 괘씸하다'고 데모를 하겠다니 대체 무슨 생각이냐, 민단은 이에 대해 좀 더 전에 뭔가 했어야 했던 게 아니냐! 머리가 딱딱한 15명의 최고재판소 판사가 실권을 쥐고 있으니, 민단이 데모를 해서 오케이를 받아낸다는 것은 있을 수 없는 일이고, 좋은 영향도 없다. 그러니 어찌 됐든 내년 4월까지는 조용히 해달라. 그때까지 [문제 해결이] 안 된다면 데모든 뭐든 해주기 바란다"는 말로 정리를 했습니다. 그때는 상당히 다툼을 벌였습니다. 모두가 '건방지다'고 말했지요. 유학생 투쟁 때부터 나는 실제 당사자에게 어떻게 해야 도움이 될지를 기준에 놓고 일해왔으니까요. '타협점'이라는 말이 맞는지는 모르겠지만, 역시 어떻게 사안을 확실히 전진시켜 나갈 수 있을까를 생각해야 합니다. 단순한 정치 운동을 하면 안 됩니다.

의견서에 대한 최고재판소의 반론은 있었습니까?

그게, 아무것도 없었습니다. 어쨌든 이쪽에서 일방적으로 제출했을 뿐입니다.

하지만 [최고재판소] 조직 내부에서는 격렬하게 움직이고 있었습니다. 1977년 3월 23일 최고재판소는 느닷없이 [김경득 씨의 사법연수소] 입소를 허용하기로 결정했습니다.

그게 제6차 의견서를 낸 날짜에 나온 발표였습니다. 재미있었습니다. 이쪽에선 여러 조사를 해서 관련되는 소명자료를 붙였습니다. 그런데 어느 날, 하라고 씨가 대단하다고 느끼게 되는 게 이런 점인데, "이것은 귀중한 자료니까 책으로 만들자"라고 말하더군요. 나 같은 사람은 생각지도 못했던 일이었죠. 그래서 하라고 씨가 출판사와 얘기를 해서 나온 책이 『사법연수생=변호사와 국적司法修習生＝弁護士と国籍』(니혼효론샤, 1977)입니다.

다음을 위해 경험을 축적한다는 의미에서도 중요한 일이라고 생각합니다. 사무국 체제를 갖춰서 진행한 법정 투쟁도 끝나고 5년이 지나면 자료가 흩어져 없어지는 경우가 많습니다. 서적 등으로 만들어 모아두지 않기 때문입니다.

맞아요. 하지만 하나 말해두자면, 그 후에 일어난 문제 가운데 전에 했던 무언가를 응용해서 대응할 수 있었던 일은 지금까지 한 번도 없었습니다. 언제나 아무것도 없는 곳에서, 제로에서 시작하는 겁니다. 목적이나 과제는 있으니까 그것을 잘 고려하면서 손으로 더듬어가며 공부해서 공격해 들어갈 방법을 세워갑니다. 고교무상화 투쟁이 그 전형적인 예입니다. 교육이나 학교 제도라는 [사회의] 근간에 관계되는 문제인데도 학자나 연구자가 쓴 자료 같은 것이 없습니다. 있어도 도움이 안 됩니다. 어떤 의미에선 매우 신선하다고 할까요. 저희 아내가 "당신한테는 계속해서 새 문제가 나오니까 좋겠네요. 그런데 이제 아무 일도 안 생기면 어떻게 하나"라고 놀리기도 하지만, 내가 문제를 만들어내는 것이 아니니까요. 아베 (신조) 씨가 저렇게 건강하니

까, 이쪽도 건강하게 지낼 수밖에 없잖습니까.[2]

그래서 최고재판소의 '방침 전환'에 대해 얘기해보려 합니다. 나중에 김 씨는 [이 싸움은] "10년은 걸릴 것이라 예상했었다"고 말했습니다. 믿을 수 없이 빠른 속도로 벽이 무너졌다는 것은 환영해야 하지만, 법치국가라고 하는 나라의 최고재판소가 '그해'의 요강에 만든 조건을 '그해'에 철회합니다. 차별 철폐는 당연한 일이지만, '국적 조항'을 만들어둔 것이 얼마나 근거가 없는지 잘 보여주는 일이었습니다.

그러니까 정말로 엉망진창입니다. 법치국가가 아닌 것이지요. "말이 안 되지 않느냐"고 지적하니까 "아, 미안합니다"라고 하는 것 같지요. 일본 국적을 가진 사람에게만 [사법연수소 입소를] 한정한다고 처음에 결정한 것을 뒤집는 터무니없는 일이 발생했습니다. '법의 지배'고 나발이고 없는 것입니다. 최고재판소가 자기들 좋을 대로 한 거죠. 그런 사람들이 '헌법 파수꾼'이라며 재판소의 제일 높은 곳에서 판단하고 있는 것이니 무서운 일이죠. 이 나라가 법의 지배나 법치주의라는 것에서 얼마나 어긋나 있는지 알 수 있습니다. 국적을 실마리 삼아 보게 되면, 완전히 너덜너덜한 그런 것들이 나옵니다. 이런 것들 중에 가장 으뜸가는 예가 최고재판소가 보여준 이와 같은 모습이 아닐까요.

아무것도 생각하지 않고, '백안시'하고 있습니다.

---

2   아베 총리는 이 인터뷰가 나온 뒤인 2022년 7월 8일 숨졌다.—옮긴이

그렇습니다(웃음). 그렇지만 반대로 얘기하면, 경득 씨가 없었다면 이런 상태가 줄곧 이어졌을 거라는 점입니다. 음, 무서운 일이지요.

그다음 해에 최고재판소는 요강의 결격 조항에 "일본 국적을 갖지 않는 자"의 뒤에 "(단, 최고재판소가 상당하다고 인정하는 자는 제외한다)"는 내용을 덧붙였습니다. 이런 사태에 이르렀는데도 최고재판소에게 재량의 여지를 남겨두려고 한 것일 테지만, 구질구질한 수법이지요.

"일본 국적을 갖지 않는 자(단, 최고재판소가 상당하다고 인정하는 자는 제외한다)"라는 것은 일본어로서 거의 엉망진창입니다. 2009년에는 이 예외를 인정하는 단서 역시 아무 일 없다는 듯 삭제하면서 국적 운운하는 구절 자체를 없애버렸습니다. 그런데 경득 씨를 받아들일 때도 이 조항을 없앨 때도 그렇지만, 최고재판소는 전혀 아무런 말도 하지 않았습니다. 요새 '설명 책임'이라는 말을 사용하지만, 최고재판소는 아무것도 설명하지 않습니다. 최고재판소라는 것은 사법기관이지만, 이는 사법행정의 범주에 속하는 얘기잖아요. 개별 사건의 판결에 관한 것이 아니니 원래는 국회에서 제대로 논의해야 할 문제라고 나는 생각합니다. 최고재판소 사무총장 같은 사람을 불러서 말이죠. 법정에서 내린 판결에 대해선 판사를 국회에 불러낼 수는 없지만, 이것은 사법행정이니까 사무총장을 불러서 왜 애초 국적 조항을 만들었다가 나중에 이를 전부 폐기했는지에 대해 설명 책임을 물어야 한다고 생각해요.

제대로 문제 제기를 하고 논의를 거듭해서 [그 과정에서 나온 내용을] 축적해야 하는 문제라고 생각합니다.

그러니까 지금, 많이들 설명 책임이나 정보공개라든가 하는 것들을 얘기하고 있지 않습니까. 그러니까 정말 최고재판소에서 이 건을 정한 결제문서에 대해 정보공개 청구를 해보면 재미있겠다고 생각합니다. 나한테는 요즘 그런 여유가 없지만, 시간이 있다면 정말로 해보고 싶습니다. 그리고 국회의원이라면 '질문주의서'[3]를 사용할 수 있으니까, 그걸 통해 질의해보면 좋을 겁니다. 이는 사법행정이니까요.

　　그리고 이어서 말하지만, 언론도 이런 부분이 잘못입니다. 좀 취재를 해줬으면 좋겠습니다. [최고재판소가] 어떻게 대응을 할지 모르지만, 이번부터 사법연수생에게 돈을 지급한다는 것도 사법행정입니다.[4] 그에 대해서 언론도 국회의원도 좀 더 제대로 해줬으면 좋겠습니다. 가케학원加計学園 문제[5]도 물론이거니와, 법과대학원도 많이 인가를 해놓고 하나둘씩 망하고 있잖아요. 수의학부를 만들 때의 얘기와 크게 다릅니다. 왜 제대로 하지 않는가, 미디어의 감시 능력이 완

3　　일본 국회법 제74조의 규정에 따라 일본 국회의원이 내각에게 질문할 때 사용하는 문서이다. 내각과 관료는 7일 이내에 회답할 의무가 있다.―옮긴이

4　　일본에선 재정긴축정책에 따라 2011년부터 사법연수생들에게 급부금을 주는 제도를 없앴다. 하지만 그 결과 적잖은 연수생들이 교육과정에서 빚을 지게 되는 문제가 발생해 2017년부터 급부금을 주는 제도가 부활했다. 다만 이전엔 한 달에 20만 4,200엔을 지급했지만, 새 제도 아래선 7만 엔 정도로 액수가 크게 줄었다.―옮긴이

5　　일본 정부가 아베 신조 전 총리의 친구인 가케 고타로加計孝太郎가 이사장으로 있는 오카야마이과대학에 수의학부를 신설할 수 있게 특혜를 줬다는 의혹. 2017년 3월 의혹이 처음 불거진 뒤 두 달이 지난 5월 「아사히신문」이 이 대학에 수의학부를 신설하는 것이 '총리의 의향'이라고 적힌 문부과학성 문서를 폭로했다. 아베 정권은 이 문서를 근거 없는 괴문서로 취급했지만, 마에카와 기헤이前川喜平 전 문부과학성 사무차관이 "진짜 내부 문서"라고 증언하면서 사태가 일파만파 커졌다. 이 사건으로 한때 아베 전 총리의 지지율이 10퍼센트포인트 안팎으로 급락했다.―옮긴이

전히 없어진 게 아닌가 생각합니다.

연수를 끝내고 김 씨는 하라고 사무소에 들어갑니다. 이후 자이니치 한국인의 무연금을 둘러싼 소송이나 사할린 재류 한국인 귀환 소송 등의 변호단에 참가한 뒤 한국으로 유학을 갑니다. 1981년입니다.

거의 동화되기 직전의 낭떠러지 위에 서 있던 자이니치가 이 일을 계기로 완전히 변했습니다. 그래서 하라고 씨가 "자네는 이제 이른 시기에 언어를 좀 공부해두게"라고 하면서 한국으로 보낸 것입니다. 하라고 씨의 사무실에 적만 두고서 말이죠. 어디서 그 돈[연수 비용]이 나왔는지 나는 모르지만요(웃음).

경득 씨는 역시 매우 머리가 좋았습니다. 눈 깜짝할 사이에 완전히 바이링구얼bilingual이 된 느낌이었습니다. 나는 언어에 대해서는 잘 모르지만, 사할린 문제로 도쿄에서 심포지엄을 할 때는 전부 그가 나서서 한국에서 온 변호사와 학자들의 통역을 했습니다.

그러고 나서 그쪽(한국)에서 공부할 때 알게 된 사람과 결혼해 돌아옵니다. 경득 씨는 조선학교에 다니지 않았지만, 부인은 네이티브잖아요. 나도 한두 번 집에 방문한 적이 있는데, 집 안에서는 거의 '우리말'(한국어)을 사용하지 않았을까 해요. 아이들은 일본 학교에 다녔지만, 그렇기에 아이들의 입학식이나 졸업식 같은 공식 행사에 갈 때는 부인에게 반드시 치마저고리를 입게 한다고 했습니다. 그전에는 그가 교장 선생님과 만나 우리 아이는 한국인이니까 「기미가요」를 부르거나 '히노마루'에 기립하지 않는다는 사실을 사전에 반드시 전달한다고 했습니다. 그래서 [학교도] 다른 아이들하고는 다른 대응을 하고 있다고요. 아이들 모두에게 그렇게 하고 있다고 말했습니다. 그런 사람이었습니다.

민족 교육을 받지 못한 사람이 피차별 체험, 권리 획득 투쟁을 지나 스스로를 응시하고 유학을 통해 정체성을 길렀습니다.

한국행의 실질적인 이유 가운데 하나는, 앞으로 어떻게 밥을 먹고살지라는 문제였습니다. 하라고 씨는 젊을 때 한국에 가 언어를 몸에 익혀 한국의 변호사 자격을 취득해두면, 일본에서 밥을 못 얻어먹을 일은 없다고 말했습니다. 유학을 끝낸 뒤 한국에서 사법시험을 치렀습니다. 경득 씨가 한 말이지만, 당시 한국은 식민지 시대에 만들어진 법률을 대체로 그대로 사용하고 있어 일본과 거의 같았다고 합니다. 말만 된다면 사법시험을 위해 새로 법률을 공부할 필요가 없다고요. 그렇지만 직접 법률과 관계없는 상식이나 교양과 관련한 시험 과목이 있습니다. 그는 한국에서 교육을 받지 않았으니 그런 과목에선 좀처럼 대처를 할 수가 없는 겁니다. 두세 번 시험을 치렀지만 잘 안 된 모양입니다. 서울변호사회의 명예회원은 되었지만요.

언어 습득과도 연결되는 문제겠지만, 정말로 타협을 용납하지 않는 사람이었던 것 같네요. 몇 번 대화를 나누어봤을 때도 배어나오는 치열함을 느낄 수 있었습니다. 하나를 물어보면, 그보다 몇 배나 긴 답변을 도도하게 말했습니다. 얘기도 각도가 예리해서 저절로 빠져버리게 됩니다. 나중에 노트를 보니, 내 질문 의도를 완전히 무시하고 끝없이 얘기를 해서 어찌할 바를 모르게 됐던 때도 있었지만요.
추도집을 읽으니 정말로 일에 대한 자세가 엄격했습니다. 보스 변호사(사무소의 대표자)로 어떤 의미에선 '최악'이었다던가, "토요일·일요일에 쉬었냐"고 농담기 없이 쪼아대기 때문에 월요일에 만나는 게 무서웠다는 얘기를 쓴 사람이 있습니다.

그런 일적인 부분은 나도 잘 모릅니다(웃음).

본인도 거부한 지문날인 소송, 전후 보상, 옛 '종군위안부' 송신도 씨 재판의 대리인 참가에 더해 민단 각종 위원회의 장 등으로 활동했습니다. 그러던 2000년에 암이 발견됩니다. 그가 마지막으로 참여한 큰 재판은 도쿄도 보건사 정향균 씨(1950~2019)가 외국 국적을 이유로 관리직 시험을 거부당한 것을 추궁하는 도쿄도 관리직 임용 거부 소송이었습니다.

이것도 최고재판소가 얼마나 엉터리인지를 보여준 사건이었습니다. 도쿄고등재판소에선 이겼잖아요.[6] 그래서 최고재판소까지 올라갔었죠. 7년 뒤인 2004년 봄에 최고재판소에서 전화가 와서 "변론을 연다"고 하는 겁니다. 그렇게 고등재판소의 판결을 뒤집었죠.[7] 그래서 의견이 있으면 내라고 해서 의견서를 준비했습니다. 그러다가 가을이 시작될 무렵에 최고재판소에서 "변론기일을 취소하겠다. 이 재판은 대법정[8]에 회부하기로 했다"고 했습니다. 있을 수 없는 일이라 생각합니다. 재판관은 독립되어 있죠. 세 개 있는 소법정 중 한 곳에서 심리해서 고등재판소 판결을 변경한다는 판단을 내렸기 때문에 변론기일을 정한다는 통지가 온 것인데요. 그게 왜 대법정으로 변경되

---

6   도쿄고등재판소는 1997년 외국 국적 직원에게서 관리직 선고 시험의 기회를 일률적으로 빼앗는 것은 직업 선택의 자유(헌법 제22조) 위반이라며 1997년 도쿄도에 40만 엔의 지급을 명했다.

7   따로 최고재판소에서 변론을 열지 않으면 고등재판소의 판결을 유지하는 경우가 많다. 그렇기 때문에 변론을 연다는 것은 2심 판결을 뒤집겠다는 의미가 된다.―옮긴이

8   일본 최고재판소의 대법정은 한국 대법원의 '전원합의체', 소법정은 대법관 4명으로 구성되는 각부에 해당한다.―옮긴이

죠? 소법정의 판단 내용은 그 판사 외에는 알면 안 된다, 알 수 없다는 것이 대전제입니다. "변론을 연다"는 결정이 내려지기 전이라면 있을 수 있는 일이지만, 결정을 내린 뒤에 어떻게 "대법정으로 간다"라는 결정이 나오는 게 가능하냐는 겁니다. 자이니치 외국인의 법적 지위에 대한 소송이니까 무언가 사정에 의해 소법정에서 대법정으로 회부된다는 얘기겠죠.[9] 패소라는 결정은 바뀌지 않겠지만요. 그런데 아이러니하게도 소법정에는 이즈미 도쿠지 씨가 없었습니다.

이 대법정에서 12월 15일 원고 정 씨에 이어 변호단 대표로 경득 씨가 의견 진술을 합니다. 자이니치의 역사성과 국적 상실의 부당성, 국적 차별의 여러 모습이나 정치 참가에 대한 움직임 등을 언급하면서 "옛 식민지 출신자의 인권 보호는 평화주의 헌법이 내재적으로 요청하고 있는 것"이라고 말한 뒤, 이렇게 결론 맺습니다. "자이니치 한국인·조선인은 일한, 일조 사이에서 평화를 위해 몸을 바치는 일은 있겠지만, 조국이나 태어나고 자란 곳[즉 일본] 어느 한쪽의 국가를 위해서도 총을 들어서는 안 되는 존재이다. 일한, 일조 간 외교적 긴장이나 국민감정의 대립이 일어날 때마다 피해를 받는 이들은 일본의 민족학교에 다니는 티 없는 아이들이라는 것이 상징하고 있는 바와 같이 자이니치 한국인·조선인은 일한, 일조 간의 평화가 지켜져야만 그 존재와 인권을 지킬 수 있다. 이들은 평화를 위한 가교 역할을 담당하고 있다" "그들(외국 국적 공무원)은 지역사회

---

9   최고재판소가 수리한 사건은 먼저 소법정에서 심리해 최고재판소 장관을 포함한 15명의 최고재판소 판사 전원으로 구성된 대법정 혹은 5명으로 구성된 소법정 둘 중에 하나로 배당된다. 중요한 판례 변경이나 위헌, 합헌의 판단 등이 이뤄질 경우에는 소법정이 아니라 대법정에 회부된다. '어떤 사정'으로 인해 이 사건은 대법정으로 가게 됐지만, 결과적으로 최고재판소는 중요 판례 변경이나 외국인의 법적 지위에 대한 헌법 판단을 하지 않고 이를 회피했다.

에서 민주주의, 기본적 인권의 존중, 평화주의라는 일본 헌법의 이념 아래서 공무에 종사하고 있으며, 존재 그 자체가 일본과 본국 사이의 가교임과 동시에 양국에게 평화의 메시지를 전하는 존재이다". 이것이 김 씨의 최후 진술이자 법정에서 남긴 유언이 되었습니다.

거기서 운명적인 만남이 있었습니다. 대법정이니까 앞에 재판관 15명이 쭉 나란히 앉아 있잖아요. 그중 한 사람이 이즈미 도쿠지 씨였습니다. 예전에 경득 씨와 함께 최고재판소와 교섭했을 때 나왔던 임용과장이었던 그 사람이요. 그러니 이즈미 씨가 경득 씨의 최후의 의견 진술을 들을 수 있었던 거죠. 다음 해 1월에 최고재판소가 원고 역전 패소 판결을 내놓게 됩니다. 13 대 2였습니다. 헌법 판단을 피한 한심스런 판결이었지만, 원고 승소라는 '반대 의견'을 쓴 두 명 가운데 한 명이 바로 이즈미 씨였습니다.

재판관 출신인 최고재판소 판사가 반대 의견을 낸 것은 이례적인 일이었습니다. 예전에 재판소의 직원으로 김 씨에게 귀화를 요청했던 이즈미 씨가 약 30년 뒤에 국적 조항에 따라 [관리직에 오르지 못하도록] 일률적으로 배제하는 것은 잘못됐다고 외친 것이죠. 사람은 '만남'을 통해 변화한다는 것을 보여주는 사건이라 생각합니다.

그해가 저물 무렵인 12월 28일 김경득 씨는 사망했습니다. 그래서 추도집을 내게 되어 편집위원회를 발족해 내친김에 내가 편집위원장이 되었습니다. 그래서 그때 일의 경위가 있으니까 당시까지만 해도 건재했던 하라고 씨에게 "선생님, 미안하지만 이즈미 씨에게 연락해 글을 한 편 써주실 수 있는지 부탁드려봐도 될까요"라고 부탁했습니다. 현직에 있는 최고재판소 판사가 일개 변호사의 추도집에 글을 쓴다는 것은 있을 수 없는 일이라고 생각했지만 '해봐야 본전'이니까요. 그랬더니 이즈미 씨가 글을 써주었습니다. 놀랐습니다.

『변호사·김경득 추도집弁護士·金敬得追悼集』(신칸샤, 2007)에 수록된 「김경득 씨를 생각한다」네요. 최고재판소 판사답다고 생각했던 것은 도청 임용 소송에서 자신이 원고 승소라는 소수 의견을 주장한 것은 김 씨와 만난 영향 때문이 아니라고, 묻지도 않았는데 굳이 언급하고 있는 점입니다. "무의식은 부정을 모른다"고 하잖아요. 즉, 그게 핵심이었던 것이죠.

맞아요, 맞아요(웃음). 그리고 처음 만났을 때 얘기도 적어주었습니다.

"김 씨는 '나는 대한민국 국적을 유지한 채로, '김경득'으로서 사법수습생이 되도록 채용을 신청합니다'라고 말했다. 강경한 어투로 말하는 것도 아니고 주먹을 쥐는 일도 없었다. 미소를 띠며 온화하게 말했다. 그러나 씨름판에서 두 선수가 맞잡고 온 힘을 다해 겨루듯, 한 발짝도 물러서지 않겠다는 신념과 같은 것을 느낄 수 있었다. 지금까지 이 문제를 다뤄온 경위나 이유를 설명하면 이해할 것이라고 생각했던 나의 기대가 벗어나게 되어 조금 당황했던 것도 사실이었다. 두 번 설득하는 것은 무리였다. 우리도 김 씨가 제기한 문제에 온 힘을 다해 대처할 필요가 있다고 그 자리에서 각오를 정했다"는 내용을 적었습니다.

그래서 이즈미 씨는 내면적으로 그런 태도를 취한 게 아니었을까 나는 생각합니다. 아마도 그때 경득 씨와의 대화를 통해 이즈미 씨의 인생이 바뀐 것은 아니었을까요.

그리고 또 하나, 김 씨가 남은 삶을 걸었던 것이 '정체성 교육'이었습

니다.

그는 아이들을 일본 학교에 보냈잖아요. 그래서 민족교육 문제에 대해 꽤 많은 강연을 했습니다. 역시 일본 학교는 안 된다고 생각했겠죠. 하지만 총련 학교나 한국계 민족학교가 아닌 자이니치들의 또 하나의 민족학교를 만들어야 한다고 느끼고 있었습니다.

김 씨에게 요청을 받고 이사로서 학교 만들기를 함께했던 강성 씨는 전화를 통해 이렇게 권유를 받았다고 적고 있습니다. "어떤 아이들도 다닐 수 있는, 그런 자이니치 코리안 학교를 만들지 않겠나? 내셔널리즘이나 국가로부터 거리를 둔 새로운 타입의 학교 말일세"[『사이에 걸친 사람들[자이니치]의 추천―외국인으로 살면 보이는 것들またがりビトのすすめ―外国人をやっていると見えること』(이와나미쇼텐, 2014)]라고요. 현재의 민족학교에 대한 그의 문제의식이 이 말에 드러나 있습니다.

그래서 그는 '코리아 국제학원'Korea International School에 엄청난 기대를 했습니다. 숨지던 해 9월에는 오사카에서 열린 심포지엄에서 새로운 민족학교의 설립을 제안했습니다. "잘 버티면 앞으로 6개월 정도이다. 여러 사람 앞에서 말할 수 있는 것도 오늘이 마지막이 될 테니 유언으로서 들어달라"고 하면서요. 도중에 쓰러지거나 하면 안 되니까 부인께서 계속 옆에 계셨죠. 나는 그 자리에는 없어서 나중에 영상을 통해 봤지만, 그 모습은 참 혼이 서린 것 같은 느낌이었습니다. 교육에 엄청난 애착이 있었던 게 아닐까요.

김 씨는 이렇게 말했습니다. 자이니치 앞에 남은 문제는 국적, 참정권, 교육이다. 참정권과 국적은 국가가 정해버리는 것이지만, 교육은 우리가 열심히 하면 해결 가능한 문제라고요. KIS[코리아 국제학원]는 김 씨가 돌아가신 뒤인 2008년 4월에 '월경인越境人'의 육성을 내걸고 오사카부 이바라키시에 개교(중고급부)했습니다. 만약 김 씨가 살아계셨다면 한국계 인터내셔널스쿨[10]이란 모습을 어떻게 생각할지 물어보고 싶지만, 어쨌든 KIS의 존재는 자이니치 한국인·조선인에게 하나의 가능성이라고 생각합니다. 조선학교를 방문했을 때도 자주 느꼈지만, KIS도 아이들의 눈빛이 다릅니다.

1965년 일한조약 때 「아사히신문」이 사설로 쓴 얘기 가운데 매우 인상에 남아 있는 게 있습니다. [일본에선] 25년 뒤 재협의할 때는 자이니치 자체가 사라질 거라는 스탠스를 취하고 있었던 거 아닙니까.[11] 그렇지만 현실은 다릅니다. 아무리 동화가 진행되어도 민족성을 추구하는 목소리는 사라지지 않습니다. 조선학교도 이렇게 고교무상화에서 배제되고, 지자체에서 받아온 보조금도 끊기면서 일본 전체로부터 두드려 맞고 있지만, 그곳에는 역시 아직 아이들이 다니고 있습니다. 게다가 한국 국적으로 대통령 선거 때 대사관에 가서 한 표를 던지는 사람들이 아이들을 [총련계인] 조선학교에 다니게 하기도 합니다.

---

10   2017년 10월에 세계 공통의 국제교육 프로그램 '국제 바칼로레아 디플로마 프로그램IBDP, International Baccalaureate Diploma Programme'의 인정학교가 되었다. https://kiskorea.ed.jp/

11   한일 양국 정부는 1965년 국교 정상화를 하며 '대한민국과 일본국 간의 일본에 거주하는 대한민국 국민의 법적 지위와 대우에 관한 협정'을 맺었다. 이 협정에 따라 1945년 8월 15일부터 일본에 계속 거주해온 1세들과 그 직계비속인 2세들에게 '협정영주권을 준다'는 합의가 이뤄졌다. 3세 이후의 영주권은 1965년 6월에서 25년이 지나는 시점, 즉 1991년에 다시 논의하기로 결정했다. 이를 '1991년 문제'라 한다. 당시 한일 정부가 1965년부터 1991년까지 25년 사이에 자이니치의 정체성이 사라져 3세부터는 일본에 귀화하게 될 것이라 예측하고 있었음을 알 수 있다.—옮긴이

자신의 정체성을 지켜가는 것이 인간에게 얼마나 중요한 것인가요. 게다가 그건 식민지주의 안에서 강요된 것의 연장선상에 있으니까요. 그런 것을 생각해야 합니다. 그래서 나는 조선학교를 둘러싼 문제들은 식민지주의의 본질적인 문제를 잉태하고 있다고 생각합니다. 과거 청산과 관련된 근본 문제 말입니다. 그렇기 때문에 일본 쪽에서도 더 양보하지 않는 것입니다. 여기서 더 나아가면 과거의 식민 지배 문제가 깡그리 발가벗겨지기 때문이지요. 근대국가가 무엇을 남겨놓았는지라는 거대한 질문 말입니다. 그런 뿌리 깊은 본질적인 문제와 얽혀 있다는 인식이 거의 없으니까 [자이니치와 관련된 문제를] 북이 어떻다든가 남북, 동서가 어떻다든가 하는 단순한 도식으로 정리하려 합니다.

사법연수소를 둘러싼 김 씨의 투쟁에 어떤 의미가 있었는지 다시 한번 정리해주시죠.

예를 들어 지금, 조선고급학교 무상화 재판을 전국 다섯 곳에서 하고 있잖아요. 히로시마 소송에는 없지만 도쿄, 나고야, 오사카, 후쿠오카의 4개 변호단에는 모두 자이니치 변호사들이 들어가 있습니다. 게다가 조선학교를 나온 변호사들도 많습니다. 조선대학교까지 16년간 민족학교 교육을 받고 일본의 법과대학원을 나와 시험에 합격한 사람들이 교육이라는 근본적인 문제, 과거 청산의 근본을 둘러싸고 일본의 권력과 대치하고 있는 현장에 참가하는 것이죠.

도쿄 변호단에도 기타무라 요이치喜田村洋一 단장 아래 조선학교 출신인 김순식金舜植 변호사, 이춘희李春熙 변호사 등 네 명의 자이니치 변호사가 들어가 있습니다. 도쿄 변호단 회의는 매번 경득 씨가 더부살이 변호사를 했던 하라고 변호사 사무소에서 열립니다. 귀중한 공간이 생겼구나 싶습니다. 경득 씨가 조선학교를 어떤 식으로 보고 있는지 제대로 얘기해본 적은 없지만, 그 역시 마지막엔 교육에 가장 크게 신경을 쓰고 있었잖습니까. 그가 개척한 길이 지금 묘하게도 무상화 재판이란 모습으로 연결되고 있는 것을 볼 때 [이 재판이] 그의 생각과 이어지고 있는 게 아닌가 하는 생각이 듭니다.

　　그러나 경득 씨는 쉰여섯 살에 숨졌으니 정말 젊은 나이였죠. 니미 다카시 씨도 환갑을 몇 개월 남겨놓고 돌아가셨습니다. 가지무라 히데키 씨는 쉰네 살이었고, 오자와 유사쿠小沢有作 씨(교육학자, 1933~2001)도 일흔 살까지 살지 못했습니다. 그러고 보니 모두가 젊었었네요. 나는 이제 여든 살입니다. 너는 여든 살까지 살면서 무엇을 했는가, 그런 생각이 듭니다.

1장

지문날인 거부:

일본의 공민권 운동

히타치 취업 차별 재판의 역사적 승리를 통해 불이 붙은 반차별·권리 획득 운동의 물결은 1980년대에 역사상 전례를 찾아볼 수 없는 거대한 인권 투쟁으로 발전한다. 외국인 관리의 상징이었던 지문날인제도에 대한 '거부'였다. 신주쿠 구청에서 지문날인을 거부한 자이니치 1세인 한종석韓宗碩(1935~2008)의 '외로운 한 사람의 반란'은 순식간에 확산되기 시작한다. 법을 어겨 법의 부정의를 저격하는 권리를 위한 투쟁. 그것은 국적과 민족을 뛰어넘은 '일본의 공민권 운동'이었다.

지문날인 거부운동에 참가하시게 된 계기는요.

역시 최창화 씨(목사, 인권운동가) 때문이었죠. 최 씨는 늘 말했어요. '굴욕의 낙인' '차별의 상징'이 바로 이 지문이라고요. 그는 지문날인을 거부하고 "내가 지문날인을 거부한 제1호다!"라고 말하며 돌아다녔죠(웃음).

그런데 생각지도 못했던 곳에서 한종석 씨가 튀어나온 겁니다. 그래서 여러모로 조사해보니, 한 씨가 최 씨보다 먼저 지문날인 거부를 한 겁니다. 최 씨는 "뭐냐, 나보다 먼저 거부한 사람이 있었던 건가"라며 아쉽다는 듯한 표정을 지었습니다.

한 씨와 몇 번인가 대화를 나눴습니다. 그중에 지금도 기억하는 얘기는요. "우리는 대단한 것을 자식이나 손자들에게 남겨줄 수 없다. 그렇지만 적어도 이 손가락을 까맣게 해서 지문을 채취당하는 것, 이것 정도는 이제 좀 없애고 싶다. 이런 것을 더는 자식이나 손자들에게 시키고 싶지 않다…"라고요. 그래서 한 씨는 결심을 하고 도쿄 신주쿠 구청에서 [외국인]등록증을 갱신할 때 지문날인을 거부했습니다. 1980년 9월의 일이었습니다. 지문을 찍지 않으면 새 외국인등록증을 교부받을 수 없고, 그러면 등록증을 미소지하게 되어 자칫하면 소지하지 않았다는 이유로 경찰에게 잡히고, 최악의 경우엔 오무라 수용소에 보내져 한국으로 강제 송환될 수도 있습니다. [그런 것들을 생각하니] 불안했지만 그래도 거부하기로 결심했다고 말했습니다.

그런데 예상 밖으로 지문을 찍지 않은 등록증이 [집으로 송부돼] 돌아온 것입니다. 그래서 애초 불안했던 마음은 모두 어디론가 사라졌습니다. 상시 휴대 의무 위반으로 잡혀갈 일도 없게 됐고요.

다른 한편으로 최 씨는 이곳저곳에서 지문날인의 문제점을 말하고 다니면서 거부 쪽의 진형을 갖추자고 주장하기 시작했습니다. 거부하면 경찰도 움직이게 되죠. 그렇게 되면 구체적으로 어떻게 해야 할 것인가라는 얘기를 하는 도중에 한종석 씨가 지문날인 거부죄로 재판에 넘겨져 니미 다카시 씨가 담당 변호사가 되었습니다. 그런데 니미 씨는 그런 사람[이런 일을 두고 못 보는 사람]이니까, '본격적으로 해보자!' 이렇게 된 것입니다.

덧붙여서, 니미 씨가 가장 처음 내게 연락을 해온 게 한 씨 재판 때였습니다. 손진두 씨'의 대리인을 했던 구보타 야스후미 씨가 니미 씨와 가까운 관계였던 듯 "외국인 문제를 다루려면, 변호사는 아니지만 다나카 히로시라는 남자를 활용하는 게 좋다"고 조언했다고 합니다. 뭐라 해도 첫 번째 사례였기 때문에 니미 씨도 어떤 의미에선 겁을 내면서, 신중하게 일을 추진했습니다.

외국인 차별을 구체적으로 드러내는 제도에 대해 일관되게 불복종하면

---

1   2장 참조.

서, 소추되는 것을 역으로 이용해 법정을 자신의 주장을 드러내는 창구로 활용하는 방식이네요. 1973년 7월 송두회 씨가 법무성 앞에서 외국인등록증을 불태우고, 형사 피고인이 되어 [법정에서] 자기 주장을 거듭했던 것을 상기시킵니다.

그래서 여러 가지로 논의를 했는데 곤란한 문제가 불거집니다. 나는 법률가가 아니니까 잘 몰랐지만, 지문날인 거부죄라는 것은 당연히 외국인등록법에 분명히 규정돼 있고 벌칙도 정해져 있습니다. 그에 근거해 수사하고 기소해 재판하는 것입니다. 통상적인 형사 사건에서는 "나는 물건을 훔치지 않았는데 검찰이 훔쳤다고 하는 게 어이없다"고 주장하는 그런 '싸움'을 하지 않습니까. 그런데 지문날인 거부는 본인이 위법 사실을 인식하면서, 확신 범죄를 저지르는 것입니다. "나는 지문을 찍었는데, 행정 쪽에서 찍지 않았다고 한다"라는 식으로 주장의 차이를 둘러싼 다툼이 처음부터 아닙니다. 그렇기에 문제는 양형을 어떻게 할 것인가라는 문제로 축소됩니다. 애초엔 벌금이 5만 엔 이하였는데 거부운동에 대한 공격을 한 것인지 어떤지는 모르지만, 도중에 20만 엔 이하로 올라갔습니다. [어쨌든] 벌금을 얼마로 할지가 재판소의 판단 내용이 되는 겁니다. 그렇게 되면 정상참작의 여지가 있는지 없는지에 대한 얘기로 축소되고, 형사재판에서 무엇을 어떻게 싸울지 실체가 갖춰지지 않게 됩니다.

생각해보니 그렇군요. 사실관계에서는 어떤 엇갈리는 점도 없는 것이니, 이쪽에서 대책을 세우지 않으면 주장할 기회도 얻지 못한 채 당일 바로 심리가 끝나겠네요.

게다가 이쪽에선 지문을 찍으라고 하는 것 자체가 괘씸하다고 주장해서 싸움으로 몰고 가야 합니다. 그래서 지문날인제도의 배경 등을 조사해 재판소에 주장하고, 상황에 따라서는 '의견서'를 내거나 '증언대'에 서거나 하는 투쟁을 생각했습니다. 그렇게 하지 않으면 재판 자체가 유지되지 않기 때문이죠. 그래서 지문날인제도 도입의 역사를 조사했더니 예전에 옛 만주에서 일본이 지문을 채취했다는 사실을 알게 됐습니다. 아시다시피 '만주(제)국'은 일본제국주의 대외 침략의 상징적 존재라고 말할 수 있죠. 그래서 지문날인제도는 전쟁 전 역사에 뿌리를 두고 있고, 심지어 현재는 이를 외국인에게 적용하고 있다는 사실을 재판관에게 호소할 필요가 있지 않겠느냐고 의견이 모입니다. 그래서 1987년 3월 지문날인 거부자인 재일 중국인 2세 쉬취전 徐翠珍 씨(1947~)가 오사카지방재판소에서 이렇게 진술합니다. "위僞만주[거짓 만주, 만주국을 중국에서 부르는 이름]에서 총검 아래 억지로 가지고 다니게 했던(이것도 상시 휴대 의무가 있었다) 지문을 찍은 거주증과 지금 우리에게 강요하고 있는 지문 혹은 외국인등록증이 대체 뭐가 다릅니까."[2]

옛 만주, 즉 중국 동북부에 조사를 하러 갔던 것이 그해 여름이죠.

딱 한 번 갔습니다. 그때 김경득 씨도 같이 지린성 엔벤의 조선족자치주에 갔습니다. 당시 옌지와 같은 도시부는 개방되어 있었지만 농촌

---

2   쉬취전이 벌인 투쟁의 일단은 다큐멘터리 영화 「1985년 꽃으로 존재한다는 것」(김성일 감독, 2010)에 기록돼 있다. 감독이자 자이니치 한국인 2세인 김성일도 지문날인 거부 운동자로 1987년에 외국인등록법 위반으로 체포되었다. 이후 강제적인 도구로 억지로 지문을 채취당한 경험이 있다. 김성일과 쉬취전 등은 날인제도 폐지 뒤 법무성에 외국인등록증 반납 운동을 전개했다.

은 아직 미개방, 즉 외국인은 들어가면 안 되는 곳이었습니다. 이 부분을 교섭해 특별히 농촌에 들어갈 수 있게 되었습니다.

당연히 비자를 받아 중국에 입국하는 것이지만, 그 마을 근처에 가면 또 하나의 관문이 있어서 사전에 허가를 받아야만 미개방 지역에 들어갈 수 있는 방식이었습니다.

옌지의 역사박물관에 가보니, 국민등록증이었나 '만주제국정부'라고 써 있는 실물이 전시되어 있었습니다. 얼굴 사진은 뜯겨 있었지만 그 아래에 '지문'이 검게 찍혀 있고, 소지하고 있던 사람의 이름도 써 있었습니다. 그것을 확인하고 사진도 찍어 돌아왔습니다.

그리고 전전에 지문을 채취당한 경험이 있는 할아버지들과 얘기하는 시간을 가졌습니다. 당시의 등록증은 가로 모양으로 되어 있어서 얼굴 사진 아래 지문이 찍혀 있습니다. 그때 경득 씨가 갖고 있는 외국인등록증을 보여주며 실제 일본에서 외국인이 지금 이런 것을 소지하도록 의무화되어 있다고 설명하니, 할아버지들이 "뭐랄까, 과거의 망령을 보는 것 같다"고 말했던 것이 깊게 인상에 남아 있습니다. 그래서 귀국 후에 「지문날인의 원점—중국 동북부(구 만주)를 걸으며指紋押捺の原点——中国東北部(旧満州)を歩いて」를 「아사히 저널朝日ジャーナル」(1987년 10월 9일 자)에 기고했습니다.

여러 얘길 들으니, 만주 시대에 전후 베트남전쟁 때의 '전략촌'[3] 비슷한 것이 있었다고 합니다. 당시 만주국에서는 '집단부락'이란 정책을 취하고 있어서, 마을을 바리케이드 비슷한 울타리로 둘러쌌습니다. 그래서 농민들이 농작업을 위해 나갈 때 신분증명서를 가지

---

3   남베트남정부군이 미국군의 지도 아래 실시했던 대게릴라 작전 중 하나. 지배지역 주위를 둘러싼 인공마을을 만들어 농민들을 이주시켜 남베트남해방민족전선 게릴라와 농민들의 접촉을 차단하려 했다.

고 갑니다. 농사일이 끝나면 돌아올 때 증명서로 출입을 확인해 게 릴라가 집단부락에 잠입하는 것을 막는 시스템을 갖추고 있었던 겁니다. 베트남전쟁 때의 전략촌이 실은 만주의 집단부락에 원형을 두고 있다는 사실에 깜짝 놀랐습니다. 그런 사실도 알게 되어서, 어쨌든 지문날인은 과거 군국주의의 유산이 아닌가 하고 지문날인제도가 가진 역사적 배경을 여러 형태로 주장하게 되었습니다.

그리고 또 하나 기억이 나는 것은, 애초 재판이 되지 않는 것을 해보려고 하는 것이니까요. 그래서 나도 몇 번인지 기억은 안 나지만 여러 재판소에 증인으로 출석을 합니다. 검찰에게는 '검찰동일체 원칙'이 있으니까 (일본 전국의) 어느 재판을 간다 해도 저쪽은 하나잖아요. 그래서 검찰 쪽은 "이 증인은 이런저런 법정에서 이미 증언을 했기 때문에, 그때 이뤄진 증언조서를 받아오면 되니까 증인 채택을 할 필요가 없다"고 재판관에게 말합니다. 그러면 변호단 쪽에서는 "아니다, 이 증인은 그 이후로도 여러 가지를 조사했기 때문에 이전 증언과 중복되지 않는 범위에서 증언할 수 있다. 꼭 채택을 해줬으면 좋겠다"고 합니다. 그렇게 주장하면 결국 채택이 됩니다. 그건 좋은 일이지만, 내 입장에선 큰일 나는 것입니다. "지금까지와 중복되지 않는 범위에서"라는 조건이 걸려 있기 때문에 새 얘기를 준비해야 되니까요.

정말 힘들었습니다. 앞에서 한 만주 얘기만 해도 중국에 가서 노력과 시간을 들여 조사해도 한 번 법정에서 사용하고 나면 끝이고, 같은 얘기를 두 번 할 순 없잖아요. 그래서 저도 무엇엔가 홀린 것처럼, 자전거를 탈 때 페달을 밟아 쓰러지지 않고 나아가는 것처럼 계속 여러 조사를 해서 다양한 것을 밝혀내게 되었습니다.

예를 들어 예전에는 자동차 면허증을 교부할 때 지문을 찍었다고 들어서, 경찰청에 가서 여러 얘기를 물어보니 이를 정한 법령이 없기에 바로 없어졌던 사례가 있습니다. 그리고 또 예전에 도쿄 도민에게 지문을 등록시키려는 움직임이 있어서 처음에는 우에노역의 노숙자들에게 채취하기로 했다는 기사를 찾기도 했죠. 또 미야기현 의회에서 1951년 3월 '주민지문등록조례'를 발의했던 적이 있는데 그 신문 기사를 찾아서 현청에 편지를 써 의사록을 보내달라고 해 읽었던 적도 있었습니다. 그 조례안은 의회에 제안이 되었지만 찍지 않는 사람에게 벌금을 어떻게 물릴 것인지가 문제가 되어 형사처벌까지 부과하는 것은 역시 지나친 게 아니냐는 의견이 나와 결국 만들어지지 않았습니다. 결국, 일본인에게는 벌칙을 부과할 수 없었기 때문에 잘 시행되지 않았던 것입니다.

그러나 외국인들이 지문 거부를 하면 일관되게 형사처벌로 대응해왔던 차이가 있군요. 외국인들에겐 괜찮지만, '국민'에겐 거기까지는 할 수 없다는 발상이네요. 그 자체가 차별입니다.

그래서 재미있었던 것은요, 국회에서도 1949년 7월부터 9월까지 '국민지문법'을 제정하려는 움직임이 있어서 의사록을 읽었습니다. 당시 참의원 하니 고로羽仁五郎 씨(역사가, 1901~1983)가 "모두에게 지문을 채취하려는 것 같은데, 황족에게도 채취할 것인가"라고 질문하니, 정부 쪽도 곤란해졌습니다. 그는 그때 가나가와현 즈시에 살고 있었던 것 같습니다. 신문 기사를 제시하면서 질문했던 것처럼 의사록에 기록되어 있어서, 나도 열심히 기사를 찾았지만 나오지 않는 겁니다(웃음). 여러모로 물어보니, 아마도 때때로 그런 기만술을 썼던 모양입니다. 실제로는 기사가 없지만, 있는 것처럼 해서 공격을 퍼붓는 것이지요.

그리고 또 하나 생각나는 것은 [외국인등록증의] 대량 갱신이

이뤄지는 1985년[4]에 맞춰 「아사히신문」이 지문 문제를 다뤘습니다
(오사카 본사판 1985년 5월 7~9일 석간). 기획 단계에서 오사카 「아사
히」 기자에게 전화가 걸려왔습니다. 구로키 다다마사黒木忠正 씨라는
당시 법무성 입국관리국 등록과장으로 아직 살아계신데, 그분과 신문
에서 대담을 하지 않겠느냐고 하는 겁니다. 그래서 "나는 괜찮지만,
현직 등록과장이면 소용돌이 가운데 있는 사람인데 좀 무리가 아니
냐"고 했더니, "아닙니다. 그건 「아사히」가 체면을 걸고 설득할 테니
까 먼저 당신이 오케이를 해줘야 한다"고 하는 겁니다. 그렇게 보란
듯이 구로키 씨를 섭외했더군요. 그래서 도쿄 유라쿠초의 마리온[5]에
서 대담을 했습니다.

　　대담 뒤에 구로키 씨가 한 얘기 중 인상에 남았던 것은 "다나카
씨, 지문, 지문 말이 많은데, 나도 국가공무원 시험에 합격해서 5급으
로 법무성에 들어올 때 지문을 찍어야 했습니다"라고 날름 얘기하는
겁니다. 이쪽은 소재를 찾기 위해 노력하고 있었기 때문에 '아, 이거
재미있겠다' 싶어서 인사원人事院[6]에 가서 조사를 해보니(1950~1959년
까지 채취했었음), 법적 근거는 없지만 가급적 지문을 채취하자는 움직
임이 있어서 "공복들이 솔선해" 시작했다고 합니다. 어딘가에 사용한
적이 있냐고 물으니, 신원을 알 수 없는 변사체가 나올 때 국가공무원
일지도 모르니 모아놓은 지문 카드 파일을 한두 번 열었던 것 같다고
했습니다. 이것도 재판소에서 증언으로 사용했습니다. 이렇게 여러모

4　　일본에 1년 이상 사는 16세 이상의 외국인은 거주지 구청에 가서 외국인등록
　　증명서를 신청할 때 지문을 등록하고, 5년마다 교체할 때 등록원표에 왼쪽 검
　　지의 지문을 찍어야 했다.—옮긴이

5　　옛 아사히신문사가 자리해 있던 유라쿠초 센터빌딩.—옮긴이

6　　일본의 행정기관으로 국가공무원의 인사관리를 담당한다.—옮긴이

로 뒤지고 다녔습니다. 다른 한편으로는 좋은 연구도 되었고요.

그리고 또 한 가지 말하면, 아이치현에서는 중학교 3학년이 되면 모두에게 지문을 채취한다는 것을 알게 되었습니다(1955년부터). 이것 역시 [채취의 근거가 되는] 법률은 물론 조례도 없지만, 학교 규칙이라며 다짜고짜 "오늘은 지문 채취하는 날이니까 체육관에 모여 주십시오"라고 학생들을 불러모아 확 해버리는 겁니다. 이런 일이 일상적으로 일어나고 있었습니다. 이에 대해서는 신무라 다케시新村猛 씨(1905~1992)라는 프랑스 문학을 전공하는 사람이 있었는데, 『고지엔広辞苑』[일본의 국어사전]을 만든 신무라 이즈루新村出 씨(1876~1967)의 아들입니다. 신무라 다케시 씨는 나고야대학 교수로 '중학생의 지문제도에 반대하는 모임'을 만들고 대표가 되어 일종의 시민운동을 전개하고 있었습니다. 「아사히 저널」에도 신무라 씨의 글이 게재되었고, 「아사히 그래프アサヒグラフ」[1923~2000년까지 발행되던 화보잡지]가 현 경찰의 선반에 보관돼 있던 지문 카드 사진을 소개한 적이 있었습니다.

아이치의 지문제도는 이런 운동을 한 보람이 있어서 1970년에 중단되었습니다. 나는 외국인 지문날인 반대운동을 하고 있으니까, 여기저기 강연장을 다니며 이렇게 말했습니다. 일본인은 반대운동 덕분에 체육관에서 [학생들의 지문] 채취하는 일이 없어졌지만, 아이치의 중학생 중에는 당연히 외국인도 있겠지요. 모두 체육관에 모여 지문을 채취하는 형태는 사라졌어도, 외국인 중학생은 홀로 복잡한 생각을 마음에 품어가며 지금도 구청에 지문을 찍으러 가고 있다. 신무라 씨 정도의 지식인도 여기에는 생각이 미치지 못했다는 사실을 보면, 지문날인제도가 얼마나 뿌리 깊은지 느낄 수 있는 거죠.

그땐 이런 관점이 매우 중요하다고 생각했습니다. 처음 날인하게 되는 나이는 그 후 '16세'로 올라가지만요. 그런 것을 닥치는 대로 조사해보니 여러 가지 것들이 드러났습니다. 그러는 가운데 이 운동을 어떻게 전개할 것인가, 최창화 씨가 말하는 '복종의 심벌' '차별의 상징'을 어떻게 없앨 것인가 하는 그런 운동으로 확산되어 나아가게 되었던 것이죠.

신문이나 잡지가 상당히 도움이 되었네요.

사실은요, 미아기현 의회의 조례는 「니혼게이자이신문日本経済新聞」의 작은 1단 기사가 실마리가 되어 현 의회에 질의를 하게 되었습니다. 아이치현의 중학생 지문도 「아사히 저널」의 기사나 「아사히 그래프」에 실린 선반에 든 지문 사진의 덕을 봤습니다. 오사카 「아사히신문」의 대담 등 3일 연속 기사도 도움이 되었습니다.

그런데 현역 법무성 담당과장이 잘도 등장했네요. 미디어의 요청이 오면 나와서 반드시 답변해야 할 정도로 운동이 활발해서였겠지만, 무엇보다 현장에서 취재하는 기자의 문제의식과 기세가 있기에 가능한 일입니다.

오사카 「아사히신문」 사회부 취재반인 다나카 히데야田中英也 씨, 하사바 기요시波佐場清 씨, 기요타 하루히토清田治史 씨 세 명 덕입니다. 그때 재미있다고 느낀 것은 사진기자까지 도쿄에 왔다는 사실입니다. "왜 사진기자까지 오사카에서 오는가"라고 물었습니다. 그랬더니 "같은

---

7   지문날인제도가 처음 도입되던 1955년에는 만 14세였다. 1982년에 16세로
         올렸다.—옮긴이

아사히라고 해도 도쿄와 오사카는 별도 회사입니다(웃음)"라고 하더군요.

그 기획은 매우 좋은 기사가 되어, 3일 연속 게재되었습니다. 처음엔 하리모토 이사오張本勳(한국명 장훈, 야구평론가, 전 프로야구선수)의 사진을 크게 싣고, 이디스 핸슨Edith Hanson[일본에서 활동했던 미국 탤런트] 등 여러 사람의 코멘트를 넣었습니다. 2회째엔 구로키 씨와 나의 대담이 중심이 되었고, 마지막으로는 국제적인 상황과 이누마 지로飯沼二郞 씨(1918~2005)[8]의 담화 등으로 마무리를 지었습니다.

그런데 도쿄「아사히신문」에는 그 기사가 전혀 나오지 않았습니다. 도쿄는 도쿄대학의 오누마 야스아키大沼保昭 교수와 당시 고바야시 순지小林俊二 입국관리국장의 담화를 맞세우는 기사를 게재했습니다. 구로키 씨와 나의 대담처럼 주고받는 공방은 없고, 단순히 두 논리를 병기하는 기사였습니다. 외국인등록증의 대량 갱신을 앞둔 단계에서 도쿄는 그 기사만으로 적당히 상황을 모면한 것이죠. "우리도 했습니다"라는 알리바이로서요. '도쿄와 오사카는 다른 회사'라더니 역시 그렇구나라고 느꼈습니다. '오사카의 기사를 도쿄가 왜 써야 하는가'라는 생각도 있었던 것 같습니다. 게다가 역시 오사카는 자이니치가 많은 지역이니까요. 도쿄와는 문제의식이 다르다는 것을 느꼈습니다. 그렇지만 재미있는 경험이었습니다.

[도쿄는] 정치·경제의 중추에 있어 매일 '높은 사람'들과 접하는 것도 이

---

8 농업학자, 교토대학 명예교수. 교토 베헤련 대표를 지냈고, 자이니치 문제나 히노마루·「기미가요」강요 반대 등의 운동에 적극 참여했다. 교토의 시민운동을 주도했다.「아사히신문」오사카는 간사이 지역에 배부되는 신문이기 때문에 간사이 지역 시민운동의 대표 격인 인물의 글을 받은 것이다.─옮긴이

런 일에 영향을 끼치는 것이겠죠. 상대적으로 도쿄의 언론업계는 권력이나 자본이 하는 주장의 편에 서는 '말을 잘 알아듣는' 기자가 많다는 인상입니다. 중앙의 움직임이나 방침에 그다지 비판도 없고 흘러 지나가는 기사가 주류로, 마이너리티 당사자로부터 차분하게 얘기를 듣고, 그런 사람들 입장에서 사회의 왜곡된 점이나 병리를 비추려는 기사도 적습니다.

뭐, 예전의 「요미우리신문読売新聞」도 그랬죠. 반전, 평화, 반차별 같은 기사는 구로다 기요시黒田清(1931~2000)[9] 시대의 오사카 사회부에서만 썼습니다.

그래서 재판을 포함한 지문날인 거부 투쟁은 어떤 식으로 공략법을 세웠는지요.

첫 번째는 역사적인 문제에서부터 제대로 해보자는 것. 그리고 일본인에게는 지문날인과 관련된 다양한 시도가 있었지만 형사처벌을 수반하는 법에 의한 강제는 한 번도 없었다는 것. 그런데도 외국인만을 대상으로 한다는 사실이 총괄적인 내용이 되었습니다.

그리고 또 하나, 지문날인 거부자들 가운데는 '자이니치'가 아닌 이른바 백인계 사람들도 있었습니다. 아마 자이니치들도 놀라지 않았을까요. 예를 들어 캐슬린 모리카와Kathleen Morikawa 씨라고 일본인과 결혼한 미국 국적 여성이 있었습니다. 왜 그녀가 지문날인을 거부했는지는 잘 모르지만, 거부자 가운데 제일 먼저 벌금 1만 엔의 유

---

9   오사카 출신의 「요미우리신문」 사회부 기자. 1976년 사회부장에 취임해 와타나베 쓰네오渡邊恒雄로 상징되는 보수적인 「요미우리신문」의 논조와 다른 기사를 많이 썼다.—옮긴이

죄판결을 받은 사람입니다. 그녀는 늘 집회나 데모에 나왔습니다. 그녀가 말한 얘기 중 인상에 강력히 남아 있는 것은 "지문 문제에 대해선 여러분과 우리는 같은 입장일 것이다. 하지만 여러분은 그 의미를 아마 모를 것이라 생각한다. 예를 들어 버스에 탑승할 때 나에게 확시선이 모인다. 자이니치 여러분은 그 독특한 분위기를 아마 알아채지 못할지도 모른다"고 말했던 것입니다. [백인 여성인] 그녀이기 때문에 느끼는 생각이었죠.

그리고 또 하나는 도쿄 고토구에 가톨릭 시오미潮見 교회라는 유명한 교회가 있습니다. 이 교회를 물려받은 프랑스인 콘스탄 루이 신부라는 사람이 있었습니다. 그분도 지문을 거부해서 여러 집회에 왔었죠. 우린 때때로 법무성과 교섭을 했습니다. 법무성에 가면 1층 응접실 같은 곳으로 안내를 받아 그쪽에서는 계장급이 나와서 거부자나 지원자 대표들과 여러 얘기를 하게 됩니다. 특별히 의미가 있는 것은 아니고, 그저 시시한 일이었을지도 모르지만요. 어느 날 그 자리에 역시 루이 신부가 왔었습니다.

그래서 법무성 직원이 루이 신부에게 물었습니다. "당신은 30년이나 일본에 있었습니다. 지금까지 계속 지문을 찍어왔잖아요. 왜 이번엔 찍지 않습니까?"라고요. 그랬더니 루이 신부가 말했습니다. "지금 찍으면 자이니치 사람들을 고통스럽게 하는 게 된다. 나는 가령 법률을 어기게 되더라도, 하나님 앞에서 그런 사람들을 고통스럽게 하는 일에 가담하고 싶지 않다. 그래서 지금까지 찍어왔지만, 이번에는 찍지 않는 것이다"라고요. '과연 그렇구나'라고 생각했습니다. 그 자리에 있던 자이니치들도 '무언가'를 느꼈을 것임에 틀림없습니다.

루이 신부는 이렇게 쓰고 있습니다. "이 지역에 사는 대다수의 한국·조

선인, 중국인들에게 예수의 복음을 전하는 책임을 진 자로서 이미 많은 아이들에게 고통과 상처를 주고 있는 지문날인제도를 인정해선 안 된다고 강하게 느꼈습니다. 지금까지처럼 별생각 없이 구청에서 지문을 찍는다면, 나는 그들을 차별하는 쪽에 서는 것이 됩니다"[루이 신부를 지원하는 모임 편 『기류하는 타국인으로서寄留の他国人として』(주오출판사, 1988)]. 차별을 앞에 둔 상황에서 사람에게 중립이란 것은 있을 수 없다. 그리고 차별이 있는 사회에 사는 것은 자기 자신의 존엄에도 상처를 준다는 선언입니다. 루이 신부도 기소되어 피고인이 되지만, 담당 검사가 루이 신부의 인격에 감동해 세례를 받고 크리스천이 되었다는 일화가 남아 있습니다.

루이 신부의 재판에서 내가 증언대에 서기도 해 특히 인상에 깊이 남아 있습니다. 지문을 거부하고 있는 때에 신부님의 어머니가 돌아가셔서 프랑스로 돌아가야 한다는 얘기가 나왔습니다. 그렇지만 지문을 찍지 않으면 재입국 허가가 나오지 않습니다. 최창화 씨의 딸[10]과 같이, 돌아올 수 없게 되는 것입니다. 대단히 고민한 뒤에 내린 결정이겠지만, '지문을 찍으며 장례식에 가진 않기'로 합니다. 그래서 결국 어머니의 장례식에는 출석하지 못했습니다.

　　나는 종교에 대해서는 완전히 둔감해서 잘 모르지만, 지문에 관련된 작은 집회를 여는 것도 대개 교회였습니다. 역시 교회에는 무언가 보편적 가치라는 것이 있어서 이를 기초로 운동이 확대됩니다. 또 하나의 다른 기준이 있어서 국가와 국적, 국경의 벽을 넘어 이어

10　　음악가인 최선애崔善愛 씨다. 지문날인을 거부해 재입국 허가를 받지 않은 채 미국 유학을 가서 영주 자격을 잃었다. 재판 투쟁을 통해 특별영주자격을 회복했다.―옮긴이

집니다. 그런 흐름 속에 루이 신부라든가 캐슬린 씨 등이 있었던 겁니다. 그리고 신부나 목사인 일본인이 [집회를 하려면] "이 방을 사용하세요"라며 장소를 빌려주는 경우도 많았습니다. 그러면 신부나 목사들도 집회에 참가하게 되면서 자이니치나 지문날인제도에 대한 인식이 깊어집니다. 그리고 교회의 뉴스레터나 교회 관계 출판물이나 간행물에서도 지문 문제를 다루게 됩니다. 「가톨릭신문カトリック新聞」 등이 와서 취재도 했었고, [그 때문에 기사가] 빈번히 나왔었다고 기억하고 있습니다.

그런 가운데 아마도 교회 루트를 통해 '자이니치들'이 미국으로 가게 됩니다. 지금은 어떤지 모르지만, 당시는 자이니치들이 미국이라는 곳에 가본 적이 없는 시대였습니다. 그래서 미국에 가서 그쪽 얘기를 여러모로 들으면서 반차별 운동에 대해 알게 됩니다. 미국에서 차별에 반대하는 '공민권 운동'의 역사를 직접 접하면서 차별받은 사람들의 투쟁에 대해 알게 되고, 국적은 있어도 공민권이 없는 상태를 어떻게 돌파해왔는지 등의 얘기를 듣고 옵니다.

제2세대는 '히타치' 이후의 싸움을 하면서 미국의 공민권 운동을 겹쳐 볼 수 있게 되었다는 것이네요.

나 같은 사람도 당시 집회에서 구호를 외치며 하는 연설 등에서 지문날인 거부 투쟁은 일본의 공민권 운동이라고 했습니다. 이를 실마리 삼아 [지문 거부 투쟁] 운동을 언급하거나, 자리매김을 하는 사람들이 늘어갔습니다. 그중에 미국 루트를 통한 것이 많았습니다. 당시는 한국과의 사이에 연대도 거의 없었습니다. 히타치 취직 차별 재판에 호응해 한국에서 히타치 불매 운동이 일어나기도 했지만, 당시는 미국의 영향이 컸습니다. 공민권 운동을 배워 돌아온 사람들이 "차별 문제는 어디에나 있고, 저마다 맞서 싸우는 사람이 있다"고, "우리도 이를 염두에 두고 일본의 공민권 운동 투쟁을 하자"라고 말했죠. 그렇게 격려해주고 용기를 북돋아준 것도 교회 루트를 통해서였다고 생각합니다.

8장

지문날인
거부 2

"이런 일을 더는 자식이나 손자들에게 시키고 싶지 않다…." 한종석의 반란으로 시작된 일본의 공민권 운동인 '지문날인 거부'. 형사고발, 체포, 기소, 재입국 불허가 등 주변 시선을 아랑곳하지 않는 공권력의 탄압에도 차별에 반대하는 릴레이는 이어졌다. 그리고 정치가 움직이기 시작했다.

지문날인제도에 대한 '거부'. 제도화된 인종주의에 대한 분노와 '함께 사는 사회'를 요구하는 물결은 민족, 국적의 차이를 넘어 확산되어 갑니다.

출입국관리법에 대한 반대 투쟁 때는 자이니치와 중국인의 공동 투쟁이라고 해야 할까, 문제를 공유한다는 감각이 어느 정도 있었다고 봅니다. 하지만 지문 문제에서 굳이 말하자면, 백인과의 공동 투쟁을 통해 운동이 확산되리라고는 아무도 상상하지 못했던 게 아니었나 합니다. 나도 그랬습니다. 그래서 캐슬린 모리카와 씨와 루이 신부가 [지문날인을] 거부하고, 루이 신부가 어머니가 돌아가셔도 지문을 찍고 다녀오는 선택을 하지 않는 모습을 보며, 아마 자이니치들도 여러 생각을 하지 않았을까 합니다. 캐슬린 씨도 늘 집회에 참가해 데모를 했습니다.

1982년에 정부가 첫 등록 연령을 14세에서 16세로 올리고 [외국인등록증의] 갱신 기간도 3년에서 5년으로 연장하는 한편, 벌금은 3만 엔에서 20만 엔으로 끌어올리며 지문날인 거부자는 재입국을 허가하지 않는 조치를 강행합니다. 다음 해 6월에 교토에서 날인을 거부한 자이니치 2세 김명관金明觀 씨(성인류학자)가 전국에서 처음으로 체포됩니다. 그 뒤에도 각지에서 강제수사가 잇따르지만, 투쟁은 멈추지 않고 제도의 본질인 '차별'을 폭로해갑니다.

한 가지 계기가 된 것은 1984년 5월 오카야마지방재판소에서 이뤄진 강박姜博 씨의 재판입니다. 당시 전 등록과장이던 가메이 야스요시龜井 靖嘉 씨가 국가 측 증인으로 출석했습니다. 법무성 과장급에서 재판소 가 증인 채택을 한 것은 그가 유일하지 않을까요. 앞에서 언급한 구로 키 씨도 부르지 않았습니다. 우리가 신청을 해도 재판소가 그정도 급 은 어쨌든 채택하지 않으니까요.

　　당연히 이쪽에선 "왜 외국인에게만 지문을 채취하느냐"고 묻 죠. 그러면 그는 일본인과 외국인은 처음부터 다르다. 일단 무슨 문제 가 발생할 때 일본을 위해 무기를 들고 싸우는 것은 일본 국적을 가 진 사람이다, 같은 엄청난 얘기를 했습니다. 나도 당시 오카야마지방 재판소에서 그 얘기를 들었습니다. 뭐랄까 무시무시한 얘기였던 것을 기억하고 있습니다. 그게 상당히 화제가 되었습니다. '가메이 증언'이 라고 해서요.

　　아무리 그래도 가메이 씨의 발언은 심합니다. 그는 이후 9월에 나고야 에서 한기덕韓基德 씨 재판에서도 "위기 존망의 상황에서 총을 드는지가 외국인과 내국인을 나누는 기준"이라고 증언했습니다. 심지어 국가 측 증인입니다. 법정에서 상대 변호사의 추궁에 몰려 결국 입을 놀리고 마 는 폭언·망언이 아니라, 아마도 사전에 법무성 내에서 검토하고 예상 문 답을 만들어서 적어도 부장, 국장급의 체크와 결재를 받은 말이었을 겁 니다. 군국주의 시대부터 변하지 않는 그들의 '사상적 저류'를 느낍니다.

지문은 "외국인 차별이 아니다. 공정한 관리를 위한 것"이라고 말하 려면, 국적을 묻지 말고 전원에게서 공정하게 채취하면 됩니다. 나는 이 문제에 관해 법무성 본부 직원들과 여러 차례 얘기를 해봤는데, 그 들은 보통 이렇게 설명합니다. "동일인임을 확인"하기에 지문은 매우 간단하고 정확하다고요. 지문을 취하는 것이 동일인성을 확인하기 위해 가장 바람직한 방법이라고 설명하죠. 나도 법무성의 직원에게 말했습니다. 일본인도 동일인성을 확인할 필요가 있지 않느냐고요. 예를 들어 선거 때 다나카 히로시라는 사람이 한 표를 던지러 옵니다. 그 사람이 정말 다나카 히로시인지 아닌지는 중요한 의미가 있죠. 다른 사람이 투표하면 곤란하니까요. 그렇지만 그때는 지문을 채취하지 않잖아요. 신분을 속여서 투표하는 게 때때로 발각되는데, 중대한 문제가 아니냐고요. 왜 동일인성을 확인하는 데 외국인에게만 지문이 필요하느냐고요. 그러면 마지막에는 "그것은 외국인이기 때문입니다"라고 합니다. 즉, 대답이 되지 않는 것입니다. '동일인성의 확인'을 되풀이하지만, 반론하면 결국 답변하지 못합니다.

또 하나 생각나는 것은 천황이 바뀐 1990년[1]에 한국에서 당시 대통령이었던 노태우 씨가 일본을 방문했었죠. 그래서 궁중에서 만찬회를 하는데 천황(1989년 즉위한 아키히토明人 천황)이 처음으로 '통석의 념痛惜の念'이라는 말을 사용하며 과거를 언급해 화제가 되었습니다. 그날인가 다음 날인가 당시 토론 프로그램인 「아침까지 생방송」이 있어서 나도 나갔습니다. 오시마 나기사 씨(영화감독, 1932~2013)가 프로그램의 단골 출연자라 「잊혀진 황군」에 나오는 석성기 씨(1990년대 전후 보상 재판의 원고)와 관련된 전후 보상의 얘기도 나왔고, 지문 문제도 언급하게 되었습니다. 당시 지문날인 거부 투쟁이 진행 중이어서 주목을 받고 있었으니까요.

그때 니시오카 쓰토무西岡力('북한에 납치된 일본인을 구출하기 위한 전국협의회' 회장)가 반대쪽에 있었습니다. 그는 북한에서 보낸 공작

원 문제가 있기 때문에 지문날인은 절대 폐지하면 안 된다고 말했습니다. 그렇다면 밀입국자가 "나는 일본인이다"라고 말한다면, 일본인에겐 지문이 찍힌 증명서가 없는데 어떡하면 좋겠느냐고 물었습니다. 밀입국이라든지 공작원 등이 오니까 지문이 필요하다고 말한다면, 일본인의 지문도 모두 채취해야 합니다. 그 자료와 조회해야 비로소 [공작원 등이] 섞여 들어왔다는 사실을 알 수 있으니, 당신 논리는 파탄에 이른 게 아니냐고 몰아붙였습니다. 이 문제를 통해 언제나 느끼는 것이지만, 동일성을 확인하는 일은 외국인에게만 필요한 게 아니잖아요. 그렇기에 당신은 거꾸로 일본인 전원에게서 지문을 채취해야 한다는 운동을 해야 하는 게 아니냐고, 나는 입이 거치니까 그런 말을 했습니다. 그랬더니 [니시오카 씨는] 아무 말도 못하더군요. 그거 참 코미디 같았습니다.

지문날인에 대한 반대는 1980년대 들어서 표면화된 것이지만, 여기서 의문이 드는 것은 지금까지 왜 광범위한 저항이 없었던 것인가. 나아가 말하자면, 왜 이런 제도를 당시 자이니치 조선인들이 수용한 것인가라는 점입니다. 당시는 지금보다 훨씬 더 민족단체가 거대했고, 사회적인 힘도 있어서 치열한 투쟁을 하고 있었습니다. 그런 시대에 왜 이 제도가 실시될 수 있었던 것입니까.

결국 이런 것이라 생각합니다. 일본 정부는 1952년 4월 28일에 자이치니가 갖고 있던 일본 국적이 사라져 외국인이 되었다는 최후통고를 내놓습니다. 그와 동시에 유명한 '법 126호'[2](외국인이 된 자이니치 조선

---

2   정식 명칭은 '포츠담 선언 수락에 동반해 발생한 명령에 관한 건에 기초한 외

인의 재류 자격에 대해 잠정조처를 정한 법률)가 제정되고, 같은 날에 외국인등록법이 공포·시행됩니다. 이 외국인등록법에 지문날인 의무가 처음으로 등장하고(그에 앞서 1947년 5월 2일 공포·시행된 외국인등록령에 있던 의무는 '휴대'와 '제시'로 지문날인은 없었다), 그게 쭉 이어진 것입니다. 최종적으로는 2012년 외국인등록법 그 자체가 사라져 좀 상황이 변했지만요.

1952년 시점에서 자이니치의 민족단체는 '민전'[3](재일조선통일민주전선)이었죠. 그들은 일본공산당과 함께 투쟁하고 있었습니다. 지문을 채취하는 것은 실제로는 관공서에 가서 날인을 하는 것이죠. 이는 기본적으로 외국인등록증(외국인등록증 자체는 1947년 외국인등록령에 의해 개시)을 갱신할 때(처음에는 3년마다, 나중에 2년마다, 3년마다, 5년마다로 변경) 합니다. 외국인등록증의 기한이 다 되어 새로 갱신할 때에 지문을 찍습니다. 애초 전쟁 전에 '개의 명찰'이라고 불리던 협

무성 관계소 명령의 조치에 관한 법률'이다. 이 전년에 제정된 출입국관리령은 외국 여권을 갖고 사증을 받아 입국한 외국인을 대상으로 20여 개의 재류 자격과 재류 기간을 부여한 외국인관리법이었다. 그러나 패전 전부터 '국민'으로 일본에 거주해왔고, 일본 정부의 사정으로 외국인이 되어버린 조선인들은 그 대상에 해당하지 않았다. 60만 명이나 되는 사람들을 각각의 재류 자격으로 나눠 배분하는 것은 현실적으로 불가능했기 때문이다. 그로 인해 잠정조처를 정한 것이 법 126호였다. "따로 법률로 정하는 바에 의해 이들의 재류 자격 및 재류 기간이 결정될 때까지 재류 자격을 갖지 않아도 계속 우리 나라에 재류할 수 있다"고 해 일본이 패전하는 시점에 일본에 있던 조선인들과 그 자손들의 재류가 가능해졌다. '따로 법률'이 만들어진 것은 특별영주자격이 규정된 '입관특례법'(1991년 제정) 때였다. 자이니치들의 법적 지위는 실로 40여 년이나 미해결로 방치돼 있었던 셈이다. 덧붙여 말하자면, 애초 일본 정부는 옛 식민지 출신자들을 1951년 입관령의 적용 대상으로 삼으려 했지만 연합군총사령부가 반대해 이뤄지지 않았다.

3 1951년 1월에 결성된 좌파 조선인 단체로 한국전쟁 때 운동을 견인했다. 1955년에 해산했다.

화회 수첩協和会手帳[4]이 되살아난 것이라는 반발이 강해서 반대운동이 엄청나게 격렬했던 듯합니다. 그래서 지문날인을 강행하면 외국인등록증 자체를 갱신하는 작업이 진척되지 않을 것이란 우려가 있어서 법률 공포 후에 지문날인 부분만 3차에 걸쳐 시행을 연기하는 법 개정을 합니다.

그 언저리를 조사하는 중에 알게 된 것이지만, 대량 갱신을 하는 시기에 지문날인을 하면 반대운동을 자극해 일제히 '와' 하고 달려들잖아요. 그래서 갱신이 없는 시기에 지문날인을 시행하려고 시기를 일부러 늦춥니다. 최종적으로는 대량 갱신이 이뤄지는 전년에 해당하는 1955년 4월에 시행하게 됩니다. 그해는 묘하게도 '조선총련'(재일본조선인총연합회)이 결성되는 해이기도 합니다.

그해 처음으로 일본공산당이 조선인 당원들에게 탈당 권고를 하고 연을 끊어갑니다. 그때까지는 [조선인들이] 공산당과 함께 지문 문제에도 대응하고 있었던 게 아닌가 합니다. 국가는 먼저 1952년에 '국적 처리'를 통해서 일본인과 조선인을 분단했습니다. 그다음이 1955년입니다. 조선인과 공산당이 어떤 의미에선 분열하게 돼, 조선인 운동은 공산당이라는 바람막이를 잃게 됩니다. 관공서에서는 그 타이밍을 예측해 [외국인등록증이 대량] 갱신되는 틈을 타 지문날인 제도를 시행한 것입니다. 그런 꾀를 부릴 줄 아는 사람이 정부 쪽에 있었던 것이죠.

---

4   협화회는 전쟁 시기에 자이니치 조선인을 관리하고 황민화를 추진하던 조직으로, 특별고등경찰(특고)의 내선계가 주도해 전 조선인을 회원으로 해 만들어졌다. 협화회 수첩은 호주에게 발급되었던 신분증이다. 처음에 「기미가요」와 「황국신민의 서사」가 적혀 있었고, 호주의 사진, 가족들의 직업과 주소, 신사참배나 근로봉사 등에 대해서도 기록돼 있었다. 소지하지 않으면 조사 대상이 되었다.

실무 잡지로 「외인등록外人登録」이라는 게 있었습니다. 이 무렵을 회상하는 좌담회를 했는데 그 기사를 읽어보면, "갱신이 없는 시기를 골라서 반대운동에 기회를 주지 않고 시행하는 것이 우리들의 비책이었다"라는 발언이 나옵니다(1959년 4월 호).

이른바 '노선 전환'[5]의 타이밍을 노렸다는 것이네요. 체제를 지탱하는 공무원들의 간교한 지혜입니다. 그러나 그 단계에서 국민이 반대했다면 상황이 달라졌을 것이라 생각합니다만.

일반적으로 날인 거부는 한종석 씨가 제1호라고 하지만, 조사해보니 그는 '눈에 띈 1호'였습니다. 1955년에 지문을 실제로 채취하는데, 이전부터 해온 운동도 있었기 때문에 역시 지문 찍기를 거부하는 사람들이 나오게 됩니다. 경찰청은 『범죄통계서』를 1년에 한 권씩 내는데, 그 책에 '등록증부소지'라든가 '지문불날인'과 같은 외국인등록법 위반이 몇 건 있었는지 통계가 나옵니다. 불날인은 1955년 27건, 1956년에는 195건, 1957년에는 254건, 1958년에는 86건 등 결코 적지 않습니다.

그러나 당시 지문날인 거부는 모두 취조 단계에서 날인에 응한 것 같습니다. 최고재판소까지 가서 싸운 케이스는 1건밖에 없습니다. 1956년 11월에 거부한 시모노세키의 안상도安商道 씨입니다. 판례를

5 　한국전쟁기에 좌파 조선인은 일본공산당의 지도 아래서 운동을 전개했다. 그러나 조선인을 '일본의 혁명'에 동원하는 방침이나, 늘 조선인이 최전선을 담당하게 되는 것에 대한 불만으로 내부 대립이 심각해졌다. 1954년에 자이니치 조선인을 '재외공민'으로 삼는다는 남일南日 조선민주주의인민공화국 외무상의 발언이 나오기도 해 공산당도 조선인에 대한 방침을 전환했다. 그로 인해 민전이 해산하고 조선총련이 결성되기에 이른다.

조사해보면, 결국 잡혀서 조사를 받고 겁에 질려 날인했습니다. 변호사는 법정에서 날인했으니 이제 된 것이 아니냐고 주장합니다. 하지만 검찰 쪽에서는 아니다, 일단 거부를 했으니 불날인죄가 성립하기 때문에 형벌을 면할 수 없다고 말합니다. 그래서 [조선인에게] 지문을 채취하는 것은 어처구니없는 일이라는 주장은 한마디도 나오지 않게 됩니다. 결국, '징역 4개월, 집행유예 2년' 형이 선고됩니다. 80년대는 대부분 벌금형이고 그것에 집행유예가 붙은 예도 있는데, 처음에는 형량이 무거웠다는 사실에 놀랐습니다.

처음 몇 년 동안에는 매년 상당한 거부자가 나왔네요.

그게 점점 줄어듭니다. 역사적으로 보면 한종석 씨 앞에도 많은 지문 거부가 있었습니다. 내가 시모노세키에 갔을 때 안 씨와 만나 얘기를 들었습니다. 변호사는 '국선'으로, 기본적인 다툼은 "이제 찍었으니까 된 것 아니냐"와 "아니다, 일단 거부했으니 처벌을 면할 수 없다"라는 주장의 충돌이었습니다. 지문의 차별성을 묻는 80년대 이후와는 전혀 다릅니다.

이 부분은 완전히 조사하지는 못했지만, 역시 공산당과 조선인의 결별이 알려지게 된 시점에 지문날인이라는 쐐기가 박히게 된 게 아닌가 합니다. 당사자는 지문에 반대하고 거부하겠지만, 이를 지지해주는 일본인이 전혀 없었던 게 아닐까요. 신문 등을 계속 뒤져봐도 [그런 얘기는] 전혀 나오지 않습니다. 조선인에게 지문을 찍게 하는 것은 어처구니없는 일이라는 얘기가 전혀 나오지 않아요. 변호사도 무슨 수단을 취하지 않았던 모양입니다. 그래서 경찰에 잡혀서 모두 날인을 하는 겁니다. 통계적으로만 본다면, 일단 거부했다는 데이터로 남게 되고 기록도 있습니다. [하지만] 당시는 [구체적인 문제 제기나 반대운동으로는 이어지지 못하는] 그런 상황이 아니었을까 추측할 수 있습니다.

또 생각한 것은 '국선'을 붙여야 할 정도로 지문날인 거부의 형량이 무거웠다는 겁니다. 80년대 이후의 날인 거부를 둘러싼 상황과는 천지 차이라는 점에서 여러 가지를 생각하게 합니다.

> 자이니치 조선인은 일본의 근현대사가 범죄의 역사라는 사실을 알려주는 산증인입니다. 이들의 처우를 둘러싼 형사재판이 '국선'으로 치러졌다는 것 자체가 이 사회가 스스로의 책임과 마주하지 않고 있다는 사실을 보여줍니다. 국가에 의한 차별이라는 악질성이나 그에 대치하는 역사적 의의를 인식했다면, 많은 변호사가 무상 변호를 하겠다고 나서야 할 것입니다. 그러나 그런 일은 일어나지 않았고, 사반세기 후에 어떤 의미에서 이단 같은 사람들이 등불을 밝혔습니다.

한종석 씨나 최창화 씨가 기존의 민족단체와 관계가 있었는지는 잘 모르지만, 기본적으로는 그와 관계없이 자발적으로 싸웠습니다. 말하자면 히타치 취업 차별 재판 이후의 '시민운동으로서 자이니치의 투쟁'이라는 성격이 짙었다고 생각합니다.

> 다나카 씨의 표현을 빌리자면, 그 움직임은 들불처럼 점점 번져나가 1985년 대량 갱신의 해가 오자 절정에 오릅니다.

지문은 통상적으로 갱신할 때 찍는 것입니다. 운전면허증도 갱신해야 하지만, 그때는 생일을 기준으로 하죠. 그래서 갱신 시기가 제각각입니다. 하지만 외국인등록증만은 일제히 갱신해온 역사가 있습니다. 그중에는 빨리 거부를 하고 싶다고 등록증을 세탁기에 넣어서 망가뜨린 뒤, 구청에서 재교부를 요구하고 그 자리에서 거부하는 사람도 있었습니다(웃음).

제가 살고 있던 교토에서도 자기가 찢은 등록증을 가지고 구청 창구로 가서 "어이, 새 걸로 내놔"라고 담당자 앞에 던져버리는 사람도 있었습니다.

1947년 외국인등록증이 도입되면서 약 60만 명의 자이니치가 일제히 등록했고, 1955년부터 지문날인이 시작됩니다. 이들이 날인한 1세입니다. 그 후에 [이 사람들이] 다 함께 등록증을 갱신합니다. 물론 세월이 흐르며 죽은 사람도 있으니까 일제히 갱신하는 사람들이 줄어들지만 상당한 수입니다.

그래서 1985년이 중요한 해라는 것을 알게 되어, 1984년 9월에 2세, 3세들이 '지문날인 거부 예정자 회의'를 발족시킵니다. 대량 갱신이 내년으로 다가오니까, 그때 우리는 찍지 않겠다고 미리 선언하는 것을 통해 이 문제를 부각시킨 것입니다.

예를 들어 만 단위의 거부자를 경찰이 수사해 검찰이 기소하게 되면, 공판 유지도 엄청난 일이 됩니다. 각지의 재판소에서 지금 하듯이 재판 투쟁을 하면 일본의 재판소 기능이 마비되는 게 아닌가 등 여러 생각을 했습니다. 재판관이 전부 몇 명이고, 거부자가 얼마나 있으면 기능이 마비될까 같이 제멋대로인 얘기들만 했었죠(웃음).

말 그대로 법을 부수고 악법을 저격하는 투쟁이었습니다.

예정자 회의 운동이 확산되면서 한국 민단의 '청년회'나 '부인회'가 관심을 보이게 됩니다. 그래서 청년회 간부들도 꽤 열심히 반대 투쟁에 나섰습니다. 민단 중앙의 부단장인 임삼호林三鎬 씨도 그때 청년회 간부로 단식투쟁도 했습니다. 오덕수吳德洙 감독(1941~2015)의 「지문 날인 거부」(1984)에서 가장 마지막 부분인 히비야 공원 장면에 그가 나옵니다. 지금의 민단 간부들 중에는 옛날에 거부했던 사람들이 많아요.

부인회 사람들도 도중부터 상당한 관심을 가졌습니다. 그래서 나와 오누마 야스아키 씨가 나눠서 부인회 연수회에 참석해 홋카이도에서 규슈까지 강연을 하러 다녔습니다. 그때 회장을 하고 있던 사람이 배순희裵順姬 씨라는 오사카 분이었는데, 그분이 "민단의 남자들은 야무지지 못하니까, 이 문제는 청년회와 부인회가 해야 한다"고 한 말이 인상에 남아 있습니다(웃음). 그리고 청년회가 '청년회'의 공식 자격으로 한 것인지는 잘 모르겠지만, 간부들이 모두 참여하고 있었기 때문에 당연히 함께 한다는 느낌이었습니다.

그때는 나도 조선총련 사람들을 어느 정도는 알고 있었습니다. 당시 '재일 조선인의 인권을 지키는 모임在日朝鮮人の人権を守る会'[6]에 관계하면서 알게 된 총련 사회국 사람에게 총련은 지문 거부운동을 안 하냐고 물어봤습니다(웃음).[7] 그랬더니 음, 총련은 '파괴활동방지법'의 조사대상 단체이기 때문에 법을 위반하면 [일본 정부가] 조직적인 개입에 나서리라는 것을 충분히 예상할 수 있다. 우리는 법을 어기는 일

---

6   1960년대에 한일 국교 정상화 교섭을 배경으로 수도권 등에 조선학교 고등학생들에 대한 증오범죄가 이어졌다. 법률가, 연구자 등이 조사단을 결성했는데, 발전한 것이 '재일 조선인의 인권을 지키는 모임'이다. 법적 지위나 민족 교육 등에 대해 여러 조사 연구 결과를 세상에 내놓았다.

7   당시 민단과 총련은 동포사회에서 엄청난 대립과 갈등 관계에 있었다. 민단이 주도하는 운동을 총련 사람들에게 물어본 것이 짓궂은 행동이라는 의미의 웃음이다.─옮긴이

은 할 수 없다는 얘기를 들었던 것을 기억하고 있습니다. 그렇구나,
생각했습니다.

> 내가 아는 바로는 재일한국청년동맹(재일한국민주통일연합[8] 산하의 청년단
> 체) 등도 총련과 같은 방침이었습니다. 총련도 이 제도에 대한 반대 자체
> 는 표명하고 있었지만요. 당시 조선학교 학생 가운데는 생도들이 함께 거
> 리로 나가 반대 서명을 모은 것으로 수업 출석을 인정받기도 했다는 얘기
> 를 들은 적도 있습니다. 아무튼 민단은 부인회와 청년회의 목소리를 받아
> 들여 '지문날인 유보 선언'이란 방침을 내놓게 됩니다.

하나의 전술이었습니다. 뭐, 저쪽(지자체)도 지역 주민들을 갑자기 고
발해 경찰에 넘긴다는 게 좀 껄끄럽다는 생각이 있어서, 이쪽도 이번
에는 찍지 않고 [거부하는 게 아니라] 보류한다는 방식을 생각해낸 것
이라 봅니다. 거부까진 하지 않을 테니, 이번엔 [구청에서도] 좀 기다
리라는 것이었죠. 그렇게 하면 구청 쪽에서도 날인거부죄로 관할 경
찰서에 고발하진 않는다고, 그래서 유보가 일정 수 이상 모이면 일정
한 의미를 갖게 된다고 했던 시기가 있었습니다.

결국 1985년 5월 법무성이 지자체에 '5·14 통달'을 내려보냅
니다. '시꺼먼 잉크'에서 '무색의 약액'으로, '회전지문[9]'에서 '평면지

---

8   1961년 군사쿠데타로 박정희가 권력을 장악한 뒤, 한국 민단 내에서 보혁 대
립이 격화됐다. 개혁파는 1973년 김대중을 의장으로 하는 '한국민주회복통
일촉진국민회의'(한민통)를 결성했고, 이는 1989년 재일한국민주통일연합이
되었다. 군사정권 시대인 1978년 한국 대법원이 이들을 '반국가단체'로 지정
했고, 2019년 5월 현재도 지정이 취소되지 않고 있다.

9   손가락에 잉크를 묻힌 뒤 종이에 눌러 돌려가며 찍는 지문. 더 넓은 부위의 지
문을 채취할 수 있다.—옮긴이

문"[10]으로 바꾼다는 것입니다. 일종의 완화책이죠. 그러는 한편 고발을 철저히 하고, 지문 거부자에게는 외국인등록증을 교부하지 않고, 주민표에 해당하는 외국인등록증명서에 '지문불날인'이라고 기입하도록 하는 지시를 내놓았습니다. 그래도 운동은 수습되지 않았습니다.

> 본질은 유지하면서 어물쩍 속이려는 내용이었으니까요. 그리고 당시 상황에 대해 특별히 언급해야 하는 것은 지자체의 움직임입니다. 당사자들의 투쟁에 호응해 경찰 고발을 게을리하는 지자체가 나타난 것입니다. 이전에 취재했던 교토에서도 법무성에 '설득 중'이라고 회답하면서 고발을 연기하는 사람들이 있었습니다. 그런 움직임이 도달한 하나의 결론으로 1985년 가와사키의 혁신시장 이토 사부로伊藤三郎 씨가 법무성의 요구에 저항해 '거부자 불고발'을 선언합니다. 많은 지자체가 자치를 시궁창에 내던지고 국가에 순응하는 지금과 달리, 당시는 지자체가 제동장치 역할을 하고, 바람구멍을 열어주었습니다. 거부자는 이해에만 1만 명에 달했습니다.

그래서 1986년 아시안게임 개막식에서 나카소네 야스히로中曾根康弘 총리가 한국을 방문했을 때, 서울에서 지문날인을 "딱 한 번만 하겠다"고 발표했습니다. 기억하고 있는 것은 「아사히신문」에서 대담했던 구로키 다다마사 씨가 등록과장이었는데, 나중에 이렇게 말하는 겁니다. "다나카 씨, 그때 나는 강제 연행을 당했었습니다"라고요. "왜 그렇습니까"라고 물으니, "인질로서 서울에 끌려갔다"고 하는 겁

---

10   손가락에 잉크를 묻힌 뒤 그냥 정면으로 눌러서 찍는 지문.—옮긴이

니다. 그때 관방장관은 고토다 마사하루後藤田正晴 씨(경찰청장관, 법무대신, 내각관방장관 등 역임, 1914~2005)였습니다.

그림을 그린 건 역시 고토다 씨였다는 건가요.

그 부분은 나는 잘 모릅니다. 그러나 고토다 씨는 역시 경찰 관료 출신이니까, 관료의 저항을 내다보았다고 생각합니다. 아마도 정상 차원에서 결정해서, 일본 국내에서는 관료들에게 말하지 않고 한국에서 발표했습니다. 구로키 씨는 아마도 출장지에서 이를 알게 되어 찬반 의견을 말할 수 없는 상태에서 받아들일 수밖에 없었던 것 아닐까요. 어쨌든 서울에서 '딱 한 번만'을 발표했습니다. 법 개정은 그 뒤의 일입니다.

　　탄압을 해도, 좀 느슨히 완화를 해도 운동이 잦아들지 않으니까 다음 수를 내놓은 것이죠. 제일 처음 채취한 뒤 나중에는 이를 복사한다고요. 그렇지만 앞에 말한 「외인등록」 과월호를 읽으면, 지문은 갱신할 때마다 찍지 않으면 의미가 없다, 만약 한 번뿐이라고 한다면 사람을 괴롭히는 것밖에는 안 된다고 관료가 말하고 있습니다(1980년 12월 호). 설마, 이런 일이 나중에 일어날 거라고 생각하지 않았으니까요(웃음). 그것은 코미디였습니다. 정기적으로 채취를 해서 사람이 바뀌지 않았다는 것을 확인하지 않으면 의미가 없다고요. 그들 나름의 논리로 설명했던 제도가 그 정합성이나 의의 모두 파탄에 이른 것이지요.

　　그리고 '91년 문제'[11]**(자이니치의 법적 지위를 둘러싼 일한 협의)를 통해 [지**

11　1965년 한일기본조약에 기초해 자이니치 한국인의 법적 지위로 '협정영주'

문날인을] '폐지'한다는 선언에 이르게 됩니다.[12] 그에 앞서 1989년에 쇼와 천황의 사망과 함께 '정령은사'(사면)를 통해 30여 명의 거부자가 면소됩니다. 공교롭게도 식민 지배와 침략 전쟁의 주범인 히로히토의 장례식에서 기소 자체가 '없었던 것'이 된 겁니다. 물론 그렇다고 해서 천황과 이 나라의 역사적 책임까지 '없었던 것'이 될 순 없지요. 비열한 '도망'이라 할 수 있습니다. 여러 희생을 치러가며 날인을 거부했던 '피고'들의 억울함은 얼마나 컸을까 생각합니다.[13] 권력은 어디까지나 문제 해결을 자신들이 주는 '은혜'로 만들기 원합니다.

이런 게 정치로구나, 생각했던 것은 결국 일본 국내의 반대운동에 굴해 제도를 바꾸는 것은 체면이 허락하지 않았다는 것이죠. 그래서 1991년 1월 「일한각서」에 2년 이내에 폐지한다는 내용을 넣은 것입니다.

하나 흥미로웠던 것은 폐지는 형식적으로는 '자이니치'만이고,

제도가 도입되었다. 그 대상은 전쟁 전부터 거주하고 있는 이와 그 직계비속으로, 허가 대상은 부모와 자식 2대까지로 한정됐다. 3세대 이후의 처우는 협정 발효(1966년)부터 25년 이내에 한국의 요청이 있으면 재협의한다는 내용만 정해져 있었다. 1991년 한일 정부 간 협의 결과, 입관특례법이 제정돼 그동안 붕 떠 있던 옛 식민지 출신 자이니치들의 법적 지위가 겨우 확정되었다. 이때 협의에서 지자체 직원·교원 채용, 참정권 등도 의제로 올랐지만, 별다른 진전은 이뤄지지 않았다(11, 12장 참조).

12 1991년 1월 서울에서 체결된 '재일 한국인 3세 이하 자손의 법적 지위에 관한 한일 외무장관 간 합의각서'에 따라 "2년 이내에 지문날인에 대신하는 조치를 실시할 수 있도록 필요한 개정법안을 차기 국회에 제출하기 위해 최대한 노력한다"는 합의가 이뤄진다. 지문날인제도는 1992년 5월 폐지됐다.—옮긴이

13 대사령[사면령]으로 면소된 지문날인 거부자는 30여 명이다. 그 가운데 쉬추전 등 13명이 이를 거부하는 민사소송을 제기했다(최고재판소에서 패소, 최종 단계에서 원고는 9명이었다).

더 엄밀하게 말하면 '일한'에 관계되는 협정영주(일한기본조약에 기초한 한국 국적 자이니치에게만 적용되는 영주 자격)에만 적용되는 것입니다. 그렇지만 결국 그 이외의 사람들에게도 지문 폐지가 적용되었습니다. 조금 더 옛날이었다면 이 각서의 대상은 협정영주자들만이고, 그 외 예를 들어 특별영주자(=조선 국적자)는 포함되지 않는다고 한국 쪽이 우겨댈 가능성도 있었습니다. 일본 쪽에서도 이를 돌파구로 삼아 다른 외국인들에게도 확대하는 것은 곤란하다고 말해도 이상하지 않은 상황이었습니다. 이 점에 대해서 나는 당시 입국관리국 당국의 대응이 훌륭했다고 생각합니다. 결국 그때 입관특례법을 만들어 한국, 조선, 대만 국적을 묻지 않고, 옛 식민지 출신자에게 전부 특별영주 자격을 주었습니다. 그 진원지는 「일한각서」이지만, 그 각서를 통해 모두를 묶어 '특별영주'로 만든 것이죠. 게다가 지문날인 폐지를 '일반영주'까지 확대한 점에 대해 나는 법무성을 칭찬하고 싶습니다. 그런데 현재의 입국관리국은 뭡니까! 이런 불평을 늘어놓고 싶네요.

외국인등록법에 의한 지문날인은 2000년에 모두 철폐됩니다. 한편 외국인등록증의 상시 휴대 의무는 법 폐기 때까지 남았고,[14] 2007년에는 '테러 대책'이라 칭하며 특별영주자 이외의 외국 국적자에게는 입국(재입국) 때 공항에서 지문과 얼굴 사진을 채취하는 'US-Visit'가 도입되었습니다. '명목'을 바꿔 [지문날인제도를] 부활한 것이라고 말할 수 있습니다.

---

14   새로운 재류관리제도에 따라 외국인등록증은 '재류카드'로 변경됐다. 또 특별영주자에게 '특별영주자증명서'가 발급되었고, 휴대 의무가 사라졌다.

일본인과 외국인을 나누는 발상은 지문날인제도와 다르지 않습니다. 테러 대책이라는 게 앞에 내세운 명분이지만, 일본인에겐 테러리스트가 없고 외국인에겐 있다는 논리입니다. 그렇지만 예를 들어 옴진리교 등은 뭡니까. 굳이 말하자면 특별영주권자는 제외했지만요. 그렇게 되면 쉬취전 씨 같은 중국인 일반영주자는 해외에 나갈 때마다 이문제에 직면하게 됩니다. 역사적으로 보면 자이니치와 같은데, '왜 나만?'이라는 식으로요. 영주권자는 입국관리국이 정기적으로 재류 상황을 심사할 필요가 없다고 한 사람들입니다. 정기적으로 입국관리국에 출두하지 않아도 되는 겁니다. 그런 사람들을 특별영주와 나누는 것은 이상한 일이죠. 지문날인도 먼저 '특별영주'와 '일반영주'는 동시에 폐지했습니다. 더 '국민에 가까운 외국인'이라는 이유로요. 그리고 앞으로 해결해야 할 과제로 일정 조건을 만들어 '일반영주'를 '특별영주'에 통합하는 제도를 만들어야 합니다. 10년이나 20년 동안 '일반영주'한 이들은 자동으로 '특별영주'로 인정한다든가 해서요. 일본의 국적법이 속지주의가 아니라 혈통주의를 취하고 있는 이상 이런 궁리를 피할 수 없을 것입니다. 살아 있는 인간을 염두에 두고 처우를 생각해야 합니다. 하지만 이런 것이 최근엔 전혀 기능하지 않고 있습니다.

투쟁을 통해서 여러 출판물을 냈지만, 저에게 인상 깊었던 것은 1985년 5월 처음 고발 없이 체포되었던 이상호 씨가 받았던 협박과 매도의 편지에 대해 다나카 씨 등이 반론한 『지문날인 거부자를 향한 '협박장'을 읽다 指紋押捺拒否者への「脅迫状」を読む**』(민족 차별과 싸우는 간토교류집회 실행위원회 편, 아카시쇼텐, 1985)입니다. 역겨운 여러 글에 이 제도의 진정한 본질이라 할 수 있는 인종주의가 엿보입니다. 정리해보자면, 이 싸움이 제기한 물음은 무엇이었다고 보십니까.**

이 협박은 지금까지 이어지고 있습니다. 이 사회를 생각하는 데 있어 중요한 것이 표현되어 있다고 당시 반론을 쓰며 생각했습니다. '꺼져라'나 '[자이니치 중에는] 범죄자가 많다'는 말은 [현재 일본 사회를 멍들게 하는] 헤이트 스피치와 똑같습니다. 하지만 당시에는 지금처럼 부끄러움도 없이 거리에서 이런 내용의 가두 선전을 하지는 않았습니다. 나아가 이것과 짝이 되는 또 하나의 책이 떠오르는데요. 『일본인에게 보내는 러브콜―지문날인 거부자의 증언日本人へのラブコール―指紋押捺拒否者の証言』(재일대한기독교회지문거부실행위원회 편, 아카시쇼텐, 1986)입니다. 가와사키의 배중도 씨(당시 민투련 사무국장)가 붙인 제목입니다. 일본인에게 덤벼드는 게 우리 운동의 취지가 아니라 함께 더 나은 사회를 만들어가는 것이라고. 어느 한쪽만이 아니라 [자이니치와 일본인이] 같은 사회의 멤버로서 함께 다문화 공생을 만들어가자는 메시지가 담겨 있는 것이지요. 그때까지와 달리 [지문날인 문제에선] 일본인들 중에도 이 같은 현실에 눈을 떠 함께 투쟁하는 사람도 생겨나고, 운동을 통해 관계를 만들어갔으니까요. 한쪽만으로는 [미래를 향한] 전망이 생겨나지 않는다고요. 배중도 씨는 역시 대단하다고 생각했습니다.

9장

'잊혀진 황군'들의

절규

헌법 제10조에서 '국민의 요건'(=일본 국적자)을 앞에 두고,[1] 제11조부터 나란히 그 향유 주체인 국민이 누릴 수 있는 '인권조항'이 이어진다. 이 구성이 보여주듯 패전 후 일본의 민족 차별은 호적의 차이(같은 '황국신민'이어도 내지와 외지의 호적이 달라 '일본인과 조선인'은 엄격히 구별되었다)로부터 국적의 차이를 '이용'하는 것으로 재편돼, 옛 식민지 출신자를 노린 '배제'와 '감시'의 시스템이 구축되어갔다. 전자의 극한이 황국신민이라며 억지로 전쟁에까지 끌어들인 뒤 일본이 주권을 회복한 다음엔 보상의 틀에서 배제했던 자이니치 조선인 군인·군속들이었다. 1980년대 이후 다나카 히로시는 그 '잊혀진 황군'들의 싸움에 연대해간다.

민투련(4장 참조) 활동을 하는 가운데 석성기 씨 등 '잊혀진 황군'과 만나게 된 것이군요. 만나게 되기까지 경위는 어땠습니까?

히타치 취업 차별 재판에서 가와사키의 이인하 씨가 운영하던 '세큐샤青丘社'(자이니치와 일본 아이들이 함께 배우는 시설을 만들어 운영하던 사회복지법인)라든가, 그 당시 시민운동은 지금은 생각할 수 없을 정도로 활발했으니까요. 그런 단체가 움직여 각지에서 '박 군을 둘러싸는 모임'이 만들어졌습니다. 히타치 재판이 승소로 확정되었기 때문에 이 반차별운동을 통해 각지에서 만들어진 지원단체를 횡으로 잇는 연결망을 발전시켜 1974년 앞서 말한 '민족 차별과 싸우는 연락협의회'(민투련)가 발족되었습니다. 매년 여름에 전국교류집회가 열려 각

---

1   일본 헌법 10조의 조문은 "일본 국민이 되는 요건은 법률로 정한다"이다.—옮긴이

지에서 보고를 합니다. 일본육영회의 장학금에서 국적 조항을 철폐하라든가 공영주택을 개방하라든가, 구체적 문제를 하나 발견하면 거기를 공격해 들어가는 운동을 했습니다. 이런 것은 당연히 중요한 일이긴 하지만….

어디까지나 개별 과제를 부수는 '차별의 두더지 잡기'에 머물러 있다는 것이죠.

그래요. 그래서 우리들의 사회상이랄까, 사회란 본래 어떤 모습이어야 바람직한지를 총체적으로 생각해 사회에 호소해야 한다는 논의가 시작되었습니다. 외국인을 대상으로 하는 일본의 법률은 '외국인등록법'과 '출입국관리법' 등 두 가지로, 모두 관리법입니다. 외국인을 권리의 향유 주체로 하는 법률이 없습니다. 그래서 '정주 외국인 기본 법제를 생각한다'라는 출발점이 생겨났습니다. 일한의 '91년 협의'[2]도 눈앞에 다가와 있었기 때문에, 이에 맞춘 제언이라는 의미도 있었습니다. 그래서 프로젝트팀을 만들어서 제언을 만들어가는 방향으로 논의하고 있었습니다.

당시 이른바 뉴커머[3]가 조금씩 늘어나고 있었지만, 논의를 진행하는 중에 역시 역사적 배경이 있는 '옛 식민지 출신자'와 그 밖의 정주 외국인은 구별해 문제를 해결해야 한다는 식으로 의견이 모아졌습니다. 그래서 도달한 것이 옛 식민지 출신자의 처우 문제를 법안의 핵으로 하고, 일본에 정주하는 그 밖의 외국인은 그에 준해 취급한다,

---

2   8장 참조.
3   1965년 한일 국교 정상화 이후 한국에서 일본에 이주해 살게 된 이들.—옮긴이

이런 틀을 발전시켜 가보자고 얘기가 되었습니다. 그래서 만든 것이 1988년 10월 발표된 '자이니치 옛 식민지 출신자에 관한 전후 보상 및 인권보장법(초안)'입니다. '잊혀진 황군'들과 만나게 된 것은 그 논의 과정에서였습니다.

법안은 시민운동의 연장선상에서 써간 것이기 때문에 모든 현실 운동의 사례에 맞춰 과제가 생겨나고 [그에 맞는] 해결법이 만들어지게 됩니다. 히타치의 취업 차별 사건을 경험 삼아 쿼터제[격차 시정을 위한 배분을 의미한다. 이른바 어퍼머티브 액션(적극적 차별 시정 조처)]를 도입한다거나 해서요. [국적 때문에 자이니치들이 배제되는] 일본육영회의 장학금이나 공영주택 문제도 해결을 위한 노력이 이뤄져 왔기 때문에, 국적 조항 문제도 물론 [법안 속에] 들어갑니다. 참정권도 재판을 해왔던 테마였으니 들어갔습니다.

덧붙여 말하자면, 이 초안에서 자이니치의 법적 지위에 대해 '특별영주'라는 말이 처음 나왔습니다. 우리가 최초로 사용했어요. 당시는 '협정영주' 시대로, 입관특례법이 제정(1991년)되기 전입니다. 그 뒤에 법무성이 '특별영주'라는 말을 법률에 사용했습니다. 이 초안은 '91년 협의'를 고려하며 발표한 것이기 때문에 그에 맞춘 것이었지요.

그렇게 구체적인 과제가 얼추 나오게 되었는데, 단 하나 곤란했던 것은 전쟁 희생자들이 [공적인 논의의 장으로] 나오지 않는다는 것이었습니다. 왜 전쟁 희생자를 그 초안에 넣어야 한다고 내가 생각했느냐면, 당시 미국에서 일본계 사람들의 문제가 커졌기 때문이었습니다. 아시다시피 지난 2차 세계대전 중에 미국은 자국 내에 있는 일본계 이주민 가운데 많은 이를 수용소에 가두거나 재산도 몰수했습니다. 그에 대해 1980년 연방의회에 만들어진 특별위원회 '전쟁 중 민간인의 이주·억류에 관한 위원회Commission on Wartime Relocation and Internment of Civilians'가 [당시 미국 정부가 전쟁 수행을 위해 일본계 미국인들에게] 기밀상 필요하지 않은 조처를 했다는 이유로 미국 대통령이 사죄를 하고, [미국 정부는 피해자] 한 사람당 2만 달러를 지불하라고 권고했습니다. 그것이 이른바 '번스타인Joan Z. Bernstein 보고'로 1983년의 일입니다.[4]

이 문제에 대해서는 그 후로도 여러 대통령이 사죄, 보상을 거듭했습니다. 나는 미국을 긍정하는 사람은 아니지만, 그래도 이념과 정의가 아직 힘을 가진 사회라고 생각합니다. [이를 볼 때] 그로부터 반세기 이상 지난 21세기 현재에도 여전히 조선학교나 조선총련에 관계되는 사람들을 정밀 타격하고, 철저히 탄압을 이어가는 일본의 그로테스크함이 도드라집니다. 미국이 행하고, 나중에 사죄와 보상을 하게 된 그런 어리석은 짓을 21세기에 모방하고 있다고밖에 생각할 수 없습니다. 게다가 상대는 일본이 유린했던 옛 식민지에 뿌리를 두고 있는 사람들입니다. 어디까지 파렴치해질 수 있는 것인지요.

그래서 일본에도 전쟁 때 피해를 입은 옛 식민지 출신자가 엄청 많으리라고 생각했습니다. 군인·군속으로 전쟁에 끌려가 목숨을 잃거나, 큰 부상을 당했다거나. 역시 그런 사람에게 일본 정부가 책임지고 제대로 보상을 해야 한다고요. 어쨌든 일본인은 전몰자 유족이나 전상병자, 인양자에 이르기까지 모두가 넉넉히 수당을 받고 있지만, 외국

---

4   제2차 세계대전에서 미국은 독일·이탈리아와도 전쟁을 했지만, 미국 국내에서 독일계·이탈리아계 주민에게는 일본인과 같은 조처를 취하지 않았다. 일본계에게 행한 강제수용이나 재산 몰수 등은 아시아계에 대한 명백한 인종주의의 표출이었다. 번스타인 보고를 받아들여 미국 정부의 정식 사죄와 배상을 요구하는 법안이 거듭 의회에 제출됐다. 결국 레이건 정권 시기인 1988년에 법률이 성립·발효됐다.

인은 국적을 이유로 들어 배제하고 있기 때문에요. 그러나 이 문제를 해결하기 위해 노력한 전례가 그때까지 운동에는 전혀 없었습니다.

사안이 없었던 것은 아닙니다. 괌에서 요코이 쇼이치橫井庄一 씨가 발견된 것을 계기로, 나고야의 자이니치 부부가 전사한 아들의 보상 문제로 구청에 가서 상담을 받았지만 거절되었다는 건이 보도된 적이 있습니다.(1973년 12월 6일 자 「주니치신문中日新聞」 석간) 그런데도 운동을 통해 맞서지 못했던 것입니다. 그래서 법안을 기초하는 단계에 와서 나는 이렇게 말할 수밖에 없었습니다. "전쟁 때 끌려나와 숨지거나 다친 자이니치가 반드시 어딘가 있을 겁니다. 그게 들어가지 않으면 법안을 만든다고 해도 모양이 안 납니다. 전쟁으로 피해를 받아 보상을 요청하고 있는 부모나 유족이 있을 겁니다. 무슨 수를 써서라도 찾아내야 합니다!"라고요. 나는 입이 험하니까, 말하고 싶은 대로 다 말해버렸습니다. 그랬더니 그 자리에 있던 이인하 씨가 결심을 한 것처럼 말하기 시작했습니다. "다나카 씨가 이렇게까지 말한다면, 실은 내가 잘 아는 사람이 여기 가와사키에도 있습니다. 몇 번이나 상담하러 왔지만 그때마다 거절해왔습니다"라고요. 그러면서 석성기 씨 얘기를 시작한 것입니다.

요컨대 식민지 시대에 민족 독립을 위해 싸우다 부상당한 사람을 돕는 것이라면 이해하지만, 그들은 일본군으로 출정했던 사람들이잖아요. 전사했는지 부상당했는지 모르지만, 그런 사람들을 도울 마음이 나지 않는다. 그래서 일절 무시해왔다는 의미였습니다.

이 '고백'이 나의 원점입니다. 이인하 씨를 존경해왔기 때문에 솔직히 쇼크를 받았습니다. 나는 종교와는 연이 없는 사람이지만, 그는 크리스천이고 가와사키의 자이니치 운동의 상징적인 인물이었습니다. 그래서 '역시 크리스천은 대단하다'고 생각했던 적이 여러 번 있었기 때문입니다. 거꾸로 말하자면, 그 정도의 인격자마저도 그렇게 말하게 하는 감정이 자이니치 안에 꿈틀대고 있었다는 것이지요.

조사를 해보니, 1963년 8월 16일 자이니치 상이군속을 다룬 텔레비전 다큐멘터리 「잊혀진 황군」(오시마 나기사 감독, 1963)이 방영되었다는 사실도 알게 되고, 석 씨가 총리(사토 에이사쿠佐藤栄作)에게 진정을 내기 위해 차에 탄 채로 총리관저에 들어가다 체포되었다는 기사(1971년 4월 27일 자 「마이니치신문」)도 발견했습니다.

「직소하려던 남자, 견인차로 연행」이라는 기사입니다. 쓸 수 있는 수단이 없어 자신의 몸을 던져 필사적인 행동에 나선 사람을 '농성남'이라 부르며 바보 취급하는 최악의 보도였습니다. 시작점이었던 '전후 보상 및 인권 보장 법안'에서는 제2장에서 '전후 보상'을 다루면서 '옛 일본군 군인·군속'이 대상이 된다고 제1항에 명기했습니다. 거기서부터 구체적인 싸움이 시작됩니다.

그래서 이인하 씨에게 석 씨를 소개받아 이야기를 듣고서, 일본인과 똑같이 보상하라는 주장을 내세워 재판을 하게 되었습니다. '자이니치의 전후 보상을 요구하는 모임'을 발족해, 이 씨와 내가 공동대표가 되었습니다.

먼저 가나가와 현청에 전상연금 지급을 신청합니다. 당연하게도 각하되었기 때문에, 처분 취소를 요구하며 1992년 8월 도쿄 지방재판소에 행정소송을 일으켰습니다. 가나가와에 사는 석 씨와 사이타마에 주재하는 진석일陳石— 씨가 공동 원고가 되었고, 오사카지방재판소에선 정상근鄭商根 씨가, 오쓰지방재판소에선 강부중 씨, 교토지방재판소에는 이창석李昌錫 씨가 각각 제소했습니다. 각지에서 전후

보상 재판이 시작된 것입니다.[5]

석성기 씨와 진석일 씨에 대해 유난히 인상에 남았던 것은요.

가장 크게 남아 있는 것은 가나가와 현청에서 연금을 신청하는 기자
회견을 할 때였습니다. 물론 나도 함께 갔습니다. 1991년 1월이었습
니다. 걸프전쟁으로 자위대의 소해정이 나가는 시기[6]와 딱 겹쳤습
니다. 그때 석 씨가 느릿느릿 말했습니다. "지금의 후생대신은 좋은
사람입니까? 주식으로 돈을 버는 것에 열심인 정치가도 많은 것 같
은데요. 일본 정부는 인도상의 문제로 소해정을 보낸다고 하는데, 그
렇다면 40년 이상 우리를 방치하고 있는 전후 보상 문제는 인도 문제
가 아니란 것입니까"라고요. 걸프전쟁을 끌어들여 석 씨가 기자회견
때 말한 것이 가장 인상에 남아 있습니다. 뇌혈전으로 입원해 있다가
나와서 가운을 입고 휠체어를 타고 있었습니다. 후유증으로 말이 잘
안 나오잖아요. 어눌하게 말하는 느낌이었습니다. 그래서 오히려 더,
상징적으로 느껴졌습니다.

---

5   석성기 씨는 1944년 군속으로 징용되어 남태평양 마셜제도에서 진지 구축
중 부상당해 오른팔을 절단했다. 진석일 씨는 1945년 해군에 징용되어 배 위
에서 미국의 공격을 받아 오른쪽 무릎을 절단했다. 정상근 씨는 1942년 군속
으로 동원돼 마셜제도에서 비행장 공사 중에 부상을 입어 오른쪽 팔꿈치를 절
단했다. 강부중 씨는 1942년 군속으로 징용돼 뉴브리튼섬에서 비행 중에 미
군에게 공격받아 오른손 네 번째 손가락이 절단되고, 오른쪽 눈이 실명에 가
깝게 부상당했다. 이창석 씨는 1943년 육군 지원병으로 동원되었다가 일본
패전 후 1953년 8월까지 소련에 의해 시베리아에 억류됐다.―옮긴이

6   이라크가 1990년 8월 쿠웨이트를 침공해 점령하자 미국은 다국적군을 꾸려
개입한다. 전쟁은 1992년 2월 말 미국의 압승으로 끝난다. 일본은 전쟁 기간
에 130억 달러에 달하는 막대한 재정 지원을 했다. 자위대는 전쟁이 종료된
뒤에 이라크가 부설한 기뢰를 제거하기 위한 소해부대를 파견했다.―옮긴이

진 씨와 관련해서는 어떤 장면보다는 그의 말버릇이 기억납니다. "나에게 일본은 무엇이었는가, 일본에게 나는 무엇이었는가"라는 말이었습니다.

오시마 나기사 씨에게도 가셨었다고요.

예. 얘기를 듣고 놀랐던 것은 오시마 씨는 세계적으로 유명한 영화감독이니까, 국제영화제가 있으면 회고 상영이 기획되는 경우가 적지 않습니다. 그럴 때 반드시 선택되는 것이 「잊혀진 황군」이라고 했습니다. 그런데 상영이 끝나면 관객들이 반드시 "이 사람들은 그 뒤에 어떻게 됐습니까?"라고 질문을 한다고 했습니다. "나는 '감독으로서 최선을 다해 작품을 만들었지만, 현실에선 아무것도 달라지지 않았다'고 답할 수밖에 없다. 지금까지 그런 답을 거듭할 수밖에 없었지만, 석 씨 등의 재판이 시작되어 여론 환기를 위해 젊은이들이 오사카에서 도쿄까지 카라반caravan[7]을 하고 있다. 내 작품을 봐준 해외 사람들에게 '그 뒤의 움직임'을 얘기할 수 있게 돼 매우 기쁘다"고 했습니다. 오시마 씨는 우리 집회에 와서도 얘기를 해주고 법정에서 「잊혀진 황군」이 상영되었을 때도 방청석에 있었습니다. 큰 인물이었습니다.

배제의 틀을 조사하는 가운데 일본의 '전후'가 보였다고요.

---

7   함께 무리를 꾸려 사막을 지나는 상인 집단. 조직을 꾸려 이동하며 선전전을 하고 있다는 의미.—옮긴이

결국 석 씨를 비롯한 자이니치들이 배제된 '근본 원인'이 무엇인지 알고 싶어지죠. 그것은 '전상병자 전몰자 유족 등 지원법'의 국적 조항입니다. 그것이 없었더라면 석 씨 등에게도 법 적용이 되는 겁니다. 지원액에는 가장 무거운 '특별항증特別項症'에서부터 가장 가벼운 '제7항증'까지 등급이 있습니다. 석 씨는 '제3항증'이었습니다. 이에 따라 상병연금의 액수가 정해집니다. 그래서 얼마 정도 나오는가 조사해보았는데, 가장 충격적이었던 것이 학자가 쓴 논문이 없을까 여러모로 조사해보았지만 전혀 없었다는 점이었습니다.

그래서 결국, 전국 각지의 구청들이 비전처럼 취급하던 『전상병자 전몰자 유족 등 지원법 해설』이란 두꺼운 안내서에 의존할 수밖에 없었습니다. 거기에는 언제 법률이 생겨서 몇 년도에 어떻게 개정이 되었고, 적용 범위가 어떻게 확대되었는지 매우 세세하게 적혀 있어서 엄청난 공부가 되었습니다. 이를 통해 '전상병자의 아내'나 '전몰자의 아내에 대한 특별급부금 지급법'이라든가 '전몰자 등의 유족에 대한 특별조위금 지급법' 등 수많은 법률이 있다는 사실을 알 수 있었습니다. 정말 놀랍게도, 전부 국적 조항이 있었습니다. 가장 처음 만들어진 것이 '전상병자 전몰자 유족 등 원호법'으로 이것은 1952년 4월 30일 공포됩니다. 이틀 전인 4월 28일 샌프란시스코 강화조약이 발효돼 일본이 주권을 회복했기 때문에 이것이 제1호법입니다. 이듬해에 군인은급법이 부활하고 여러 가지 전후 보상법이 만들어집니다.

예를 들어 '전몰자 처에 대한 특별급부금 지급법'. 전몰자의 처는 애초에 유족연금을 받고 있습니다. 그렇지만 정신적인 고생이 매우 클 테니 국가가 추가로 지급하겠다는 것입니다. '특별급부금'이라고 이름이 붙여진 이유입니다. 그렇게 되면 '전상병자들의 부인은?'이라는 얘기가 나오게 됩니다. 이 경우엔 본인이 살아 있지만 식물인

간이 되거나 팔다리가 부상을 입었으니 그런 사람의 부인은 큰 고생
을 할 것이라는 이유로 '전상병자 등 부인에 대한 특별급부금 지원법'
이 생겨나게 됩니다. 그러나 그중에는 미혼인 채로 출정해서 전사한
사람들도 있을 겁니다. 그래서 이번에는 '전몰자의 부모 등에 대한 특
별급부금 지급법'이 만들어지게 됩니다. 부인이 없으면 부모가 받는
겁니다. 실로 놀라울 정도로 세세하게 수당을 지급하고 있습니다. 이
는 모두 돈이 지급되는 법률입니다. 유일하게 돈과 관계가 없는 것이
'미귀환자에 관한 특별조치법'으로 행방불명자에 대해 '전시 사망 선
고'를 하기 위한 법률입니다. 상속이나 혼인으로 남겨진 사람들 사이
에 문제가 발생할 때를 위한 것이니까요.

> **[일본인들에겐]** 더할 나위 없이 극진하지만, 원호법 발효를 통해 연합국
> 군총사령부 시대(1945~1952)에는 옛 식민지 출신자에게도 지급되고 있
> 던 상병은급이 끊어지는 등 철저한 배제 체계가 만들어져갑니다. 비열
> 하다고 말할 수밖에 없습니다.

앞에서도 조금 말했지만, 여기서 역시 '국가를 위해'라는 기준으로 배
제되는 공습 피해 문제가 미묘하게 엮이게 됩니다. 2016년에 사망한
나고야의 스기야마 치사코杉山千佐子 씨(전국전재상해자연락회 회장)와는
예전부터 아는 사이로, 나는 그녀가 만든 「쇼콘傷痕」이라는 잡지에 국
적 차별과 공습 피해자 차별은 본체로부터 배제된 두 개의 차별이라
고 쓴 적이 있습니다[「전쟁 피해자라고 인식되지 못하는 사람들─외
국인과 전쟁 재해 피해자戦争被害者とみられない人びと─外国人と戦災被害者」(「
쇼콘」 23, 1995)]. 그래서 전후 보상 문제는 전후 일본의 '정체'가 무엇
인지를 근본적으로 생각하는 계기가 됩니다.

　앞서 말한 돈을 지급하는 법률, 전후 보상에 플러스알파를 더

해주는 법률이 하나하나 만들어지는 것은 60년대입니다. 게다가 그
때 일본유족회 회장은 가야 오키노리賀屋興宣(1889~1977)입니다. 그는
도조 내각 때 대장대신으로 A급 전범입니다(나중에 사면). 그가 정계
에 부활해 유족회 회장을 15년 동안 합니다(1962~1977년). 일본은 고
도 경제성장기에 접어들어 엄청난 액수의 돈을 간단하게 흩뿌리게 됩
니다. 말이 나온 김에 말하자면, 피폭자들도 처음에는 '건강수첩'만
교부받았는데, 68년에 특별조치법이 만들어지며 '건강관리수당'을
지급받게 됩니다.

　　60년대 고도성장기에 전쟁 피해자에 대한 금전 지급이 엄청나
게 불어나게 됩니다. 그러는 한편, 외국 국적자나 공습 피해자는 배제
되어갑니다. 전후사 연구라는 게 있지만 이런 언저리의 문제들은 아
무도 연구하지 않습니다. 하나 더 얘기하자면, 공습 피해자에 대해서
는 전시 중에 '전시재해 보호법'이라는 법률을 만들어 공습으로 숨지
거나 집이 불타거나 다친 사람들에게는 국가보상이 이뤄졌습니다.
'총후'[총 뒤, 즉 후방에서란 의미]를 단단히 다져야 하기 때문이었습
니다. 그러나 전후, 미군의 점령 아래에서 중지되었던 군인은급 같
은 게 전부 부활하지만, 공습 피해자에 대한 보상만은 되살아나지 않
았습니다. 이 점이 갖는 사상성을 연구자들이 제대로 논의하지 않고
있다고 생각합니다.

왜 그것만 부활하지 못한 것일까요.

역시 그것은 '국가를 위해서' 어떤 모양으로든 일했던 사람들을 보살
펴줘야 한다는 것. 스기야마 씨도 공습 피해자의 청구를 기각하는 재
판 현장에서 온갖 얘기를 했지만, 전쟁 피해와 손해는 "국민이 평등
하게 참아내야만 하는 것"이라는 게 키워드죠. 뭔 소린지 이해할 수

가 없는 얘기입니다. [군인·군속이 입은 피해와 공습 피해에 대한 대
우가] 평등하지 않기 때문에 일부러 재판까지 해가며 문제 삼고 있는
것인데, 그렇기에 사상적으로 제대로 정리해두지 않으면 안 됩니다.
그리고 제가 전후 보상 관계에서 조사한 것들 가운데 잘 기억하고 있
는 것인데, 일본의「후생백서厚生白書」에 여러 외국과 [일본의 제도를]
비교한 작은 사실이 게재돼 있습니다. 여기에 서독은 계급제도(지급
에 있어 군인 계급에 의한 차별화)를 폐지하고 있다는 얘기가 적혀 있었
습니다. 일본에서는 지금도 전부 살아 있는 것이지요. 여기에 엄청
나게 사상적으로 심각한 문제가 있다고 생각할 수밖에 없습니다. 숫
자로 명확히 확인할 수 있는 것인데 이런 중대한 문제가 그다지 논
의되지 않고 있습니다. 이건 단순한 우연이 아니겠지만,「잊혀진 황
군」은 1963년 8월 16일에 개봉했고, '이토 히로부미의 천 엔 지폐'는
1963년 11월 1일에 등장합니다. 1964년에는 '도쿄올림픽'이 열리죠.
하야시 후사오의「대동아전쟁 긍정론」이「주오코론」에 실리는 게
1963년 9월 호에서부터 1965년 6월 호입니다. 60년대에 국가의 모
습이 드러나게 되는 겁니다.

일본인이었다면 얼마나 지급받을 수 있었던 건가요.

예를 들어, 석 씨의 경우에는 [전쟁 중에 당한 부상으로] 오른팔이 없
어졌습니다. 등급은 '제3항증'입니다. 석 씨가 만약 일본인이었다면
얼마를 받을 수 있는지 계산해보니, 당시 1년에 350만 엔 정도, 한
달에 30만 엔 정도 연금이 나옵니다. 1952년에 법률이 만들어진 뒤
에 시간이 지났고, 자주 연금액도 개정됩니다. 그래서 다케무라 야
스코竹村泰子 씨(전 참의원 의원)를 통해 후생성에게 "이자까지는 필요
없으니까 전부 계산해줬으면 좋겠다"고 부탁을 했습니다. 그랬더니

6,000만 엔이라는 금액이 나왔습니다. 한 사람이 그 정도 금액이었으니까, 돌아가실 때까지를 생각하면 한 사람당 1억 엔 정도 지급되는 게 됩니다. "어이, 1억 엔을 내놔라!"라면서 엄청 놀랐던 것을 기억하고 있습니다. 게다가 석 씨는 중간 정도라고 평가되는 '제3항증'입니다. 물론 오른팔이 없으니 상당히 생활이 불편하셨겠지만, 더 중한 증상을 가진 사람들은 금액이 높아지는 것이죠. 이런 것을 자이니치 전상병자는 한 푼도 못 받는다는 것입니다.

그렇다면 일본인 전쟁 희생자에게는 연간 얼마를 지급하는지 조사해보려고 했습니다. 그랬더니 『사회보장통계연보社会保障統計年報』라는 딱 맞는 자료가 있어서, 사회보장 지출액이 전부 나와 있는 겁니다. '연금'이라든가 여러 항목이 있는 가운데 '전쟁 희생자 원호'라는 항목도 있었는데, 이에 해당하는 다섯 항목을 더해보면 1년간 얼마나 쓰고 있는지를 기계적으로 알 수 있습니다. 당시 조사해보니 1991년도 결산에서 약 2조 엔이었습니다. 그해 일반회계의 결산액은 약 71조 엔이었으니까 보통 액수가 아니죠.

이렇게 이례적인 전쟁 희생자 원호체제가 만들어진 것은 앞서 말한 가야 오키노리 시대였습니다. 당시부터 나오는 말이었지만 '금전적 급부'와 '정신적 위로'는 차의 두 바퀴입니다. 금전 면으로는 이제 대체로 충분히 보상을 했으니, '정신적 위로'라는 문제가 나오게 됩니다. 구체적으로는 '야스쿠니靖国'입니다. 전전에는 야스쿠니에 신으로 모셔졌으니까요. 그러고 나서 집에 가면 '유족의 집'이라는 팻말이 걸려 있어서 모두에게 존경을 받게 됩니다. 국가를 위해서 아드님이 희생을 했다고 말이죠.

이 지점에서 '야스쿠니신사 국가 호지護持'[야스쿠니신사를 국가가 보호하고 지켜가라는 의미]라는 게 부상합니다. 야스쿠니신사 법

안이 제출되지만, 어떻게 해도 헌법 제20조 정교분리[8]와 관계를 해
결할 수 없었습니다. 그랬더니 우익 쪽에서 '자, 그러면 공식 참배를
하라'며 소란을 일으켜, 이번에는 총리대신의 야스쿠니 공식 참배가
쟁점화됩니다. 미키 다케오三木武夫 씨(재임 기간 1974~1976)가 1975년
에 '사적 참배'를 하고, 나카소네 야스히로 씨(재임 기간 1982~1987)가
1985년에 '공식 참배'까지 밀고 갑니다. 총리대신이 야스쿠니신사에
가느냐 마느냐는 것은 지금에 이르기까지 문제가 되어 오래도록 영향
이 남아 있잖습니까. 지금 말한 흐름과 전부 연결되어 있는 것입니다.
그래서 전후의 중요한 문제란 것은 자이니치 처우를 둘러싼 쟁점으로
부터 보면, 정말로 훤히 드러나 보입니다. 일본의 전후, 평화와 민주
주의라고 하는 것들의 속이 텅 빈 모습이 떡하니 드러난다 할 수 있습
니다.

아까도 나온 얘기지만, 재판 때 법정에서 「잊혀진 황군」을 상영했죠.

변호단이 노력을 했습니다. 지금 재판소는 더 설비가 좋지만, 당시는
방청석에서 재판관 쪽으로 향하는 수상기와 재판관 쪽에서 방청석을
향하는 수상기 2대를 사용해서요. 가까스로 보이는 상태였습니다. 제
일 앞줄에는 오시마 나기사 감독이 앉아서 줄곧 보고 있었습니다. 법
정에서 "일본인들이여, 우리들이여, 이대로 좋은가"라는 고마쓰 호세

---

8   야스쿠니신사는 일본의 전통 종교인 신도의 시설이다. 전전에는 국가 신도
     체제 아래서 국가의 통제를 받았지만, 전쟁이 끝난 뒤 이 시스템이 무너져버
     린다. 일본 헌법 20조는 "어떤 종교단체도 국가로부터 특권을 받거나 정치상
     의 권력을 행사하면 안 된다" "국가와 그 기관은 종교 교육이나 그 밖의 어떠
     한 종교적 활동도 해선 안 된다"는 정교분리의 원칙을 못 박고 있다. 일본 정
     부가 야스쿠니신사를 우대하면 헌법 위반이 된다.―옮긴이

이小松方正[배우이자 성우, 1926~2003]의 박력 있는 내레이션이 흘렀죠. 앞 얘기와 이어가자면, 1963년에 오시마 씨가 이 영화를 만든 것의 의미도 [그때까지] 제대로 피드백되지 못한 게 아닌가 생각합니다.

진 씨는 도쿄지방재판소 결심 후 판결 직전인 1994년 5월에 사망했습니다.

그때는 고별식에서 내게 "자이니치의 전후 보상을 요구하는 모임의 대표로서 조사를 읽어달라"고 부탁을 했어요. 그다지 경험도 없었고, 게다가 통상적인 장례식과는 경우가 다르잖아요. 제 입장에선 그래도 상당히, 하룻밤을 새우며 고심해 글을 썼습니다. 역시 그때의 키워드는 "나에게 일본은 무엇이었는가, 일본에게 나는 무엇이었는가를 자문하는" 것이었습니다. 그를 보내는 조사로, 난 그 말을 사용했습니다. 입버릇처럼 진 씨가 했던 말은 역시 엄청나게 무거워서, 당사자의 생각이 가장 잘 드러나는 말이라고 생각했습니다.

그리고 7월 15일에 나온 판결은 지독했습니다. "취급에 차별이 생겨나고 있다 해도, 그 입법정책의 부당성이 어찌 됐든, 그것을 가지고 본건 부칙[국적 조항]이 헌법 14조⁹를 위반했다고 할 순 없다"는 기각 판결이었습니다. 사법이 역할을 포기한 것이었습니다.

유족들이 진 씨의 영정을 [법정 안으로] 가지고 들어가려고 하자 재판

---

9 법 앞의 평등을 명기한 일본 헌법 조항. "모든 국민은 법 아래에 평등하며, 인종, 신념, 성별, 사회적 신분 또는 문벌에 의해 정치적, 경제적 또는 사회적 관계에 있어 차별받지 아니한다."―옮긴이

소 직원과 실랑이가 일어나서, 보자기를 씌워 가지고 들어가 법정 내
에서 이를 벗기는 게 허락되었습니다. 오시마 씨도 있었지요.

한심스럽다고 할까, 정말 비정하다고 생각했습니다. 사법부가
판단을 포기한 것이었습니다. 왜 이런 것을 극복할 수 없을까. 게다가
석 씨도 결국 판결을 듣지 못했습니다. 휠체어를 타고 있으니 자동차
로 이동을 했는데, 교통 체증으로 인해 시간을 맞추지 못했습니다.

국적 조항의 벽이 강고하다는 것을 알게 해준 소송이었습니다.

이 재판은요, 사실은 이기는 게 아닌가 생각하고 있었습니다. 그러니
까 '국적' 말고는 아무런 문제도 없었으니까요. 예를 들어 이른바 '종
군위안부' 문제를 둘러싼 재판에서는 아무 법률도 없는 상태에서 재
판을 일으키는 거잖아요? 그래서 소송은 일반적인 국가배상 청구 소
송을 하게 됩니다. 그렇지만 석 씨와 같은 '잊혀진 황군'들의 문제는
원호법이라는 훌륭한 법률이 있어서 어떤 장애를 가진 이에게 얼마를
지불한다는 것이 전부 정해져 있습니다. 국적만이 벽이었고, 그 밖에
는 아무런 문제도 없습니다. 그래서 재판에서는 이 국적에 의한 차별
의 부당성을 물었던 것입니다.

재판이 진행 중이던 당시에 내각관방[10]에 '외정심의실外政審議
室'이 만들어져, 외무성 아시아 국장을 했었던 다니노 사쿠타로谷野
作太郎 씨가 실장으로 관방장관실에 들어왔습니다. 그래서 나는 때때
로 거기에 얼굴을 내밀고 있었는데, 그곳에 조즈카 마코토定塚誠 씨

---

10   한국에서 비슷한 기능을 하는 조직은 대통령비서실이다. 일본에선 내각관방
      이라는 정부의 별도 부처로 두고 있다.―옮긴이

(2015~2017년까지 법무성 송무국장을 역임하고 재판관으로 복귀)가 스태프로 있었습니다. 재판관 출신이라고 소개를 받아서 여러 얘기를 했습니다. 그는 전후 보상 재판에서 혹시 승소한다고 한다면 이 재판이겠네요, 하고 말했습니다. 그렇게 말한 것은 이 사례에선 국적만이 문제였기 때문입니다. 다른 재판에선 법률이 없으니까, 일반적이고 추상적인 국가배상 소송이 되는 것입니다. 재판을 하는 관점에서 말하자면, 이런 상황에서 승소하는 것은 상당히 어렵습니다.

그렇지만 결과적으로는 멋지게 패소했습니다. 그 후로도 하나같이 국적 조항과 관련된 소송은 전부 패소합니다. 나중에 자이니치 무연금 문제를 둘러싼 소송도, 국적 조항만이 문제였지만 졌습니다. 그래서 국적 조항의 벽을 절실하게 느꼈습니다. 이전에 한 피폭자 소송에서는 1심부터 최고재판소까지 전승하는 판결을 얻었는데, 그다음으로 이 판결이 나온 것입니다.

덧붙여 말하면, 송두회 씨가 나에게 편지를 보내온 것이 1971년입니다. 그는 1915년생이니, 당시 부모님은 이미 제국신민이었습니다. 그때 송 씨로부터 나는 그분들에게서 태어난 제국신민, 어엿한 일본인인데 나에게 어떤 양해도 구하지 않고 일방적으로 국적을 빼앗았다는 주장을 들었습니다. 그게 복선이라면 복선이었던 것이지요.

그 만남이 있고, 피폭자 손진두 사건이 있었으며, 그리고 '잊혀진 황군' 재판이었습니다. 그리고 21세기가 되어 교토에서 자이니치 무연금 소송"으로 충돌하게 되는데, 줄곧 구체적인 사건을 통해 '국적

---

11 국민연금법(1959년 시행)은 국적 조항을 만들어 외국 국적자를 배제했다. 1982년 난민조약에 가입하면서 국적 조항을 삭제했다. 1972년 미국에서 일본으로 반환될 때의 오키나와나 오가사와라 주민, '중국 귀화자' 등 일본인에게는 취해졌던 무연금 방지 경과 조처(추납 등)가 자이니치에겐 이뤄지지 않

조항'과 싸움이 이어지면서 그 무거움을 느끼게 되었다고나 할까요.

재판 후에 석 씨와 만났을 때 어떤 상태이던가요.

그렇게 풀이 죽은 느낌은 받지 못했습니다. 우리도 당시는 사기가 높았기 때문에 꼭 항소심에서는 뒤집는다고, 역전 승소를 할 수 있다고 생각하고 있었으니까요. 여러 전후 보상 소송 가운데 이 재판은 가장 승소에 가깝다고요. 그러니까 국적만이 문제이고 그 밖에는 어떤 문제도 없었으니까. 게다가 차별이란 것이 명확했습니다. 똑같은 전쟁으로 인한 부상으로 일본인은 연 350만 엔을 받는데, 석 씨는 한 푼도 못 받는 것입니다.

나중에 자세히 얘기하겠지만, 당시 한국에도 도움을 요청했었습니다. 전후 보상이 일한조약으로 '완전히 그리고 최종적으로 해결'(일한청구권협정 2조 1항)됐느냐 아니냐 하는 논의가 있지요. 실은 이 바로 뒤인 2항에 '일방 체결국의 국민으로서 1947년 8월 15일부터 본 협정의 서명일까지 사이에 타방 체결국에 거주한 일이 있는 사람의 재산, 권리 및 이익'에는 영향을 끼치지 않는다고 되어 있습니다. 한국의 대일민간청구권 신고법(1971년)에도 '1947년 8월 15일부터 1965년 6월 22일까지 일본에 거주했던 자를 제외한 대한민국 국민'(2조)이라고 정해져 있습니다. 자이니치는 일본에서도 한국에서도

았다. 그로 인해 일정 연령 이상인 자이니치 고령자와 장애인은 지금도 무연금 상태로 방치되어 있다. 이에 대해 교토·오사카·후쿠오카의 자이니치 고령자와 장애인들이 일본을 상대로 일으킨 국가배상 소송을 뜻한다. 사법부는 이에 대해 모두 "사회보장의 적용 범위는 입법 재량의 범위 내"라고 판단해 원고들의 패소로 끝났다.

분명히 배제되어 있는 것이지요. 그래서 한국 쪽은 자이니치인 석 씨와 같은 이들은 일한조약의 영향을 받지 않는 사람들에 포함된다고 해석하고 있지만, 일본 쪽은 '해결되었다'고 도망칩니다. 그래서 김경득 변호사가 한국의 헌법재판소에 한국 정부는 해석을 분명히 통일해 피해자의 청구권을 위해서 노력해야 할 의무가 있다고 헌법 소원을 제기했었습니다. 그 후에 '위안부' 문제에서도 이를 제기한 것이죠.[12] 위안부에 대한 헌법 소원과 거의 같은 것을 이 문제에서도 했던 것입니다. 그렇지만 당시 한국 재판소는 이를 각하했습니다. 그러니까 한국은 상당히 변화한 것입니다. 지금은 분명히 판단을 내렸는데, 그때는 왜 분명히 해주지 않았나 하는 생각이 듭니다.

---

12   2011년 8월 30일 한국 헌법재판소는 한국 정부에 대해 "옛 '위안부'들의 대일청구권 문제의 해결을 향한 구체적인 노력을 하지 않는 것은 피해자의 기본권을 침해하는 위헌 행위"라고 판단했다.

10장

전후 보상 재판에서 조위금 법으로

일본의 침략 전쟁에 동원된 뒤 전쟁이 끝난 다음에는 '사용 폐기'되어 보상도 받지 못한 채 방치되었던 자이니치 군인·군속들. 1990년대에 들어서며 그들은 일본을 상대로 각지에서 '전후 보상 재판'을 일으킨다. 과거 청산을 요구하는 소송은 모두 패소하지만, '잊혀진 황군'들의 혼신을 다한 호소는 정치를 움직이게 된다.

사법 투쟁에선 모두 다 패소했지만, 정치가가 움직이기 시작합니다. 재판 투쟁과 시민운동이라는 두 바퀴로 투쟁할 수 있던 시대였기 때문에 가능한 일이었습니다.

분명 재판에서는 졌지만, [판결문엔] 하나같이 입법부에 이 문제의 해결을 촉구하는 '부언'이 붙었습니다. 석성기 씨 등에게 패소 판결을 내린 도쿄고등재판소(1998년 9월)에선 "원호법의 국적 조항 및 본건 부칙을 개정하거나 폐기해 자이니치 한국인에게도 이 법을 적용할 수 있는 길이 열리도록 입법하거나, 혹은 자이니치 한국인 전상자들에게 이에 상응하는 행정상 특별 조처를 찾는 것이 강하게 요구되어진다" 라면서 상당히 강한 어조로 주문을 붙였던 것입니다. 그래서 당시 관방장관이었던 노나카 히로무野中広務 씨(1925~2018)가 1999년 3월 중의원 내각위원회에서 이 문제를 언급하면서, 무언가 구제 조처를 생각해야 한다고 발언했습니다.

그로부터 두 달 뒤 오사카고등재판소에서 열린 강부중 씨 등의 항소심에서 재판 투쟁은 중대 국면을 맞이합니다.

재판소가 원고와 국가의 화해를 권고한 것입니다. 나는 [그것이] 노나카 발언을 받아들인 것이라 보고 있습니다. 국가를 상대로 한 국가 배상 소송이었으니까 화해는 어렵지만, 할 마음이 생기면 할 수도 있는 것입니다. 변호사 고야마 지카게 씨도 기대를 하며 협의에 임했습니다. 그렇지만 국가 쪽에서는 화해할 생각이 전혀 없었습니다. 판결을 받겠다고 말하며 권고를 걷어차버립니다. 나는 정말 열이 받아서 재판소가 애써서 화해 권고를 했는데, 협의 테이블에도 앉지 않는 국가가 괘씸하다고 했습니다. 그래서 당시 참의원 의원으로 내각위원회 위원이었던 다케무라 야스코 씨에게 부탁해 노나카 씨와 만나게 해달라고 했습니다. [국가가] 화해 협의에 응해 재판소의 협력을 얻어 구제의 길을 개척하면 좋겠다는 뜻을 전달하려 했던 것입니다.

그래서 만날 약속은 정했는데, 가보니 노나카 씨는 자리에 없고 관방부副장관인 후루카와 데지로古川貞二郎 씨가 나와서 "죄송하지만 관방장관은 급거 비행기를 타고 오키나와에 갈 일이 생겨서 제가 대응하겠습니다"라고 했습니다. 그래서 내가 "노나카 씨가 무언가 구제 조치가 필요하다는 얘기를 입 밖에 냈는데도 국가가 화해를 거부하는 것은 납득하기 어렵다"고 말했습니다. 그랬더니 후루카와 씨가 "나는 하루에도 몇 번이나 노나카 선생과 여러 과제에 대해 얘기를 하고 있습니다. 이 문제에 대해서 선생이 '어떻게든 해결해야 한다. 국가가 한사코 하지 않겠다고 한다면, 사재를 털어서라도 [하겠다]'라고 늘 말씀하셨습니다. (요망에 대해선) 책임지고 전하겠습니다"라고 했습니다. 한번 차버린 화해를 "다시 하겠다"고 말할 순 없었기 때문인지, 재판은 이어져 1999년 10월 오사카고등재판소도 기각 판결을 내놓았습니다. 하지만 여기서도 '부언'이 붙었습니다.

헌법 제14조나 자유권규약 제26조(차별적 대우의 금지)를 위반하고 있다는 의혹이 있는데, 국회가 이후에도 이 문제를 시정하지 않으면 입법 부

작위라고 평가될 수 있다는 엄혹한 내용이었습니다.

그러고 있던 중에 민주당이 구체적으로 의원입법을 위해 대응에 나섭니다. 한편, 노나카 씨의 노력으로 여당도 움직이기 시작합니다. 당시 [이 문제 해결에] 열심이었던 공명당 중의원 의원 가와이 마사토모 河合正智 씨는 강부중 씨와 석성기 씨 등 재판 원고들을 모두 방문해 얘기를 듣기도 했습니다.

이를 통해 나온 여당안이 '평화조약 국적 이탈자 등의 전몰자 유족 등에 대한 조위금 등 지급에 관한 법률', 이른바 조위금법입니다. 1987년, 1988년에 의원입법으로 제정된 대만 출신 옛 일본 병사에 대한 조위금을 지급한 근거가 되는 두 개의 법이 이 법의 모델이 되었습니다.

1974년 12월 '나카무라 데루오中村輝夫' 씨라는 대만인이 모로타이섬(인도네시아)에서 발견되지 않았습니까. 요코이 쇼이치 씨나 오노다 히로오小野田寛郎 씨는 그 전에 돌아왔죠. 요코이 씨와 오노다 씨는 일본 국적이니까 상당한 국가보상이 나옵니다. 그러나 나카무라 데루오 씨는 국적 조항이 있으니까 [여러 배상 조처의 대상에서 제외돼] 일본 정부는 거의 아무것도 하지 않았습니다. 그래서 대만에서 "이상한 일이 아니냐"라는 목소리가 커집니다. 일본 정부가 베이징과 외교를 맺었던 것에 반발하는 이른바 대만파'의 생각과도 얽히며, 1977년

---

1 1972년 9월 다나카 가쿠에이田中角榮 총리와 오히라 마사요시大平正芳 외상이 중국과 국교 정상화를 하는 과정에서 대만과 단교하자, 자민당 내 견제 세력인 후쿠다 다케오福田武夫 등이 반발하며 1973년 3월 일화관계의원간담회(현재 일화의원간담회)를 결성했다. 이 간담회의 간사장을 오랫동안 맡아온 이

8월 대만에 사는 옛 일본 병사와 유족 13명이 1인당 500만 엔의 보상을 요구하며 도쿄지방재판소에서 재판을 일으킵니다. 미야자키 시게키宮崎繁樹 씨(법학자, 1925~2016)도 열심히 나서 지원 운동의 대표를 맡았습니다. 그의 전문 분야는 국제 인권입니다. 본인이 육군사관학교를 졸업하고, 아버지도 육군 중장(미야자키 시게사부로宮崎繁三郞)이었다는 것이 그가 그런 열의를 보인 것과 관계가 있는 게 아닌가 생각했습니다.

이쪽에서도 재판 자체는 졌지만, 도쿄고등재판소(1985년 8월)에서 '현저한 불이익'을 '불식'해야 한다는 '부언'을 내놨습니다. 그래서 입법부가 움직여 법률로 결실을 맺었습니다. 1988년부터 1993년까지 신청을 받아, 약 3만 명에게 일률적으로 200만 엔이 지급되었습니다. 그때 그런 결정을 내릴 수 있었던 데는 미국 정부가 일본계 미국인들에게 보상을 해준 게 큰 영향을 끼쳤다고 생각합니다. 미국이 한 사람에게 2만 달러를 준다고 했으니, 그것을 참고한 것이죠. 애초에 이 액수에 시세를 매길 수 있는 시장이라는 게 없으니까요.

그때 열심히 노력했던 사람이 자유인권협회의 하시바柴駿 씨(변호사)였습니다. 나중에 그에게서 들었던 이야기 중에 재미있었던 게, 자민당 쪽에서 200만 엔을 지불할 테니까 최고재판소에 한 상고를 취하해달라는 조건을 제시해왔다는 겁니다. 그렇지만 대만인들은 이를 절대로 받아들이지 않았습니다. 지는 것은 알고 있지만, 투쟁을 멈추지 않은 것이지요. 그래서 최고재판소 판결 전에 일시금 지급법이 만들어진 겁니다.

가 현재 대만을 중시하는 방위 정책에 전력을 기울이고 있는 기시 노부오岸信夫 전 방위상이다. 이 흐름은 지금까지도 자민당 내에서 면면히 계승되고 있다.―옮긴이

돈으로 입을 다물 순 없다면서 말 그대로 뜻을 꺾지 않은 것이네요.

대만 주민의 특별 입법을 베이스로 해서 야당인 자민당·공명당은 자이니치 전상자에게 400만 엔, 전몰자 유족에게 260만 엔의 일시금을 지급하는 안을 내놓았습니다. 전상자에게는 200만 엔의 두 배를 지급하고, 전몰자에 대한 200만 엔은 당시로부터 10년 이상 지났으니까 물가 상승률에 따라 조금 액수를 늘려 더한 것입니다.

그때는 민주당이 많이 노력했습니다. 일본인 원호법과 같은 액수를 당사자에게 지급하는 틀을 갖춘 법안을 냈습니다. [하지만 정치라는 것은] 수의 세계[2]이니까 결국 아쉽게도 여당안으로 결정되었습니다. 그래도 '구제'를 내건 법이 만들어진 것입니다. 당시는 제1차 자공 정권[자민당·공명당의 연립정권 시기][3] 때로 자민당이 공명당을 배려했고, 공명당에도 지금과는 달리 당당함이 있었던 시기였으니까요.

그때 참고인으로 심의에 출석하셨죠.

본래 당사자들에게 요청해야죠. 하지만 진석일 씨는 이미 돌아가셨고, 석성기 씨는 휠체어를 타야 하니까 출석하기 어려웠어요. 그래서 이쪽에선 강부중 씨에게 증언을 부탁드리려고 여러모로 노력했지만, 당시 내각위원회의 수석 이사였던 도라시마 가즈오虎島和夫 씨(자민당)

2 　국회 표결을 의미한다.─옮긴이

3 　1999년 10월부터 2009년까지의 시기. 이후 2009년 민주당 정권이 3년 3개월 이어진다. 이어 2012년 12월 중의원 선거로 자민당·공명당의 연립정권이 부활한다. 이를 2차 자공 정권이라 부른다.─옮긴이

가 당신(다나카)이라면 괜찮지만, 재판 중인 사람은 안 된다고 고집을 부렸어요. 그때 강 씨는 재판 중이었으니까요. 당시는 의원입법안이 통과될 수 있을지 시간이 빠듯한 단계였습니다. 여기서 일정이 늦어져 국회가 해산되면 [법안을] 논의도 못 하게 되고 맙니다. 원금도 본전도 못 찾게 되는 것이죠. 그래서 내가 강부중 씨에게 "어떻게 해도 자민당이 오케이하지 않는다. 나라면 괜찮다고 말하고 있는데 싫다. 더는 가고 싶지 않다"라고 투덜댔습니다. 그랬더니 강 씨가 "방청석에서 듣고 있을 테니, 당신이 가서 말을 해달라"고 하는 겁니다. 그래서 참고인으로 가게 되었죠.

　　나는 얘기를 시작하면서 이렇게 말했습니다. 우리는 이 법률을 심의할 때엔 부디 당사자의 의견을 들어달라고 말했지만 실현되지 않았다. 미국은 2차 세계대전 중에 박해받은 일본계 미국인의 보상법을 만들 때 각지에서 공청회를 열었다. 당사자인 일본계 미국인들이 그 자리에서 눈물을 흘리며 자기 생각을 밝힐 수 있었다. 일본에서도 꼭 이렇게 했으면 좋겠다고 생각했지만, 아무리 말해도 안 된다고 하니까 [당사자가 아닌] 내가 발언하게 된 것에 대해 매우 유감스럽게 생각한다고 말했습니다. 그 자리에 있으면서도 의견조차 말할 수 없었던 강 씨를 생각하면, 참 복잡한 마음이었습니다.

의원들의 반응은요?

나도 지금까지 여러 번 국회에 출석했지만(2019년 5월 현재까지 10회) 참고인 질의는 대부분 통과의례 같은 겁니다. 그리고 국회라는 게 정말로 싸가지가 없는 게, 다른 사람의 사정에는 절대 귀를 기울여주지 않습니다. 위원회에서 일정을 정한 후 다음에는 이 시간에 오라고 말할 뿐입니다. 말씀을 여쭙고 싶은데 사정이 어떻냐고 묻는 게 상식이죠. 어떻게든 일정을 조정해서 출석은 했지만, 정말 너무한다 싶은 게 참고인의 의견 진술이 끝나면 바로 표결이 이뤄집니다. 참고인의 의견을 듣고, 법률의 내용을 다시 음미하려는 생각이 전혀 없습니다.

강부중 씨는 뭐라고 하셨나요.

심의 중에 만화를 읽고 있는 의원이 있었다고, 그런 불만을 말했던 것 같네요.

강 씨는 방청객으로 출석한 재판에서는 상당한 '야유 대장'이었는데요, 만화를 읽는 의원에게 호통을 치지는 않았나요.

그때는 그러지 않았네요. 그분도 국회 방청은 처음이었으니까요.

법률은 귀화제도를 통해 일본 국적을 취득한 사람도 대상에 넣었습니다.

한 가지 만남이 있었습니다. 1990년 5월에 「아침까지 생방송」이라는 토론 프로그램에 나간 적이 있습니다. 당시에는 이 프로그램을 금요일 밤부터 다음 날 아침 6시까지 했습니다. 토요일에는 아이치대에서 오전에 2학점짜리 수업이 있었는데, 나도 고집이 있으니까 절대 휴강은 하지 않았습니다. 끝나고 바로 도쿄역으로 날아가 아침 9시부터 수업을 했습니다. 그런데 노태우 한국 대통령이 그 무렵 공식 방일[4]을 해서 궁중만찬회에서 천황이 선친을 대신해 과거에 대해 언급

할 때 '통석의 념'이라는 키워드를 사용했었잖아요.

방송은 그다음 날이었습니다. 오시마 나기사 씨가 [이 프로그램의] 단골 패널이었으니까 「잊혀진 황군」의 이야기가 나와서, 나도 그자리에서 석 씨 얘기를 했습니다. 그러고 나서 2학점짜리 수업을 끝내고 연구실에 돌아와 보니, 교환대에서 전화가 걸려왔습니다. "어젯밤 텔레비전을 봤다는 여성분께서 전화를 걸어와서 '선생님은 수업중입니다'라고 하니까, '그러면 편지를 쓰겠습니다'라고 했습니다"라고 하더군요. 며칠 뒤에 오사카 사카이시에 사는 분에게서 편지가 왔습니다. "그 방송을 봤습니다"라고요.

오시마 씨의 영화니까 방송의 화제는 상이군속, 생존자의 얘기가 중심이 되죠. 그 편지를 쓴 분은 필리핀 전선에서 남편을 잃은 자이니치분으로, 전몰자 유족이었습니다. "나 같은 유족도 있다는 것을 꼭 선생님에게 알려드리고 싶어서 편지를 썼습니다"라는 내용이 적혀 있었습니다. 그래서 나도 놀라, 바로 "한번 찾아뵙고 싶습니다. 약속을 정하고 싶으니 지장이 없으시다면 전화번호를 알려주시겠습니까"라고 답장을 보냈습니다. 그랬더니 바로 회신이 와서, 답장을 받을 수 있으리라고는 상상하지 못했기 때문에 답장용 우표를 보내지 못해 매우 죄송하다고 하더군요. 그래서 바로 연락을 드리고 사카이로 날 듯이 뛰어갔습니다. 석성기 씨 [소송에 대한] 얘기가 한참 진행되고 있는 중이었습니다. 재판을 시작하기 전이었기 때문에 부디 원고로 참여해줄 수 없겠냐고 말했습니다. 그랬더니, "아니요. 저는 이번에 선생님이 얘기를 들어주신 것만으로도 충분합니다"라고 하더군요.

그분에게는 따님이 한 분 있었는데, 아버지가 출정을 하고 나서집을 비운 상태에서 태어났기 때문에 부친 얼굴을 모릅니다. [어머니께서] 고생해가며 아이들을 키웠지만, 그분이 어디에선가 귀화를 하면 유족연금을 받을 수 있다는 얘기를 듣고 귀화 신청을 해서 일본인 국적을 얻었나 봅니다. 그렇지만 [귀화] 허가를 받은 것은 일한조약이 체결된 뒤였습니다. 아시다시피 일한조약이 체결된 뒤에는 귀화를 해도 [유족연금 지급이] 안 됩니다.[5] 그래서 귀화를 해도 연금을 받을 수 없게 된 것이죠. 따님도 함께 귀화를 해서 이제 손자도 있다고요. 따님의 남편은 귀화 사실을 모르고 있을지도 모른다. 그래서 내가 원고에 참여하면 딸과 손주에게 누를 끼치기 때문에 곤란하다는 것이었습니다. 비밀을 엄수하며 참가할 수 있는 방법도 있다고 말했지만 고사했습니다.

그러고 나서, 이건 우연이지만 전쟁 중이었기 때문에 남편의 '전사 통지'가 왔습니다. 사망한 시점이 6월 30일 필리핀 전선이었습니다. 하나오카 폭동[6]이 벌어진 날입니다. 나는 6월 30일에는 반드시 하나오카에 가기 때문에 그 전에 사카이에 가서 향을 올린 뒤, 아키타로 가는 생활을 10년 정도 이어갔습니다. 그분은 작은 집에서 혼자 살면서 간호사의 백의 같은 것을 미싱으로 꿰매는 부업을 하며 생활하고 있었습니다. 따님과도 한 번 만났습니다. 그 뒤에 그녀에게서 어머니가 돌아가셨다는 연락을 받았습니다.

늘 방문하면 향을 올리고 잡담을 하고 돌아왔습니다. 뭐랄까요…. 주방에 물이 잘 안 나와서 조금 수리를 했던 일이 있었습니다.

---

5   한일 간의 특별 규정으로 본인 의사와 관계없이 일본 국적을 상실한 한국인 등의 경우에는 '한일청구권협정'이 발효(1965년 12월 18일)하기 전에 귀화해 일본 국적을 취득하면, 1952년 4월 발효한 샌프란시스코 평화조약 발표 때까지 소급해 은급을 받을 수 있었다. 일본 정부는 옛 식민지 출신자의 국적 상실을 본인의 의사에 의한 자와 그렇지 않은 자로 나눠 귀화 조건으로 후자를 인정했다.

6   10장 각주 8번 참조(203쪽)―옮긴이

그랬더니 주변 사람들이 "당신은 유족연금이 있어서 좋겠네"라면서 그 돈으로 공사를 한 줄 알고 떠들어대는 얘기를 들었다고 합니다. "나는 [연금을] 못 받는다고 말한 적이 한 번도 없어서 어중간하게 둘러댔다"고 하더군요. 그리고 나도 놀란 것이지만, 유족회가 1년에 한 번인가 두 번 오봉[일본의 추석]과 연말 같은 때 기부금을 모으러 온답니다. 계속 사카이에 살고 있으니 주변 사람들은 모두 남편이 전사했다는 것을 알고 있으니까요. 연금이 나온다고 알고 있는 것이지요.

"어쩔 수 없으니까, 나는 언제나 다른 사람은 얼마를 내는지 모르지만, 혼자 살고 가난하다고 하면서 꼭 500엔을 낸다"고 하더군요. 야스쿠니 같은 데 갈 때면 기부금 장부 같은 것이 돈다고 합니다. 이거는 뭐, 뭐라고 말해야 좋을지 모르겠네요. 엄청난 얘기죠. 이분의 사연을 나중에 「아에라AERA」(1995년 12월 18일 자)를 통해 소개했습니다. 아는 기자가 취재를 하고 싶다며 연락처를 물어봐서 나도 긴장했습니다. 먼저 내가 사카이를 방문해서 취지를 얘기하고, 세심한 주의를 기울여서 사전에 원고도 검토해보기로 하고 익명으로 [기사를] 내보냈습니다. 3단짜리 기사로 나왔지만, 그분은 기뻐하면서 [기사가나온 잡지를] 불단에 올려주었습니다. 돌아가신 뒤 좀 시간이 지나 역시 신경이 쓰였던지, 따님이 연락을 해와서 요도야바시(오사카시)에서였나요, 만나서 몇 시간이나 얘기 나눴던 것을 기억하고 있습니다. 그때 「아에라」 기사와 어머니에게 받았던 편지 묶음을 모아 전부 따님께 전해드렸습니다.

통상 법률을 만들 때는 귀화한 사람들은 포함하지 않습니다. 국적으로 선을 긋기 때문에요. 그렇지만 이 법률에서는 같은 당사자지만 현재 일본 국적으로 바뀐 사람들도 꼭 포함될 수 있도록 법을 만들게 했습니다. 이 여성의 전화가 없었다면, 이 사람과의 만남이 없었다면, 나는 아마도 그런 입법 사실까지는 생각하지 못했을 것입니다.

다시 한번 '잊혀진 황군'의 투쟁을 하면서 생각한 것은요.

역시 나에게 있어 자이니치 전후 보상 문제는 이인하 씨가 했던 고백이 원점입니다. "일본군의 일원이었던 사람이잖아. 사망인지 부상인지 모르지만, 알 게 뭐야!"라는 것이죠. 물론 이 씨가 그런 단어를 사용한 것은 아니지만 근저에 있는 생각은 그런 것이죠. 생각해보면 [자이니치의 정체성에 기반한 명분론으로 보면] 그렇겠다고요. 그래서 '잊혀진 황군'은 자이니치 사회에서도 버림받고 있었던 것입니다. 이건 무거운 얘기입니다.

좀 더 얘기하면, 민주당과 의원입법 법안을 작성할 때 함께 내용을 조정했습니다. 돈을 지급하라는 법률이니까 필요경비의 견적도 받아봐야 합니다. 참의원 법제국이 이 법을 1년 집행하는 데 대략 얼마 정도가 필요하냐는 질의를 해왔습니다. 그래서 여러모로 조사를 해서 재판의 원고와 재판을 하진 않았지만 우리가 파악하고 있는 분들, 신문에 나온 사람들을 더해보니, 고유명사를 알 수 있는 사람이 딱 열 명이었습니다. 그래서 내가 "세 자리까지는 되지 않을 것이니, 100명 정도 되면 많이 모인 것 아니겠습니까"라고 답했습니다.

그 후 자민당·공명당이 만든 법안이 통과돼 [피해자] 접수가 시작되었습니다. 기한이었던 3년이 지나 살펴보니 414명이 [조위금을] 받았습니다. 재판을 하고, 젊은 사람들이 노력해가며 오사카에서 도쿄까지 카라반을 하거나 이곳저곳에서 집회를 거듭해 나름대로 문제의 소재所在가 알려졌다고 생각하고 있었습니다. 재판을 일으키면 제소나 재판의 단계마다 신문에도 상당히 크게 보도가 됩니다. 그러면 "실은 나도…"라고 하면서, 말을 걸어오는 사람도 나오게 되니 다행이지 않습니까. 그렇지만, 우리는 실은 [많은 피해자와] 전혀 접점을 만들지 못하고 있었던 것입니다.

그때는 김구미자金久美子 씨(배우)를 기용한 포스터를 관공서에서 만들어 붙이는 등 열심히 선전을 한 측면도 있겠지만, 414명입니다. 그러니까 음지에서 조용히 살고 있는 사람이 얼마나 많냐는 거죠. 그리고 대만인 한 명을 포함해 24명[7]이 위로금을 받았습니다. 생존자가 그렇게나 많이 있었다는 것입니다. 우리가 파악하고 있었던 것은 강부중 씨와 석성기 씨뿐입니다. 진석일 씨와 정상근 씨는 이미 돌아가신 뒤였기 때문에요. 그리고 귀화한 사람이 83명 있었습니다.

조위금법이 통과되고, 400만 엔이 지급된다는 결정이 나왔을 때 석성기 씨는 "우리들은 이 정도밖에 안 되는 걸까"라고 중얼거렸다고 합니다 (「민단신문民団新聞」 2001년 9월 12일 자). **그래도 '구제'를 내세워 지급법이 성립되었다는 사실에 대해 다나카 씨는 어떻게 평가하십니까.**

뭐라고 말해야 할까요. 결국 어떻게 해도 재판에서 이길 수 없다면, 더는 어쩔 수 없는 게 아닐까 하는 느낌이었습니다. 그런 상황에서는요.

금액이 적다는 것도 물론 문제였지만, 전몰자와 중증 전상자 말고는 [지급 대상에서] 제외되었습니다.

그래서 교토의 이창석 씨와 같은 문제가 발생하는 것입니다. 그는 당사자이지만 중증 전상자에 해당되지 않습니다. 재판을 했는데도 새 법률로 구제되지 않았습니다. 그렇지만 별다른 방법이 없었습니다.

---

7   전체 신청자 가운데 대부분이 유족들이고 생존자는 24명이었다는 의미다.—옮긴이

내가 류코쿠대에 있었을 때 돌아가서서 장례식에 갔습니다. 그랬더니 영전에 감사장이 올려져 있었습니다. "참기 힘든 인생을 새기면서 살아오셨다" "오랜 시간에 걸친 당신의 고생에 심심한 감사를 표한다"라고요. 이를 준비한 이는 노나카 히로무 씨였습니다. 금일봉 200만 엔과 함께 가져왔다고 하더군요. 자기가 말을 꺼내 만든 특별법이었지만, 이 씨는 그 대상이 되지 않았던 겁니다. 본인이 알았던 것인지 주위에 그런 것을 제대로 말해주는 사람이 있었던 것인지는 모르겠지만, 노나카 씨는 이 사실을 알고 있었구나, 하고 생각했습니다.

요새 정치가들하고는 달리 그런 점이 제대로 박혀 있는 사람이라고 생각했습니다. 유명한 얘기지만, 그가 국가공안위원장이었을 때 마쓰모토 사린 사건[8]의 고노 요시유키河野義行 씨의 집에도 사죄하러 갔었습니다.

그리고 또 하나 기억하고 있는 것은 중국인 강제 연행 현장을 수묵화로 그렸던 시무라 보쿠넨진志村墨然人 씨의 그림이 있잖아요. 2008년에 그 그림을 류코쿠대의 시설에 전시하게 되었습니다. 개막하면서 작은 심포지엄을 하게 되어, 노나카 씨에게 역사와 어떻게 마주해야 하는지를 테마로 강연을 해달라고 요청하게 되었습니다.

섭외하는 역할을 내가 맡게 되어서, 교토역 앞에 있는 노나카 씨의 사무소로 갔습니다. "돈을 받지 않고 하는 모임이라 죄송하지만, 5만 엔 정도로 사정을 봐주십시오"라고 부탁하는 역할입니다(웃

---

8   1994년 6월 27일 심야, 나가노현 마쓰모토시의 주택가에 신경가스 사린이 뿌려져 여덟 명이 숨지고 약 600명이 중경상을 입은 사건. 옴진리교 신자들이 일으킨 여러 사건 가운데 하나로 실행범 일곱 명 가운데 네 명이 사형 판결을 받았다. 사형은 2018년 7월에 집행됐다. 애초 나가노현 경찰은 이 사건을 처음 신고한 고노 요시유키를 범인으로 보고 가택수사를 진행했고, 언론도 고노 씨를 범인으로 단정하는 기사를 거듭 쏟아냈다.

음). 누군가에게 "그런 때는 강사료를 사전에 전해주는 것"이라는 얘기를 들어서 사전에 전하면서 부탁을 드렸더니 "네, 알겠습니다" 하고 흔쾌히 요청을 받아주셨습니다. 당일 행사 장소에 가보니, 노나카 씨가 접수처에 낸 축의금 봉투에 5만 엔이 그대로 들어 있었습니다.

테마에 찬동한 것입니다. 역시 그렇구나, 싶었습니다. 내가 접해본 사람들 가운데 노나카 씨와 도이 다카코土井たか子 씨(전 사회당 위원장, 1928~2014) 그리고 고토다 마사하루 씨는 전후 보상 문제를 위해 직접 움직여서 확실한 결과를 만들어냈습니다. 하나오카 소송[9]의 화해 교섭이 교착 상태에 빠져 있을 때도 도이 다카코 씨가 고토다 씨에게 연락을 해줘서, 내가 사자로서 고토다 씨를 방문해 상황 보고를 했습니다. 그 결과였겠지만 가지마鹿島의 태도가 갑자기 바뀌어서 국면을 타개할 수 있었습니다. 통상적으로 말하면 사회당의 도이 다카코 씨와 전 내무 관료인 고토다 씨는 물과 기름의 관계잖아요. 그래도 그 시대의 정치가는 달랐습니다. 양보할 수 없는 부분에서 일치하는 것입니다.[10] 하지만 이미 두 분 모두 돌아가셨습니다. 고이즈미 준이치로小泉純一郎 씨 이후 정치가의 가벼움에는 정말로 질리고 맙니다.

돌아가시기 전에 조위금법의 혜택을 볼 수 있었던 생존자는 다섯 명 가운

---

9 1945년 6월 아키타현 하나오카 광산으로 강제 연행된 중국인 약 1,000명이 중노동이나 학대를 견디지 못하고 봉기해 경찰과 헌병 등이 진압에 나서 400명 이상이 사망했다. 1995년 6월, 생존자와 유족 총 11명이 [당시 건설회사였던] 가지마를 상대로 한 손해배상 청구를 도쿄지방재판소에 제소했다. 2000년 11월 도쿄고등재판소에서 원고를 포함한 986명의 일괄 해결을 위해 가지마가 5억 엔을 거출하고 중국적십자협회 아래 기금을 설립하는 것으로 화해가 성립됐다.
10 전후 보상 문제는 두 사람 모두에게 양보할 수 없는 중요한 문제였다는 의미.―옮긴이

데 석 씨와 강 씨뿐이었습니다. 원고 다섯 명은 지금은 모두 돌아가셨고, '국적 조항'의 벽은 지금까지 무너지지 않았습니다.

여야당이 다 똑같습니다. 너무 분명합니다. 민주당 정권 때인 2010년 6월 시베리아 억류에 대한 보상법인 '전후 강제 억류자에 관련된 문제에 관한 특별조치법'이 제정되었습니다. 귀환 시기에 따라 25만 엔부터 150만 엔을 지급했습니다. 이것 역시 국적 조항을 통해 조선인, 대만인 억류자는 대상에서 제외했습니다. 좀 더 거슬러 올라가면, 사회당이 화려했었던 시절에 그들이 몇 번이나 제출했던 공습 피해자의 특별입법안(전시재해원호법안)이 있습니다. 조사해보니 모두 국적 조항이 들어가 있습니다. 후생노동성의 관료와 함께 만들었기 때문에 그랬겠지만, 결국 '철학'이 없으니 이 모양입니다.

덧붙여 말하자면, 국민연금법 등 사회보장법에서도 자민당이 국적 조항을 끄집어냅니다. 이에 대해 사회당이 크게 반대했지만, 자민당이 수의 힘으로 눌러버렸죠. 사회당 사람들도 그다지 문제의식이 없습니다. 아동수당 관련 3법에 국적 조항이 들어간 것에 대해 야당이나 언론, 학자들이 반대의 논진을 펼쳤던 흔적이 없으니까요. [1981년 가입한] 난민조약을 통해 겨우 국적 조항이 삭제되고, 개호보험법(1997년)에서는 처음부터 국적 조항이 사라집니다. 이런 것들의 의미를 좀 더 생각했으면 좋겠습니다. 보험은 가능한 한 많은 사람이 가입하는 게 좋으니 그렇게 했는지도 모르겠지만, 그렇게 말한다면 국민건강보험도 똑같은 것이죠.

가와무라 다케오河村建夫 씨(자민당, 전 관방장관) 등 초당파 의원연맹이 공습 피해자 구제를 위해 입법 조치를 검토하고 있는 것 같은데요.

뭔가 될 것이라는 얘기가 나오고 있긴 하지만, 역시 법안의 국적 조항
을 확인해야 합니다. 왜 그러냐면, 도쿄 대공습[11] 때 100인 규모의 대
형 소송에서도 원고 가운데 자이니치는 한 명도 들어가지 않았으니까
요(2007년 3월 도쿄지방재판소 제소. 1심, 2심 패소, 2013년 5월 최고재판소
에서 패소 확정).

**전후 보상이나 포스트 식민지 문제를 해결하기 위해 노력하는 정치가는
여야당에 관계없이 계속 줄어들고 있습니다. 조선학교에 대한 탄압이 버
젓이 통용되는 현실도 그런 흐름에서 보자면 필연일 것입니다.**

어쨌든 '북한 때리기'에 편승하면 된다는 풍조이지요. 고교무상화 배
제는 그 전형적인 예입니다. 학교에서 공부하고 있는 아이들을 괴롭
혀서 뭘 하자는 것입니까. "이것과 그것은 관계없는 겁니다!"라는 당
연한 얘기를 왜 아무도 확 말하지 못하는지 모르겠습니다. 정치가의
역할은 무엇인가요.

---

11   도쿄 대공습이 이뤄진 1945년 3월 10일 숨진 희생자는 10만여 명이다. 이일
      만 '도쿄 조선인강제연행진상조사단' 사무국장의 연구에 따르면, 이 가운데
      10퍼센트인 1만여 명이 조선인이었을 것으로 추정된다.―옮긴이

11장

'당연한 법리'란 무엇인가

"공무원에 관한 당연한 법리로서 공권력 행사, 국가의사의 형성에 참가하는 공무원에게는 일본 국적이 필요하다." 한국전쟁이 한창 진행 중이던 1953년, 내각법제국이 제시한 견해다. '당연한 법리'란 논할 여지도 없는 '명백한 것'을 의미한다. '국가의사'란 어느새인가 '공공의 의사'로 치환되어 [일본 국적을 요구하는] 대상은 지방공무원으로까지 확대되었다. 법률도 아닌 행정기관의 '생각'만으로 '공공에 의한 취업 차별'을 정당화해온 것이다. 당사자들의 운동으로 일정 정도 개선됐지만, 본질은 전혀 바뀌지 않았다.

제도적인 인종주의의 대표적 사례라 할 수 있는 공무원의 국적 차별 문제는 1970년대 말, 교원 채용을 둘러싸고 움직이기 시작합니다. 오사카와 도쿄에서는 이미 외국 국적자도 시험을 볼 수 있도록 했습니다. 그런데 1979년에 미에현에서 합격자가 나오게 됩니다.

미에현에서 '자이니치'가 교원 채용에 합격했다는 기사가 나왔었죠. 그래서 물어보니, 아이치현과 나고야시에서는 시험조차 볼 수 없다는 겁니다. 당시 나는 아이치현립대에 있었습니다. 대학에 현의 교육위원회'와 얘기가 통하는 선생님이 있어서 그 사람에게 물어보니, 전에도 우리 대학에 교원을 희망하는 자이니치 학생이 있어서 자신이 개인적으로 교육위원회에 교섭을 해보았지만 퇴짜맞은 적이 있다고 하는 겁니다. 그래서 미에현에서는 괜찮은데 [바로 옆에 있는] 아이치현에서는 안 된다니 이상하지 않느냐는 문제 제기가 이뤄졌습

1   대한민국의 교육청에 해당한다.—옮긴이

니다. 앞서 말한 민투련 운동이 점점 확산되는 시기였잖아요. 차별이 이뤄지는 것들을 일람표로 작성해서 '다음엔 이것이다'라면서 부숴가는 시대였습니다. "우리도 아이치에서 운동을 통해 길을 개척해나가야 하는 게 아니냐"라고 했지요.

운동으로 길을 열어젖힐 수 있다, 권리를 신장할 수 있다. 그렇게 할 수 있다는 실감을 서로 공유하고 있었기 때문에 가능했던 일이네요. 행정교섭에서도 재판에서도 '이길 수 있다'는 기대를 하기 어려운 지금의 심각한 상황을 돌아보지 않을 수 없네요.

당시 우리 사이에서 화제가 되었던 것은 그해 가을에 있었던 두 가지 일이었습니다. 하나는 사이타마의 가미후쿠오카 제3중학교에서 있었던 민족 차별적 이지메에 의해 자이니치 학생이 자살한 일이었습니다. 두 번째가 미에현의 교원 채용 건입니다. 당시 아이치현립대에 교원이 되고 싶어 하는 자이니치 학생이 있어서 1980년에 나고야시[2]와 아이치현의 교원 채용 시험에 신청서를 접수했습니다. 그랬더니 전례에 따라 거부되었습니다. 그렇다면 이쪽에서도 어쩔 수 없다고 생각하며 재판을 일으켰습니다. 하지만 시험을 치를 수 있는 자격이라는 것은 법적으로는 다투기 어려워서 대부분 [제대로 얘기도 못 해보고] 문 앞에서 쫓겨나는 모양새로 패소하고 맙니다. 그래서 다음 수법으로 1981년 4월 변호사회에 인권 구제 신청을 냈습니다.

그다음에 크리스천들이 만든 "나고야 인권위원회"가 국제올림픽위원회IOC에 "올림픽을 개최한 도쿄에서도 만국박람회(엑스포)를

---

2   나고야시는 아이치현에 있다.—옮긴이

개최한 오사카에서도 외국인이 공립학교 교원이 되는데, 나고야에선 시험도 못 본다는 차별이 있다는 사실에 유의해주기 바란다"는 서한을 보냈습니다. 서울과 나고야가 유치 경쟁을 했던 1988년 올림픽이 서울로 결정된 것은 1981년 9월입니다(다나카,「올림픽 낙선을 계기로 생각한다オリンピック落選に思う」, 1981년 10월 27일「마이니치신문」석간). 변호사회도 여러모로 조사를 해서 오사카, 도쿄, 미에현도 허용하고 있는데 불합리한 일이라고 판단하고, 최종적으로 아이치현, 나고야시 모두 [문호를] 열어야 한다는 권고를 1982년 2월에 발표했습니다. 그래서 그해 여름 교원 시험부터 아이치현도 나고야시도 문호를 개방하게 되었습니다. 나고야시에서 처음 합격자가 나온 것은 결국 1982년 가을이었습니다.

> **1982년에는 다나카 씨와 서용달徐龍達 씨(모모야마가쿠인대 명예교수, 경영학)가 해결을 위해 노력했던 국공립대의 교원 임용 문제가 의원입법으로 일정 정도 해결됩니다. 그러나 이를 시행하면서 문부과학성 초등중등교육국 지방과장이 내보낸 통지에 "여전히 국공립 초·중·고등학교 교사 등에 대해서는 그동안 해온 대로 외국인을 임용하는 것은 인정할 수 없다"고 한 줄을 집어넣습니다. 일정의 '양보'를 한 것으로 보이면서, 더 단속을 강화해 대응한다는 공무원들의 간계였습니다.**

그다음 해에 나카소네 야스히로 총리가 답변서에서 교장의 공무 운영에 참여하는 교사에게는 '당연한 법리'의 적용을 생각할 수 있다며 이 방침을 고수하고 나섭니다. 어떤 의미에서는 반동이 일어난 것이죠. 그렇지만 아이치현에선 한 명이 더 채용되었고, 적어도 모집 요강에 국적 조항을 넣지는 않았습니다. 문부과학성의 통지가 나왔지만요. 그래서 1984년 12월에 나가노현의 자이니치 교원 채용에 문부과학성이 압력을 가하는 이른바 '양홍자梁弘子 사건'³이 발생합니다. 당시 「아사히신문」이 양 씨가 합격했다는 기사를 썼습니다. 앞서 말한 통지에 있는 '부칙'에는 외국인을 뽑지 말라고 했는데 현이 자이니치를 합격시켜 이에 반대하는 모양새가 되었으니 뉴스 가치가 있다는 것이었습니다. 그래서 문부과학성이 이 사실을 알게 돼 큰 소동이 발생합니다.

그래서 나도 나가노에 몇 번이나 갔습니다. 나가노라는 곳은 교육으로 유명한 현이어서 '시나노信濃교육회'라는 재단법인이 나가노 교육계에 은근히 영향력을 갖고 있습니다. 그 이사장이 나가노 교육계에 가장 큰 힘을 갖고 있다고 해서 나도 만났습니다. 그분도 이 문제를 해결하기 위해 뭔가 해야 한다는 얘기를 하는 등, 전체적으로는 "문부과학성이 안 된다고 하니까 '예, 안 됩니다'라고 할 순 없다"라는 분위기가 현장에 형성돼 있었습니다. 사회당 의원이 국회에서 문제를 삼기도 해, 누가 생각했는지는 모르지만 최종적으로는 정교사가 아닌 '상근강사'로 채용하는 모양새로 타협이 이뤄졌습니다. [자이니치가 교사가 되는 것을] 안 된다고 하진 않겠지만, 요컨대 완전히 인정하진 않겠다는 것이지요. 그때 나온 상근강사라는 것을 누가 어떻게 생각했는지 나도 잘 모르겠습니다. 그때는 나가노 사건을 일단 수습하려는 지혜로 사용한 타협안이었습니다. 이후 이른바 일한 정부 간의 '91년 협의' 때 상근강사라는 게 다시 등장합니다.⁴ 자이니치를

---

3   1984년 12월 나가노현이 국적 조항을 이유로 자이니치 양홍자의 채용을 거부한 사건. 양홍자는 나가노현 공립학교 채용시험에 합격해 교사 내정 통지를 받았지만 일본 문부과학성이 나가노현 교육위원회에 압력을 가해 이를 취소한다.―옮긴이

4   한일 정부는 당시 각서를 통해 "공립학교 교원 채용에 대해서는 그 길을 열어 일본인과 동일하게 일반 교원 채용 시험의 수험 자격을 인정하도록 각 도도부현(일본의 광역지방자치단체)을 지도한다. 이 경우 공무원 임용에 관한 국적에 의한 합리적 차이에 입각한 일본국 정부의 법적 견해를 전제로 하면서, 신분

교원으로 채용하는 것은 인정하지만, 상근강사로 한다. 이러한 나가노 방식이 결과적으로 전국적으로 퍼져나가게 됩니다.

'당연한 법리'를 견지한 뒤틀린 '개방'이었지만, 채용의 움직임은 가속됩니다. 한편으로 오사카나 도쿄는 70년대 전반에 국적 조항이 철폐되었었네요.

간사이를 중심으로 해방 교육을 열심히 하고 있던 교사들이 차별과 싸우는 운동 '전국동화同和교육연구협의회'(전동교)를 만듭니다. 이를 시작으로 이후 '전조교全朝教'(전국재일조선인교육연구협의회, 현 전국재일외국인교육연구협의회)가 생겨납니다. 이런 노력에 '히타치 제소' 이후의 흐름이 더해졌기 때문에 가능했다고 생각합니다.

오사카에서는 1974년에 실시된 교원 채용 시험부터 국적 조항이 빠졌습니다. 도쿄의 경우에는 1973년 11월 비상근강사조합이 '희망자 전원의 전임화'를 요구하는 단체교섭을 할 때 "전임화 조처에 있어서 국적을 묻지 않는 것, 또 일반 선고[일반 채용 공지]에 있어서도 마찬가지로 국적을 묻지 않는다"는 답변을 끌어냈습니다. 비상근강사 중에 외국 국적 교사가 있다는 것이 [이 같은 전진의] 계기가 된 것입니다.

그다음에 앞에서도 일본전신전화공사라든가 일본육영회의 장학금 얘기를 했지만, 일람표를 만들어 하나씩 "이것은 차별이다"라고 공격해서 철폐해 나갔습니다. 지방공무원 수험 자격도 그중 하나였습

의 안정과 대우에 관해서도 배려한다"는 내용에 합의했다. 정식 교사가 아닌 상근 강사라는 편법을 추인하는 합의였다.—옮긴이

니다.[5]

　　지방공무원 채용 문제의 경우 법률에는 애초 [국적에 따른] 어떤 제한도 없습니다. 특히 자이니치가 많은 간사이 기초자치단체에서는 채용 실적이 있었습니다. 문제는 도도부현과 정령지정도시입니다. 거기에서는 예외 없이 모두 불가능한 상태였습니다.

　　이런 상황 속에서 정향균 씨 사연이 나오게 됩니다. 이분은 보건부保健婦(당시)로 채용이 되었습니다. 이것도 좀 이상한 얘기지만, 자치성[6]은 [지방공무원으로 외국인을 채용하면] 안 된다고 하면서도 보건부, 조산부, 간호부 같은 간호 3직은 괜찮다는 통지를 1983년에 내놓습니다. 정향균 씨는 채용된 뒤 보건부로서 도쿄 하치오지의 보건소에서 근무하고 있었습니다. 어느 날 관리직 상사가 그에게 "승진시험을 보라"고 얘기합니다. 물론 관리직 시험은 자신이 응모하는 것이지만, 대체로 상사가 어깨를 두드리며 "자네 이제 슬슬 응시해도 좋아"라고 원서를 건넨다고 합니다. 그래서 그녀도 '그럼 해볼까' 싶어 필요 서류를 써서 인사과에 제출합니다. 그랬더니 "안 된다"는 식으로 얘기를 들은 겁니다.

　　어떤 경위인지는 모르지만, 김경득 변호사가 자이니치들에게 알려져 있었으니까 그녀는 경득 씨에게로 가 상담을 했습니다. 나도 그 사무실에서 처음 정 씨와 만났습니다.

　　재판을 일으킬 때 그녀는 상당히 고심했습니다. 매우 인상에 남

5　　오사카·도쿄의 철폐에 대해서는 나카지마 도모코中島智子「공립학교의 임용 기간을 붙이지 않는 상근강사라는 '문제'公立学校における任用の期限を附さない常勤講師という〈問題〉」,「재일본법률가협회 회보 에트랑제테エトランデュテÉtrangeté」 창간호(재일본법률가협회, 2017년)에 상세한 내용이 나와 있다.

6　　2001년 총무성에 통합됐다.—옮긴이

아 있는 얘기는요. 그녀는 [처음 임용될 때] 지사에게서 사령장을 받았습니다. 그런 지사를 상대로 재판을 한다는 것은 엄청난 일이었습니다. 게다가 [현직에서 계속] 일을 하면서요. 그래서 제소가 이뤄질 때까지 상당히 시간이 걸렸습니다.

그렇지만 그분은 처음 재판의 진형[원고단]을 발족시킬 때 이런 얘기를 했습니다. "차별에 지고 싶지 않다. 굴복하고 싶지 않다. 문제에 부딪힌 인간이 거기에서 멈칫하면, 또 다음 사람이 같은 일을 당한다. 역시 처음 부딪힌 인간이 결심하고 나설 수밖에 없다. 그래서 마음을 굳히게 됐다"고요. 그런 얘기가 강하게 인상에 남아 있습니다. 1994년 9월에 제소했습니다.

재판은 고등재판소에서 승소했지만, 이해할 수 없는 경위를 통해 최고재판소 대법정으로 회부됩니다.[7] 최고재판소 변론에서 정 씨의 의견 진술은 부모님의 내력으로부터 얘기를 시작해 자이니치란 무엇인가를 설명하고, 추악하기 그지없는 일본의 근현대사를 폭로하면서 [일본 사회가] 지금과는 다른 '모습'이었으면 좋겠다는 희망을 드러내는 역사적 문장이었습니다.[8] 패소 후 기자회견에서 쏟아낸 격렬한 많은 말도 잊을 수 없습니다. "불쌍한 나라" "지금 세계 사람들에게 말하고 싶다. 일본에는 오지 말라고. 외국인이 일본에 오는 것은 세금을 내는 로봇이 되는 것과 같다"라고요. 안타깝게도 이런 상황은 지금도 변하지 않았을 뿐 아니라 강화되고 있습니다. 떨쳐 일어나서 해야 할 말을 한 그녀를 겨냥해 직장으로 괴롭힘이나 항의 연락이 상당히 왔었다고 들었습니다. 지금 오사카 지방재

---

7 6장 참조.
8 정향균 편저, 『정의 없는 국가, '당연한 법리'를 계속해 묻는다正義なき国、「当然の法理」を問い続けて』(아카시쇼텐, 2006) 243~248쪽.

판소 사카이 지부에서 재판이 진행 중인 '인종적 괴롭힘hate harassment 재판'[9]에서도 피해 당사자가 직장을 다니면서 싸우고 있습니다. 게다가 원고는 여성으로 비정규직 근로자입니다. 그리하여 '당연한 법리'에 대한 저항은 다음 해에도 나옵니다.

그다음 해는 전후 50주년이던 1995년 1월이었습니다. 고치현 지사였던 하시모토 다이지로橋本大二郞 씨가 연두 소감에서 "[지방공무원이] 외국인이면 지장이 있다고 하는데, 뭐가 문제인지 모르겠다"고 말했다가 이 발언을 철회하겠다고 표명합니다. 그것 역시 신문 보도를 통해 알려졌습니다. 나도 정말 놀랐습니다.

　나는 사실 하시모토 씨를 NHK의 기자 시절부터 알고 있었습니다. 그는 분명 궁내청 클럽[10] 같은 데 있었는데, 그 무렵 송두회 씨의 모임에서 처음 만난 게 아닌가 기억합니다. 송 씨는 발도 넓고 어디든지 자기 마음대로 가고 싶은 곳에 막 가니까, 면식이 있었던 것이죠. 그래서 함께 송 씨의 얘기를 들었습니다. 송 씨의 얘기를 듣다 보면 어쩐지 모르게 행동에 나서고 싶다는 생각이 들게 됩니다(웃음).

신참 기자 시절에 피폭 치료를 받으려고 밀항한 재한 피폭자를 취재하다

9　　사내문서라는 명목으로 민족 차별이나 역사수정주의를 담은 문서를 열람시키거나 '새로운 역사 교과서를 만드는 모임'의 흐름을 이어받는 이쿠호샤 교과서 채택 운동에 동원하는 등 회사 생활로 인해 정신적 고통을 입었다면서 대형 주택건설업체인 후지주택주식회사(본사 오사카부 기시와다시)에 근무하는 자이니치 3세 여성이 회사와 회장을 상대로 위자료 등 3,300만 엔의 손해배상을 청구한 소송. 2019년 현재 오사카지방재판소 사카이 지부에서 재판이 진행 중이다[이 사건은 올해 9월 최고재판소에서 원심 확정되어 피고는 원고에게 132만 엔 배상 판결이 나왔다].

10　　일본 황실을 관할하는 궁내청을 담당하는 기자단.—옮긴이

가 [송 씨와] 알게 되었다고 합니다. 지사 선거에 나갈 때도 알려드리니
"바보 같은 짓은 하지 말라"고 하면서 웃었다고 합니다. 송 씨가 사망한
뒤에 「산케이신문」에 기고한 에세이에서 자신과 송 씨의 관계에 대해서
쓰고 있습니다.[11]

그래서 정령도시나 도도부현에서 [외국인 직원을 뽑아선] 안 된다고
하던 때에 당돌하게 지사가 뽑겠다고 말하고 나선 것이죠. 공무원 출
신들은 할 수 없는 용기 있는 발언이었다고 생각합니다. 그런데 뭘 생
각하고 있고, 앞으로 자치성을 상대로 어떻게 하려는 것인지 전혀 알
수 없는 상황이었습니다. 정 씨 재판을 한창 진행하던 중이었습니다.
나는 단순한 데가 있으니까, 어쨌든 전화를 해보자고 생각해 고치 현
청에 전화를 걸어 비서과에 "지사가 도쿄에 올 때 만나고 싶은데, 시
간을 내줄 수 없겠습니까?"라고 물었습니다. 그랬더니 "그게, 우리
지사님은 도쿄에 때때로 가시긴 하지만 엄청나게 스케줄이 빡빡하게
짜여 있어서 좀처럼 시간을 잡는 게 어렵습니다"라고 하더군요. 뭐,
적당히 내치려고 생각했던 것이지요. 그래서 "자, 그렇다면 내가 고
치에 가겠습니다"라고 했습니다. 그랬더니 어쩔 수 없는 상황이 되
어버려서(웃음), 토요일에 관공서가 쉬는 날에 지사 관사로 가게 됐습
니다. 마침 그때 지사의 형인 하시모토 류타로橋本龍太郎 씨가 자민당
총재였기 때문에 곧바로 총리가 됐지요.

　　지사에게 "갑자기 왜 그런 얘기를 꺼냈느냐"고 물어보니, 현민
과 대화 집회를 시작했더군요. 그때 한 자이니치 어머니가 집회에 참

11　2002년 7월 8일 조간 서일본 광역현판에 실린 '지사의 릴레이 에세이' 「이웃
에 대한 생각 "隣人"への思い」.

가해서 "우리 애들은 아직 중학생인데, 적어도 아이들이 사회에 나갈 무렵에는 현청의 채용 시험도 볼 수 있게 해주십시오!"라고 호소했다고 합니다. 그래서 그가 결심을 굳히고 이 문제를 어떻게든 해결해야겠다고 생각해 여러모로 조사했던 것입니다.

[그랬더니] '당연한 법리'라는 말이 나옵니다. 소관은 자치성이니까 그 핵심부를 찾아가서, "왜 안 되는가" "어떤 근거가 있냐"고 공무원들에게 집요하게 여러모로 물었던 모양입니다. 그는 "여러 가지를 물어봤지만, 그들은 아무것도 모르고 있었다. 어쨌든 [자기들도] 들은 얘기를 되풀이할 뿐이었다. '왜 그렇게 해야만 하는가' '어떤 이유인가' 무엇을 물어도 전혀 답변하지 못했다. 이건 뭐 전혀 상대가 되지 않았다. 그래서 채용 임명권자는 지사니까 내 권한으로 하려고 결단을 한 것이다"라고 했습니다. 결국 두세 시간 정도 얘길 했습니다.

재미있었던 것은 「고치신문高知新聞」에서 전화가 와서, "이번에 지사와 만나신다고 하는데"라고 하는 겁니다. 어떻게 알았나 생각했습니다. "「고치신문」의 깃발을 단 검은색 차를 관사 앞에 대기해두고 있겠습니다. 끝나거든 공항까지 모셔다드릴 테니까 그사이에 [지사와 나눈] 얘기를 들려주시면 좋겠습니다"라고 하더군요. 그래서 하시모토 씨에게 전화를 걸어서, "실은 어디서 알았는지 모르지만, 내가 간다는 것을 「고치신문」이 알아서 깃발을 올리고 관사 근처에서 기다린다고 한다"고 전해줬습니다. 그랬더니 하시모토 지사는 "내 스케줄은 전부 오픈되어 있으니까, 알아도 별로 뭐랄 것도 없어요"라고 했습니다. 그런 사람이었나(웃음). 그래서, 그렇게 되어 1994년에 정 씨의 제소가 있었고 다음 해에 하시모토 씨의 폭탄 발언이 있었던 겁니다.

그리고 1996년 5월 가와사키시가 정령지정도시 가운데 처음으로 [외국인 취업 제한을] 철폐하기로 결정합니다. 문호 개방의 흐름은 가속화되지만, 내용을 보면 '당연한 법리'를 구체적으로 실현하는 작은 따옴표를 붙여야 하는 명목상의 '철폐'도 있었습니다. 주요 관리직은 안 된다, 소방직은 번번이 불가하다는 것이죠. 불을 끌 때 연소 방지를 위해 집을 부술 때도 있는데 그게 권력 행사에 해당되니 외국인은 안 된다고요. 엉망진창입니다. '가와사키 방식'에 따른 개방은 화근을 남긴 면도 있습니다. 히타치에서 민투련에 이르는 운동 라인에서도 '타협'을 비판하는 목소리가 나오기도 했습니다.

실은요, 전쟁 전과 달리 지방자치이기 때문에 직원 채용 방식은 국가가 참견할 문제가 아닙니다. [국가가 반대해도] 듣고 흘려버려야 한다고 생각합니다. 나는 지금도 정말 [지자체가] 결심하면 되는 문제라고 생각합니다. 지자체에 대해 예산 같은 것으로 손을 대는 짓은 아무리 그래도 하지 않으리라 생각합니다. 그렇지만, 꼭 그렇지 않은 면은 있죠.

'당연한 법리'를 부정하는 것은 국적에 의한 차별을 부정하는 것이니까요. 배외주의와 내셔널리즘은 아베 신조 씨의 생명선이고, 예전이라면 또 모르지만 아베 정권이라면 노골적인 보복으로 보인다 해도 [개의치 않고] 하지 않을까요. 신기지에 반대하는 오키나와에도 뻔히 드러나 보이는 공격을 하고 있으니까요.[12]

---

12   아베 정권은 2013년 12월 오키나와 후텐마 기지를 북동부 헤노코에 이전하는 데 꼭 필요한 해안 매립 계획을 승인한 나카이마 히로카즈仲井眞弘多 당시 지사에게 이듬해부터 2021년까지 매년 3,000억 엔 이상의 오키나와 진

그래서 그해 11월 시라카와 가쓰히코白川勝彦 자치상이 '당연한 법리'를 유지하면서도, 어떤 직종을 허용할지 판단하는 권한을 지자체에게 일정 정도 위임한다는 담화를 발표합니다. 지방의 '움직임'을 추인할 수밖에 없었던 것이죠.

시라카와 씨는 변호사 출신으로 다소 리버럴한 사람입니다. 지금까지 자치상이었던 이들처럼 판에 박힌 사람이 아니어서, 좀 검토를 해봐야겠다고 생각했을 겁니다. 그런 인상이었습니다. 그는 결국 대신을 오래 하지 못했기 때문에[13] 어떤 정책 결정을 하는 데는 이르지 못했지만, 시계열로 보자면 그런 흐름이 있어 대신도 약간 생각을 바꿀 수밖에 없게 됐다는 느낌입니다.

애초에 공무원은 가스미가세키[일본의 중앙관청이 몰려 있는 지역]의 관료가 아니라, 주민과 직접 접촉하는 지자체 직원이잖아요. 카운터 맞은편에 있는 다양한 주민에게 양질의 행정 서비스를 제공하려면, 직원 가운데에도 다양한 사람이 있는 편이 좋을 수밖에 없죠.

그게 '당연한 법리'를 통해서 버려지고 있습니다.

결국 '당연한 법리'는 법치주의에 반하는 것입니다. 법치주의라는 것은 근대국가에서는 법률로 중요한 일을 결정해나간다는 것입니다.

흥예산을 지급하겠다고 약속했다. 이후 헤노코 이전에 반대하는 오나가 다케시翁長雄志(재임 기간 2014~2018), 다마키 데니玉城デニー(2018~) 지사 등이 잇따라 당선되자 진흥예산액을 줄이는 압박을 가했다. 2014년의 진흥예산은 3,501억 엔이었지만, 그해 말 오나가 지사가 당선되자 액수를 줄이기 시작했다. 2018년부터 4년간은 약속한 액수를 살짝 넘는 3,010억 엔에 그쳤다.―옮긴이

13   임기는 1996년 11월부터 이듬해 9월까지로 1년을 채우지 못했다.―옮긴이

그 법률에 아무 근거도 없는데, 외국인은 안 된다고 합니다. 외무공무원법에는 외국인은 외무공무원이 될 수 없다고 분명히 써 있지요. 그 외에는 법률 규정이 없습니다. 비전문가가 이를 있는 그대로 읽으면, [법률로] 금지하고 있지 않으니까 채용해도 괜찮은 것 아니냐고 생각하게 됩니다. 그러면 이제 '당연한 법리'라는 논리를 돌연 들이미는 겁니다.

그 '당연한 법리'가 이상한 것은 예를 들어 앞서 말씀드린 간호 3직의 문제입니다. [간호 3직에는 외국인을 임용할 수 있다는] 통지가 있으니 그 이후엔 문제가 없다는 식으로 되어 있지만, 이는 국가 자격을 가진 전문직이기 때문에 [외국인이라도] 괜찮다는 논리인 듯합니다. 그렇다면 공립병원의 병원장이 될 수 있느냐 하면, 그것은 안 된다고 얘기합니다. 같은 병원장이지만 국립병원의 병원장은 국가공무원이고, 사립 병원장은 국가공무원이 아닙니다. 사립병원에서 일하고 있는 의사도 국립병원이나 공립병원에서 일하는 의사처럼 국가시험을 통한 의사 자격을 갖고 있습니다.

직무 내용을 생각할 때 국립병원 원장의 직무와 사립병원 원장의 직무에 무엇인가 본질적인 차이가 있을 수 있는지를 생각해보면, [차이가 없으니] 논리가 통하지 않습니다. 그런 예는 또 있습니다.

그렇게 생각하면 '공적인 기관'과 '사적인 기관'이 공존하는 분야에선 국적 조항을 내세울 합리성이 없어집니다. 예를 들어 사립학교 선생님이나 공립학교 선생님이나 양쪽 모두 교원 자격을 갖고 있습니다. 그리고 직무 내용을 놓고 볼 때 공립학교의 선생님에게는 특별한 고유 직무가 있는데, 그게 사립학교 선생에게는 없다는 것은 있을 수 없습니다. 그렇기에 '당연한 법리'는 공사가 공존하는 분야에는 전혀 통용되지 않습니다. 적어도 이런 논의를 하거나 실태를 살펴본다면, ['당연한 법리'가 말이 안 된다는 것을] 분명히 말할 수 있지 않을까 합니다. 이게 하나이고요.

그리고 또 하나는 좀 세부적인 얘기가 되겠는데 예를 들어 '91년 협의' 후에 외국인은 교원 채용 시험을 치를 수 있지만, 합격했을 때는 '상근강사'로 한다는 정식 통지를 문부과학성이 발표합니다. 이를 통해 전국에서 일제히 외국인에게 교원 채용 시험의 문호를 개방했습니다.[14] 이렇게 되면, 그 통지 전에 예를 들어 1982년에 이를 되돌렸을 때의 견해는 무엇이었나, 즉 국공립대학 외국인교원임용법 때 [국공립 대학엔 외국인 교원을 허용하면서] '부칙'을 통해 국공립 초·중·고등학교에서는 외국인은 안 된다고 했었습니다. 그렇게 했다가 이번에는 된다는 것인데, 그 사이에 '당연한 법리'라는 게 '어떻게 변신했다'고 생각하면 좋은 것인지요. 이런 것들이 법치주의에 반하는 것은 아닌가라는 생각이 든다는 것이지요.

'당연한 법리'라는 것은 엄청나게 융통성이 있다고 해야 하나, 자유롭게 변형 가능합니다. 위(관청)에서 볼 때는 그래도 상관 없다고 생각할지 모르지만, 이것에 의해 기피되고 배제되는 당사자 입장에서 본다면 견딜 수 없는 일이죠. 왜 어제까지 안 되던 것이 오늘부터는 괜찮아진 것인지, 그 사이에 '법률'이 변했다면 이해할 수 있습니다. 이런 식으로 당사자를 압박해 들어온다고 할까, 당사자를 튕겨내거나 차별하는 것이기 때문에 역시 이 과제는 법치주의의 원칙으로 돌아가 생각해야 합니다.

---

14   현재 [상근 강사가 아닌 정식] 교원으로 임용을 하고 있는 지자체는 도쿄도와 가와사키시(하지만 교장이나 교감 등으로 승진할 순 없다)뿐이다. 예전에는 오사카부와 시도 교원 임용을 했지만, 1991년 협의에서 "국가 간의 원칙이 생겼다"며 강사 채용으로 전환해 직명을 '교유敎諭'(지도 전임)라 했다. 후퇴라 할 수 있다.

결국 당사자인 외국인이 차별받습니다. 게다가 공적인 기관이 차별하는 것입니다. 사기업이 취업 차별을 한다 해도 '공공'이 어떤 지적도 하지 못하게 되는 것입니다. 나는 나고야 교육위원회와 당시 이런저런 협상을 했는데, 교육위원회의 교직원 과장 등은 당시는 교육 행정 쪽에서 일하고 있었지만, 좀 전에까지만 해도 교육 현장에서 교원을 했던 사람이었습니다. 그래서 내가 "어이쿠, 당신이 교사(이과였다)로 현장에 있을 때 조선인을 고용하지 않는 기업이 있다면 당신은 차별은 불합리한 일이라고 기업에 말하겠죠. 아이들을 위해서"라고 했습니다. 그러니 그 사람이 "그건 그렇지요"라고 답했습니다. "그런데 그때 회사 쪽에서 교육위원회도 외국인은 안 된다고 하는데, 왜 우리들만 평등하게 이들을 취급해야 하느냐고 말한다면 대답할 말이 없어지죠?"라고 묻으니, "그렇게 얘길 들으니 곤란해지네요"라고 말했던 생각이 납니다. 역시 공적 기관의 책임이라는 것을 생각해야 합니다. 이게 역시 가장 큰 문제라고 생각합니다.

법의 제정이나 공공의 움직임은 민간을 향한 메시지가 됩니다. 그렇기 때문에라도 차별을 금지하는 법이 필요하고, 공공 영역에서 차별을 해소해야 합니다. 그것이 가장 효과가 큰 '인권 계몽 활동'일 테지만, 실제로는 공공이 민간의 차별을 승인하고, 조장하고, 지원하고 있습니다.

그래요, 맞아요. 오늘 얘기와는 관계없을지도 모르지만, 예전엔 공영 주택이나 주택 공단에 외국인이 입주할 수 없었습니다. 지금은 오픈되어 있지만요. 민간 아파트가 외국인에게 임대하지 않는 것과 공영 주택이 임대하지 않는 것은 한 세트로 묶이게 됩니다. 이 문제는 대부분 상황이 개선됐지만, 지금 벌어지고 있는 조선학교 차별이 바로 그런 예입니다. 재야의 '재특회' 등이 조선인은 죽어라, 죽여라, [너희

나라로] 돌아가라고 와와 떠듭니다. 그러면 이번엔 정부 쪽에서 조선
학교만을 무상화에서 제외하고, 지방자치단체도 조선학교에만 보조
금 지급을 멈춥니다. 재특회라든가 헤이트스피치에 대해선 괘씸하다
는 논의가 꽤 있지만, 그와 같은 일을 공적 기관이 하고 있다는 인식
은 거의 없습니다. 이 둘을 분리해 생각하는 겁니다. 그런 의미에서
공적 기관이나 공무원의 채용은 일반 취직 차별과의 관계에 있어 매
우 중요한 문제라고 생각합니다.

> '전조교'의 대표로 고등학교 교사였던 후지와라 시로藤原史朗 씨도 자이니
> 치 학생을 차별하는 기업에 항의하니, "당신들도 차별하고 있는 게 아니
> 냐"는 반론을 당해서 다음 말이 생각나지 않았다고 술회하고 있습니다.
> 신문기자 시절에 저에게도 이런 경험이 있었습니다. 공립학교에서 교원
> 으로 일하고 있는 자이니치 조선인의 인물 기사를 쓰고 나니, 교토시 교
> 육위원회가 굳이 연락을 해왔습니다. 시 교육위원회와 자주 갈등을 빚었
> 기 때문에 이번엔 무슨 항의를 하려는가 생각했더니, 내가 자이니치 교원
> 의 직함을 '강사'라고 표기해서 연락을 했다는 것이었습니다. "죄송하지
> 만 다음부터는 '상근강사'라고 써주셨으면 합니다"라는 부탁이었습니다.
> 이들을 '(정식) 교원'으로 만들지 못하는 현실에 대한 떳떳하지 못함이 있
> 구나, 생각했습니다.

그건 매우 중요한 시점입니다.

> 그러나 '당연한 법리'라는 것은 정말로….

바보 같은 얘기입니다. 이것은 어디서 논의를 한다 해도 어쨌든 논리
가 전혀 없습니다. 하시모토 다이지로 씨도 얘기했듯이 전혀 논리가

서지 않는 얘기입니다. 그도 그런[극성스런] 사람이니까 국장이나 차관 정도에까지 가서 따졌다고 합니다. [그랬더니 그 사람들도] "앵무새처럼 들은 것을 거듭 말할 뿐 자기 자신도 [왜 그래야 하는지] 전혀 모르고 있었다. 나는 저널리스트이니까 이 녀석은 본심이 아니라는 것을 금방 알아챈다"라고 했습니다.

'당연한 법리'는 인종주의 그 자체입니다. 사실과 논리를 거부한다는 까닭에 더욱 질이 나쁜데요. 이 너무나 분명한 것을 무너뜨려야 합니다.

음, 좀 변하기야 했지만 그래도 종래의 '당연한 법리'는 그대로이고, [본질적으로는] 아무것도 변하지 않습니다. 요전에 교원의 상근강사 문제로 [국회] 원내 집회가 있었습니다(2017년 8월 4일). 거기서 처음 알게 됐지만, 교원이 경력을 쌓으면 부교장이나 주임교원이나 교무주임 같이 무슨무슨 주임 같은 여러 보직이 붙어 수당이 더해지는 제도가 만들어져 있습니다. 그러면 [노동]조합에서도 벗어나 관리직이 된다고 합니다. 그렇지만 자이니치 교사는 '상근강사'로 근무하다 끝나게 되는 것이죠. 생애 임금으로 따져보면, 그 격차가 장난이 아니게 되는 겁니다. 요코하마시의 계산에 따르면, 일본인 교사와 생애 임금의 격차가 1,800만 엔이라고 합니다.

그렇지만 '국적 조항'이나 '국적에 의한 차별'은 재판에서 이긴 적이 없습니다. 매우 구체적이고 명확한 차별이고, 법 아래 평등에 반한다는 판결이 나올 수 있는 사안인데도 사법은 절대 구제해주지 않습니다. 이 점에서는 철저합니다. 그래서 국적 차별 문제에 대해 재판소는 기껏해야 '부언'을 붙여 이를 실마리 삼아 정치를 통해 대응하는 경우가 있기도 없기도 하는 것이죠.

그리고 예를 들어 사법연수소 입소 문제의 김경득 씨 사건에서도 알 수 있듯, 결국 [최고재판소는] 그를 받아들인 근거도 명확히 밝히지 않습니다. 그때의 결격 조항 '일본 국적을 갖지 않은 자'의 뒤에 붙인 예외단서(최고재판소가 상당하다고 인정하는 자는 제외한다)에 대해서도 전혀 설명이 없었습니다. 2009년엔 또 아무런 설명도 없이 국적 조항을 완전히 없애버렸습니다. 이것도 논의할 필요가 없다는 듯 설명 책임도 나발도 없습니다. "뭐, 좋아졌으니 그걸로 된 거 아니야?"라는 느낌입니다. 이전에 내린 결정과의 정합성이나 논리 등에 대해 어떤 설명도 없습니다. 적어도 [정합성을 확보하기 위해] 법률을 고친다거나 하는 일은 전혀 없습니다. 이런 점들은 그다지 바뀌지 않은 것 같네요.

12장

외국인
참정권이라는

'출발점'

패전 후 일본 정부가 취한 옛 식민지 출신자에 대한 정책은 1945년 12월 중의원 의원을 뽑는 선거법 개정이었다. '일본사'적인 관점에서 보면 [이 개정을 통해] '부인婦人 참정권의 실현'을 이뤄내, 이를 '민주화'의 상징처럼 얘기하는 경우가 많다. 하지만 거기에 "호적법의 적용을 받지 않는 자들의 선거권 및 피선거권을 당분간 중지한다"는 문장이 들어가 있었다. 내지 호적의 유무를 '구실'로 삼아 조선인·대만인의 참정권을 정지한 것이다. 자신의 책임으로 인해 생겨난 이들[옛 식민지인들]로부터 정치적 발언권을 빼앗고,[1] 일본 국적을 상실하게 만들어 권리가 없는 상태로 만든 다음에 "일본인의, 일본인에 의한, 일본인을 위한" 국가를 구축하기 위한 땅 다지기를 시작한 것이다. 외국인 참정권 문제는 이 사회가 퇴폐하게 된 하나의 기점이었다.

외국인 참정권 문제와 접하신 계기는요.

구체적인 운동이 시작된 것은 민투련의 '재일 옛 식민지 출신자에 관한 전후 보상 및 인권 보호법(초안)' 작성을 할 때였습니다. 이것은 이후 적극적인 입법정책을 하는 데 근거로 삼기 위해 비전문가적인 입장에서 만들어본 초안으로, 전후 보상을 제외한다면 대체로 우리가

---

[1]   일본은 1937년 7월 시작된 중일전쟁이 장기화의 수렁에 빠지자 병역 의무가 없던 조선인·대만인들을 군에 동원하기 시작했다. 조선에선 1938년 4월에 지원병 제도를 도입했고, 1943년 10월에는 학도 지원병이라는 이름으로 대학이나 전문학교에 다니던 엘리트들을 사실상 강제 동원했다. 마침내 1944년 5월 만 20세 이상 남성을 대상으로 한 '징병제'를 실시한다. 그 대가로 1945년 4월 중의원 의원 선거법 개정을 통해 참정권을 인정했다. 하지만 일본의 패전으로 실제 조선인·대만인의 정치 참여는 이뤄지지 못했다.—옮긴이

구체적인 테마로 삼아 운동을 해온 내용들을 포함하고 있었습니다. 참정권 문제는 꽤 전부터 나오기 시작한 것이어서 과감하게 넣었습니다.

제3장 제10조 '특별영주권자는 지방자치체의 참정권을 갖는다'지요.

이를 가장 먼저 인권 과제로 의식하게 만든 이는 역시 최창화 씨입니다. 그는 매년 9월 1일(간토대지진의 날) 집회를 했는데, 1975년 집회 때 자신이 거주하고 있던 기타큐슈의 시장 앞으로 '공개질문장'을 보냈습니다. 그 안에 "시의회 의원의 선거권·피선거권은 인정되어야 마땅하다고 생각하느냐"라고 문제를 제기했습니다. 내가 아는 한, [외국인 참정권과 관련한] 가장 빠른 움직임이 아닐까 합니다. 다음 해 1976년 9월 19일 자 「아사히신문」 조간 논단에 야나기사와 유미코柳沢由実子 씨(번역가)의 「외국인에게도 선거권을, 스웨덴의 영단을 배워야外国人にも選挙権を スウェーデンの英断に学べ」라는 기사가 나왔습니다.

　　그 후에 김달수 씨(작가, 1920~1997)가 1979년 10월 2일 「아사히신문」 석간에 「재일 외국인에게 투표권을在日外国人に投票権を」이란 글을 기고합니다. "나는 투표라는 것을 한 적이 없다. 하고 싶지 않기 때문에 하지 않았던 게 아니다. 자이니치 조선인인 우리들에겐 선거권이 없는 것이다 … (야나기사와 씨의 논단을 보고) '어, 이것은!'이라고 생각했기 때문에, 오려서 지금도 보관하고 있다. … 열린 근대 국민으로서 '일본인이 외국인에게 행했던 여러 가지 차별을 철폐하기 위해' 이쯤에서 한번 진지하게 생각해볼 필요가 있지 않을까"라고 쓰고 있습니다.

　　최창화 씨는 원래 그런 분이고(웃음), 유엔에도 가서 자이니치의 문제를 호소했죠. 하지만 달수 씨는 총련계이고, 운동가가 아니라 작가잖아요. 그 무렵 그는 조직을 떠났지만, 이런 얘기를 꺼냈다는 것에 놀라움을 느껴 지금까지 기억하고 있습니다. 그 뒤에 1986년 6월 13일 「아사히신문」의 논단에 황갑식黃甲植 씨라는 이가 기고를 해서 "말도 안 되는 공상이라고 할지 모르지만, 적어도 지방 레벨이라도 좋다. 내 손으로 선택한 선민選民들[지방자치단체의 장이나 지방의원]에 의해 자이니치의 인권을 호소하거나, 땀을 뻘뻘 흘려 납부한 세금의 행방 정도는 규명하는 권리가 보장되어야 마땅하다고 생각한다"고 썼습니다.

그랬더니 독일법의 전문가이자 나중에 일본학술회의의 부회장을 지낸 히로와타리 세이고広渡清吾 씨가 「법률시보法律時報」(1986년 9월 호)의 칼럼으로 이를 다뤄서 "나는 황 씨의 이런 주장을 부당하고 말도 안 되는 공상이라고 물리치는 게 아니라, 진지하고 또 적극적으로 논의해야 한다고 생각한다"고 응답했습니다. 이런 흐름이 상당히 이어져, 우리들의 초안에도 넣게 되었습니다. 이 초안은 다른 한편으로 '91년 협의'를 염두에 두고 만들었기 때문이기도 했고요.

1990년에는 오사카의 자이니치 11명이 지방 참정권을 요구하며 오사카지방재판소에 제소했습니다. 조사해보니 그 전해에 영국인 앨런 힉스Alan Higgs라는 사람이 참의원 선거에 투표할 수 없다는 것은 괘씸한 일이라며 재판을 했지만, 국정선거(중의원·참의원 선거)에 대해서는 재판이 완전히 불가능했습니다(최고재판소에서 기각). 지방 참정권 문제를 내세워 자이니치가 일으킨 재판은 1990년이 처음입니다. 그 뒤에 후쿠이현에서 니와 마사오丹羽雅雄 씨(많은 전후 보상과 소수자 인권 문제를 둘러싼 재판을 해왔다. 현재는 조선학교의 고교무상화 재판 오사카 변호단장으로 일하고 있다)가 대리인이 되어 소송을 일으킵니다.

국정선거 때마다 입후보를 시도했다가 거부당하는 퍼포먼스를 거듭하면서 재판도 벌였던 '자이니치당'이라는 단체(1992년 결성)도 있었습니다. 이런 움직임들이 있어서 '납세는 있지만, 권리는 없다'는 불합리한 사실이 사회에 알려지기 시작합니다. 당시는 이런 부당함을 그대로 받아들이는 감성이 사회적으로 공유돼 있었습니다. 여론조사에선 「아사히신문」이 찬성 47퍼센트, 반대 41퍼센트(1994년 2월 조사), 「마이니치신문」은 찬성 41퍼센트, 반대 17퍼센트(1995년 3월 조사)로 찬성이 우위였습니다. 당시 적극적이었던 것은 '신당 사키가케'[2]의 시마네현이었습니다. 1994년 1월 시마네 지부 설립 준비회가 주요 정당 가운데 처음으로 재일 외국인의 입당을 인정하는 방침을 발표합니다.

지부 대표 니시코오리 아쓰시錦織淳 씨(중의원 의원)는 변호사여서, 그해 11월에 외국인에게 지방 참정권을 개방해야 한다는 뜻을 밝혔습니다. 스웨덴 등을 참고로 해서 '5년 이상' 거주하는 사람에게 선거권과 피선거권 모두 인정한다는 요강을 만들었습니다. 하지만 법안을 만드는 데까지는 가지 못했습니다. 그 무렵이던 1995년 2월, 앞서 언급한 오사카의 소송에 대한 최고재판소 판결이 나옵니다. 최고재판소는 청구는 기각하지만 "(영주권자 등에게) 법률을 통해 지방공공단체의 장, 그 의회의 의원 등에 대한 선거권을 부여하는 조치를 강구하는 것은 헌법상 금지되어 있지 않다" "조치를 강구할지 말지는 오로지 국가의 입법정책에 해당하는 문제"라고 판시했습니다.

---

2   1993년 6월 만들어져 2002년 1월 해산한 일본의 정당. 사키가케先駆け란 앞서 달린다는 의미다. 하토야마 유키오鳩山由紀夫, 간 나오토菅直人, 마에하라 세이지前原誠司 등 이후 민주당의 주역으로 2009년 9월 정권 교체를 이뤄내는 정치 신인들이 몰려 있었다.—옮긴이

어떻게 생각했습니까.

역시 최고재판소가 지방 참정권에 대해선 제대로 말해줬습니다. 대단하고 느꼈습니다. 실은 1994년 말에 「아사히신문」에서 연락이 와서 1월 「논단」에 주장하고 싶은 것을 제안해줬으면 좋겠다고 했습니다. 그래서 외국인에게 지방 참정권을 개방해야 한다고 썼습니다. 예전부터 계속 말해왔지만, 참정권이라고 하면 전부 한데 묶어 생각하기 쉬운데 '국정 참정권'과 '지방 참정권'으로 구분해야 한다고요. 내가 맘대로 하는 말이 아니라, 일본의 공직선거법이 그렇게 되어 있습니다. 공직선거법은 재외 투표를 인정합니다. 해외에 있어도 '국민'이니까 국정 선거의 투표권이 있습니다. 하지만 해외에 있으면 일본의 '주민'은 아니기 때문에 지자체의 선거권은 없다는 것입니다. 그래서 외국인은 국민은 아니지만 주민이니까 지방 참정권을 인정한다는 것은 논리적으로 충분히 생각할 수 있습니다. 그 글이 1월 상순에 게재되었는데, 2월에 최고재판소 판결이 나왔잖아요. [시기적으로] 딱 맞아떨어졌다고 생각했습니다. 그때 하나 재미있었던 것은 히토쓰바시대학에 우라타 이치로浦田一郎 씨라는 헌법학자가 있습니다. 「논단」이 나온 뒤에 학내에서 우연히 마주쳤는데, 굳이 나를 보고 "지방 참정권과 국정 참정권이 별개라고 하지만, 우리들은 기본적으로 같다고 본다"고 하더군요. '내가 쓴 것을 제대로 읽었나'라고 생각했습니다. 헌법학자의 세계에선 그런 것인가 싶었지만요.

그런 논리라면, 다나카 씨는 국정 참정권에 대해선 부정적인가요?

아까 말한 국민이 국정, 주민이 지방이라는 식으로 나눠서 생각한다면 논리적인 귀결로서 그렇게 됩니다. 그래서 일반적으로 말하면 지방은 거주국, 국정은 국적국이라고 생각합니다. 그렇지만 일한의 경우에는 긴 [역사적] 경위와 현실도 있으니까, 어느 쪽에 투표할 수 있는지를 고민하는 것은 중요합니다. 지금 주오대학에 계신 국제사법의 오쿠다 야스히로奥田安弘 교수가 예전에 「도요게이자이일보東洋経済日報」에 쓴 글에서 공감했던 부분은 일한은 협정을 맺어야 한다는 제안이었습니다. 일본에서 국정 참정권을 행사한 사람은 한국에서는 안 된다. 역으로 한국의 국정 참정권을 행사한 사람은 일본의 국정 선거는 안 된다는 협정을 맺으면 합리적으로 해결할 수 있다고요. 나는 이 의견에 매우 합리성이 있다고 생각합니다. 일반 외국인에 비해 자이니치는 경위가 다릅니다. 세대도 바뀌고 있고, 본국에 전혀 흥미가 없는 사람도 적지 않잖아요. 실제로는 오로지 지금 거주하고 있는 일본 정치의 영향을 받고 있기 때문에 논리적으로는 그렇게 해야 한다고 봅니다.

이중국적을 인정해 양국에서 모두 투표할 수 있게 한다면 어때요? 적어도 옛 식민지 출신자에게는요.

일반적으로 이중국적이라는 것은 분명 어려운 문제입니다. 사람의 이동도 많아진 실정이고, 국적의 혈통주의에 대해서도 종래는 부계주의였던 것이 지금은 부모양계로 된 것을 생각하면, 이중국적이 늘어가는 것은 틀림없습니다. 일본 정부는 전통적으로 어느 한쪽으로 통일해야 한다고 생각하고 있는 듯하지만, 그렇게 하면 당사자 입장에서는 '강제'당하고 있다는 느낌을 받게 됩니다. 게다가 국적은 각각의 국가가 정하기 때문에 이탈도 개인의 힘으로는 어려운 경우도 있습니다. 일본에선 이중국적이라는 것은 이중 스파이와 동의어 비슷한 느낌으로 논의되기 쉽습니다. 그러나 반대로 말하면 이중국적자는 분쟁이나 다른 일이 있을 때 완충재라는 말이 적당할지는 모르지만, [두 나라 사이에서] 그런 역할을 수행할 수도 있습니다.

이 점은 지방 참정권도 같습니다. 이해의 대립이 격렬하게 타오르는 국가 레벨에서는 극단적인 경우 전쟁이 발생하기도 합니다. 그 가운데 국적은 다르지만 같은 '주민'으로 공간을 공유하는 전통이나 사회관계 같은 것이 생겨나면, 국가 수준의 의견 대립이나 충돌을 완화하는 역할을 할 가능성이 있음을 부정할 수 없습니다. 결국 글로벌화가 진행되면 어느 나라도 한 나라의 힘만으로 모든 것을 다 할 수 없습니다. 비현실적이죠. 나는 기본적으로 이중국적을 폭넓게 인정해야 한다는 입장입니다.

1995년으로 돌아가겠습니다. 그 판결 이후 정치가 빠르게 움직이기 시작합니다. 1998년 10월 민주당, 공명·평화개혁이 처음으로 '영주외국인 지방 참정권 부여 법안'을 제출합니다.

공명당이었습니다. 뭐, 그렇다고 해도 후유시바 데쓰조冬柴鐵三 씨(변호사, 전 공명당 간사장, 1936~2011)가 주축이었습니다. 당시 공명당 사람들과 얘기를 하면 "아, 후유시바 씨가 하고 있는 거요?"라고 말했으니까요. 어쨌든 후유시바 씨가 가장 열심이었습니다. 변호사였기 때문에요. "최고재판소가 [외국인의 지방 참정권에 대해] 허가를 해 줬다"고 말을 했습니다.

그러다 공명당이 1999년 10월, 여당이 되었습니다. 제1차 자공 정권(당시는 자유당도 참여해 자자공 정권), 오부치 게이조小渕恵三 정권이었죠. 그때 '정책협정'에 외국인 지방 참정권을 개방한다는 내용을 분명히 넣었습니다.

한편, 한국에서도 움직임이 있었습니다. 1998년 김대중 대통령

이 일본에 왔고, 다음 해인 1999년엔 오부치 총리가 방한합니다. 그
때 이뤄진 일한 정상회담에서 김대중 씨가 다시 한번 지방 참정권의
개방 문제를 일본에 요청하면서, 한국도 마찬가지로 영주외국인에게
지방 참정권을 인정하는 조처를 취하겠다고 말했습니다.

　　덧붙여, 법안은 최고재판소 판결에 따라 '선거권'이라는 용어를
사용했습니다. 거기서 문제가 되는 것은 판결에서 말하는 '선거권'은
피선거권을 포함하는 것인지, 투표권만인지였습니다. 그 부분은 판결
만으로는 알 수 없습니다. 최고재판소 판사에게 물을 수도 없습니다.
그래서 내가 "선거권이라는 것은 피선거권도 포함되어 있는 것 아니
냐"고 말했더니, 후유시바 씨는 여당이기도 하니까 [피선거권에 대해
선] 여러 의견이나 비판이 있다면서 가능한 한 엄밀하게 좁게 생각하
는 게 좋으니까 투표권만으로 법안을 내겠다고 말했습니다. 국회에
제출한 법안은 전부 투표권뿐만입니다. 뭐 개방한 한국도 투표권뿐이
지만요. 유럽에서는 양쪽을 모두 인정하는 국가도 꽤 있어요.

> 그래도 자민당 내에서 의견이 모이지 않아 다음 해인 2000년에 공명, 자
> 유당 둘이서 법안을 제출했습니다. 그런데 돌연히 '조선적자朝鮮籍者'를 배
> 제한다는 내용이 들어갑니다. 중의원 해산과 총선거 후인 7월에 다시 제
> 출된 법안에는 조선적자를 배제한다는 내용이 사라졌지만요. 조선총련
> 의 지방 참정권 반대운동까지 포함해서 어떤 의미에선 저는 이때부터 '혼
> 란'이 시작됐다고 생각합니다. 총선거에서는 야당 가운데선 민주당이 공
> 명당의 보수 쪽 안과 같은 것을 제출했고, 공산당은 피선거권도 포함한
> 안을 내놓았습니다.

저는 2000년 11월 국회에서 이뤄진 법안심사 때 참고인으로 불려갔
습니다. 지방과 국가의 참정권은 명확히 구분해 생각해야 한다고 말

했습니다. 그랬더니 상임위원회의 히라사와 가쓰에이平沢勝栄 의원(자민당, 경찰 관료 출신)이 "아니다, 지방자치단체도 국가와 밀접히 관계를 맺고 있기 때문에 지방이라 해도 인정해선 안 된다. 당신은 어떻게 생각하느냐"고 묻는 것입니다. 나는 "전전에는 예를 들어 현 지사도 내무성이 임명했지만, 지금은 지방자치니까 중앙정부와 의견이 다른 수장이 선거에서 뽑히는 것도 제도적으로 있을 수 있다. 만약 국가와 지방이 한 몸이라고 말씀하시는 거라면, 선생은 전전으로 [세상을] 되돌려서 지사를 임명제 같은 것으로 만들어야겠군요"라고 말했던 것을 기억하고 있습니다(웃음).

그 언저리부터 반동이 시작되어 보수·우파가 반격해옵니다. 참정권 운동에 대한 총공격 상황이 만들어집니다.

공명당이 여당이 되어 정책협정에까지 들어갔기 때문에 우파 사람들은 당황했을 것입니다. 이거 잘못하면 당하고 만다고요. 가장 먼저 포문을 연 것은 사쿠라이 요시코櫻井よしこ 씨(저널리스트)입니다. 지금도 기억하고 있는 「지방 참정권은 망국으로 가는 첫발地方参政権は、亡国への第一歩」이라는 글을 「주간신초」(1999년 11월 18일)에 실었고, 그로부터 반대파가 기세를 올립니다. 「산케이신문」은 「국가의 주권을 위협하는 부여 법안国の主権を脅かす付与法案」(2000년 9월 16일)이라는 사설을 써서 캠페인 보도를 시작했고요. 거기서부터 잘못되기 시작합니다.

나중에 자이니치 내부에서도 큰 민족단체 사이에서 찬반이 갈립니다. 반대파 의원들이 그 분열 상태를 이용하기도 했습니다.

당시 [일본 국회가 있는] 나가타초에서 여러 정당을 돌아다니면, "다나카 씨는 그렇게 말씀하시지만, 역시 총련과 민단의 의견이 갈려 있는 상황에서 이것을 할 수는 없죠"라는 반응이 나옵니다. 정말 모범 답안 아닙니까(웃음). 지금은 거의 그림자를 숨기고 있지만, 심할 때 총련은 상당히 격렬히 반대했습니다. 민단이 지방의회에 청원을 내면 이를 무산시키려는 반대 청원을 내기도 했죠. [지방 참정권을 인정하면 일본에] 동화된다는 등 여러 논리가 있었던 것 같지만, 좀 꼴사나웠죠. 최근에는 총련도 반대하지 않게 되었지만요.

참정권 운동에 힘이 붙어 있던 무렵에는 조선민주주의인민공화국과 일본 사이의 국교 정상화를 통해 자이니치 조선인을 둘러싼 여러 문제를 해결해나갈 수 있다는 전망이 있었습니다. 지금은 상상할 수도 없을 정도로 그런 생각들이 자이니치 내부에서 긍정적인 설득력을 갖고 있었던 거죠. 그런 상황을 무시하고 [이렇다 저렇다] 재단할 순 없겠지만, 총련의 반대 운동이 지독하긴 했습니다. 상황을 바꿀 호기 중의 호기를 스스로 무너뜨리고 말았으니까요.

'만약' '했다면'이란 얘길 해도 별수 없지만, 그때 지방 참정권이 실현되었다면, 공적 차별의 원흉 가운데 하나인 '당연한 법리'[11장에 나온 자이니치에 대한 지방자치단체의 취업·승진 차별의 논리]는 역사 속으로 사라지고, 자이니치를 2등 시민 상태로 만드는 여러 문제가 상당 부분 해결되었을 겁니다. 또 사회 전체적으로 '평등'에 대한 감성이나 '차별은 안 된다'는 규범의식을 끌어올리는 것으로도 이어졌겠죠. 국가에 의한 '무상화 배제'와 연동돼 있는 조선학교에 대한 지자체들의 '보조금 문제' 또한 지금과는 상황이 달라졌을 수도 있습니다.

지금은 자이니치 한국인들이 한국의 대통령 선거와 국회의원 선거에 투표할 수 있게 되었습니다. 그래서 일전에 공화국(북한)도 [자이치니 조선인들이] 최고인민회의에 투표하는 것을 인정해줬으면 좋겠다고 하는 게 낫겠다고 총련 사람들에게 말했었습니다. 그리고 역사를 조사하면서 '어랏!' 하고 생각했던 일이 있습니다. 패전 후 일본이 [조선인들] 참정권을 빼앗을 때 좌파 조선인연맹[3]이 괘씸한 일이라고 비판을 했습니다. 한편, 우파 민단은 참정권을 요구하는 조련은 민족으로 상종 못할 이들이라고 비난했습니다. 지금과는 완전히 반대죠.

그래서 백래시를 지나 새로운 상황이 시작됩니다. 2004년에는 '정주 외국인의 지방 참정권을 실현하는 일·한·재일네트워크'를 발족시킵니다. 보수계 반대 의원들이 '변명'으로 사용해온 '상호주의'를 의식한 대응이었습니다.

현해탄을 사이에 둔 동아시아에 유럽연합과 같은 것으로 성장할 수 있는 씨를 뿌리자고 하면서, 2004년 11월에 도쿄에 이어 서울에서 각각 심포지엄을 했습니다. 그때 서울의 화교총회 분이 출석했습니다. 한국에서 외국인 지방 참정권의 대상이 되는 이들 중 가장 많은 게 중국인입니다. 강하게 인상에 남아 있는 말이 "옛날에 한국은 너무

---

3   정식 명칭은 '재일본조선인연맹'. 1945년 10월에 발족한 자이니치 조선인 전국 조직으로 '신조선 건설에 헌신적 노력을 기한다' '세계 평화의 항구적 유지를 기한다' '재일 동포의 생활 안정을 기한다' '귀국 동포의 편의와 질서를 기한다' '일본 국민과 호양우의互讓友誼를 기한다' '목적 달성을 위해 대동단결을 기한다'는 강령을 내걸고 활동했다. 1948년 조선 반도에 두 개의 주권국가가 탄생한 뒤에는 조선민주주의인민공화국 지지를 채택했다. 일본 국내에서는 일본공산당과 관계를 강화해 연합국군총사령부나 일본 정부와 대립이 깊어져 갔다. 연합국군총사령부는 1949년 9월 단체 등 규정령에 기초해 조련을 강제 해산시키고 자산을 몰수했다. 해산될 때 구성원은 36만 6,000명이었다고 한다.

했다. 라면 가게의 점포 면적도 엄청나게 작은 것밖에 허가해주지 않
았다. 하지만 최근에는 상당히 변했다. 지금은 재입국 허가도 필요
없어졌다"고 했습니다. "그런 게 가능한 것인가!"라며 모두 놀랐습
니다. 그러던 게 몇 년 지나 일본도 '재입국간주見なし再入国'[4]라는 제도
를 만들죠. 한국에서 먼저 시행하고 있었습니다.

하지만 그것도 조선적자는 대상 외입니다.

모처럼이니 사람을 나눠서 한국의 국회의원을 찾아다니게 되었습
니다. 나는 민주노동당이라는 최좌익 정당을 방문했습니다. 당시 의
원이 다섯 명 정도였던가요. 그래서 "꼭 한국에서도 지방 참정권을
허용해달라"고 얘기했더니, 그 젊은 의원이 "이 나라는 오랫동안 화
교를 엄청나게 차별하고 냉대해왔던 역사가 있기 때문에 진정한 의미
에서 민주주의를 확립하려면 외국인의 권리를 제대로 보장하는 사회
가 되어야 한다고 생각한다. 지방 참정권의 개방은 하나의 상징적인
정책이니까 꼭 실현하려 한다"고 말했습니다. "에~[대단하다]"라고
생각했습니다(웃음).

　　그러고 나서 일본으로 말하자면 옛 자치성, 현재의 총무성에 해
당하는 지방행정부[행정자치부]라는 중앙관청에도 가서 같은 얘기를
했습니다. 그랬더니 과장이 나와 그 전에 한국에서 주민투표법[5]을 만

4　일본에 재류 자격을 갖고 살고 있는 사람이 별도로 재입국 허가를 받지 않고
　　도 1년 이내에 재입국을 하면 재류 자격을 유지할 수 있게 하는 제도. 2012년
　　7월에 도입됐다.―옮긴이

5　지방자치단체의 주요 결정 사항에 관한 주민의 직접 참여를 보장하기 위한 주
　　민투표의 절차를 규정한 법으로, 2004년 제정될 때 영주권을 가진 외국인에
　　게 주민투표권을 인정했다.―옮긴이

들었는데, 영주 외국인에게 주민투표를 할 수 있는 권리를 인정하는 법률이라고 했습니다. 그래서 "주민투표에서 한 번 개방되었으니 외국인에 대한 지방 참정권 개방 역시 조만간 실현될 것이라고 본다"고 말했습니다. 놀랐습니다. "긍정적으로 검토하겠습니다"라고 한다면 이해하지만, 예를 들어 일본 중앙관청의 과장이 정체도 모르는 외국에서 온 사람에게 "이른 시기에 실현될 것이라 보고 있다"고 말할 수 있을까 하고요.

　뭐, 반신반의했지만 그러고 나서 이듬해에 고이즈미 준이치로 총리와 노무현 대통령이 정상회담을 하기로 했습니다. 그래서 우리도 6월에 두 정상에게 서한을 보내기로 했습니다. 고이즈미 씨는 답이 없었지만, 한국에서는 청와대에 국민이 청원하는 제도가 있습니다. 거기에 김경득 변호사가 연락처로 사무소 번호를 적었더니 회신이 왔습니다. "의뢰하신 건에 대해서는 2005년 6월에 법 개정[6]이 되었다는 것을 전해드립니다"라는 답변이 왔습니다(웃음). 대단하다고 느꼈습니다. 한국에서는 그다음 해인 2006년부터 [외국인들에게 지방 참정권을 인정하는 법이] 시행되고 있습니다. 한국도 4년마다 지방선거를 합니다. 2006년, 2010년, 2014년 세 번, 올해(이 인터뷰는 2018년 2월에 했다)로 네 번째입니다.

　자이니치의 정치 참여도 김경득 씨가 남은 생을 기울여 활동한 문제였습니다.

6　공직선거법 15조 3항에 따라 "체류자격 취득일 후 3년이 경과한 외국인"에게 선거권을 부여한다.―옮긴이

경득 씨는 우리는 한국에서도 투표할 수 있게 되어야 한다고 계속 말했었습니다. 그리고 운동을 할 때 그는 일본의 외국인 정책 개선은 반드시 한국에도 좋은 영향을 끼치게 된다, 한국의 민주화에 기여할 것이라고 무척 강조했어요. 그래서 그는 일본에서 지방 참정권을 실현할 수 있으면 언젠가 한국에서도 실현한다, 한국에서 외국인의 처우 개선이나 지위 향상에도 역할을 할 것이라고 했었습니다. 당시는 이상론이라고 여겼지만, 지금 생각해보면 '과연 그랬다'라고 평가하게 됩니다. 그런데 반대로 한국에서 먼저 시행을 했지만, 일본은 아직도 안 되는 상황이 되었습니다. 그가 숨진 것은 2005년 12월이니까 한국에서 지방 참정권이 실현됐다는 사실을 알았습니다. 경득 씨가 숨진 뒤지만, 자이니치는 한국의 대통령 선거와 국회의원 선거 때 투표할 수 있게 되었죠.

참정권뿐만 아니라, 김대중 정권이 발족한 뒤인 1998년부터 한국은 사형을 실시하지 않는 사실상의 사형폐지국[7]이 되었습니다. 정부에서 독립된 '국가인권위원회'[8]도 만들어졌습니다. 식민지 시대의 잔재인 호적제도도 '평등'을 저해하는 제도라고 해서 폐지했습니다. 인권 면에서는 한국이 동아시아의 선두 주자입니다.

앞으로 포인트 중 하나는 한국의 움직임입니다. 조선학교의 무상화

---

7   사형제도가 있어도 10년 이상 집행하지 않는 경우 국제적으로는 '사실상 사형폐지국'으로 분류된다.

8   유엔이 각국에 요구하고 있는 국내 인권기관으로 2001년에 설립됐다. 정부에서 독립된 기관으로 정책 제언이나 법령, 제도 등에 관한 조사, 준사법기관으로 인권침해 사건의 구제(국가에 의한 인권침해, 사인 간의 차별 사건), 교육 활동 등의 역할을 담당한다.

배제도 일본 언론은 보도하지 않지만, 일본에서 매주 금요일 문부과
학성 앞에서 열리는 항의 집회와 같은 시간에 서울의 일본대사관 앞
에서 한국 시민이 항의하고 있습니다.[9] 참정권에 대해서도 나는 언론
계에 있는 사람들에게 한국 지방선거 때 투표한 미국인과 중국인과
일본인 정도를 인터뷰해서 안방에 전해주지 않겠냐고 꽤 자주 말해왔
습니다. 그렇지만 안 되더군요. 세월호가 침몰하는 것 같은 사건에만
법석을 떨죠.

**한국에서 사건·사고에 대응하는 데 부적절한 일이 있거나 전 대통령이
체포되거나 할 때는 뉴스로 소비합니다. 몸에 찌든 경멸을 드러내는 것이
죠. '한 수 아래'로 보고 싶다, 깎아내리고 싶다. 그러니까 한국인의 인권
정책이나 공인의 부정에 대한 시민들의 높은 감수성을 통해 일본의 잘못
된 점을 비추거나 일본 사회의 이후 모습을 생각해보려는 기사나 뉴스는
거의 없어요.**

경제협력개발기구OECD 가맹 30개국(2019년 5월 현재 36개국)과 러시
아(국립국회도서관 조사)의 상황을 보면, 외국인의 지방 참정권을 일절
인정하지 않는 것은 일본뿐입니다. 유럽연합은 지역 내에서 상호 간
에 인정합니다. 일본의 상황이 세계적으로 얼마나 삐뚤어져 있는 것
인지 생각해줬으면 합니다. 한국에서 처음 투표가 있던 때「마이니치
신문」의 여성 기자[10]가 짧은 기사를 썼는데, 다카사키 소지高崎宗司 씨
(역사학자)의 제자입니다.

---

9 한국의 '우리학교와 아이들을 지키는 시민모임'이 2014년 12월 5일부터 매주
집회를 열고 있다. 2022년 12월 23일엔 400회차 집회가 열렸다.—옮긴이
10 서울 지국장을 지낸 호리야마 아키코堀山明子이다.—옮긴이

정치권도 문제입니다. 1998년에 최초로 법률이 국회에 제출된
뒤부터 민주당 정권이 탄생하는 2009년까지, 계속 참정권 법안은 제
출됐습니다. 그런데 민주당은 정권을 잡은 뒤에는 법안을 내놓지 않
았습니다. 이젠 공명당도 제출하지 않습니다. 후유사키 씨가 돌아가
신 뒤에는 이 문제를 이어받은 사람이 없는 듯합니다. 자민당과 공명
당 정권이 [2012년 12월] 부활했을 때도 참정권은 정책협정에 들어가
지 않았습니다.

게다가 '하이라이트'는 이 앞의 선거(2017년 제48회 중의원 의원
선거) 때 나온 고이케 유리코小池百合子 도쿄 도지사의 '배제의 논리'였
습니다. '희망의당'의 공천 신청에서 지방 참정권을 부정한다는 '사상
검증'을 하게 했습니다. 너무 노골적이라 도중에 그만뒀다고 하지만
요.¹¹ 고이케 지사는 한편으로는 다양성이라는 말을 하는 주제에, 도대
체 무슨 생각인지 알 수가 없습니다.

**게다가 '사상 검증' 항목이 끔찍하다고 보도한 언론사도 이 문장이 잉태
하고 있는 문제는 거의 다루지 않았습니다. 정책 협정에 '차별'이 들어간
위험성을 인식하지 못하고 있습니다. 민간에서 나오는 말도 안 되는 얘기**

---

11 중의원 선거를 앞두고 민진당(옛 민주당)의 지지도가 급락하자, 자민당과 각
을 세우던 고이케 유리코 도쿄 도지사의 희망의당希望の党이 '아베 1강' 정치
와 맞설 수 있는 일본 정치의 새 대안으로 급부상한다. 선거 참패를 예견한 마
에하라 세이지前原誠司 민진당 대표 등은 당을 버리고 희망의당에 합류하기로
결정한다. 희망의당은 이들에게 "헌법 개정을 지지한다" 등 10개 항목에 동
의를 요구했다. 여섯 번째 항목에 참정권 반대가 명기돼 있다. 공천 신청자들
의 반발로 실제 정책 협의에선 사라졌다. 이들과 달리 에다노 유키오枝野幸男
의원을 중심으로 한 민진당 잔류파는 일본의 헌법을 지키자는 명분을 내걸고
입헌민주당을 창당해 자민당과 희망의당에 맞섰다. 선거 결과 입헌민주당이
55석을 확보해 제1야당으로 올라섰다. 희망의당은 2018년 5월 해산됐다.

들도 물론 문제이지만, 가장 큰 극적인 예는 2012년 자민당이 내놓았던 개헌 초안이라 할 수 있습니다. 공무원과 지자체 의원의 선거(15조 3항, 94조 2항)에 대해, 그 권리를 갖는 자의 조건을 '주권을 가진 국민'이라든가 '일본 국적을 갖는 성년'으로 정해, 외국 국적자를 포함할 수 있는 해석의 여지를 없앴습니다.[12] 정향균 씨로 대표되는 '당연한 법리'에 대한 많은 투쟁이나 외국인 참정권의 근거를 [헌법이라는] 최고법규에서 지워버리려 하고 있습니다.

그래서 내가 주목하고 있는 것은 나카소네 야스히로 전 총리가 주재하는 세계평화연구소가 전후 60년인 2015년에 발표한 '개헌 초안'[13]입니다. 헌법 제3장 권리조항의 '국민'이 하나같이 '누구라도'라든가 '모든 사람'으로 변경되어 있습니다. 그분도 백 살[14]이잖아요. 왜 그렇게 한 것인지 누가 제대로 취재를 해줬으면 좋겠습니다.

　　외국인의 권리라는 측면에서 말하자면, 헌법에 있는 '국민'이라는 단어가 하나의 원흉처럼 생각됩니다. 인권조항의 향유 주체는 모두 국민이니까요. 나카소네 시안에선 이를 모두 바꾸고 있습니다. 왜 현행 헌법의 '국민'을 전부 삭제했을까, 그 의도를 알고 싶습니다. 나카소네 시안을 한번 헌법심사회에서 논의해줬으면 좋겠다고 나는 생각합니다. 개헌 논의에서 '제9조'도 있지만, 지금까지 생각해온 것에서 말하면, 내가 [중요하게 생각하는] 논점은 역시 제정 시에 연합국

12　'국민 주권 원리'나 '국민 고유의 권리'라는 문언이 외국 국적자를 배제하는지 아닌지에 대해선 양론이 존재한다. 개헌안은 이를 일본 국적을 갖는 사람들에게 한정한다는 입장을 취하고 있다.

13　전문은 아래에서 찾아볼 수 있다. https://npi.or.jp/research/data/kenpozenbun.pdf

14　2019년 11월 29일 101세의 나이로 사망했다.―옮긴이

군총사령부 안의 'natural person'(모든 자연인)이 변경된 것입니다. 일부러 natural person으로 했다는 것은 아마도 국적과 관계없는 '사람'이라는 의미겠지요.

맥아더의 헌법 초안의 '모든 자연인은 법 앞에 평등하다'(13조)나 '외국인은 법의 평등한 보호를 받는다'(16조). 나에게는 그것과 나카소네 시안이 연결되는 것처럼 느껴집니다. 일본의 관료는 '자연인'을 '국민'으로 바꾸고, 외국인의 권리에 관한 조항을 삭제했습니다. 에토 준江藤淳 씨는 『닫힌 언어공간閉ざされた言語空間』(분슌분코, 1994)에서 일본인은 미군 점령 아래서 근본적인 것을 빼앗겼다고 하지만, 헌법을 만들어가는 과정에서 외국인이 평등하다는 구절을 묻어버리기 위한 관료들의 끈질김은 매우 대단했습니다. 나는 에토 씨의 주장이 매우 일면적이라고 생각합니다. 그렇게 일본은 약하지 않습니다(웃음).

헌법이 그렇게 만들어졌다면 더 제대로 된 사회가 되었겠지요. 좌파·리버럴 중에도 미국에 대한 종속의 문맥만으로 일본의 '전후'를 읽는 사람들이 있지만, [전후란] 그렇게 단순한 얘기가 아닙니다. 일본은 미국의 전략을 추종하면서도 패전 전의 '사상'을 계속 견지하면서 후발 제국주의 국으로서 자국의 이익을 철저히 추구해왔습니다. 헌법을 만들 때의 '국민'을 둘러싼 문제는 그 전형입니다.

헌법의 구조 자체에도 '전후라는 기만'이 드러납니다. 우카이 사토시鵜飼聡 씨(프랑스 사상, 문학)가 '헌법 제9조의 앞과 뒤'라는 표현을 쓰고 있습니다. 헌법 전문의 뒤인 제1조부터 제8조까지는 천황제의 규정이고, 그 뒤로는 천황제 존속과 맞바꾸기 위해 '삼켜버린' 제9조가 있습니다. 이어지는 제10조에 메이지 헌법 제18조(신민의 요건)를 생각나게 하는 "일본 국민이 되는 요건은, 법률로 이를 정한다"가 오고, 그 뒤에는 쭉 향유 주체를 '국민'으로 하는 인권조항이 이어집니다, 내지와 외지의 '호적'

의 차이[15]를 '이유'로 했던 식민지 시기의 차별이 신헌법 후에는 '국적'으로 바뀌게 됩니다. 일본국 헌법 그 자체가 인종주의의 재편이었다는 것이죠. 자민당의 2012년 개헌 초안은 현행 헌법이 잉태하고 있는 인종주의를 한층 강화하고 있습니다. '9조를 지켜라!'고 외치는 것도 중요하지만, 이 점을 캐물어서 전전과의 연속성에 메스를 들이대는 것이 호헌운동을 재생하는 출발점일 것입니다.

오늘의 논의도 거꾸로 말하면 전부, 헌법에 나오는 '국민'이란 용어와 얽히게 된다고 할 수 있습니다. 이 문제는 그 정도로 뿌리가 깊습니다. 헌법 제9조도 중요하지만, 이것도 중요한 논점입니다. 나는 그것밖에 생각하지 않습니다(웃음).

---

15 예를 들어 일본인에게는 호적법, 조선인에게는 조선호적령을 적용했다.—옮긴이

13장

조선학교의 대학수험

자격 문제

식민지 지배로 인해 빼앗긴 언어와 문화, 정체성을 되찾으려는 공간으로 만들어진 것이 민족학교이다. 이곳은 탈식민지, 반인종주의를 실천하고, '역사의 증인'을 재생산하는 장소이다. 그렇기 때문에 일본 정부는 강제 폐교[1](1948~1949)로 대표되는 탄압을 거듭했고, '각종학교'라는 이유로 음습한 차별[2]을 해 학생들의 [미래에 대한] 희망을 빼앗으려 해왔다. 그런 하나의 예가 대학수험 자격이었다. [조선학교를 다니면서 따로 대학수험

---

1   일본 지배에서 해방된 자이니치 조선인들은 황민화정책으로 빼앗겼던 언어와 문화를 되살리기 위해 각지에 '국어강습소'를 설립했다. 그 수는 1948년 4월 단계에 소학교 상당 566교(4만 8,930명), 중학교 상당 7개교(2,416명)에 달했지만, 일본 정부는 1948년 1월 24일, 조선인학교에서 교육하는 것을 부정하는 통달 '조선인 설립학교의 취급에 대해'를 보내고, 연합국군총사령부 지휘 아래서 강제 폐쇄에 나섰다. 조선인들은 정치적 입장을 넘어서 격렬하게 저항했고, 효고현에서는 지사와 직접 담판을 해 폐쇄령을 철회시켰다. 당황한 연합국군총사령부는 점령기에 딱 한 번 내렸던 '비상사태선언'을 내려 대응했다. 저항운동은 총 100만 명이 참여했다고 하며, 약 2,900명이 체포됐다. 군사 법정에서 유죄판결을 받은 이들의 형기를 다 합치면 116년에 달했다 한다. 이 해에는 강제 폐쇄를 견뎌냈지만, 이듬해 조련이 단체 등 규제령(파괴활동방지법의 전신)으로 강제 해산되었고, 그 뒤에 나온 두 번째 폐쇄령으로 대부분의 학교가 폐교에 내몰렸다.

2   조선학교가 1조교(일본 학교교육법 제1조가 규정하는 학교)로 선정되지 않는 것은 화교학교 등과 같이 외국인학교의 자주성을 지키기 위해서이지만, '각종학교'라는 이유로 조선학교, 학생, 보호자는 여러 어려움을 감내해왔다. 예를 들어 학교급식법이나 학교보건법 등 아이들의 일상을 지탱하는 법 제도에서 적용이 제외(15장 참조)되고, 사립학교 수준의 보조를 받지 못해(국고보조는 전혀 없다) 교원의 처우와 시설이 열악하고, 보호자는 무거운 경제적 부담을 지게 된다. 또 조선학교를 졸업한다 해도 일본 사회에서 '졸업'으로 인정받지 못해 진학, 자격시험에서 불이익 등을 받는다. 1990년대 이후 당사자들의 운동으로 인해 각종 스포츠, 문화대회 참가나 일본철도JR의 통학 정기권, 나아가 국립대 수험 자격 인정 등이 실현되었지만, 사립학교에 준하는 국고보조나 '졸업 인정' 등은 이뤄지지 않고 있다. 이는 다른 외국인학교(각종학교)에도 공통되는 문제이며, 예전엔 공통과제로서 해결을 위한 협동이 가능했다. 그러나 2010년 조선학교만이 고교무상화 제도 적용에서 배제되면서 공적인 차별이 시작됐다. 그와 함께 지방자치단체에선 그동안 지급해오던 보조금을 정지·폐지했다.

자격을 얻으려] 더블 스쿨[3]이나 통신제[4]를 강요당하는 물심양면의 부담
은 물론이고, 무엇보다 '학교'로 대접받지 못하고 있다는 차별이 아이들
의 자존심을 짓밟았다. 끈질긴 투쟁을 통해 사립대학이나 일부 공립대학
은 [조선학교 졸업자에게도] 문호를 열었지만, 문부과학성의 아성인 '국
립대학'은 완고한 자세를 무너뜨리지 않고 있다. 이 상황은 1990년대 후
반에 움직이기 시작한다.

아이치현립대 시절인 1974년에 수험 자격 문제와 맞닥뜨렸다고요.

히타치 취업 차별 재판을 지원하는 '박 군을 둘러싸는 모임'이 아이치
에서도 만들어졌습니다. 그 정기모임에서 알게 된 조선학교의 사무
장이 있었습니다. 어느 날 그가 "당신 학교도 정말 차갑네요"라고 저
에게 말하더군요. 현립대가 시험을 보겠다는 조선학교 학생들을 거
부한 것입니다. 그 직전에 나는 잡지 「세카이世界」(이와나미쇼텐)에 유
학생을 받아들이는 일본의 태도와 자세에 부족한 점이 있다며 비판
하고, 외국인학교에서 [일본 대학으로] 입학할 때 적용하는 자격 문제
에 대해서도 다뤘기 때문에(「유엔대학, 그 전에国連大学、その前に」, 「세카
이」 1974년 3월 호) 내가 일하는 직장이 그랬다는 것에 충격을 받았습
니다.

정문 앞 전봇대에는 "현립대의 민족 차별 규탄" 같은 전단이
붙어 있기도 했습니다. 그런데 나는 교수회의에서 그런 얘기를 들어

---

3   한 학교에 다니면서 다른 학교에 적을 두는 것.─옮긴이
4   통신제 고등학교. 통신 수업으로 학점을 채우면 고등학교 졸업 자격을 인정
     해준다.─옮긴이

본 적이 없었습니다. 나는 이래 봬도 교수회의에는 반드시 출석했습니다. "저 녀석은 늘 교수회에 땡땡이를 친다"라는 얘기를 들으면 울화가 치미니까요. 알아보니 사무 쪽에서 수험 자격과 관련된 문제인데도 교수회의에 자문도 구하지 않고 [자기들 차원에서] 그냥 돌려보냈던 것입니다. 그래서 입학 자격을 조사해보니 사립이나 일부 공립대학은 [조선학교 졸업생의 수험자격을] 인정하고 있었습니다. 근거는 학교교육법의 시행규칙 제69조(당시)에 있는 '대학인정조항'이었습니다. 거기에 "그 밖의 대학에 있어서 상당한 연령에 달하고, 고등학교를 졸업한 자와 동등 이상의 학력이 있는 것으로 인정된 자"(6호, 당시)라고 써 있습니다. 그래서 등사판으로 자료를 만들어 교수회의에서 설명을 했습니다. [아이치]현립대엔 내가 있던 외국어학부와 문학부 두 개밖에 없었지만, [조선학교 졸업생들의 수험 자격이 인정되기까지] 상당히 시간이 걸렸습니다. 2년 정도 걸렸을까요.

그분만 아니라 굳이 학내 규정에 명문화했죠.

'외국인학교 수료자의 입학 자격 인정에 관한 규정'이죠. 제대로 규정을 만들어 평의회를 통해 대학의 규칙집에 넣어야 한다고 생각했습니다. "[수험 자격을 인정하지 않는 것은] 말도 안 되는 일이 아니냐"고 사무 쪽에 잔소리를 하고, [그쪽에서도] "앞으로 잘 처리하겠다"고 구두 약속을 해도 인사이동이 있으니 [나중엔 어찌 될까] 불안이 남죠. 규칙을 만들게 되면 한 단어, 한 구절씩 검토할 필요가 생깁니다. 시끄러운 얘기를 하며 반대하는 사람도 있으니까, 제대로 된 논의를 거쳐 회의를 통과하게 됩니다. 그러면 더는 아무도 불평을 늘어놓을 수 없게 됩니다. 이게 중요합니다.

구체적인 대안을 내놓는 것이 다나카 씨의 운동 스타일입니다.

가장 먼저 노력했던 유학생 문제를 다룰 때에(1960년대 이후 유학생
들의 재류 자격 등을 둘러싼 몇몇 투쟁. 1장 참조)도 그랬지만, 결국 사안
을 움직이려면, 우리와 교섭하게 되는 관료나 정치가를 제대로 설득
할 수 있는지 아닌지가 [문제 해결의] 열쇠가 됩니다. 그래서 그와 나
의 입장 차이를 명확히 정리한 뒤에 설득할 수 있을 만큼의 내용을
제공해야 합니다. 지금은 '얼터너티브'(대안)라고 하는데요. "그게 문
제가 있다면 어떻게 해야 하는가"라는 것을 제대로 확보해두지 않고
"반대, 반대"라고 말만으로 일은 진척되지 않습니다. 끝까지 바짝 따
져야 구체적인 문제 해결로 이어집니다. 그게 내 스타일입니다. 현립
대의 수험 자격 문제도 그렇게 특별한 게 아닙니다. "사립대학이 인
정하고 있으니 우리도 해달라"라고 말하는 것으로는 안 됩니다. 같은
공립대학 가운데 [조선학교 졸업생을] 받아들이고 있는 대학을 찾아
내면 충분히 설득할 수 있다고 예상했습니다. 그렇게 구체적으로 머
리를 디밀고 들어가는 것입니다.

그리고 가장 중요한 국립대학으로 파고 들어가기 시작합니다.

1993년에 우연히 히토쓰바시대로 옮겼습니다. 나는 이 문제의 '열쇠'
는 국립대학이라고 이전부터 생각하고 있었습니다. 그렇지만 국립대
학의 입학시험은 '센터시험(당시)'[5]이 포함되죠. 센터시험을 볼 수 있
는지라는 문제가 있습니다. 이는 문부과학성에서 담당하고 있어 우

---

5   한국의 수학능력시험과 같은 전국적인 일제고사.—옮긴이

리가 손을 댈 수 없습니다. 국립대는 덩치도 크잖아요. 히토쓰바시는 4개 학부밖에 없지만, 그래도 전 학부의 의사 결정을 하는 것은 엄청난 일입니다. 그래서 학부는 당분간은 포기할 수밖에 없다고 생각했습니다.

하지만 대학원에는 센터시험이 없고, 각 연구과가 독자적으로 입시를 합니다. 기일이나 수험 과목도 제각각입니다. 내가 있던 히토쓰바시 사회학연구과의 교수회가 정하면 그대로 진행됩니다. 최종적으로 평의회와 총장을 무시할 수는 없지만요. 그래서 '먼저 대학원을 바꾸자'고 생각해, 오자와 유사쿠 씨(교육학자, 1932~2001)에게 상담을 했습니다. 간사이 쪽에는 교토대의 미즈노 나오키水野直樹 씨(조선근대사)에게 부탁했습니다. 간토에서는 내가 하겠다고 하고요.

그 무렵 유학동(조선대학교 이외의 대학과 전문학교에 다니는 자이니치 조선인 학생들의 단체)에 있는 사람이 입학 자격 문제로 연구실에 서명을 받으러 왔습니다. 조직적으로 대응하고 있었던 것이죠. 보통은 "고생이 많다"고 말하고 서명을 해주겠지만, 나는 입이 험하니까요. "단순히 [찬성하는] 교수의 수를 늘릴 뿐인 서명은 안 된다. 국립대학에서 밥을 먹고 있는 교수로 좁혀서 서명을 모으고, 각각이 근무하는 대학에서 행동을 일으키는 [투쟁] 방식이 아니면 개똥 같은 도움도 안 된다"라고 심하게 잔소리를 했습니다. 역시 국립대 교원이 나서야 이 문제는 해결될 수 있다고 생각했습니다.

여담이지만 나는 당시 외국인 참정권 문제 해결을 위해서도 활동하고 있었잖아요. 그래서 참정권에 반대하고 있던 조선총련이 [내가 어떤 사람인지] 걱정스러웠는지 오자와 씨에게 왔던 모양입니다. 총련에서 보자면 나는 '위험인물'이었습니다(웃음). 그래서 오자와 씨가 "국립대학이라면 다나카 씨가 나서줄 수밖에 없다. 내가 책임을 지겠다"라고 했죠.

대학원이라면 대상은 조선대학교 졸업생으로 범위가 좁아집
니다. 그래서 조선대학과 연대해서 국립대 대학원 희망자가 있다면,
거기에 원서를 내도록 했습니다. 그러면 우리는 원서를 제출한 그 대
학의 교수에게 문제점을 얘기하러 갔습니다. 규슈대학이나 히토쓰바
시, 교토대 등으로 갔습니다.

> 인권 구제 신청을 받아, 1998년 2월에 일본변호사연맹이 '중대한 인권
> 침해'라며 총리대신과 문부과학상에게 시정을 요청하는 권고를 내놓습
> 니다. 6월에는 유엔 '아동권리위원회'의 권고도 나오면서 주변 분위기도
> 달아오릅니다. 그 직후인 그해 9월, 드디어 교토대 이학연구과가 문호를
> 개방합니다. 시험을 치른 조선대생 세 명 가운데 한 명이 합격했습니다.
> 이학연구과 과장과 학부장을 겸임하고 있던 오이케 가즈오尾池和夫(이후
> 총장)의 영단이었습니다.

그게 아주 큰 도움[전환점]이 되었죠. 지금은 어떨지 모르지만 우리
때 교토대는 도쿄대와 달리 재야라고 할까, 그런 기질이 있었습니다.
그게 컸다고 생각합니다. 연구과 내에서 어떤 논의가 있었는지는 모
르지만, 총장을 빼놓고는 할 수 없는 일입니다. 위를 설득해두어야 하
는데, 그것을 해냈다는 것이죠.

또 하나 말한다면, 그때 히토쓰바시의 총장은 아베 긴야阿部謹
也 씨(유럽중세사)였습니다. 내가 히토쓰바시에서 석사 과정일 때 그는
박사 과정이었고, 예전부터 아는 사람이었습니다. 당시 그는 국립대
학협회의 회장이었습니다. 보통은 도쿄대에서 하지만요. 그래서 내가
이 문제를 설명하니까, 처음엔 "그러면 다나카, 역시 국립대학협회에
서 해보자!"라고 얘기를 했습니다. 그런데 다시 전화가 걸려와서 "미
안하지만 지금 문부과학성과 싸울 수는 없다"고 했습니다. "왜 그렇

습니까?"라고 물으니, 당시 대학원 중점화 정책을 발표해서 지금까지 학부 위에 대학원이 올라타 있던 구조를 독립된 것으로 만든다고 했습니다. 그러면 교원 정수와 학생 수도 늘릴 수 있잖아요. 그 대상은 옛 제국대[6]가 중심이 되고, 단과대학인 히토쓰바시와 도쿄공업대학이 포함될지 안 될지 애매한 상황이었습니다. 그래서 아베 씨는 도중에 꺾이고 말았습니다. [그런 상황에서] 교토대가 문을 열어서 다행이었습니다.

역으로 말하면, 상대는 문부과학성이니 음습한 보복을 경계할 수밖에 없다는 것이네요. 교토대가 문을 열 때 저는 시코쿠에 있었지만, 그때의 전말에 대해 오이케 씨나 관계자에게 취재를 했습니다. 문부과학성에서 온 사무직원이 본청과 연락을 취하며 방해하는 것을 경계하며 세심한 주의를 기울여 절차를 진행해, 합격이 내정된 단계에서 출입하는 「아사히신문」 기자에게 살짝 알려줬다고요. 그게 1면 톱 특종기사가 됐습니다 (9월 4일 자 석간. 도쿄 본사판은 제2 사회면의 4단 기사) 문부과학성에서 상당히 화를 냈다고 하지만, "어, 안 되는 거였습니까? 우리는 우수한 학생이 와줬으면 하니까 공정히 시험을 쳐서 통과한 사람을 합격시켰을 뿐입니다"라고 시치미를 떼었습니다. 그러면서 "그런데 신문에도 1면 톱으로 나왔습니다. 이제 와 취소하면 사회적으로 엄청난 비판을 받을 텐데요"라면서 관료들의 뒤통수를 쳤습니다. 관료들도 자민당의 우파, 보수계 의원에게 압력을 받아서 중간에 낀 상태였겠지만, 통쾌했습니다. 그때 대학에 면한 큰길가에 '지지'라고 크게 쓴 입간판이 세워졌다고 합니다. 학생

---

6   옛 제국대학에 뿌리를 둔 일본의 주요 국립대학교들. 도쿄대, 도호쿠대, 교토대, 규슈대, 홋카이도대, 오사카대, 나고야대 등이다. 서울대학교도 연원을 따지면 경성제국대학교에 뿌리를 두고 있다.—옮긴이

자치회가 설치했는데, 거기에는 "학부도 개방하라"는 얘기도 써 있었습니다.

하지만 이쪽 입장에서는 문부과학성이 내년도에 교토대학에 어떤 폭탄을 떨어뜨릴지 모르니, 그것이 너무 걱정이었습니다. 당시 문부대신은 도쿄대의 전 총장이었던 아리마 아키토有馬朗人 씨였습니다. 오누마 야스아키 씨가 가르쳐주었는데, 아리마 씨는 도쿄대 총장일 때 템플대학의 일본학교[7] 출신자에게 대학원 수험 자격을 인정해준 일이 있었습니다. 「아사히신문」이 그 일을 기사로 썼습니다. 나는 도이 다카코 씨에게 연락해 아리마 씨와 만나 얘기를 하고 싶으니 연결해달라고 부탁했습니다. 그래서 호텔에서 회의를 할 때 잠시 말할 시간을 얻었죠. [자리에 앉지도 못하고] 대부분 서서 얘기했지만, 말해야 할 것은 제대로 말했습니다. 도쿄대 총장일 때 템플대를 인정해주셨으니, 교토대가 [조선대학교 졸업생의 입학을] 인정한 것을 계기로 대학원선 이를 되돌리지 말고 확실히 문호를 개방하는 쪽으로 가야 한다고요. 물론 그 자리에서 대신이 무언가 분명히 말할 리는 없고, 그것이 효과를 발휘했는지 알 방법도 없지만, 다음 해 문부과학성이 성령[부서의 시행령]을 개정해 교토대의 판단을 추인했습니다.

그리고 2003년 3월, 학부 입시에 대해서도 문부과학성이 새 방침을 발표합니다. 구미의 3개 교육평가기관이 인정하는 구미계 인터내셔널스쿨

---

7   미국 펜실베이니아주에 본교가 있는 템플대학의 일본 캠퍼스. 문부과학성은 2005년 이 학교를 일본에 있는 외국대학 캠퍼스로 공식 지정했다. 아리마 총장은 템플대학 일본 캠퍼스가 정식으로 지정되기 전에 이 학교 졸업생의 도쿄대 대학원 입학을 허용하는 예외를 인정했다.―옮긴이

16개 학교[8]에게만 문호를 개방한다고 한 것입니다. '이렇게까지 해야 하나'라고 질려버려서, 분노했던 것을 기억하고 있습니다.

조사해보니 그 배경엔 일미 간 무역마찰이 있었습니다. 미국에서 외국인학교를 졸업한 이들의 수험 자격을 인정하지 않는 것은 '비관세 장벽'이라는 비판을 받아, 인터내셔널 스쿨만 허용한다는 방침을 내게 된 것입니다. 그러고 나니 "장난하지 말라"며 우리도 운동을 해서 반년 후 정도에 일단 문제가 해결되었습니다. 그 과정에서 가장 중요한 역할을 해준 것이 당시 문부대신 정무관이었던 공명당의 이케노보 야스코池坊保子 씨였습니다. 외국인 참정권 문제 해결을 위해 노력하고 있던 관계로 나는 예전부터 후유시바 데쓰조 씨를 알고 있었던 터라 이번 기회에 전부 문호를 열어줬으면 한다고 했습니다. 그래서 이케노보 씨에게 [그런 사정을] 말하니, 이를 통해 후유시바 씨가 자민당에게 요청해 전부 개방이 된 것입니다.

그때 재미있었던 것은 이케노보 씨가 문부과학성의 관료에게 조선학교가 어떤 곳인지 직접 봐야 하니까 가보자고 말하니, 우리들은 가면 안 된다고 답을 했던 모양입니다. 그래서 그녀가 그렇다면 나혼자 가겠다고 하고 갔습니다. 그 무렵은 1차 자공 정권 때여서 자민당도 인권 분야 등에선 어느 정도 공명당의 면을 세워줬습니다. 그러니까 정책협정 안에 '지방 참정권'이 들어 있었죠. 지금과 달리 공명당은 인권과 평화 등에 대해서는 나름의 견식을 갖고 정책에 반영하려는 기개가 있었습니다.

---

8   이를 통해 고등학교 과정을 가르치는 아시아계 학교들은 모두 배제됐다.—옮긴이

지금은 자민당에게 찰싹 달라붙어 보완물로 전락하고 말았습니다. 짚신에 묻은 눈 같은 존재죠. 이 문제가 결국 [미국의 통상 압력이라는] 외압으로 개방되었다는 전말에 대해서는 어떤 감상을 갖고 계신가요.

뭐, 외압을 통해 이렇게 저렇게 움직이는 게 이 나라에선 늘 있는 일이니까요. 이를 그대로 두는 게 아니라, 이쪽이 잘 이용해 확실히 [상황을] 개선할 수 있어 좋았다고 생각합니다. 그러니까 뭐가 좋은 결과를 가져올지 모릅니다. 우연이라는 것은 매우 중요합니다(웃음).

되풀이되는 얘기지만 운동의 결과, 문부과학성은 수험 자격을 탄력적으로 만들겠다는 방침을 밝힙니다(2003년 9월). 최초에 고안했던 '세 개의 평가기관이 인가한 구미계의 인터내셔널스쿨'만이 아니라, '본국에 있어 본국의 고등학교와 동등한 과정이라고 공적으로 확인할 수 있는 것'과 '그 외의 각 대학이 개별 심사를 통해 인정한 것'이라는 두 개 기준을 더하는 형식을 취합니다. 조선학교는 세 번째 항목에 들어갑니다. 다른 외국인학교는 학교 단위로 인정되지만, 조선학교만이 개별 심사를 받게 된 것이죠. 조선학교만 '별도 취급'하는 수법이 여기서 시작된 것입니다. 이 구분은 고교무상화 대상이 되는 외국인학교의 세 가지 분류 '(가). 대사관을 통해 일본의 고등학교 과정에 상당하는 과정임을 확인할 수 있는 것' '(나). 국제적으로 실적이 있는 학교평가단체의 인증을 받았다고 확인할 수 있는 것' '(다). (가), (나) 외에 문부과학대신이 정하는 바에 따라 고등학교 과정과 유사한 과정을 두었다고 인정할 수 있는 것으로 문부과학대신이 지정하는 것'에도 사용되었습니다.

이를 통해 지금도 입학 자격에서 조선학교만이 차별받고 있다고 하는 사람도 있지만, 나는 좀 다르게 생각합니다. 이전에는 대학이 [외국인학교 졸업생의 입학 자격을] 인정하면 절대 안 된다고 했던 것을 대학에게 권한을 위임한 것은 분명히 문부과학성 내에서 중요한 정책 전환이 이뤄진 것입니다. 화교학교도 한국학교도 브라질학교도, 기본적으로 본국의 고등학교에 상당하는 학교라면 [수험 자격을 인정해도] 괜찮다고 하고 있습니다. 이전에 문부과학성의 관료와 크게 말다툼을 하면서 이렇게 말했습니다. "서울의 고등학교를 졸업하고 온 유학생은 '대학입학자격검정'[한국의 대입검정고시]을 볼 필요가 없는데, 왜 부모가 근무하러 도쿄에 와서 도쿄 한국학원에 다닌 사람은 이걸 봐야 하냐! 서울의 고등학교와 도쿄한국학원의 교육 내용은 기본적으로 같다"라고요. 그랬더니 아래를 보면서 "안 되는 것은 안 되는 겁니다"라고 하는 겁니다. 그게 이제 된다고 바뀐 것이죠.

한편, 조선학교의 경우는 본국과의 관계가 다른 학교들과 다릅니다. 아시다시피 일본의 조선학교는 조선민주주의인민공화국이 생기기 전부터 만들어졌습니다. 그래서 일본처럼 6·3·3제인 12년제를 택하고 있습니다. 공화국은 그 뒤에 건국되었고, 대학에 들어갈 때까지 교육과정은 11년입니다. 그래서 '본국과 같은'이라는 논리를 사용할 수 없기에 '그 밖에'란 항목을 만들어 시행할 수밖에 없습니다.

하지만 2012년 9월, 공화국은 12년제를 도입했어요. 이는 논란이 있는 부분이지만 조선학교는 공화국의 고등학교에 상당하는 것이라고 위치 지을 수 있게 되었습니다. 그렇게 되면 무상화 대상에서 말하자면 (가) 규정에 해당합니다. 서울의 학교와 도쿄한국학원처럼 화교학교의 경우엔 대만계와 대륙계로 나뉘지만, 각각 본국의 학교에 해당합니다. 조선학교는 어떻게 될까. 여러 의견이 있을 테니 [조선학교를 북한의 고등학교에 해당한다고 인정받는 것은] 어렵다고 생각하지만요. 고교무상화도 (다) 규정이 삭제돼 발생한 것이기 때문에 다음엔 어떻게 신청해야 하는지라는 문제와 연결되게 됩니다.

매년 하는 정례 행사인 공화국의 '봄맞이 공연'이나 공화국으로 수학여행을 가는 것은 아이들의 정체성 형성과 연결되어 있으니, 그 부분은 정리가 필요하다고 생각합니다.

덧붙여 화교학교에서 고교무상화 대상이 되는 것은 대만학교뿐입니다. 즉 외교 관계의 유무는 관계없습니다.[9] 문부과학성은 교육 내용은 일절 보지 않습니다. 본국의 학교와 같아야 한다는 것이 기준이라 외형적으로 이 점이 확인되면 됩니다. 대만의 경우는 대사관을 대신하는 대표 기관[10]이 있으니까 거기와 문서가 오고 갑니다. 공화국과의 관계에선 어떻게 할까. 조사해보니 외교 관계가 없을 때에는 다른 나라에 위탁해서 하는 방법이 있다고 합니다. 예를 들어 공화국이 독일 등에게 이익대표자가 되어달라고 부탁해, 독일과 일본이 서류를 주고받는 식이죠. 독일 대사관은 일본 내 독일학교가 무상화 대상이기 때문에 일본의 제도를 잘 알고 있습니다. 일본이 거부하면 그 자체를 문제 삼으면 됩니다. 그것과 또 하나는 유네스코입니다. 일본도 공화국도 유엔 가맹국입니다. 유네스코는 교육과학문화기구이니까 거기서 문서를 주고받으면서 확인하는 방식으로는 할 수 없을까.

그렇게 [북한과 조선학교가] '연결'되어 있다는 게 우파의 커다란 공격 재료가 되고 있습니다.

나는 「기미가요」와 '히노마루'를 지지하지는 않지만, 교육이라는 것

---

9   일본은 1972년 중국과 수교하며 '하나의 중국' 원칙에 따라 대만과 단교했다.—옮긴이

10   타이베이 주일경제문화대표처가 사실상의 주일 대만대사관 역할을 한다.—옮긴이

은 아무래도 민족이나 국가 같은 것에 의존할 수밖에 없는 숙명 같은 것이 있지 않나 생각합니다. 특히 '자이니치'의 경우엔 일본에서 태어나고 자라 자신이 '누구'인지 정체성이 흔들린다고 할까, 이를 확립하기에 매우 불리한 상황에 있잖아요. 그러면 뭐랄까 '의지한다'는 말이 적당할지 알 수 없지만요. 다큐멘터리 영화 「하늘색 심포니蒼のシンフォニ—」(2016, 박영이朴英二 감독)가 훌륭하게 그리고 있듯 수학여행으로 공화국의 땅을 밟은 경험, 그것이 아이들의 자존심이랄까 정체성을 확립하는 데 얼마나 결정적인 의미를 갖는지 말이죠. 그 영화에서도 처음에 오른발로 내릴지 왼발로 내릴지를 두고 들뜨거나, 수학여행을 다녀오니 비실비실하던 남자아이가 야무지게 변하기도 하는데, 그런 게 있지 않나 하는 생각이 들어요. 그래서 나는 1조교에서 '히노마루'와 「기미가요」에 집착한다면, 역으로 외국인학교의 존재를 존중해야 한다고 생각합니다. 물론 '히노마루'와 「기미가요」에는 역사적인 문제가 있지만, 논리적으로는 그렇습니다.

조선학교 부수기에 열심인 사람들은 공화국과 연관성을 특히 끄집어내 '사상 교육'이나 '반일 교육'을 문제 삼으면서 여러 말을 합니다. 그 인식 자체가 엉망진창인 것은 접어두고, 애초에 논리적으로 볼 때 그들의 눈엔 교육에 있어 국가와 민족, 정체성의 형성이란 문제와 관련해 국가나 민족이 갖는 중요한 역할이 안 보이는 게 아닌가 생각합니다. 특히 [자이니치 조선인들은] 일본에서 마이너리티로서 소외되어 있지 않습니까. 이[소수자에 대한 차별과 편견]를 튕겨낼 수 있는 용수철로서 그런 것들이 [아이들의 정체성 형성 등에] 도움이 된다는 측면을 어떻게 생각하고 있는지요. "조선인이라는 게 나쁜 거야?"라는 아이의 물음에 [부모와 주변 어른들이] 어떻게 대답할 것인가, 이는 중요한 문제입니다. '공화국과의 관계'나 '수령님 운운'하면서 [조선학교를 겨냥해] 소동을 일으키는 사람들은 이런 부분을 알지 못합니다. 조선학교를 공격하는 사람들이 내는 기관지 같은 것을 보면 조선학교를 나온 사람들이 자신의 경험을 기초로 조선학교를 비판하는 글도 실려 있는데, 재미있는 것은 [이들이 조선학교가] 괘씸하다고 말하면서도 한편으론 조선학교 시절이 자신에게 있어 매우 귀중했다고 쓰고 있는 것입니다. 그것도 방금 말한 것과 관계가 없지 않다고 생각합니다.

수험 자격 문제에선 아시아계 등 외국인학교들이 상호 연대해서 목소리를 높였습니다. 이는 2005년에 발족하는 '외국인학교·민족학교의 제도적 보장을 실현하는 네트워크'로 이어집니다. 국고보조나 졸업 자격 등의 문제 해결을 위해 연대해 제도 보장을 요구하는 획기적인 대응이었습니다.

2003년 3월 문부과학성이 아시아계 학교의 배제 방침을 공개한 뒤, 브라질학교의 교장 선생님이나 당연히 화교학교 등의 관계자도 한자리에 모여 국회에서 원내 집회를 했습니다. '구미계만' 허용하는 것은 잘못된 게 아니냐고 호소한 것이죠. 네트워크는 그 흐름을 통해 만들어졌습니다. 2005년 한신아와지대지진 10주년에 '고베로부터의 발신'이라는 이름으로 외국인학교에 관한 집회에 [고베시가 자리한 효고현의] 지원을 받아낼 수 있었습니다. 효고엔 여러 외국인학교가 있고, 지진을 겪고 부흥하는 과정에서 '외국인학교협의회'가 생겨난 것입니다. 지진이 일어난 뒤에 어떻게 연대했는지 등을 배우려 했던 것이지요. 고베 다음 해에는 나고야에서 열었고, 그다음은 도쿄에서 집회를 했습니다. 공명당의 야마시타 에이치山下栄─ 씨(1947~2017)나 민주당의 미즈오카 슌이치水岡俊─ 씨가 도쿄 집회에 처음 참가해주었습니다.

당시는 리먼 브라더스 사태로 브라질학교가 큰 위기 상황에 빠져 기후현의 가니시가 이를 두고 볼 수 없어서 재정 지원을 하려 했지만, 학교라는 법적 요건에 부합하지 않아서 지원이 이뤄지지 않았습니다. 헌법 89조의 '공공의 지배'에 따르지 않는 곳에 공금을 쓸 수 없으니까 헌법 위반이 되어버린다고 했습니다.

그게 직접적인 계기가 되어 초당파 의원연맹을 만들기로 했습니다. 당시는 민주당 정권 시대로 오자와 이치로小沢一郎 씨가 간사장이었습니다. 그런데 곤란해진 게 민주당이 의원연맹을 인정하지 않는 것입니다. 의원연맹은 결국 초당파잖아요. 야당과 함께한다는 것은 결코 있을 수 없는 일이라며 [당 지도부에서] 지령이 내려온 상태였습니다.

미즈오카 씨도 열심히 학교를 돌아다니면서 우리 집회에도 참가해주셨지만, 의원연맹에 참가는 안 되는 거잖아요. 그래서 야당인 자민당·공명당만으로 의원연맹을 만들었습니다. 회장은 야마구치현 출신의 가와무라 다케오 씨, 사무국장은 야마시타 에이치 씨, 간사장은 하세 히로시馳浩 씨.

그래서 외국인학교를 지원하기 위한 법률로 '의무교육 단계의 외국인학교 지원법'을 만들었습니다. 가능하면 의원입법으로 자민당·공명당 두 당이 공동으로 발의할 수 없을까 생각해서 추진했지만, 결국 자민당을 설득할 수가 없었습니다. 2010년 6월에 공명당이 단독으로 제출했습니다. 그때 한 번뿐이었지만, 국회에서 처음 외국인학교 지원 법안(의무교육단계의 외국인학교의 지원에 관한 법률안)"이 발의됩니다." 그렇지만 바로 중의원이 해산돼 순식간에 사라지고 말았

---

11   목적은 "외국인 아동의 교육 기회 확보 및 교육 환경의 정비를 꾀해, 이를 통해 외국인 아동의 건전한 성장에 기여하는 것과 함께 일본인과 외국인이 서로의 문화에 대한 이해를 깊게 해, 안심하고 살 수 있는 지역사회를 실현하는 데

습니다. 공명당에는 의원 정년이 있어서 야마시타 씨는 그다음 선거
에서 은퇴를 합니다. 그로 인해 이 문제를 다루는 이가 없어 대가 끊
기게 되죠. 지방 참정권은 후유사키 씨가 돌아가셔서, 외국인학교 지
원법은 야마시타 씨가 은퇴하셔서 양쪽 모두 뒤를 잇는 의원이 없어
졌습니다. 중요한 인권 정책이 죽어버리고 만 것입니다.

  그 후, 2012년 12월 자공 정권이 복귀했습니다. 나는 『재일 외
국인 제3판』에 지방 참정권에 대해 예전에는 그렇게나 열심이었던
공명당이 앞으로 어떻게 할 것인가, 외국인학교 지원법에 대해서도
앞으로 기대하고 있다고 썼지만 아무도 손을 대지 않고 있습니다.

  그와 거의 동시에 에다가와 재판[12]이 진행됐고, 그 뒤에 도쿄조
선학교 습격 사건이 발생했습니다. 한편 조선학교에 대한 고교무상화
의 동결/배제가 이뤄지고, 각 지자체가 잇따라 보조금을 정지하게 됩
니다. 결과적으로 2000년대 후반부터 조선학교 문제에 집중할 수밖
에 없게 되어, 외국인학교 전체 네트워크로는 움직일 수 없게 되었습
니다. 그러나 상대도 여간내기가 아니라고 할까요, 숨기거나 거리낌
없이 조선학교만을 노려 공격하면서 [다른 나라의 외국인학교와] 처
우에 차이를 둡니다. 고교무상화가 바로 그런 예였죠. 그래서 상황이
크게 바뀌어 지금에 이르고 있는 것입니다.

  **사무국장이었던 하세 씨는 그 후 아베 정권에서 문부과학상으로 취임
했습니다. 2016년 봄에 지자체에 보조금 재검토를 요구하는 이른바
'3·29통지'[13]를 냅니다. 이는 사실상 [보조금을 지급하지 말라는] '수정'**

기여하기 위한 것"이라 되어 있다.
12   14장 참조.
13   '조선학교와 관련된 보조금 교부에 관한 유의점에 대해서朝鮮学校に係る補助金交

요청입니다.

나는 『조선학교 이야기朝鮮学校物語』(가덴샤, 2015)의 서문에 '50년의 시차'를 실마리로 해서 썼습니다만, 1965년 4월 23일 일한조약교섭의 최종 국면[14]에서 한국은 조선학교를 폐쇄해달라는 말을 했습니다. 그에 대해 일본은 "이것은 일본이 책임을 지고 해결할 내정 문제"라고 한 뒤에, 만약에 그렇게 하면 한국은 재외국민 보호라는 관점에서 항의하지 않을 것이냐고 확인했습니다. 한국이 "그런 일은 없을 것"이라고 답한 것을 받아들여 내놓은 것이 1965년 12월 28일의 문부차관 통달인 '조선인만을 수용하는 교육시설의 취급에 대하여'입니다. 조선학교를 여러 의미에서 학교로서 인정하지 않는다는 내용이었습니다. 하지만 정부도 나름 자존심이란 게 있어서, 정책으로서 조선학교만 노려서 공격하는 일은 오랫동안 하지 않았습니다. 노린 것은 조선학교이지만 일단 외국인학교라는 간판을 내세워 해왔습니다. 외국인학교 법안도 그랬습니다. 그 연장선에서 입학 자격까지는 허용합니다. 하지만 무상화를 통해 조선학교만을 노린 정책이 처음 나오게 됩니다. 결과적으로 보면 50년 전에 한국이 말했던 것을 지금 일본 정부가 실행하고 있는 셈입니다.

付に関する留意点について'라는 제목으로 하세 문부과학상이 각 지자체에 내려보낸 통지. 문부과학성은 이 문서에서 "조선총련이 조선학교의 교육을 중시해 교육 내용과 인사 및 재정에 영향을 끼치고 있다"고 하면서 지자체가 보조금을 지급하려면 이런 특성을 이해해 "보조금이 취지나 목적에 맞게 적정하고 투명성 있게 집행되는지 확인하고, 보조금의 취지와 목적에 대해 주민들에게 정보 제공을 적절하게 하라"고 요청했다. 사실상 조선학교에 보조금을 지급하지 말라는 내용이었다.

14 제7차 한일회담, 법적지위위원회 제26차 회의록에서. 교섭자는 이시카와 지로石川二郎 문부성 대신관방 참사관과 이경호李坰鎬 한일회담 대표.

입학 자격 문제 투쟁 때 어떤 화교학교의 교장 선생님이 이런 말을 했습니다. "아니, 다나카 선생. 문부과학성은 지독하네요. '선생님네(화교학교) 같은 데는 입학 자격을 인정해도 좋지만 그렇게 되면 조선학교도 인정해야 하기 때문에 [안 됩니다], 정말로 드릴 말씀이 없다'라고 얘기한다"고요. 그것이 당시 문부과학성의 본심이었습니다. 너무 튀게 차별할 수는 없으니까 [다른 학교까지 다 묶어] 함께 해버려야 한다고. 그래서 그동안 조선학교를 제외하기 위해 화교학교 같은 다른 외국인학교가 모두 손해를 봤지만, 지금은 그 틀이 깨져버린 것이라고요.

14장

'시작'으로서의 에다가와

조선학교 재판

도쿄도 고토구 에다가와.[1] 전국에서도 손꼽히는 이 자이니치 조선인 집단 거주지역에서 주민들이 의지할 수 있는 장소가 되어왔던 곳이 1945년에 설립된 민족학교(현 도쿄조선제2초급학교)였다. 빼앗긴 민족성을 되찾으려는 장소인 학교를 겨냥해 도쿄도가 재판으로 '퇴거'를 압박해온 것은 2003년 12월이었다. 이시하라 신타로石原慎太郎 도지사의 '삼국인 발언'[2]으로부터 3년 뒤, 납치 사건이 발각[3]된 '일조평양선언'[4]이 있은 이듬해

1   1940년 도쿄올림픽(중일전쟁으로 중지) 대회장 정비를 명목으로 도쿄도는 지금의 고토구에 모여 살고 있던 조선인들을 쫓아내고 매립지인 에다가와에 간이 주택을 만들어 강제 이주시켰다. 이것이 에다가와 역사의 시작이다. 당시 에다가와에는 쓰레기 소각장과 소독장밖에 없었고 하수도나 배수 시설이 정비되지 않아 생활환경이 극히 열악했다. 전후가 되어 당국은 에다가와를 좌파 조선인들의 일대 거점이라 보고, 밀주 제조 적발 등을 명목으로 수색(탄압)을 거듭했다.

2   이시하라 지사는 2000년 4월 9일 육상자위대 네리마 주둔지에서 열린 창설기념식에서 "삼국인, 외국인이 흉악한 범죄를 거듭하고 있어 큰 재해가 발생하면 소요 사건이 발생할 수 있다. 경찰의 힘이 한정되어 있기 때문에 여러분이 출동해 치안을 유지하는 것도 목적으로 생각해 수행해줬으면 한다"고 말했다. 여기서 말하는 삼국인은 자이니치 조선인을 이르는 것이었다. 일본은 1923년 9월 1일 간토대지진이 발생한 직후 '조선인의 소요가 우려된다'며 계엄령을 발동했다. 이에 따라 출동한 군이 경찰·자경단 등과 함께 최소 6,600여 명의 조선인을 학살한 바 있다. 이시하라 지사의 발언은 이 같은 역사적 과오를 돌아보지 않는 망언이었다.―옮긴이

3   북한이 일본 납치 사건을 일으킨 게 아니냐는 의혹은 1980년대부터 꾸준히 제기돼왔다. 2002년 9월 17일 평양에서 열린 북―일 정상회담을 통해 김정일 북한 국방위원장이 자신들이 납치 문제를 저질렀음을 인정하고 사과한 것이지, 이 문제가 갑자기 '발각'된 것은 아니다. 발각이라는 표현에는 위화감이 있으나 원문의 표기이니 그냥 두도록 한다.―옮긴이

4   2002년 9월 고이즈미 준이치로 총리가 조선민주주의인민공화국을 전격 방문하고 김정일 총서기와 회담했을 때 내놓은 선언. '조일 국교 정상화 교섭의 재개' '과거의 식민지 지배에 대한 통절한 반성과 마음으로부터의 사죄 표명' '일본 국민의 생명과 안전에 관한 현안 문제(=일본인 납치)에 대한 적절한 조처' 등에 합의했다. 이를 받아들여 김정일 총서기는 납치를 인정하고 사죄한 뒤 생존자 다섯 명을 일시 귀국시키는 것을 인정했지만 일본의 여론이 격렬히 반발하며 교섭 재개의 전망은 불투명해졌다. 전문은 다음에서 볼 수 있다.

였다.

소송은 도쿄도와 임대계약이 끝난 땅에서 조선학교를 운영하는 것은 '불법 점거'라고 주장하는 '구민'들이 주민 감사를 청구한 게 계기가 되어 시작되었습니다.

그들(우파운동)은 잘 움직입니다. 감사 청구나 의회 청원, 서명 모으기 등에서 시민운동이 오히려 무색할 정도입니다. 게다가 횡적인 연대도 꽤 잘 취하죠. 일부 지자체가 무연금 자이니치 코리안에게 복지급부금[5]을 지급하는 건에 대해서도 그랬죠. 하나의 문제에 대해 먼저 어떤 기초자치단체를 공격하고, 그다음에는 또 어떻게 하고 등등…. 이런 전술에 어떻게 대응할지가 과제입니다.

   에다가와의 경우, 미노베 료키치[6] 도정 시대에 맺은 20년 무상 대여 계약 기한이 지나 있었습니다. 그래서 그 이후로는 학교가 토지를 불법 점거하고 있다는 논리입니다. 형식적으로 보자면 분명 그렇

---

https://www.mofa.go.jp/mofaj/kaidan/s_koi/n_korea_02/sengen.html

5   1959년 만들어진 국민연금법은 국적 조항으로 외국인을 배제했다. 일본이 외국인과 내국인을 평등하게 취급해야 한다는 내용을 포함한 난민조약에 가입(1981년)하면서 국적 조항은 사라졌지만, 미가입기간에 대한 경과 조처가 취해지지 않아, 일정 연령 이상의 자이니치 고령자와 '장애자'는 지금도 무연금 상태로 방치되어 있다. 당사자들의 운동으로 지자체들이 이런 제도적 무연금자들에게 독자적인 특별급부금을 교부하고 있다. 하지만 금액은 노령복지연금이나 장애기초연금의 절반 정도에 불과하다.

6   일본의 마르크스주의 경제학자로 1967년부터 1979년까지 12년에 걸쳐 도쿄 도지사를 지냈다. 여러 혁신적인 정책을 펼쳐 이 시기를 '미노베 도정'이라 부른다. 그의 부친은 천황도 일본의 여러 기관 가운데 하나일 뿐이라는 '천황기관설'을 내세운 미노베 다쓰키치美濃部達吉(1873~1948) 도쿄제국대학 교수(헌법학)였다.―옮긴이

습니다. 그들은 작은 실마리가 있으면 거기를 비집고 공격해 들어오죠. 감사 청구를 통해 부당하다는 판단이 나오면 도는 이를 방치할 수 없습니다. 그래서 도는 학교를 상대로 [명도를 요구하는] 재판을 일으키게 되는 그런 흐름이었습니다.

지방자치단체와 당사자 간의 '약속'을 우파가 형식론을 내세워 공격하고, 지자체가 [이를 받아들여] 불이익 조처와 소송에 나선다. 에다가와는 납치 사건이 드러나게 되는 2002년 9월에 있었던 '일조평양선언' 이후 이어진 조선학교 탄압의 모델이기도 합니다. 실제로 이 문제를 알게 된 것은 언제인가요?

재판이 일어난다는 것을 보도한 「도쿄신문」의 예고 기사를 통해서였습니다(2003년 12월 9일 자 조간). '이제 드디어 제소'라는 기사였습니다.

에다가와는 오사카의 [자이니치 집단 거주지역인] 이쿠노 정도까지는 아니지만 오랜 역사를 가진 도쿄에서 손꼽히는 집단 거주지역입니다. '고토·자이니치 조선인 역사를 기록하는 모임'이라는 시민단체가 책(『도쿄의 코리안타운―에다가와 이야기東京のコリアン·タウン―枝川物語』 주카샤, 2004)을 출판하는 등 열심히 [문제 해결을 위해] 활동했습니다. 이 모임의 중심 멤버 가운데 무라타 후미오村田文雄 씨라는 사람이 있습니다. 나와 사토 노부유키佐藤信之 씨(재일한국인문제연구소)와는 지문날인 거부운동 시대부터 인연이 있었습니다. [무라타 씨에게서 에다가와에 대한 얘기를 듣고] 사토 씨와 제가 '그거 참 큰 문제구나!'라고 생각하게 되었죠.

공격을 받아 문제가 시작됐다는 긴급성 때문에 지역이 주도해 지원 태세

가 만들어진 거네요.

그렇습니다. 무라타, 사토, 다나카 세 명이잖아요. 어쨌든 학교에 큰
일이 생겼으니까 급하게, 결과적으로 시민운동의 인맥을 통해 [지원
활동을 위한] 진형을 짠 것입니다.

　　한편으로 지역의 학교 관계자는 조선학교 출신 변호사로서 황
무지를 개척한 인물이라 할 수 있는 김순식 씨와 상담을 했습니다. 그
가 스승인 니미 다카시 씨에게 변호단장을 맡아달라고 부탁했다고 합
니다. 거기서부터 변호단도 모양새를 갖추게 됩니다. 모로오카 야스
코師岡康子[7] 씨라든가 장학련張學鍊 씨라든가요. 니미 씨는 지문날인 거
부운동 때 지원 활동을 했던 일본인들과 관계가 깊기는 했지만, 조선
학교 문제로 재판을 하는 것은 처음이었습니다. 민단 본류라 평가해
도 좋은 장 씨가 [총련계 조선학교를 지원하는 재판에] 들어왔다는 사
실도 놀라웠습니다.

　　교장인 송현진宋賢進 씨(당시)가 [총련의] 얼마나 윗사람에까지
상담했는지는 모르지만, 조선총련은 학교의 장래가 걸린 [중요한] 재
판을 결국 그동안 인연이 없었던 사람들에게 맡긴 셈입니다. 나도 솔
직히 놀랐습니다.

다나카 씨가 에다가와에 가게 된 것은요?

실은 이 지역에 가본 것은 문제가 발생하고 나서였습니다. 지역의 형

7　　일본 내의 혐한 공격 등에 맞서 자이니치들의 인권 옹호 활동을 해온 변호
　　사.—옮긴이

성사 같은 것도 거의 몰랐습니다. 도쿄올림픽과 관련되어 강제 이주가 있었고, 예전엔 막걸리를 몰래 만들어 파는 것을 경찰이 급습했다던가 하는 얘기를 얼핏 들은 적은 있었습니다. 재판과 관계하게 되면서 처음으로 그 지역에 가서 수십 년 동안 살아온 연세 있으신 분들에게 얘기를 듣고, 조금 더 감을 잡을 수 있게 됐다는 게 솔직한 얘기입니다.

나도 몇 번인가 에다가와 분들의 얘기를 들었습니다. 1세들이 입을 모아 말하는 것은 '쓰레기'와 '파리'의 기억입니다.

재판에서 김경란金敬蘭 씨가 한 증언이 바로 그 얘기였습니다. 문자 그대로 [에다가와는] '쓰레기장'이었기 때문에 어딜 가더라도 음식물쓰레기 냄새가 난다고요. 집 안으로 파리가 날아들어, 밥에 파리가 꾀어 까맣게 된다고요. 김 씨의 얘기엔 확실히 지역의 역사가 응축되어 있었습니다. 또 하나 중요한 것은 말할 필요도 없는 얘기지만, 학교는 지역사회의 핵이라는 것입니다. 우리 같은 사람들 세대에도 일본의 학교 역시 지역사회의 핵이었지만, 지금은 그런 측면이 완전히 옅어지고 있는 게 아닐까 합니다.

오히려 [학교 내의] 안전·안심을 이유로 지역에서 격리되어 있습니다.

조선학교는 여전히 지역사회에 의해 지탱되고 있다고 할까, 학교와 지역사회 사이에 뭐라고 표현하기 힘든 관계성이 있습니다. 에다가와 학교에서도 느꼈습니다.

저도 여러 조선학교를 가봤지만, 에다가와의 옛 교사를 보고 놀랐습니다.

노후화된 2층은 마루가 휘어 들어올려져 절구같이 되어 있었습니다. [지진이 오면] 진도 4 정도에도 위험하겠다고 생각했습니다.

그건 저도 놀랐습니다. 비가 오면 양동이를 놓는다고 했습니다. 유리창은 깨진 상태였고요. 예전에 우리가 어릴 때에는 드물지 않은 풍경이었지만요. 그렇지만 '여러 감정'이 꽉 들어찬 학교였습니다.

본격적으로 조선학교에 들어가본 것은 [그때가] 처음이었나요?

처음 가본 것은 아이치현립대에 있던 1974년이었지만, 교류는 줄곧 표면적이었습니다. 그렇게까지 내부에 파고들었던 것은 아니었으니까요. 에다가와의 교장 송현진 씨와의 만남이 결정적이었습니다. 교육에 대해 어떤 생각을 갖고 있는지 상세하게 느낄 수 있었습니다. 역시 조선학교 선생은 학교라든가 교육에 대해 매우 뜨거운 마음이 있습니다. 그것을 직접 구체적으로 느낀 것은 송 씨를 통해서였습니다. 학교를 지켜야 한다는 것, 에다가와에게 학교는 정말 커뮤니티의 핵이라는 것을요. 본인도 이 학교의 졸업생이겠죠. 비교적 좁은 지역의 중심에 학교가 있고, 그 학교가 위험에 처해 있다는 그런 마음이 전해져 왔습니다.

재판의 전망에 대해선 어떻게 생각하셨나요.

보통은 이쪽에서 [어떤 문제를 해결해달라며] 재판을 일으키는데, 이번엔 피고석이잖아요. 상대는 이시하라 신타로니까 큰일 났다고 생각했습니다. 하지만 [일본 우익의 상징적 존재인 이시하라라면] 상대로서 부족함은 없죠. 애초 시점에선 그다지 자세한 경위는 알지 못했습니다. 자세한 얘기를 들어보고 상황을 알게 됐습니다. 이곳은 애초에 매립지였으니까 행정[도쿄도]은 매립해 만든 토지를 빌려주거나 팔아서 선행 투자했던 돈을 회수하게 됩니다. 그렇지만 에다가와의 경우엔 역사적 경위[도쿄도가 올림픽을 위해 이곳으로 강제 이주를 시켰다는 사실]가 있습니다. 그래서 미노베 도지사 시절에 학교와 20년 무상계약을 맺었던 겁니다.

거기에는 주택과 학교가 있잖아요. 주변의 주택도 시가의 7퍼센트로 불하해서 전부 예쁘게 만들자는 작업이 진행되고 있었습니다. 그 작업이 끝난 다음에 학교를 어떻게 할까 생각하고 있던 그 타이밍에 우파의 공격(감사 청구)이 들어온 것입니다. 이시하라 도지사가 결재를 했는지 어떤지 모르지만, 그래서 재판을 하게 되었습니다. [현지 사람들에게] 여러 가지를 물어본 뒤 느낀 것은 담당 부서도 곤혹스러워하고 있었다는 점입니다. 그러니까 계약 기간이 끝나서, 그 뒤에 어떻게 할지 교섭도 했단 말이죠. 임대로 할까, 매수를 한다면 가능할까, 그렇다면 각각의 경우 금액이 얼마나 되는가 등이요. 그런데 완전히 다른 루트로 감사 청구가 턱 하고 들어온 것입니다. 우익들은 정말 좀 추잡합니다.

구체적으로 재판에서 인상에 남았던 것은요.

역시 김경란 씨의 증언이었습니다. 재판장도 이 얘기를 들으면 이 사건이 가진 진짜 성격을 좀 더 잘 이해하지 않을까 생각했습니다. 나도 앞서 들은 얘기였지만, 법정에서 이를 제대로 정리해서 얘기하면서 재판관에게 직접 [자신의 생각을] 전달했습니다. 가장 인상에 남아 있는 것은 이 학교는 우리 지역사회의 재산이다. 이 학교를 어떻게든 지켜가겠다. 그녀도 아이들도 손자도 이 학교를 다녔다. 이것은 우리 지역사회의 핵으로, 없어진다면 지역사회도 죽어버리고 만다는 얘기였습니다. 재판의 흐름을 결정한 큰 요소였다고 생각합니다.

화해 내용은 1억 7,000만 엔을 학교가 도(도쿄도)와 구(고토구)에 지불하고, 10년간은 교육 외의 용도로는 사용하지 않는다는 것이었죠. 시가의 약 10퍼센트에 땅을 구입한다는, 사실상의 승소였습니다. 그런 방향성이 보였을 때는 언제쯤이었나요?

그건 니미 씨의 공이었습니다. 그는 운동과의 관계도 중시했지만, 역시 직업인으로서 변호사였습니다. 의뢰인이 얻을 수 있는 최대한의 이익을 생각할 때, 어떻게 '타협점'을 찾아낼 것인가를 생각해냈습니다. 화해의 제안과 협의는 변호사가 아닌 나는 들어가지 못하는 상황에서 이뤄졌으니까 세부적인 내용은 모릅니다. 니미 씨는 재판장과 도쿄도의 대리인들과 의사소통을 취하면서 어떻게 하면 재판을 무난히 화해로 이끌어갈 수 있을까를 생각하고 있었을 것입니다. 그래서 전시의 도쿄올림픽[8]에서 시작되는 지역 형성의 역사라든지 미노베 씨가 무상 대여를 한 경과 등을 호소한 뒤에, 김경란 씨의 증언 혹은 내가 낸 의견서 등을 엮어서 어떻게든 그 지점까지 끌고 갔던 것입니다.

니미 씨는 전후 보상 투쟁과 지문 투쟁을 같이 해온 동료이기

---

8   1964년 도쿄올림픽이 아니라 개최가 예정됐다가 2차 세계대전으로 취소된 1940년 도쿄올림픽을 말한다. 당시 일본 정부는 도쿄와 요코하마 주변에 조선인이나 일본인 빈민들이 사는 판잣집이 외국인들의 눈에 거슬릴 것을 우려해 이를 철거하고 주민들을 한곳에 이주시키는 정책을 펼쳤다. 이주지로 정해진 곳이 도쿄만을 매립해 조성한 에다가와였다. 1988년 서울올림픽을 앞두고 한국에서도 비슷한 철거가 이뤄졌다.—옮긴이

도 했으니까요. 내 평가를 묻는다면, 니미 씨에겐 철저한 직업인이란 측면이 있었습니다. 직업인으로서 이 사건을 어떻게 가져가야 할 것인가, 구체적인 타협점을 끌어낸 니미 씨는 역시 대단하다고 생각합니다. '하나오카 사건'에서도 완전히 전대미문의 해결을 했으니까요.

다나카 씨는 의견서 「원상회복으로서 민족 교육의 보장」[9]을 통해 식민지 지배로 [조선인들의] 언어와 문화를 빼앗은 일본은 이를 회복하기 위한 장소, 즉 조선학교를 지킬 의무가 있다고 주장했습니다.

키워드는 '원상회복주의'입니다. 옛 식민지 출신자의 일본 국적을 박탈할 때 일본 정부의 논리는 "만약 일한병합이 없었다면 조선인이었을 사람은 조선인으로 취급한다"였습니다. 그렇다면 언어를 빼앗긴 상태를 원래대로 돌이키는 것도 '원상회복 의무'입니다. 거기서부터에다가와 조선학교의 보호, 나아가 '민족 교육의 보장'이라는 논리가 나오게 됩니다. 이것이 그 의견서의 가장 중요한 지점입니다. 그때까지 명확히 쓴 적이 없었지만, 이 사건과 만나면서 여러 가지를 생각했죠. 하나하나 개별적 사건 가운데에서 문제를 풀어갈 방법을 생각해내는 것이 내 스타일인 것 같습니다.

법정에서의 투쟁은 그랬던 것으로 알겠습니다. 법정 밖에서는 어떤 노력을 했나요?

---

9 「재일 외국인 민족 교육에 대한 하나의 고찰」로서 『류고쿠대학 경제학논집 45』(2006년 3월 15일)에 게재.

상대가 갑자기 재판을 걸어왔기 때문에, 의원들에게 도움 요청은 하지 않았습니다. 가장 큰 인상에 남았던 것은 한국의 지원이었습니다. 한국이 당시 노무현 정권이었다는 것도 있었겠지만, 애초에 김 부자[김일성, 김정일 부자]의 초상화를 걸어둔 곳에 한국 사람들은 가까이 가면 안 된다는 것이 공식적인 입장이었잖아요. 그런데 언론이나 의원, 그리고 킨KIN Korean International Network[10] 같은 한국 시민단체가 하나둘씩 에다가와에 오는 겁니다. 한국 텔레비전에 방송되기도 했고, 여론도 달아올랐던 것 같습니다. 국가보안법상의 의무[11](당국에 '총련계 인사'와 접촉하는 것에 대한 승인을 요청하는 문서를 제출해야 함)도 거의 무시하고 있었을 겁니다. 게다가 상대하는 '적'은 '삼국인 발언'[12]을 한 이시하라 신타로 씨잖아요. '적으로 부족함이 없다'는 것만으로도 힘이 나는 겁니다(웃음).

2000년의 '삼국인 발언'은 일본 사회가 품고 있는 인종주의가 밖으로 넘쳐나는 계기가 되었습니다. 2년 후 납치사건이 발각되는 것을 계기로 본

---

10 '지구촌동포연대'. 재외동포의 평화와 인권 신장, 평화적 통일 등을 테마로 활동하고 있는 한국의 NGO. 자이니치의 문제와 관련해선 우토로와 조선학교 등의 문제를 위해 활동하고 있다.

11 정확히는 '남북교류협력에 관한 법률'에 따른 의무이다. 이 법의 9조 2를 보면 "남한의 주민이 북한의 주민과 회합·통신, 그 밖의 방법으로 접촉하려면 통일부장관에게 미리 신고하여야 한다"고 규정하고 있다. 또 이 법 30조에는 "북한의 노선에 따라 활동하는 국외단체의 구성원은 북한의 주민으로 본다"며 총련 구성원을 북한의 주민으로 의제하고 있다. 따라서 원칙적으로는 조선학교에 방문하려면 미리 통일부장관에게 신고해야 한다.—옮긴이

12 해당 발언과 관련해 항의와 비판을 받은 이시하라 씨는 "본래 의도와는 다른 말로 매우 유감"이라고 말했지만, 사죄나 발언 철회는 거부했다. 그 후 도쿄도는 경시청이나 출입국관리소와 연대해 '불법 체재 상태'인 외국인에 대한 적발을 강화했다. 이 '외국인 사냥'은 전국 규모로 확대되어갔다.

격화된 인종주의의 탁류를 뚫어내고 [의미 있는] 결과를 도출해낸 희귀한 투쟁이 이 에다가와 재판이었다고 다시금 느낍니다.

한국에서 온 사람들 입장에서 본다면, 남북이 분단된 사정도 있어서 지금까지 조선학교에 다가갈 수 없었고, 봐도 보지 못한 척을 해야 했습니다. [조선학교의 정확한 상황을] 알지 못했던 것이죠. 하지만 가서 보니 비가 오면 양동이를 두어야 하는 낡아빠진 학교가 있고, 그 안에 [자이니치] 4세, 5세인 작은 아이들이 유창한 '우리말'로 말하고, 민족악기를 연주하거나 춤을 추고 있습니다. 게다가 에다가와 하나만이 아니라 얘기를 들어보니, 일본의 이곳저곳에 [이런 학교들이] 있습니다. [한국인들이] 우리는 아무것도 몰랐던 게 아닌가라는 생각을 하게 되는 거죠. 한국 사람들이 조선학교에 가게 된 계기는 틀림없이 에다가와입니다.

한국의 조선학교 지원단체 '몽당연필'[13]의 사무국장으로 당시 홋카이도의 조선학교를 촬영 중이었던 김명준金明俊 감독도 당시 에다가와를 방문해서, 새 시설을 가진 홋카이도와의 격차에 놀랐다고 하더군요.

---

13 한국에서 조선학교 지원단체의 원조 격인 존재. 동일본대지진 때 피해를 입은 도호쿠의 조선학교를 지원하자고 영화감독인 김명준 씨(「우리학교」, 「그라운드의 이방인」 등)가 드라마 「겨울연가」의 김 차장 역으로 알려지고 홍상수 감독 작품에 자주 출연하는 실력파 배우 권해효 씨에게 제안해 발족했다. 지원 콘서트를 열거나 한국 시민이 조선학교에 방문해 관계자와 교류하는 '소풍' 등의 활동을 하고 있다. 한국 사회의 무관심과 일본 사회의 차별에 노출되면서도 꿋꿋하게 살아온 자이니치 동포와 역풍에도 소중하게 지켜내고 다음 세대에 이어온 민족 교육을, 버리지 않고 소중하게 사용해온 '몽당연필'에 비유한 것이다. 권해효 씨가 대표를 맡고 있다. 2019년 5월 현재 회원 수는 약 1,700명이다. 한국어 홈페이지는 다음과 같다. http://mongdang.org/kr

여러 활동을 하던 중에 그의 다큐멘터리 영화 「우리학교」[14](2006)
가 한국에서 개봉되었습니다. [영화의] 마지막 장면 뒤에 이 학교를
돕자는 자막이 나갑니다. 그 영향으로 하나둘씩 의원들이 찾아왔고,
돈도 모이고 있다고 했죠. 조선총련도 처음에는 엄청 당황했을 겁
니다.

어쨌든 한국 사람들이 적극적으로 관심을 갖게 된 이유는 뭘까요.

나는 역시 김 감독이 조선학교지원집회에 보내온 메시지(2011년 6월)
가 상징하고 있다고 생각합니다. "아이들에게 조선학교는 자신이 누
구인지를 배우고, 이 땅에서 조선인으로서 살아가는 방법을 가르치
는 유일한 학교입니다. 그것은 일본의 학교에서는 절대 할 수 없는 일
입니다"라고 했습니다. '과연, 그렇구나'라고 느꼈습니다. 나같이 일
반적으로 조선학교를 보고 있는 사람과는 느끼는 방식이 다르다는 것
을요. 한국에서 부리나케 일본에 건너와 일본 사회 전체와 일본의 학
교에 다니는 아이들의 얘기도 여러모로 듣고 나서, 가장 먼저 느끼게
되는 조선학교의 의의는 일본 학교에선 할 수 없는 것을 이곳에서는
한다는 것이었습니다. 그의 메시지에서 가장 상징적인 부분은 이것이
아닐까요.

---

14   김명준 감독이 홋카이도 초중고급학교에 카메라를 돌려, 이들의 일상을 3년
에 걸쳐 기록한 장편영화. 조선학교를 테마로 한 영화 작품을 기획했으며,
2003년 4월 불의의 사고로 요절한 한국의 영상작가 조은령(1972~2003) 감
독의 유지를 남편이자 카메라 담당이었던 김 감독이 이어받았다. 한국에서
다큐멘터리 영화의 흥행 기록(당시)을 갈아치웠고, 2006년 부산국제영화
제에서 운파상(관객상)을 수상하는 등 영화 작품으로도 높은 평가를 받았다.
또 조 감독이 남긴 영상은 김 감독이 「하나를 위하여」라는 이름으로 마무리
했다. https://www.youtube.com/watch?v=BfWU5miMCrs

그리고 또 하나, 한국의 지원단체 '우리학교와 아이들을 지키는 시민모임'의 손미희 씨가 한 얘기입니다. 그는 "남북 분단으로 고통받고 있는 것은 우리만이 아니었다. 오히려 자이니치분들이 얼마나 고통스러웠는지 알게 됐다. 그럼에도 이 학교를 운영하고 지키고 키워왔다는 것을 알고 나니, 늦었지만 앞으로는 우리가 나서서 제대로 지원하고 싶다"고 했습니다. 그 얘기가 매우 인상적이었습니다. "[뒤늦게] 이제서야 그런다고 생각할지도 모르지만"이라고 말한 부분에선 가슴이 뭉클해졌습니다.

가령, 너무 늦어 도움이 안 된다 해도 그 지점에서 시작해볼 수도 있는 겁니다. 그럼에도 [문제와] 마주하고, 지금까지와는 다른 자신이 되는 것은 가능한 일입니다.

지금부터라도 하겠습니다, 하는 자성이 들어 있었습니다. 한국에서 영화도 찍고, 활자로는 『조선학교 이야기』(조선학교의 역사와 현재 상황 등을 Q&A 등으로 알기 쉽게 쓴 입문서. 2015년에 가덴샤에서 일본어판이 간행되었다)도 출판되었고요. 모두 에다가와 이후입니다. 감사 청구를 한 사람들이 어떤 기대를 갖고 일을 벌였는지는 모르지만, 거꾸로 생각하지도 못했던 결과가 나와버린 것에 대해 알고는 있는지 [궁금한 마음이네요]. 지금 학교 주변은 재개발로 인해 보통 수입으로는 살 수 없을 정도로 아파트 가격도 급등하고 있다고 합니다. 이쪽은 시세보다 낮은 금액으로 화해를 했고, 그 연장선상에서 새 교사를 건축할 수 있었습니다. 새 교사를 만드는 데에 한국에서도 일본 엔으로 7,000만 엔 정도를 보냈다고 합니다. 이시하라 도정이 재판을 일으켰다는 것은 끔찍한 얘기지만, 어떤 의미에선 '뜻밖의 성과'라고 할 수 있습니다.

그리고 에다가와 재판은 니미 씨가 한 마지막 투쟁이기도 했습니다.

지문날인 거부운동을 통해 만나, 이런저런 일을 하는 중에 가시마 문제(하나오카 소송[15])를 니미 씨가 맡게 되어서 이후 함께 운동을 해오게 되었습니다.

　니미 씨는 지금도 잊을 수 없지만, 이른바 '미야자키 쓰토무宮崎勤 사건'[16]이 있었잖아요. 그때 그는 "하나오카를 하지 않는다면, 그 사건을 해보고 싶어"라고 말했습니다. 일본의 경우 언론은 한 방향으로 휩쓸려버리잖아요. [범인은] "인간도 아니야"라는 식으로요. 그런 사람과 내가 변호사로서 어떻게 관계를 맺어나갈 것인가, [니미 씨에겐] 일부러 '불 속에 있는 밤'[일부러 위험을 감수한다는 의미]을 주우러 들어가는 성격이 있었습니다. 하나오카 사건에서 화해를 이끌어내고, 에다가와 소송도 수행하고, 니시마쓰西松(히로시마현에 강제 연행된 중국인 전 노동자들이 니시마쓰건설을 상대로 진행한 재판 투쟁)에서는 고등재판소에선 처음으로 승소했습니다. 니미 씨가 2006년 12월 20일 돌아가시고 이틀 뒤에 최고재판소가 [니시마쓰 사건에 대해] 변론을 연다는 전화를 걸어왔습니다. 변론을 연다는 것은 원심 판결을 변경해 역전 패소한다는 의미입니다. 하지만 2007년 4월 패소 판결엔 "피고의 구제를 위해 노력할 필요가 있다"는 '부언'이 붙어, 이를 실마리로 2009년 10월, 도쿄간이재판소에서 '즉결 화해'가 성립[17]되었

15　10장 참조.
16　1988년부터 이듬해까지 수도권에서 4세부터 7세에 이르는 어린 여자아이가 잇따라 살해된 사건. 언론에 범행 성명, 자택에 유골을 보내는 특이점으로 인해 언론을 들썩거리게 했다. 체포된 미야자키 쓰토무는 2008년 사형당했다.
17　니시마쓰건설이 중국인 피해자들에 대한 역사적 책임을 인정하고 사죄한 뒤에 해결금 2억 5,000만 엔을 (사)자유인권협회에 위탁해 보상과 위령비 건립

습니다. 그때 니미 씨는 이미 세상에 없었지만, 큰 틀은 그가 만들어
둔 것이었습니다. 즉, 하나오카 화해의 선례가 큰 의미를 가졌던 것입
니다.

**병상에서 의식이 없어진 뒤에도, 잠꼬대로 재판에 대한 지시를 거듭했다
고 들었습니다.**

그랬습니다. 에다가와의 화해가 성립한 게 2007년 3월이잖아요. 그
때 이미 니미 씨는 없었습니다. 실질적으로 화해로 나아가는 방향은
지켜보았지만, 정식으로 사인할 때는 없었습니다. 또 한국에서 '킨'이
나 의원들이 와서 지원의 폭이 넓어지고 있다는 것은 알았지만, 영화
「우리학교」도 보지 못했습니다. 에다가와가 진원지가 되어 그 뒤에
[이 운동이] 어떻게 확산되었는지도 그는 거의 알지 못합니다. 물론
에다가와에 새 교사가 생긴 것도 모르겠죠.

이것을 봐줬으면 했나요?

음, 그렇죠…. 재판 결과를 받아들고 새 학교까지 생긴 것을 눈으로
본다면, 그도 자신이 해왔던 일들이 얼마나 큰 결과를 만들어냈는지
실감할 수 있었을 텐데요. 니시마쓰도 그랬습니다. 니미 씨는 히로시
마고등재판소에서 이겼을 때까지밖에 알지 못했으니까요.

전후 보상, 인권 문제, 나아가 여러 사형 사건 등을 처리했습니다. 다시금

에 충당한다는 내용으로 구성돼 있다.

위대한 사람이었음을 느낍니다.

그렇습니다. 변호사란 의뢰인의 이익에 철저해야 하는 직업인이라는 것을 느끼게 해준 것이 니미 씨입니다. 물론 그도 운동은 열심히 했지만요. '동아시아반일무장전선'[18]이나 나가야마 노리오永山則夫[19]씨의 변호에도 관여했을 겁니다. 그렇지만 무엇보다 직업인이었죠. 하나오카 사건의 소송도 [여러 변호사가] 분담해서 각자 서면을 쓴 뒤 가져와도, 마지막엔 결국 그가 처음부터 끝까지 전부 새로 썼습니다. 그렇게 하지 않으면 성이 차지 않으니까요. 때때로 분담 집필을 해서 이를 모자이크처럼 한데 모으는 식으로 하잖아요. 처음에는 그럴 생각이었지만 그는 결국 마지막엔 자기 혼자서 했지요.

다시 한번 실질 승소의 가치를 말한다면.

역시 구체적인 문제를 해결한다는 것은 무엇인가, 그것을 개별 사건의 실정에 꼭 들어맞게 보여준 것이라 생각합니다. 이후의 모델이 되었습니다. 그래서 고교무상화 재판도 도쿄는 주전론主戰論이었습니다.

---

18   1970년대 침략과 식민 지배에 대한 책임을 물으며 '연속기업폭파사건'을 일으킨 좌익 그룹. 1974년 8월 미쓰비시중공업빌딩 폭파에서는 8명이 사망하고, 385명이 중경상을 입었다. (빌딩 폭파 예고를 했지만, 장난이라고 생각한 빌딩에서 대피 조처를 내리지 않아 피해가 커졌다). 1975년 1월에 일제히 검거됐다. 다이도지 마사시大道寺将司(2017년 5월, 도쿄구치소에서 병사) 등 2명의 사형이 확정되고, 체포, 기소된 다른 멤버들도 중형을 선고받았다(2명은 국제 수배 중). 공판이나 출판물을 통해 각자 투쟁 방식이 잘못되었음을 밝히고, 피해자들에게 사죄했다.

19   1968년부터 다음 해에 이르기까지 전국 각지에서 4명을 사살했다. 옥중에서 작가가 되어 여러 작품을 발표했다. 1997년 4월에 사형이 집행됐다.

니미 씨와 에다가와에서 함께했던 자이니치 변호사들이 무상화 재판의 대리인이 되었습니다. 에다가와도 무상화와 이렇게 연결되어 있습니다. 그리고 역시 큰 가치라고 생각하는 것은 한국과의 연대입니다. 김명준 씨나 그의 뒤를 잇는 박사유朴思柔 씨와 박돈사朴敦史 씨의 「60만 번의 트라이」(2014)[20] 같은, 한국인이 조선학교에 카메라를 들이댄 작품이 그것 말고도 또 있죠. 나아가 한국에서 『조선학교 이야기』가 출판되었습니다.

그것이 지금은 고교무상화 문제로 이어지고 있습니다. 도쿄에서의 금요행동[21]에 맞춰 한국의 지원자들도 서울의 일본대사관 앞에서 항의하고 있잖아요. 나는 이런 것을 기사로 쓰고 방송으로 만들어도 천벌을 받지 않는다고 생각하는데, 왜 일본의 신문과 방송은 다루지 않는지 [모르겠습니다].

다나카 씨는 재판 투쟁을 통해 설립된 지원단체인 '에다가와 조선학교 지원 도민기금'의 공동대표로 지금도 에다가와 문제에 계속 관여하고 있습니다.

역시 에다가와가 진원지이기 때문에 단순한 하나의 문제라는 생각이 안 듭니다. 현실적으로 한국과의 연대나 무상화 투쟁에까지 계승되

---

20 오사카조선고급학교 럭비부에 밀착한 다큐멘터리 영화. 이 학교는 전국대회에 진출하는 단골 학교로 4강까지 오른 경험이 있다. 2014년 작품. [영화는 2010년 전국대회 4강에 오른 아이들이 이듬해 다시 4강에 오르는 과정을 그리고 있다].

21 조선대학교 학생과 현역 고등학생, 교원, 보호자, 지원자 등이 일주일에 한 번 금요일에 문부과학성 앞에서 진행하고 있는 고교무상화 적용을 요구하는 항의 집회. 2013년 5월 31일에 시작해 지금까지 이어지고 있다.

고 확대되고 있지요. 맞아요, 지원기금 때 처음으로 '히토쓰바시대학 명예교수'라는 직함을 사용했습니다. 당시는 류코쿠대학 교수였지만, 히토쓰바시 출신인 이시하라 씨가 상대였으니까 "이쪽은 명예교수로 부딪혀보자"고 사토 씨가 말해서요. '명예교수'라고 쓴 건 그게 처음입니다. 지금은 익숙해졌지만요.

15장

21세기의 4·24, 고교무상화

배제와의 싸움

민주당의 간판 정책인 '공립고등학교의 수업료 무상제·고등학교 등 취학 지원금 제도'(고교무상화)는 학교교육법상 정규학교(1조교)뿐 아니라 전수학교, 그리고 각종학교인 외국인학교에도 적용되어야 했다. 그러나 민주당 정권은 조선학교에 대해선 결정을 미뤘다. 2012년 말에 제2차 아베 정권이 탄생하자, 이틀 뒤 시모무라 하쿠분下村博文 문부과학상은 조선학교를 배제하겠다는 뜻을 밝혔고, 이듬해 2월 20일 배제가 단행되었다. 이 움직임에 대해 아이치와 오사카(2013년 1월 24일)를 시작으로 전국 5개 지역에서 민사소송이 시작됐다. 소송은 학생들이 원고가 되는 국가배상 청구 소송(아이치, 도쿄, 후쿠오카)과 학교 운영자가 원고가 되어 조선학교를 지정 대상에서 제외하는 처분을 취소하고 지정을 의무화하도록 요구하는 행정소송(오사카), 양쪽을 병행하는 소송(히로시마)으로 나뉜다.

무상화 배제를 알게 된 것은 언제인가요?

나카이 히로시中井洽 납치문제담당상이 다카키 요시아키高木義明 문부과학상에게 배제를 요청했다고 보도된 게 처음이 아닐까요(2010년 2월). 당시 유엔 인권차별철폐위원회가 열리고 있어서 바로 제네바에 연락을 했습니다. 그로 인해 위원회의 최종 견해에 "일부 정치가의 움직임에 우려를 표명한다"라는 내용이 정말 간발의 차이로 들어갔습니다. 이에[이런 배제 움직임에] 대해 하토야마 유키오 총리도 나카이 대신을 지지한다는 식으로 얘기했습니다.

> [하토야마 총리는] 국회에서 기자가 물어봤을 때 "그런 방향성[조선학교의 무상화 배제]으로 되어갈 것 같다고는 듣고 있다" "지도 내용이랄까 어떤 것을 가르치고 있는지 잘 알 수 없는 상황이기에 나카이 대신의 생

각에도 일리가 있다고 생각한다"고 말했죠.

[고교무상화 제도를 적용할 때] 교육 내용은 판단 근거로 삼지 않는다
고 했는데, 뭔 소린지 모르겠습니다.

**오키나와 새 기지를 둘러싼 '현외이설' 발언[1]을 한 뒤, 결국 국정 장악력
을 상실하면서 이를 못 지키게 되었죠. 하토야마 씨는 어쨌든 자기 말에
책임을 지지 않는 사람입니다.**

그러고 나서 간 나오토 총리, 노다 요시히코野田佳彦 총리로 이어지지
만 고교무상화라는 획기적인 정책을 통해 조선학교를 분명히 인정
했다면, 민주당 정권은 몇 년만에 무너졌을지언정 후세 역사엔 남았
을 겁니다. 그런 역사를 읽는 눈이랄까, 자부심이 그들에게는 없었다
고 생각합니다. 물론 그런 당이기 때문에 시끄럽게 떠들어대는 것은
있습니다. 그렇지만 이를 억제하는 견식을 가진 사람이 왜 없는 것인
지….

---

1   오키나와는 일본 전체 국토 면적의 0.6퍼센트에 불과하다. 이곳에 전체 주일
     미군 기지의 약 70퍼센트가 몰려 있는 문제를 뜯어고치자는 투쟁이 오랫동
     안 이어져왔다. 2009년 8월 30일 총선거를 앞둔 7월 19일 하토야마 당시 민
     주당 대표는 오키나와현에 자리한 미 해병대 후텐마 비행장을 '최소한 현 바
     깥'으로 이전하겠다고 약속했다. 그러나 선거 승리로 총리 자리에 오른 뒤인
     2010년 5월엔 이 약속을 저버리고 후텐마 비행장을 섬의 북서쪽에 있는 헤노
     코로 이전한다는 정부 방침을 각의 결정했다. 이후 일본 안보의 근간인 주일
     미군 문제를 섣불리 건드려 큰 혼란을 불러왔다는 우파의 공격과 약속을 지키
     지 못하고 오키나와인들을 두 번 죽였다는 좌파의 공격이 이어졌다. 고립무
     원 상태에 빠진 하토야마 전 총리는 한 달 뒤인 6월 총리직에서 물러났다. 이
     는 3년 3개월 만에 허무하게 끝나고 마는 민주당 정권의 몰락을 예고하는 것
     이었다.―옮긴이

자민당으로 정권이 바뀌고 나니, 기다리고 있었다는 듯 배제를 단행했습니다. 그래서 [이를 되돌릴 수 있는] 다른 방법이 없으니까 재판을 하고 있습니다. 나는 정치를 통해 뭔가 할 수 있는 게 없을까 생각해 국회를 어슬렁거리면서 여러모로 물어보며 돌아다녔습니다. 그러나 고교무상화에서 조선학교를 배제하는 것의 핵심이 무엇인지, '바로 여기에 [일본을 병들게 하는] 암이 있다'는 사실을 [정치인들이] 인식하지 못하고 있었습니다.

그렇게 움직이고, 조사를 해도 모른다는 겁니까?

어쩐지 북한과 얽히면, 또 '납치'라고 하면 나가타초[국회]에서도 가스미가세키[정부]에서도 무조건 '사고 정지'가 일어난다는 것은 잘 알고 있지만요. 그렇지만 아이들의 교육에 관계되는 문제, 자라나는 차세대의 문제잖아요. 왜 일부의 반발을 어떻게든 해서 극복하지 못하는지. 왜죠? 이것을 실현하면 후세에 남는 것 아닙니까. 게다가 교육이니까 다음, 그다음으로 계속 이어지게 됩니다. 나는 민주당 정권이니까 다소 어수선하더라도 [조선학교의 고교무상화 적용이] 될 것이라고 낙관적으로 생각하고 있었습니다. 아이들의 배울 권리는 당연한 도리입니다. 왜 이게 안 되는지, 어느 지점에서 걸리는지 나는 전혀 이해할 수 없었습니다.

나는 [고교무상화가 조선학교에도 적용되면] 그다음에 해야 할 것들을 생각하고 있었습니다. 예를 들어 학교급식이라든지 학교보건, 각 학교에 반드시 보건실을 설치해야 한다거나, 양호교사를 둔다거나요. 각종학교인 외국인학교에서 그동안 도입하지 못했던 제도를 적용하도록 길을 여는 문제들요. 스포츠 대회[조선학교도 전국고등학교 체육대회에 참가하게 하는 문제]나 통학정기권 같은 문제[조선학교

학생들도 학생할인 정기권을 살 수 있게 하는 문제]는 해결했지만, 아
직 여러 가지 문제가 남아 있습니다. 고교무상화를 통해 동등하게 취
급해 공적인 자금을 투입할 수 있게 되면, 다른 문제에서도 외국인학
교를 [일반학교와] 같이 취급해야 한다는 논리가 통하게 됩니다.

그리고 또 '취학의무' 문제입니다. 공식적으로는 외국인학교에
아이들을 보내면 초중학교에 대해서는 취학의무를 다하지 못했다는
게 문부과학성의 공식 견해입니다. 그래서 일본인이 아메리칸스쿨이
나 인터내셔널스쿨에 아이를 보내면 부모를 취학의무 위반으로 처벌
할 수 있습니다. 이 벽을 무너뜨려 외국인학교에 가도, 일본학교에 다
니는 것처럼 함께 취학의무를 다한 것으로 해야 합니다. 물론 학교보
건법이나 학교급식법 등도 적용해서, 사학조성[2]의 대상으로 해야 합
니다. 이것은 아메라지안스쿨[3] 등도 직면해 있는 문제입니다. 그렇
게 한 뒤, 일본학교와 외국인학교 중에 어느 쪽이 나은지 경쟁하면 됩
니다. 예를 들어 도쿄 고토구에 인도학교가 있는데 수학의 수준이 매
우 높아서 입학을 희망하는 일본인이 적지 않다고 합니다. 그리고 화
교학교도 영어, 중국어, 일본어를 마스터할 수 있다는 이유로 일본인
입학 희망자가 많습니다. 어떤 의미에선 경쟁하면 좋은 겁니다. 조선

---

2   일본 교육체계 안에서 사립학교가 차지하는 비중은 매우 높다. 이를 고려해
     국가나 지방자치단체가 사립학교에서 좋은 교육이 이뤄질 수 있도록 재정적
     지원을 하는 것.—옮긴이

3   아메라지안 스쿨 인 오키나와AmerAsian School in Okinawa를 이른다. 아메라지
     안이란 미국인과 아시아인 사이에서 태어난 사람을 이른다. 미군기지가 밀집
     해 있는 오키나와에는 군인, 군속과 오키나와 여성 사이에 태어난 아메라지
     안이 적지 않다. 학교는 보호자들이 1997년 오키나와현 기노완시에 '이중 아
     이덴티티'를 내세워 개설했다. 초중학교에 해당하는 아이들이 배운다. 법적
     으로는 '프리 스쿨'로, 여기에 출석하는 것을 의무교육 과정에 출석하는 것으
     로 본다. 의무교육을 수료한 것으로 볼지 말지를 두고 때때로 문제가 된다.

학교도 학교와 선생님들의 교육에 대한 열의가 높다거나, 지역사회가 학교를 지원하고 있다는 실감이 있지 않습니까. 아이들의 눈이 빛나고 있다고 많이들 얘기하죠. [조선학교에 가면] 일종의 '교육의 원점' 같은 것을 실제 느낄 수 있다고 생각합니다.

그리고 또 하나는 각종학교 인가가 나지 않고 있는 브라질학교가 많습니다. 고교무상화는 각종학교가 되어야 한다는 것을 대전제로 하고 있습니다. 조선학교는 이 조건은 달성하고 있지만, 브라질학교는 각종학교 인가를 받지 못하고 있기에 무상화에서 제외되는 것입니다. 예를 들어 [규정을 바꿔] 본국에서 인정받는 학교는 무상화의 적용 대상으로 해야 합니다. 그런 생각을 하고 있었는데 입구에서부터 조선학교는 제외한다는 결정으로 보기 좋게 당해버렸습니다. 그래서 그다음으로 나아갈 수 없네요.

문제에 대응하는 가운데 다시 생각하신 것은요.

역시 민주당이 매우 문제였다는 사실을 거꾸로 잘 알게 되었습니다. 일본은 교육에 공공자금을 쓰지 않기로 유명한데, OECD 안에서 최하위입니다. 고교무상화는 아마도 자민당이었다면 하지 않았을 정책입니다. 중등교육 무상화는 사회권 규약 13조 2항(b)에 명기되어 있습니다. 일본은 고교는 유상이니까 '보류'하고 있었습니다. [고교무상화는] 이 국제인권과 격차를 없애자는 정책이었던 것입니다.

일본에는 학교를 1조교, 전수학교, 각종학교 등 세 개로 분류하잖아요.[4] 지금까지 일본의 학교교육정책은 1조교를 중심으로 했습

---

4   일본 학교교육법 1조에 따르면 학교는 "유치원, 소학교(초등학교), 중학교, 의

니다. 대학 입학 자격에서도 전수학교와 외국인학교는 처음엔 '대입 검정고시'를 치러야 했습니다. 그런데 전수학교는 사립학교니까 학교 경영자 단체에서 자민당에게 "어찌됐든 전수학교에 가면, 대입검정고시를 봐야 대학에 갈 수 있으니 학생들을 모집할 수 없어 곤란하다"고 압력을 가합니다. 그래서 전수학교 제도가 생긴 지 10년째인 1985년에 전수학교에서도 대입검정고시를 보지 않아도 시험을 칠 수 있게 했습니다. 그 뒤에 외국인학교와 관련해서도 몇 단계를 거쳐 최종적으로 가능하게 되었습니다.

고교무상화는 입학 자격과 달리 국가 재정이 연관되는 문제죠. 그 전제 아래서 1조교, 전수학교, 외국인학교를 평등하게 취급한다고 했습니다. 이것은 획기적, 과장해서 말하면 혁명적인 정책입니다.

그러고 나니 조선학교를 어떻게 처우할 것인가라는 문제가 나오게 됩니다. 민주당 정권이니까 나는 어쨌든 적용을 할 것이라고 생각했습니다. 결국 간 나오토 총리 때 좀 이상한 움직임이 선명히 드러나게 됩니다. 외국인학교에 대해서는 시행규칙[5]에서 '(가). 대사관을 통해 일본의 고등학교에 상당하는 과정임을 확인할 수 있는 것' '(나). 국제적으로 실적이 있는 학교평가단체의 인증을 받았다고 확인할 수 있는 것' '(다). 문부과학대신이 정하는 바에 따라 고등학교 과정과 유사한 과정을 두었다고 인정할 수 있는 것' 등 3단계로 분리해 조선학

무교육학교, 고등학교, 고등교육학교, 특별지원학교, 대학 및 전문학교"를 의미한다. 이 조항에 따른 일반 고등학교를 1조교라 부른다. 이와 비교되는 전수학교는 124조에 따라 "직업과 실제 생활에 필요한 능력을 육성하는 곳으로 일정 조건을 만족하는 곳", 각종학교는 134조에 따라 "학교 교육와 비슷한 교육을 하는 곳"을 뜻한다.—옮긴이

5   공립고등학교에 관계되는 수업료의 무징수 및 고등학교 등 취학지원금의 지급에 관한 법률 시행규칙.—옮긴이

교가 들어가는 (다)에 대해서는 심사회를 만들어 절차를 거쳐 [고교 무상화 적용을] 인정하게 되었습니다. 이 체제가 만들어졌을 때 막 연평도 포격[6]이 발생해서, 간 총리는 다음 날 잠시의 틈도 두지 않고 조선학교에 대한 심사를 동결합니다. 왜 이쪽으로 화살을 돌리는 걸까. 당시 관방장관은 센고쿠 요시토仙谷由人 씨입니다. 히타치 취업 차별 재판을 담당했던 변호사로 당시부터 잘 알고 있었습니다. 뭐, 그런 세계에 들어가면 인간이 변하는가 생각했지만요.

그래서 내가 문부과학성에 연락해서 "얘기를 하고 싶다"고 요청했지만, "오신다 해도 곤란합니다. 총리관저로부터 멈추라고 지시가 내려온 건입니다. 가신다면 관저로 가주세요. 우리가 어떻게 할 수가 없습니다"라고 하는 겁니다. 그래서 1년 정도 절차가 멈추게 되잖아요. 지금도 똑같겠지만 관저에는 정치가 다섯 명이 총리보좌관으로 들어가는 제도가 있습니다. 간 총리 때에는 쓰지모토 기요미辻元清美 씨가 들어가 있었습니다. 나는 그녀를 조금 알고 있었기 때문에, 어떤 기회에 "슬슬 간 정권도 끝이 가까워온다. 그렇게 되면 당신도 관저를 나갈 테니 '심사를 멈췄던 인간으로서 그만두기 전에 뒤처리를 하라'고 말해달라"고 했습니다. 그랬더니 그녀가 "진지하게 얘기해보겠습니다"라고 했습니다. 그래서 2011년 9월 28일에 [심사 중단이] 해제되고, 다음 날 노다 요시히코 씨가 총리로 지명됩니다. 그 사람은 곤란하다는 얘기도 있었죠.

노다 씨는 외국인 참정권 문제도 덮어버린 인물이니까요. 인권 감각이 전

---

6   2010년 11월 23일 연평도 부근 해역에서 일어난 조선 인민군과 대한민국 국군 사이의 포격전과 그로 인한 양국 간의 긴장 상태를 이른다. 북한의 포격으로 한국군 병사와 한국 민간인 네 명이 사망했다.

혀 없는 사람입니다.

그 노다 정권 시절에 효고의 미즈오카 슌이치 참의원이 관저에 들어 갔습니다. 나는 전부터 미즈오카 씨를 알고 있어서, "너 죽고 나 죽자 는 각오로 뭔가 말씀을 해주십시오"라고 부탁했습니다만…. 그는 효 고현의 교조[교직원노동조합] 출신입니다. 그때 문부과학대신 정무 관을 하고 있던 가미모토 미에코神本美惠子 씨는 후쿠오카현 교조 출신 이고요. 그다음 정무관 나타니야 마사요시那谷屋正義 씨도 가나가와현 고등학교 교조 출신입니다. 모두 일본교직원조합 출신입니다. 애초 민주당 간사장인 고시이시 아즈마興石東 씨 역시 일교조입니다. 전원 초·중·고등학교의 교사였던 사람들입니다! 그런데도 조선학교에 고 교무상화 적용이 되지 않는다니 대체 무슨 일이냐는 겁니다.

굳이 말하자면 정권교체를 해서 민주적, 혁신적인 정권이 생 겼다는 그 어떤 의미도 없었습니다. 아무것도 하지 못한 채 무너져갔 던 정권의 말로도 끔찍했습니다만, 정말 기다렸다는 듯이 잠시 틈도 두지 않고 자민당이 고교무상화 대상에서 [조선학교를] 배제하도록 허용합니다. 그렇게 되고 난 뒤 벌써 4년 넘게 흘렀지만, 야당인 민주 당은 국회에서 조선학교 배제에 대해서 단 한 번도 질문한 적이 없습 니다(이 인터뷰는 2017년 1월 실시. 그 이후 2019년 4월에 참의원 문교과학 위원회에서 야당의원으로부터 질문이 나왔다. 16장 참조). 내가 자민당이 라면 그런 질문이 나오면 이렇게 말하겠습니다. "당신들 정권일 때 했으면 됐잖습니까. 이제 와서 무슨 얘길 하는 겁니까"라고요. 공산 당도 포함해서 이렇게 큰 문제가 국회에서 논의조차 되지 않고 있습 니다.

조선학교에도 이 제도가 적용되게 했다면, 아무리 자민당이라 도 한번 만들어진 것을 뒤집기는 매우 어렵습니다. 민주당 정권이 곧 무너지게 될 것임을 알면서도, 왜 하지 못한 것일까…. 나는 [마지막 문부과학상으로 임명된] 다나카 마키코田中真紀子 씨[7]가 "노다 총리가 뭐라 한다 해도 내가 한다"고 말하지 않을까 조금은 기대를 했었습니다. 그러나 대학설치인가 문제[8]로 엄청 욕을 먹던 중에 중의원이 해산되어버렸습니다. 만나고 싶다고 편지를 썼지만, 만나지 못하고 끝나고 말았습니다. 어차피 폭주할 거라면 조선학교를 먼저 처리하고 그 뒤에 대학설치인가 문제를 제기했으면 좋았겠다고 생각하지만, 이 것도 소 잃고 외양간 고치는 얘기입니다.

여당도 야당도 안 된다고 하니, 정치적으로는 어떻게 할 방법이 없습니다. 겨우겨우 변호사들이 사법부에서 진력해주고 있습니다. 재판 자체는 나는 매우 좋은 지점까지 와 있다고 생각합니다. 하지만 이런 시대에 솔직한 재판관이 얼마나 있을지 불안한 마음은 있습니다.

애초 고교무상화의 전 단계에서 다나카 씨는 민주당이 2006년에 낸 '일본국 교육기본법'에 대해 언급하고 있습니다. 폐안이 되었지만, 제2조(배울 권리)에서 교육을 받을 권리의 향유 주체를 '국민'이 아니라 '누구든'으로 한 혁신적인 내용이었습니다.

그렇습니다. '일본국 교육기본법'이라는 법안 이름에 왜 '일본국'을

---

7   민주당 정권이 무너지기 직전인 2012년 10월부터 그해 말까지 석 달 동안 문부과학상을 맡았다. 거친 발언 등으로 일본 정계에서 '여장부'라는 평가를 받았다. 중일 국교 정상화를 이룬 유명한 전직 총리 다나카 가쿠에이의 딸이다.—옮긴이

8   문부과학성의 자문기관인 '대학설치·학교법인심사회'가 2012년 11월 1일 3개 대학의 2013년 봄 개교를 인정하자, 바로 다음 날 다나카 문부과학상이 "대학이 너무 많으면 질이 떨어진다"며 이를 번복한 사건. 해당 대학이 위치한 지역에서 엄청난 반발이 일었다.—옮긴이

넣었느냐고 물어보니, "일본국 헌법에 필적하는 중요한 법이니까"라고 했습니다. 그래서 제2조는 '누구든'이죠. "함께 살아가고, 새로운 문명을 창조하기 위해서 일본에서 생활하는 외국 국적을 가진 아이들에게도 같은 학습권을 보장한다"는 게 이유입니다. 나는 고교무상화는 그 흐름을 품고 있는 것이라 생각합니다.

　　고교무상화법(정식 명칭은 '공립고등학교에 관계되는 수업료의 무징수 및 고등학교 등 취학지원금의 지급에 관한 법률')의 목적에 나오는 '교육의 기회균등'은 실제로 그 흐름을 이어받은 것입니다. 그렇기에 법에는 마음에 들지 않는 학교는 제외해도 된다고 써 있지 않습니다. 그래서 유엔 사회권 규약 13조에 대한 '보류'를 떼어내면서[9] [조선학교의 고교무상화 제외라는] 새로운 차별을 만들어냈습니다. 말 그대로 자신들의 말을 배신한 것이지요. 그 후 자민당 정권이 탄생해 배제를 결정했습니다.

　　우파 단체에서 주장하고 야당 시절 시모무라 하쿠분 씨나 요시이에 히로스케義家弘介 씨 등이 밝혀온 것은 '규정 (다)'를 삭제해서 조선학교를 배제하는 방식이었습니다. [실제 정권 교체가 이뤄진 직후인 2012년 12월 28일] 시모무라 문부과학상은 이 발언과 함께 납치 문제 해결을 위한 협상이 교착되어 있고, [조선학교와] 조선총련이 관계를 맺고 있다는 이유로 "지정을 하지 않는 방향으로 절차를 추진해가겠다는 뜻"을 아베 신조 총리에게 제안해 찬성, 승낙을 받았다는 발언을 합니다. 시모무라 문부과학상은 각료회의나 취임 기자회견에서 이런 발언들을 거듭했습니다. 다나카 선생님이 오사카지방재판소에 제출한 의견서는 이

9　　일본은 1979년 유엔의 사회권 규약을 비준하면서, 교육무상화 등의 내용을 담은 13조 등 일부 조항은 당분간 따르지 않겠다는 보류를 붙였다. 2010년 4월 고교무상화 제도가 시행되며 이 보류 조처는 사라졌다.―옮긴이

런 발언들이 조선학교를 무상화 대상에서 제외한 결정이 무상화법의 목적에 반하는 정치적, 외교적 이유에 의한 판단임을 증명한다는 내용이었습니다. 당시 문부과학성 담당자를 심문했던 도쿄 소송은 이 의견서의 내용을 뒷받침하는 것이었습니다.[10] 국가는 적용 배제를 하는 이유에 대해 규정[11] 13조(법령에 기초한 적정한 학교 운영)에 적합하다고 인정하는 데 이르지 못했다고 주장하지만, 소송에 대응하기 위해 나중에 만든 논리입니다. 실제는 [2013년 2월] 그 상위 규정인 (다)를 삭제해 조선학교가 신청서를 수정할 길을 막아버리고 말았습니다. '북한 때리기'의 일환이자, 자이니치 조선인에 대한 명명백백한 공격이었습니다.

북한에 대해서라면 뭘 해도 된다는 분위기가 있어서, 법 절차를 무시하고 엉망진창인 방식으로 일을 하니까요. 예를 들어 규정 15조에 대신은 심사회의 보고를 받아 판단한다고 써 있지만 보고를 받지 않았죠. 심사회는 2012년 9월 제7차 회의 이후 열리지 않았지만,[12] 만일 최종적으로 제외하기 전에 한 번 더 심사회를 열어서 "조선학교는 안 된다. 제외해야 한다"라고 쓴 보고서를 받는 형식을 취했다면, 이번 재판은 좀처럼 이기기 어려울 것이라고 생각합니다. 그렇지만 그것조

---

10 담당자 두 명이 법정에 나왔지만, 시모무라 문부과학상이 기자회견에서 말한 "납치 문제에서 [북한의] 진전된 입장을 확인할 수 없다"와 같은 [조선학교의 고교무상화 대상] 지정 거부 이유를 [문부과학성의 공식] 통지에선 언급하지 않은 모순에 대해선 일절 설명하지 못했다.

11 규정의 정식 명칭은 '공립고등학교에 관계되는 수업료의 무징수 및 고등학교 등 취학지원금의 지급에 관한 법률 시행규칙 제1조 1항 2호 (다)의 규정에 기초한 지정에 관한 규정'이다.—옮긴이

12 고등학교 등 취학지원금의 지급에 관한 심사회 1회 모임은 2011년 7월 1일 열렸고, 7회는 2012년 9월 10일에 열렸다. 2013년 12월 16일에 8차 회의가 열리긴 했다.—옮긴이

차 하지 않았습니다. 그래서 [재판 때] 심문에서 "심사회가 안 된다고 했습니까?"라고 질문하면, 문부과학성은 침묵할 수밖에 없습니다.

그 정도로 영향력 있는 정치가가 선거에서 이겼다며[13] 의기양양하게 '가자, 가자'하면서 쑥쑥 밀어붙이니까 관료들이 그에 따라가지 못했을지도 모릅니다. 어떤 의미에서는 관료들도 불쌍하다고 생각합니다. 그렇지만 이런 빈틈이 법정에서 철저히 드러났다는 것은 매우 큰일입니다. 그리고 심문에서도 나왔지만, 조선학교는 이미 그 단계 [시모무라 대신이 제외 방침을 밝힌 2012년 12월 말 시점]에선 [고교무상화 대상으로 지정해달라는] 신청을 한 상태였습니다. 그 결과를 기다리면서 매달리고 있는 때인 2013년 2월에 신청을 할 수 있는 근거 규정인 (다) 항목을 삭제한다는 것은 통상적으로 해선 안 되는 일입니다. 시모무라 대신이 취임하기 전부터 문부과학성 성내에서 심사의 한계[심사를 통해 배제하는 것의 한계]를 말하는 의견이 있었거나, 시모무라 대신이 기자회견에서 한 발언 내용을 지정하지 않는 이유로 삼는 것은 부적절하다거나…. 그쪽 나름대로는 사후에 정당화를 위한 논리를 세워보려 (다) 항목을 삭제한 것이겠지만, 너무 모양새가 좋지 못한 '구실'이었기 때문에, 뭐 여러모로 허술한 점이 나오게 되는 것입니다.

다시 한번 정리하자면 재판의 포인트는 어디에 있는 것입니까?

---

13   자민당이 중의원 선거에서 승리한 것은 2012년 12월 16일이고 2차 아베 정권이 성립한 것은 12월 26일, 시모무라 문부과학상이 조선학교를 고교무상화 대상에서 제외한다는 방침을 밝힌 것은 이틀 뒤인 28일이었다. 시모무라는 자민당 내 최대파벌인 아베파의 중진이자, 아베 전 총리의 측근이었다.—옮긴이

하나는 이른바 '북한 때리기'를 통해 아이들에 대한 교육을 [일본 정부가] 하고 싶은 대로 하게 허용해서는 '안 된다'라는 메시지를 분명히 내놓을 수 있을지입니다. 물론 교토(조선학교 습격사건[14])와 달리, 상대는 국가라는 공적 기관이니까 담당 재판관에게 상당한 용기가 필요하겠죠. 그래도 국가 쪽의 일 처리 방식이 너무나 지독합니다. 북한에 관해서라면 무슨 짓을 해도 좋다고 하면서 엉망진창으로 일을 하고 있습니다. 심문에서도 그 일부분이 드러났지만, 재판소 입장에선 구체적인 사실관계 안에서 정상적인 절차를 벗어난 일 처리 방식에 대해선 따끔하게 벌을 가해야 합니다. 이를 통해 결과적으로 '북한 때리기'를 명목으로 교육에 나쁜 짓을 하면 안 된다는 메시지를 내놓을 수 있을지가 하나의 포인트입니다. 행정법적으로만 보면 상대의 주장은 취약합니다. 관료들과 제대로 치밀하게 일 처리를 했다면 어쩔 수 없겠지만, 분명히 밝혀졌듯 상당히 무리한 것을 했으니까요. 정말 엉망진창입니다. [고교무상화를 적용할 수 없다는] 정식 처분 통지는 "인정하는 데 이르지 못했다"고 써 있습니다. '이르지 못했다'와 '인정할 수 없다' '노'라고 말하는 것은 다르죠. 결국 근거가 되는 (다) 항목을 삭제해 양쪽을 맞춰 '안 된다'고 하려 했습니다. 이렇게 절반과 절반 두 개를 모아 한 판으로 만드는 것처럼, 관료들이 어떻게든 논리를 만든 것이죠. 그들이 마지막으로 내놓은 나쁜 지혜라는 게 이것인데, 바로 그게 좀 괴상하다는 말입니다.

그리고 두 번째는 정치가 교육 내용에 개입하려는 것을 어디서 싸우고 맞서야 하는지에 대한 문제입니다. 가나가와현이 조선학교에 납치의 부독본[납치 문제를 다룬 부교재]을 쓰라고 지시하는 등 지금

---

14 5장 각주 10번 참조.─옮긴이

은 조선학교의 교육 내용에 정부가 개입하는 것이 당연한 것처럼 되어 있습니다. 교육 관계 전문가들은 왜 그런지 이에 대해 아무 말도 하지 않습니다. 사학의 독립 문제는 학교 제도의 핵심입니다. 이전에 어떤 회의에서 도시샤대를 졸업한 여성과 얘기를 한 적이 있는데, 그녀는 고베에 있는 미션스쿨의 선생님이 되기로 정해져 있었습니다. 그곳에 가는 이유에 대해 "나는 「기미가요」와 히노마루'가 싫어서 그것이 일절 없는 학교를 골랐다"고 설명했습니다. 즉, 학교라는 것은 밖에서 알아볼 수 있을 정도로 입장이 명확한 존재인 것이죠. 그것이 바로 사학의 교육 내용에 대한 독립성 문제입니다.

증인 심문에서 문부과학성 관료를 끌어내 이쪽의 주장을 입증했기 때문에 나는 이길 것이라 강하게 믿습니다. 그러나 이런 세상에서 재판관도 아베 총리의 눈치를 보려 할 것이고, 북한과 관계되는 것엔 뭘 해도 좋다는 분위기가 있어서 안타깝지만 거기에 재판관이 휩쓸릴지도 모릅니다. 그건 뚜껑을 열어봐야 알겠지만, 내용 면에서는 완전히 이기고 있습니다.

조선학교를 둘러싼 차별 사건으로 말하자면, '재특회' 멤버들이 저지른 옛 교토조선제1초급학교나 도쿠시마현 교조에 대한 습격 사건[15]에서는 승소 판결이 나왔습니다. 민간이 일으킨 차별 피해에선 승소의 흐름이 나

---

15   도쿠시마현 교직원조합이 시코쿠 조선초중급학교에서 시행한 지원 활동에 항의한다는 등의 이유로 2010년 4월, 교토 조선학교 습격 사건의 실행범 등 10여 명이 교직원조합 사무실로 들어가 자리에 있던 서기장에게 욕을 퍼붓고 폭행을 가한 사건. 형사사건이 되어 실행범 8명이 유죄판결을 받았다. 민사소송에서도 다카마쓰고등재판소는 2016년 4월 인종차별과 여성차별을 인정해서 습격범 등에게 436만 엔의 지불을 명했고, 그해 11월에 최고재판소에서 확정됐다.

오고 있습니다. 다음은 관제 차별에 대한 '부정'으로 이어질까 하는 점입니다.

하마마쓰의 보석점 입점 거부[16]라든가 오타루의 입욕 차별[17] 등에서 시작해 인종차별철폐조약이나 국제인권법을 조금씩 곱씹으며 민간끼리에 대해선 어느 정도 모양새가 만들어졌다고 생각합니다. 그중에 가장 큰 것이 교토 사건이어서 [2013년 10월 판결에선] 통상적인 손해배상으로는 생각할 수 없는 금액이 나왔습니다. 손해배상이라는 것은 통상적으로 '쥐똥' 같은 금액 정도라 '내가 이겼다'라는 증거로 삼는 것이지만, 그 사건은 대단했습니다.

그 금액이 나오게 된 하나의 원인은 학교가 입은 피해 리스트 때문이라 생각합니다. 그걸 정말 잘 만들었어요. 몇 시간 회의를 했고 [이에 대응하기 위해] 몇 명의 선생님이 나왔다거나 하는 것을요. 변호단이겠지만, 누구 아이디어였을까요. 나도 여러 재판에 관여해왔지만 그런 것은 처음 봤습니다. 또 하나는 피고 쪽의 증인 심문 때였나요, 우리 운동은 폭넓은 지지를 받고 있어서 한 번에 1,000만 엔을 내주는 사람이 있다고 자랑하듯 말했잖아요. 그러니 재판관도 애매한 돈으로는 따끔히 벌을 주려 해도 효과가 없으니까 과감하게 배상금[1,226만 3,140엔으로 최종 확정됐다]을 정하는 편이 낫다고 생각했

---

16 1998년 보석점에 입점을 거부당한 하마마쓰에 사는 브라질인 여성이 가게에 소송을 걸었다. 시즈오카지방재판소 하마마쓰 지부는 이듬해 인종차별철폐조약을 원용해 보석점 쪽에 150만 엔을 지급할 것을 명했다. 이 조약이 일본의 판결에 인용된 첫 케이스였다.

17 1999년부터 이듬해에 걸쳐 오타루 시내 온천시설 사용이 거부된 외국 출신자 3명이 시설과 더불어 차별 해소의 의무를 다하지 않았다며 오타루시에 소송을 걸었다. 삿포로지방재판소는 2002년 시설에 대해 계 300만 엔의 지불을 명하는 한편, 오타루시에 대한 청구는 기각했다.

을까요. 제도적으로는 손해배상 액수를 정하는 방법밖에 없으니까요.
그 재판은 훌륭했습니다.

> 교토조선학교 습격 사건과 관련해선 전후 보상을 둘러싼 여러 기각 판결
> 이나 거듭된 탄압 체험으로 인해 뿌리내린 사법제도에 대한 불신 등이
> [피해자들이] 실제 제소에 나서게 하는 데 장애물 역할을 했습니다. 늘
> 당사자의 각오와 결단으로 소수자를 둘러싼 상황은 변해왔지만, 그야말
> 로 이번은 국가가 상대입니다. 다시금 재판 투쟁을 결심한 원고 여러분들
> 이 내린 큰 각오와 결단에 대해 생각해보게 됩니다.

네, 그렇지만 다른 방법이 없었습니다. 그러니까 여당은 물론이고 야
당도 의지가 안 되니까요. 정치적으로는 해결할 방법이 없었습니다.
최대 야당인 민주당도 자신들이 처음에 배제하려고 했던 이들이니까
요. 결국 우리가 직접 공격을 위해 뛰쳐나갈 수밖에 없습니다. 물론
제소에 대해선 여러 논의를 했습니다. 그중 하나는 원고를 누구로 할
까였습니다. 아시다시피 도쿄에선 아이들이 원고가 되는 국가배상 소
송입니다. 실제 아이들이 정책에 의해 고통을 받았고, 취학지원금의
수급권자는 아이들이어서 학교에는 한 푼도 안 가니까요.
　　그렇다 해도 누가 원고가 되는지는 과제였고, 미지수였습니다.
애초 고등학생들이잖아요. 미성년이니까 재판을 일으킬 수 없습니다.
그래서 친권을 가진 사람이 제소하는 모양새로 해야 했습니다. 그래
서 변호단이 학교에 나가서 학생들과 간담회를 했습니다. 재판의 내
용과 원고가 되면 발생할 수 있는 일 같은 것을 설명했습니다. 많아야
네다섯 명, 최대 열 명 정도가 나와서 '이상 원고 대표 ○○○' 같이
쓸 수 있게 되면 좋겠다고 생각했습니다. 도쿄에서는요. 구성을 단순
히 하기 위해 원고는 지정 제외 처분이 나왔을 때의 재학생으로 한정

했습니다. 애초에 [원고가 될 수 있는 전체 학생의] 분모도 적지요. 아시겠지만 재판의 원고가 되면 조서를 써야 하고 여러 품이 듭니다. 어쨌든 최고재판소까지 가는 것은 틀림없으니 몇 년이나 속박이 되고, 증인 심문에 나가면 자신이 드러나고, 반대 심문 같은 것도 받아야 합니다. 그렇지만 희망자를 물어보니, "나도" "저도요"라고 원고 희망자가 계속해서 나왔습니다.

결국 도쿄는 62명이나 손을 들었습니다. 위험이나 부담을 고려한 뒤에 그래도 62명, 이 의미와 마음들을 생각해야 합니다. 그 정도로 용서할 수 없었던 것이고, 아이들이 자기 세대에서 해결하고 싶다고 생각한 것입니다. 재판관도 이 의미를 봐주었으면 좋겠습니다. 62명입니다. 게다가 이것은 보호자들도 허락을 해줘야 하는 겁니다. 위임장을 모두 내야 하니까요. 정말로 놀랐습니다. 생각해보면 도쿄도가 에다가와의 제2초급학교에 퇴거를 요구한 재판에서 싸워 이겨낸 경험도 영향을 끼치고 있는 거겠죠. 그 재판이 있었기 때문에 도쿄는 처음부터 주전장이었습니다. 도의 압력이 있었기 때문에 오히려 싸우는 자세가 생겨났다고 할 수 있습니다. 그래서 나는 늘 역사라는 것은 아이러니하다고 생각합니다.

16장

무상화 재판의 새 단계:

종축을 통해 본다는 것

고교무상화 문제를 둘러싼 인터뷰(15장, 2017년 1월) 이후 2016년 7월 히로시마 재판을 시작으로 오사카, 도쿄, 아이치, 후쿠오카의 각 지방재판소 그리고 오사카, 도쿄 양 고등재판소 판결이 나왔다. 결과는 오사카지방재판소를 빼고 모두 패소. 오사카지방재판소의 '역사적 승소'도 오사카고등재판소에서 뒤집혔다. 2019년 4월 단계에서 '승리로 남은 것'은 없다.

오사카지방재판소를 제외한 각 재판소는 모두 국가가 주장하는 '규정 13조(적정한 학교 운영) 적합론'[1]에 의거해 조선학교를 무상화 대상에서 제외한 처분이 문부과학성의 재량 범위 안에 있다고 인정하였습니다. 단적으로 말해 "북한, 총련과 관계가 있는 조선학교에 공적인 돈을 주면 유용할 가능성이 있다"는 것입니다. 하지만 애초에 '규정 13조'는 처분 통지 단계에서 [문부과학성이] 내놓은 '소송 대책'을 위한 논리였습니다.

법무성의 송무검사는 완전히 [재판의] 핵심 쟁점을 규정 13조로 옮겼습니다. 「산케이신문」이나 공안조사청의 기사나 보고서를 이용해 [조선학교의] 이미지를 실추시키는 시도를 하면서 재판관의 관심을 그쪽으로 끌어들여 목적을 달성하는 작전입니다. 결과론이지만 오사카와 나고야는 [규정 (다)를 삭제하는 2월 20일] 처분에 앞서 소송을 일으켰잖아요(양쪽의 소송 제기 시점은 2013년 1월 24일. 규정 13조

---

1 "지정교육시설은 고등학교 등 취학지원금을 수업료와 관계된 채권의 변제에 확실히 충당하는 등 법령에 기초해 학교를 적절히 운영해야 한다"는 내용이다. 즉, 고교무상화로 지원되는 돈을 다른 데다 쓰면 안 되고 수업을 진행하는 데 필요한 비용을 충당하는 데만 사용해야 한다는 의미다.—옮긴이

가 언급되는 [조선학교를 고교무상화 대상으로 지정하지 않는다는] 통지문의 문안이 기안된 것은 같은 해 2월 4일). 그래서 법무성 송무국 주변에서 '13조 부적합'[13조를 통한 심의를 통해 조선학교가 고교무상화의 대상으로 적합하지 않다는 판단을 내렸다는 논리]을 추가하지 않으면 위험하다고 알려준 게 아니냐는 생각이 듭니다. 문부과학성의 관료는 재판에 대해선 잘 모르니까요. 역으로 말하면 (다)항을 삭제한 것으로 [조선학교를 고교무상화 대상에서 제외한 것이 적법한지에] 대해선 판단을 회피하고, 13조 부적합으로 끌고 들어가야만 국가가 이길 수 있다는 것이죠. 그래서 국가는 전부 이 논리를 통해 승소하게 됩니다.

실은 (다)항을 삭제한 이유는 지금도 명확하지 않습니다. 국가쪽에선 (조선학교가) 13조에 따라 '부적합'하게 되었고, 이후 새 학교가 생기지도 않을 테니—왜 예언할 수 있는지는 모르지만—만약의 경우에 대비해 없애버렸다는 이상한 설명을 합니다. 그래서 오사카지방재판소는 [2017년 7월 19일 판결에서] (다)항을 삭제한 것이 [이 사건의] 본질이라고 있는 그대로 사안을 파악해, [조선학교를 무상화 대상에서 제외한 것은] 교육의 기회균등이라는 법의 목적과 무관계한 '외교적, 정치적 의견'에 기초한 판단이라 결론 내렸습니다. 이에 근거해 문부과학성의 처분은 법이 위임한 취지를 일탈하는 것이라고 판단해 원고 승소 판결을 내렸습니다. 한편 '규정 13조'에 대해선 오사카 지사에게서 행정처분을 받은 적도 없고 특단의 문제를 삼을 게 없으니 괜찮다고 했습니다.

그러나 [2018년 9월] 오사카고등재판소는 1심에서 내린 (다)항의 삭제에 대한 판단이 마치 없는 것 같이 [이를 전혀 언급하지 않고] 1심 취소 판결을 내렸습니다.

판결을 뒤집는 근거로 지방재판소에서 내린 (다)항에 대한 판단이 어떻게 틀렸는지 설명할 거라고 생각했는데 [그에 대한 설명이] 전혀 없었습니다. 나는 그 고등재판소 판결은 무엇을 말하는 것인지 하나도 모르겠습니다.

> 그렇긴 하지만, 오사카지방재판소의 1심에서 패한 뒤 국가가 당혹해하는 꼴은 끔찍했습니다. 그동안에도 「산케이신문」이나 공안조사청·공안경찰, 우익단체, 민단의 견해를 인용해서 [조선학교에는 문제가 많아 고교무상화 대상에서 제외해야 한다는] '혐오를 통한 입증'을 해왔지만, 그 비열함에 박차를 가했습니다. '일본 국민교육의 헌법'인 '교육기본법'을 끌어와 조선학교의 교육 내용에 트집을 잡거나, 교과서에 있는 김일성·김정일에 대한 경칭에까지 잔소리를 해댔습니다. 그 학교에 다닐지 말지 여부는 본인과 보호자가 정하는 것으로, 국가가 교육 내용에 대해 운운하는 것은 부당한 개입입니다. 국가는 그렇게 개입하는 '근거'를 교육기본법과 학교교육법 등에서 끌어왔지만, 다른 한편으로 '사학의 자주성'을 규정한 사립학교법에 대해선 언급하지 않았습니다.

총리가 [아베] 총리였으니까요. 관료들도 조금 더 자존심을 가져야 했지만, 결재 문서와 데이터를 조작하고[2] 아들이 입학하는 데 편의를 봐주게 하고,[3] 끔찍하죠. 이 사안과 관련해서 말하자면 입증을 하려는

---

2   모리토모학원 스캔들 뒤에 발생한 문서 조작 사건을 뜻한다. 2018년 3월 2일 「아사히신문」이 모리토모학원에 국유지를 헐값으로 매각한 담당 부처인 재무성이 관련 공문서를 조작했다는 의혹을 제기했고, 이는 사실로 확인됐다. 이후 이 문서 조작에 가담했던 재무성 직원은 스스로 목숨을 끊었다. 이 스캔들은 「신문기자新聞記者」 등의 영화로도 제작됐다.―옮긴이

3   사노 후토시佐野太 전 문부과학성 과학기술·학술정책 국장(당시 문부과학성 관

내용도 끔찍하지만, 그보다 일 처리 방식이 날림이었습니다. [재판을] 방청하고 있을 때 일인데, 오사카 재판에서 제시한 화면을 바꾸지도 않고 도쿄 재판에 제출해서 재판장에게 주의를 받았어요. 원고 쪽과 똑같은 증거를 제출해서 재판장에게 지적을 받아 법정에서 삭제 절차를 진행하기도 했습니다. 이쪽 제출물을 들여다보지도 않은 것이죠. 뭐, 국가가 패소하진 않을 거라고 깔보고 있었던 것인지도 모르지만요. 애초 '잊혀진 황군' 재판[4]을 통해 알게 된 조즈카 마코토 씨가 법무성의 송무국장(2015~2017, 현재는 재판관으로 복귀)이어서 좀 너무하는 것 아니냐고 편지를 썼었습니다. 물론 답장은 안 왔지만(웃음).

이는 사학의 자유, 사학의 자주성을 무시한 폭거인데도 교육법 관계자들이 거의 아무 얘기도 하지 않았던 것도 이해하기 어렵습니다. 헌법학자도 그렇습니다. 지금도 매년 수백 명의 조선 고급학교 학생들이 일본 정부로부터 '같은 인간이 아니다'라는 취급을 받으며 졸업하는 현실에 대해 아무것도 느끼지 않는 걸까요. 헌법상의 권리를 부정하는 폭거가 아닙니까. 자이니치 조선인이라면, 조선학교 학생이라면, 어떤 꼴을 당해도 상관이 없는 겁니까.

오사카와 도쿄에서는 고등재판소에서도 패소, 이후로는 최고재판소의 판결을 기다리는 단계가 되었습니다.[5] 다른 지역과 달리 도쿄에선

방장)은 2017년 5월 도쿄의과대학이 사립대학교 지원사업인 '사립대학 연구 브랜딩 사업'에 선정될 수 있도록 사업계획서 작성 방법 등에 대해 조언했다. 그 대가로 학교 쪽은 이듬해인 2018년 2월 치러진 이 대학 입시에서 사도 전 국장의 아들에게 가점을 줘 부당하게 합격시켰다. 도쿄지방재판소는 2022년 7월 "입시의 공평성을 해쳤다"며 사노 전 국장에게 징역 2년 6개월, 집행유예 5년 형을 선고했다.—옮긴이

4   9장, 10장 참조.

5   일본 최고재판소는 2019년 8월 27일 도쿄 재판을 시작으로 2021년 7월

헌법과 국제인권법을 무기로 국가의 차별과 조선학교의 정당성을 정면에서 호소하는 노선을 취하지 않고, 어디까지나 무상화법 위반으로 논점을 좁혔습니다. 이를 통해 [재판소가] 국가 패소 결정을 내리기 쉽게 한 거죠. 그런 도쿄에서도 패소한 것을 보며, 아베 정권의 근간이라 할 수 있는 이 문제에서 승소한다는 게 얼마나 어려운 일인지 느꼈습니다. 한편, 다나카 씨는 도쿄고등재판소 변호에서 나온 새 논점이 이후 재판에서 포인트라고 하셨는데요.

'(다) 항목의 삭제와 13조 부적합론'. 이 두 개의 처분 이유가 양립할 수 있는가 하는 문제입니다. 실은 재판의 초기 단계에서 가나가와대학의 아다치 가즈시安達和志 씨(행정법)가 의견 진술을 했는데, 그가 입을 열자마자 가장 먼저 한 말이 '두 개의 이유'의 논리적 정합성에 관한 것이었습니다.

　　(다)항의 삭제는 2013년 2월 20일 관보 고시로 이뤄졌고, [조선학교를 고교무상화의 대상으로] 지정하지 않는다는 처분의 통지가 학교에 도착한 것은 그 뒤입니다. 처분은 상대에게 전달된 단계에서 효력이 발생하는 것이니까 도착한 단계에서 (다)항은 이미 없었습니다. 즉, (다)의 하위 규정인 13조는 이미 존재하지 않게 된 것입니다. 법정에서 도쿄고등재판소의 아베 준阿部潤 재판장이 거기에 대해서 국가에 잇따라 설명을 하라고 요구하자, 국가도 "두 개의 이유는 논리적으로는 양립하지 않는다"고 답변합니다. 하지만 아베 재판장은 "처분의 성립과 효력의 발생은 별문제"라고 말하면서 관보 고시

27일 히로시마 재판까지 5개 지역에서 제기된 소송 모두에 최종 패소 판결을 내렸다.—옮긴이

보다 전(결재가 이뤄진 15일부터 고시 전)에 처분이 성립했다는 이유[6]로 원고 패소 판결을 유지했는데, 법률적으로 볼 때 큰 문제입니다. 기타 무라 요이치 씨(도쿄변호단장)는 이 논리는 최고재판소 판례에 반하기 때문에 뒤집힐 것이라고 했습니다.[7] 어쨌든 이것이 최종적인 논점이 되리라고 생각합니다. 새로운 전개입니다.

13조가 성립되지 않는다는 게 명확해지면, [조선학교를 지정하지 않을 수 있는] 논리적인 이유는 (다)항의 삭제밖에 없습니다. 이는 조선학교의 재신청을 불가능하게 만들기 위한 폭거, 법의 위임 범위를 일탈한 재량권 남용이 됩니다.

(다)항의 삭제는 그야말로 정치적인 것입니다. 이 점을 재판에서 제대로 다뤄야 한다고 생각합니다. 그에 더해 조선학교는 이미 신청을 한 상태였습니다. 이후엔 (다)항이 없어졌으니 [더는] 신청을 할 수 없게 됐죠. 어쨌든 심사 중에 그 근거 조항을 없애버리는 게 허용되는 것이냐는 말입니다. 그러니까 '규정 13조'를 꺼내든 것이라 생각합니다.

---

6   다소 까다로운 내용이지만 설명하면 다음과 같다. (다)항이 삭제된 것은 2013년 2월 20일이고, (다)항의 하부 규정(13조)을 근거로 조선학교를 고교 무상화 대상에서 배제한다는 통지가 이뤄진 것은 그 이후이다. 처분은 통지를 통해 효력을 발휘하니, 학교에 처분 통지가 도착한 시점엔 이미 (다)항이 삭제돼 하부 규정도 존재하지 않게 된 상황이었다. 이렇게 보면 조선학교는 존재하지 않는 규정에 근거해 고교무상화 대상에서 제외된 셈이 된다. 하지만 도쿄고등재판소에선 (다)항이 사라지기 닷새 전인 15일 통지문에 대한 결재가 이뤄졌으니 배제 결정이 벌써 성립한 것이라고 판단했다.—옮긴이

7   www.courts.go.jp/app/hanrei_jp/detail2?id=52250

**아베 재판장은 스스로 국가의 모순을 추궁해놓고, 정반대의 판결문을 썼
네요.**

너무 나간 얘기일지도 모르지만, 도쿄고등재판소 판결의 최종 항에
는 판사 세 명 가운데 한 명이 서명하지 않았습니다. 본 적이 없는 일
이에요. 인사 이동을 하면 대필하는 경우는 있지만, 그 재판관은 아
직 같은 부에 있습니다. 재판장의 소송 지휘와 너무나도 다른 지독한
판결이 나와버려 [서명하지 않는 방식으로] 저항한 게 아닌가 생각해
봅니다. 최고재판소는 소수의견을 말할 수 있지만, 지방재판소와 고
등재판소는 [부장판사의 의견에] 전부 따라야 하기 때문이죠. 덧붙여
최고재판소로 간 오사카와 도쿄의 상고심은 양쪽 모두 제3소법정에
서 담당하게 됩니다. 2019년 3월 20일 도쿄대학의 우가 가쓰야宇賀克
也 씨(행정법)가 최고재판소 판사로 임명돼 제3소법정에 배속되었습
니다. 행정법 전문가입니다. 지난 두 개의 처분 이유를 둘러싼 문제를
어떻게 다룰지 주목하고 있습니다.

**소송으로부터 6년, 협의의 재판 투쟁에선 엄혹한 결과가 이어지고 있습
니다.**

그래도 지금은 역시 재판소에 맡길 수밖에 없다고 생각합니다. 도쿄
재판에서도 문부과학성의 담당자를 증인으로 채택한 재판장이 돌연
인사이동으로 바뀐다거나, 재판소 자체가 좀 이상한 상황이지만요.
　　아베 총리는 김정은 위원장과 만나겠다고 말해놓고,[8] 이 문제

8　　아베 신조 전 총리는 2018~2019년 추진된 한반도 평화 프로세스에 따라 남

를 방치해도 되나요? 그런 의미에서도 사법의 판단은 중요합니다. 재판이 이쪽의 완전 패소로 끝나면 정치가 나설 수 있는 여지가 사라집니다. 좀 이상한 얘기를 하자면, 정말로 아베 씨의 편을 들고 싶다면 재판소가 공정하게 판단해서 사법의 긍지를 보여줘야 합니다. 정치 쪽에서 언제, 어떤 방식으로 [이 문제 해결을 위해] 움직일지 알 수 없다는 문제가 있겠지만, 나가타초[일본 국회]가 지금 같은 상황이니 신중히 지켜보고 있습니다. 그렇다 해도 왜 민주당 시대에 이걸 못했는지 곰곰이 생각하게 됩니다.

> 그런 의미에서 2019년 3월 19일에 움직임이 있었습니다. 참의원 문부과학위원회에서 입헌민주의 가미모토 미에코 참의원 의원이(일교조 출신) 조선학교의 고교무상화 배제를 '차별'이라고 단정하는 입장에 서서 시바야마 마사히코柴山昌彦 문부과학상(자민당)에게 견해를 물었습니다. 가미모토 씨는 민주당 출신으로 조선학교에 대한 [고교무상화] 적용이 어렵게 되었던 시기에 문부과학성의 정무관으로 일했었습니다. 민주당 시대에 저지른 잘못에 대한 복수를 꼭 해줬으면 좋겠습니다. 이것도 다 학교 관계자나 지원자들이 포기하지 않고 운동을 지속해준 결과겠지요.

제2 아베 정권이 발족한 뒤 처음 있는 일이고, 커다란 움직임이라고 생각합니다. 대신의 답변은 이 문제의 핵심이라고 말해도 좋을 겁니다. 가미모토 의원이 "법령에 기초한 적절한 학교 운영이 이뤄지고 있다고 확증할 수 있다면 [조선학교를 고교무상화의 대상으로] 지정

북 관계가 가까워지고, 2018년 6월 12일 싱가포르에서 사상 첫 북미 정상회담이 실현되자 자신도 김정은 북한 국무위원장과 직접 만나 납치 문제를 해결하고 싶다는 뜻을 여러 차례 밝혔다.―옮긴이

한다는 것인가"라고 하는 질문에 시바야마 대신은 "(심사의) 근거 규정 자체가 사라져버린 상황이기 때문에 법령에 기초한 적절한 학교 운영에 관한 확증의 유무에 관계없이 (조선학교가) 지정되는 일은 없을 것이다"라고 말했습니다.[9]

즉, 문부과학상이 "규정 13조에 적합하다고 인정하는 데 이르지 못했다"라며 지정에서 제외하는 처분을 내렸습니다. 하지만 (다)항이 있는 한 조선학교도 신청 대상이 됩니다. 다음 해에 재신청할 수 있고, 행정 쪽이 지적하는 '불비/부족'의 여러 내용이 해소되면—행정은 이를 피처분자에게 설명할 법적인 의무가 있으니까—결국은 조선학교에도 적용할 수밖에 없게 됩니다. 그래서 근거 규정인 (다)를 삭제하고 조선학교를 대상 그 자체에서 제외해 앞으로도 영원히 신청할 수 없도록 했다는 것이죠. 너무나도 노골적입니다.

뭐, 재판에서 이기고 있으니까 결국은 본심이 나오고 만 것이죠.

오사카지방재판소를 제외한 각 지방재판소, 오사카와 도쿄 양 고등재판소 모두 국가의 주장을 전면적으로 인정했습니다. '관제 혐오'에 사후 승인을 해준 것입니다. 행정과 입법에 어떤 식의 해결을 촉구한다는 '부언'을 더한 판결도 없습니다. 지금까지 다뤘던 자이니치 지방 참정권 운동이나 조위금법 같은 것들은 부언을 근거로 운동을 했기 때문에 얻어낸 결과입니다. "사법이 판결로 규제를 하진 못했지만, 이를 지렛대 삼아 [문제

---

9   http://kokkai.ndl.go.jp/SENTAKU/sangiin/198/0061/1980319006100
3a.html

를 해결했으면 한다]"라는 '마음'이 조선학교에 대해선 없습니다. 오히려 재판관 다수가 인종주의에 오염되어 '북한과 관계있는 것에는 어떤 짓을 해도 된다'라는 풍조에 물들어 있는 현실이 분명해졌습니다. 이런 정치와 재판을 지탱하고 있는 여론을 바꿔야 합니다. 언론의 역할이 중요합니다만.

언론도 문제입니다. 무상화 문제는 아이들의 교육 문제가 아니라 '북한, 조선 문제'라는 틀이 만들어져 있다는 느낌입니다. 표면적으로는 다소 움직이지만, 기본은 변하지 않습니다.

요즘 현장 기자들은 기본적으로 납치 문제가 발각된(2002년 9월 17일) 이후 경력을 시작한 이들로 '북한 공포'를 흡수하며 자랐습니다. 반차별이나 식민지 책임이라는 원리 원칙에 서서 기사를 쓰고 말하지 않는 매스미디어의 모습은 "조선(을 대표로 하는 옛 식민지)을 소거하는 전제 위에 존재하는"(권혁태) 이 나라와 사회의 병리를 반영하는 것이라고도 생각합니다. 이를 어떻게 되돌릴지가 운동의 과제입니다. 그 여론을 바꿀 수 있는 하나의 방법으로 각지에서 서명이나 가두선전 활동을 하고 있습니다. 다나카 씨도 문부과학성 앞의 '금요행동'[10]에 거의 매번 참가하고 있습니다.

시간이 있으면 갑니다. 조선대 학생들과 조선고급학교의 현역 학생들이 와서 발언합니다. 자신들이 어떻게 살아왔는지 등에 대한 얘기를요. 보호자가 말할 때도 있습니다. 인상적이었던 것은 한 보호자는 직장인이었는데, 아이들의 학교가 이런 일을 당하고 있다고 회사에서

10   14장 참조.

얘기하니 일본 사람이 "그건 정말 이상하네요"라고 말해줘서 기뻤다고 했습니다. 이런 커뮤니케이션이 지금까지는 없었다고요. 물론 침을 뱉는 경우도 있지만요. 조선학교의 관계자들은 [자기들 나름의] 커뮤니티가 확립되어 있어서 그 안에서 살아가는 측면이 있지 않습니까. 그런 게 조금씩 변화되고 있는 것일까요. 앞으로 갈 길이 멉니다.

민족학교를 중심으로 만들어졌던 동포 커뮤니티가 약해진 데다, 차별만이 밖으로 튀어나와 격화되고 있는 부분도 있습니다.

에다가와 재판 때 지역에 가서 함께 밥을 먹고 있으면, "왜 일본 분이 여기에"라며 진지하게 질문을 받는 경우가 있었습니다. 거기는 조선학교를 핵으로 하는 공동체가 만들어져 있잖아요. 거기에 [재판을 통해] 다양한 일본인이 관여하게 되면서, 전과 비교해보면 일본인과의 관계가 상당히 바뀌지 않았나 생각합니다. 여기에 어떻게 응답해나갈 것인가, 일본인들에게 이런 질문이 던져져 있다고 생각합니다.

그리고 현재 조선학교가 위기에 몰려 있기 때문에, 조선대학교를 나와 교사가 되어 자기 모교를 지키고 싶다, 무너지지 않도록 내가 교사가 되기로 결의했다고 말하는 학생들이 있습니다. 자신들이 놓인 위치나 현재 상황을 지금까지와 달리 [냉철히] 인식하고 있다고 느낍니다. 굳이 말하자면, 단련되고 있는 거죠. 그래서 어떻게든 이쪽에서도 의원들에게 쐐기를 박아야 한다고 생각합니다. 하나의 포인트는 앞서 말한 외국인학교 지원법[11]입니다. 그 목적의 정신[12]과 현재를 연

---

11 13장 참조.
12 15장 참조.

결할 수 있는가죠.

'무상화세대'의 법조인 희망자도 하나둘씩 나오고 있으니까요. 차별과 투쟁하려는 명확한 목적의식을 가진 사람들입니다. 다시금 조선학교를 지키고, 발전을 도모하는 싸움과 함께하고 있는 마음에 대해서 말해주시죠.

일본을 두고 배외적이고 자기중심적이라고 말하지만, 그 이전에 나는 이렇게 생각합니다. 식민지가 갖고 싶지만 이민족을 끌어안으면 자신들의 단일성, 민족성이 무너진다. 그래서 마음은 굴뚝 같았지만 식민지 지배를 하지 않았다고 한다면 무슨 말인지 이해는 됩니다. 그렇지만 식민 지배에 나서 이민족을 지배한 이상, 그로 인해 발생하는 문제들을 어떤 모양으로 역사 안에서 소화해갈 것인가 하는 과제가 생겨납니다. 문자 그대로 '불가역변화'[한번 이뤄지면 되돌릴 수 없는 변화]라고 생각합니다.

야나이하라 다다오는 전후에 "이제 식민지는 없어졌다"고 말하면서 '식민지정책론'이란 강좌명을 '국제경제론'이라고 고쳤습니다. 하지만 식민지가 사라졌어도 문제는 남아 있습니다. 그렇기에 이런 '부정적인 역사'를 어떻게 긍정적인 것으로 변화시킬까에 대해 생각해야 합니다. 또 예전에 이민족을 지배했던 사실을 제대로 인식하고 새로운 사회를 만든다고 할 때, 조선학교는 가장 중요한 존재이고 일본 사회에 귀중한 자산입니다.

내 의견을 묻는다면 조선학교는 솔직히 말해 자이니치들에게 보물이지만, 동시에 일본 사회에도 보물이라고 생각합니다.

이번에 고교무상화를 통해 1조교와 외국인학교가 동등하게 취급받아 공적자금을 투입하게 되었습니다. 한발 전진한 것입니다. 이를 다시금 전진시켜 양자를 대등하게 만들어, 공립과 사학을 선택하는 것처럼 1조교와 외국인학교도 선택할 수 있도록 하는 게 바람직합니다.

전국 고등학교 축구 선수권 결승에서 조선학교와 브라질학교가 맞붙게 되는 시대가 와도 이상하지 않은 것입니다. 그런 것을 생각할 때, 나는 한국이 대단하다고 생각합니다. 참정권 투쟁 때 봤던 문서인데 "일본의 식민지 지배에 저항하는 과정에서 형성되어버린 단일민족론과 순혈주의를 극복해야 한다"라고 주장하고 있었습니다. 이는 잘못된 것이고, 새로운 한국은 다양성을 존중하는 사회가 되어야 한다고요.[13] 그것이 한국의 외국인 정책을 뒷받침하는 사상적 배경이라고 생각합니다.

다나카 씨는 일관되게 역사를 종축[역사적 배경을 생각하며 시계열적으로]으로 봐야 할 필요성을 강조하고 있습니다.

그렇게 해야 이번에 도입한 '새 재류 자격'으로 새로운 외국인이 들어오는 시대[14]에 대응할 수 있습니다. 이번에 신설된 재류 자격에서는 드디어 [이전 제도인] 기능실습생[한국의 산업연수생제도]을 설명

---

13 12장 참조.

14 '특정기능'이라는 새로운 재류 자격을 뜻한다. 건설, 조선, 농업, 어업 등 14개 업종에서 단순노동을 인정하는 1호와 그 가운데 5개 업종에서 가족 체제와 재류 기간 갱신이 가능한 2호로 나뉜다. 지금까지 일본 정부는 "외국인 단순노동자는 인정하지 않는다"는 입장을 견지하는 한편, 노동력 부족을 보충하기 위해 일본계 외국인에게 특화된 '정주자'나 유학생에서 분리한 '연수'라는 자격을 만드는 등 '노동자가 아닌 노동자'인 '기능실습제도'를 만들어 해외로부터 값싸지만 [노동자로서의] 권리가 없는 노동력을 수입하기 위한 샛길을 만들어왔다. 노동력을 외국에서 받아들인다는 것을 정식으로 내건 첫 제도인데, 아베 전 총리 등은 어디까지나 이민을 받아들이는 것은 아니라고 강변하고 있다.

하며 겉으로 내세워온 '국제공헌'[15]이라는 설명이 빠졌습니다. 일본계 외국인을 특별히 받아들였던 법 개정이 1989년(시행은 1990년)에 이뤄졌으니까, 30년 늦게 진짜 외국인 [노동자]를 받아들이는 결단을 내린 것이라 할 수 있습니다. 원래대로라면 일본계 외국인을 받아들일 때, [사회에] 노동력이 부족해져서 외국인의 힘을 빌려야만 사회가 돌아간다. 그러니까 우리는 각오를 하고 이민 국가로 이행한다고 선언해야 했습니다. 그와 함께 통합정책을 전개했어야 했죠. 그 문제에서 가장 뒤처져 있는 게 외국인학교, 교육 문제이고 그 뿌리에 조선학교 문제가 있습니다.

일본에도 '이민정책학회'가 있는데, 10주년 기념논집이 나와 읽어보았더니 거기에 이 부분에 대한 언급이 없었습니다. 참정권과 차별금지법의 문제까지 포함해 필수적인 문제라고 생각하지만, 분석만 있을 뿐 정책 제언이 없었습니다. '65년 통달'[16], 외국인학교 법안, 야마시타 에이치 씨의 '지원법'[17], 고교무상화 배제와 같은 문제들 말입니다. 정책이라는 것은 이제껏 쌓여온 경위라는 게 있으니까 종축을 통해 지금까지의 역사를 들여다보아야 합니다.

새로운 문제가 발생하고 있고, 아직 청산되지 못한 과거도 분출하고 있습니다.

---

15   실제로는 노동력이 부족해 외국인들을 불러들이면서, 겉으로는 일본이 산업연수생을 교육해 본국에 돌려보내는 방식으로 국제공헌을 하고 있다는 설명.—옮긴이

16   13장 참조.

17   의무교육단계의 외국인학교에 대한 지원에 관한 법률안. 야마시타 의원이 2010년 6월 참의원에 제출했으나 성립되진 않았다.—옮긴이

그래서 입관법 개정('새로운 재류 자격' 문제)과 옛 징용공 문제[18]가 겹쳐
지는 것입니다. 역사라는 것은 아이러니하지요. 예전 문제를 질질 끌
고 있는 사이에 새 문제가 발생합니다. 그래서 옛 징용공이 아니라 구
조선반도 출신 노동자[19]라고 하고, 외국인 노동자가 아니라 외국 인재
라고 합니다. [예전 모습과 지금 하는 것들이] 기분 나쁠 정도로 닮았
습니다. 일본 사회에서 [외국인들과] 어떻게 함께 살아갈 것인지가 아
니라, 걸리적거리는 존재 비슷하게 취급하는 겁니다. 옛 징용공도 [일
본인들과] 함께 일을 시켰는데, 그것은 별건이라고 하는 거죠. 구질구
질합니다.

　　옛 징용공 문제에서 말하자면, 나는 네 가지 문제가 있다고 생
각합니다. 그것은 2012년 한국 대법원이 '원고 패소'인 원심을 고등법
원으로 되돌려 보낸 것이죠. 그래서 고등법원에서 청구권을 인정해서

18 　일본 통치 아래 조선이나 중국에서 끌려와 강제 노동을 강요당한 조선인, 중
　　　국인 전 노동자들과 그 유족들이 당사자 기업에게 사죄와 보상을 요구하고 있
　　　는 문제를 가리킨다. 정권 교체 후 한국에서는 2018년 이후 일본기업의 배상
　　　책임을 인정하는 판결들이 이어지고 있고, 한일청구권협정을 통해 해결됐다
　　　는 입장인 일본 정부는 이에 대해 크게 반발해 외교 문제로 발전했다.

19 　일본 정부가 강제 동원 피해자 문제를 부르는 호칭은 조금씩 변해왔다. 일
　　　본은 1938년 전쟁 수행을 위해 국가 총동원 체제를 만든 뒤 처음엔 '모
　　　집'(1939년 이후), 다음엔 '관 알선'(1942년 이후), 마지막엔 '징용'(1944년 이후)
　　　등의 방식으로 조선인 노동력을 동원했다. 한국에선 이를 모두 총칭해 강제
　　　동원 피해자 문제('강제 징용'은 그런 의미에서 정확하지 않은 표현이다)라 부르지
　　　만, 일본에선 국가가 직접 개입해 인력을 동원한 징용만으로 문제를 한정하
　　　기 위해 한동안 '징용공'이란 용어를 사용했다. 하지만 아베 총리는 2018년
　　　11월 1일 중의원 예산위원회에서 한국 대법원 판결의 원고들은 징용이 아닌
　　　모집에 응한 이들이라는 의미에서 '옛 조선반도 출신 노동자'라는 표현을 사
　　　용하기 시작했다. 즉, 일본 정부가 징용한 이들이 아니니 정부가 강제한 것이
　　　아니고, 따라서 자신들에게 책임이 없다는 의미였다. 하지만 1938년 일본이
　　　국가총동원법을 제정한 뒤 시행한 모든 인력 동원은 전쟁 수행을 위한 '강제
　　　동원'으로 봐야 한다는 것이 학계의 일치된 견해다.—옮긴이

배상금 지급을 명령하는 원고 승소 판결을 내렸습니다. [일본의 피고] 회사가 불복했기 때문에 상고했지만, 나오는 판결은 정해져 있었죠. 문제는 그 단계에서 박근혜 대통령이 [판결이 나오면 일본과] 외교적으로 상황이 곤란해지니까 대법원의 최종 판결이 나오지 못하게 막고 있었던 것이죠. 정권교체가 이뤄져, 그 이상한 상황을 정상적으로 되돌려놓은 것뿐입니다. 이명박 정권 아래서 대법원 판결(2012년)이 제시한 규정된 노선을 이어간 것뿐인데, 왜 이렇게 소란들을 피우나요? 문재인 정권이 마음에 안 든다고 해서 그렇게 하면 안 되죠.

그리고 '청구권'이 '있는지' '없는지'의 문제입니다. 일본에서 일본인 피폭자나 시베리아 억류자들의 소송이 있었을 때 일본 정부는 미국과 소련에 대한 청구권은 포기했지만, 이는 외교적 보호권을 포기한 것일 뿐 개인 청구권에는 손을 대지 않았다고 말해왔습니다. '위안부' 문제가 나왔을 때도 그 연장선상에서 당연한 문제라면서, 야나이 슌지柳井俊二 조약국장도 "일한 양국이 국가로서 갖고 있던 외교보호권을 상호 간에 포기한 것으로 … 개인의 청구권 그 자체를 국내법적인 의미로 소멸시킨 것은 아닙니다"(1991년 8월 27일 참의원 예산위원회)라고 답했습니다. 이를 전제로 한국의 재판소가 판결한 것인데, 아베 총리는 "1965년 일한 청구권협정에 의해 완전하고 최종적으로 해결한 것이다. 이번 판결은 국제법에 비춰봐도 있을 수 없는 판단"이라고 말하고 있으니까(웃음). 한국이 골대를 움직이고 있다고 하지만, 실은 일본이 움직이고 있습니다.

그리고 한국에 지불한 무상 3억 달러입니다. 국회에서 이 돈의 성질이 무엇이냐는 질문이 나오자, 당시 시이나 에쓰사부로椎名悅三郎 외무상이 '독립축하금'(1969년 11월 19일 참의원 본회의)이라고 답변했습니다. 그래 놓고 3억 달러로 모든 문제가 끝났다고 하는데 이 또한 골대를 움직이고 있는 거라고 볼 수 있죠.

국제사법재판소ICJ에 제소하겠다는 위세 좋은 의원들이 있지만, 청구권협정 3조에 분쟁이 발생하면 양국과 제삼국 세 명의 중재위원 회를 만들어서 거기서 해결하기로 되어 있습니다. 갑자기 국제사법재 판소에 제소하면 비웃음을 당하고 맙니다. 그 전에 해야 할 절차가 있 으니까요. 실은 청구권협정 3조(분쟁 해결)에 처음 주목하게 된 것은 '위안부' 문제에 관한 한국 헌법재판소 결정(2011년 8월)이 나왔을 때 입니다. 그때 [한국이] 중재위 설치를 요구했지만 일본이 응하지 않 았습니다. 그 뒤에 옛 징용공 문제에선 일본이 중재위 설치를 요구했 지만, 한국이 응하지 않고 있는 듯합니다. 이런 경위를 고려한 인식을 가져야 할 필요가 있습니다.

전쟁을 경험하신 분으로서, 최소한의 금도가 사라진 듯한 요즘 세태에 대해 생각하시는 바는요.

작년(2018년) 말에 좀 특별한 원내집회에 갔었습니다. 유엔 인종차별 철폐위원회에서 일본에 이상한 권고를 했다면서 갑자기 열린 우파 집회였습니다. 정면에 '히노마루'가 걸려 있고, 「기미가요」를 불렀습 니다. 그리고 나서 등단자가 내세운 것이 파리강화회의[20](1919년)에서 마키노 노부아키牧野伸顕(전권 부대표)가 내놓았던 인종차별 철폐 제안 으로, "일본은 세계에서 가장 앞서 인종차별 철폐를 제기한 선구자인 데, 인종차별 문제에서 부당한 권고를 받았…"고 하는 겁니다. 그 러나 마키노가 구체적으로 뭘 요구했는지는 일절 다루지 않았습니다. 실제 마키노는 해외에서 차별로 인해 냉대를 받으며 고통받고 있는

---

20   제1차 세계대전 후 배상 문제와 그 후 세계질서에 대해 논의가 이뤄진 회의.

일본인 이민자들을 염두에 두고 국제연맹규약에 이런 조항을 만들어야 한다고 주장했습니다. "모든 국가의 인민에 대해 그 인종 및 국적에 따라 법률상 또 사실상의 어떤 구별도 만들지 말고, 모든 점에 있어서 균등 공평한 처우를 할 것을 서약한다"고요. 우파는 100주년 기념집회에 대해선 말하지만, 일본 안에 현재 존재하는 여러 인종차별을 철폐하는 문제에 대해선 관심이 없는 듯합니다.

같은 해에 일본은 3·1독립운동[21]을 철저히 탄압했습니다. 일설로는 7,000명 이상의 조선인이 살해당했다고 합니다. 백인이 유색인종에 가하는 차별만을 '차별'이라고 보면서, 아시아를 침략하고 식민지 지배를 하면서 [그와는 모순되는] '반인종차별'에 대한 주장을 동시에 내놓고 있습니다. 인간의 역겨움이라는 것을 느끼게 됩니다.

나도 우파가 마키노를 자랑스럽게 생각하고 있다는 것은 알고 있었지만, 중요한 것은 그가 거기서 무엇을 주장했는지입니다. 그런 것은 당시에 주장해도 [실현되기엔] 무리가 있는 내용이었습니다. 예전에 일본이 가난해서 많은 이민자를 내보낼 때, 사람을 송출하는 나라 정부로서 이민 간 나라에서 [일본인들이] 차별과 냉대에 고통받는 것을 어떻게든 해결해보려고 생각해 내놓은 발언입니다.

지금 일본은 외국인을 대체 어떻게 받아들이고, 어떻게 대우하

---

21 식민지 조선에서 일어난 최대 독립운동. 1919년 3월 1일 서울(당시 경성)의 파고다 공원에 모인 사람들이 독립선언문을 낭독하고, "조선 독립 만세"를 외쳤다. 군경에게 철저한 탄압을 받아, 엄청난 수의 희생자가 나왔지만 움직임은 조선 전토에 확대되어, 몇 달 동안이나 이어졌다. 조선총독부는 무단통치를 문화통치로 전환할 수밖에 없게 됐다. 같은 해 4월에 중국 상하이에서 망명정부인 '대한민국 임시정부'가 결성되어 이후 독립운동으로 연결됐다.

고 있는지 생각하는 데 있어 매우 중요한 과거의 사례입니다. 그렇지만 우파는 "세계에서 최초로 인종차별을 호소한 것은 일본이다"라는 점만을 주장합니다. 그 일본이 지금 무슨 일을 하고 있는지도 생각해 줬으면 합니다. 이런 것을 실마리 삼아 올해 2월 13일엔 어떤 신문이든 사설을 써줬으면 한다고 생각했습니다(실제로는 기사조차 없었다). 사설이 아니라도 학예란이나 평론에다가요. 그래서 100년을 생각했을 때 무엇이 떠오르는지를 생각해보면 어떨까라고. 그런 다음에 외국인을 배척하는 데 머리를 쓸 게 아니라, 이 사회에서 함께 살아가기 위해 다른 국가는 하지 못하더라도 우리는 이것을 한다는, 그런 뭔가 자긍심을 느낄 수 있는 제안을 해야 합니다.

조선학교와의 관계에서 말한다면, 제2차 조선학교 폐쇄령(1947년)으로부터 70년입니다 '단체 등 규정령'으로 재일조선인연맹(조련)이 해산된 것으로부터도 70년입니다. 이를 실마리로 종축으로 사안을 고민할 수 있지 않을까 생각합니다.

좀 더 말하자면, 이전(1990년)에 페루에서 알베르토 후지모리 Alberto Fujimori 대통령이 당선됐을 때 「뉴스23」을 봤더니, 페루와 그의 고향인 구마모토와 TBS(도쿄방송)가 3원 중계를 하고 있었습니다. 그 방송에서 지쿠시 데쓰야筑紫哲也 씨[일본의 저널리스트이자 뉴스 앵커, 1935~2008]가 "일본의 시청자를 위해 일본어로 메시지를 부탁합니다"라고 말했습니다. 그랬더니 그는 "아니요, 구마모토 사투리가 섞인 일본어가 가능하다는 것을 알아주시니 감사하지만, 나는 일국의 대통령이기 때문에 일본어로 얘기하는 것은 불가능합니다"라고 스페인어로 답변했습니다. 나도 혈기가 있는 편이니까 바로 TBS에 전화해 "그건 방송국의 대본에 써 있었던 것인가, 아니면 애드리브인가"라고 물었습니다. [뭐라 답은 하는데] 무슨 얘긴지 답변의 요점을 알 수 없었습니다. "알겠으니까 광고 중에 메모를 넣어서 시청자들에게서 이런 지적이 있었다는 것을 제대로 전달하라"고 말하고 끝까지 봤지만, 아무 반응도 없었습니다.

페루는 인구가 2,700만 명 정도 되는 국가로, 일본계는 외무성의 추계로 7만 명 정도입니다. 일본계 사람들이 물구나무를 서더라도 후지모리 씨를 당선시키는 것은 불가능합니다. 즉 보통의 이민 2세인 것입니다. 그래서 그가 어디 출신이든, 어떤 이름을 사용하는 사람이든 적임이라고 여겨지면 대통령으로 선출될 수 있는 페루와 일본을 비교할 때 무엇이 보이는가 [생각해야 합니다]. 예를 들어 일본에서 박 씨가 총리대신이 된다는 것을 상상할 수 있겠느냐 하는 것입니다. 그는 일국의 국가원수가 되었지만, [후지모리라는] 부모의 이름을 계속 사용하고 있습니다. 하지만 일본에서는 아직 국적이 일본이 아닌 많은 자이니치 조선인이 일본의 이름(통명)을 사용하고 있습니다. 이 차이는 무엇일까요. 이런 감각을 갖는 것은 매우 중요하다고 생각합니다.

예를 들어 9·11(2001년)에 미국의 교통부장관은 일본계인 노먼 미네타Norman Mineta였습니다. 그는 열 살 때 와이오밍주 하트마운틴의 일본계 수용소에 수용됐던 경험이 있습니다. 2만 달러의 보상금을 받았죠. 그 소년이 교통부장관이 되어 진두지휘를 하며 전 국토를 날아다니는 비행기를 1주 정도 멈췄습니다. 이런 사람은 일본에서 이름이 떠들썩하게 전해집니다. 이런 것들을 생각하면 여러 가지가 보입니다. 앞선 후지모리 대통령은 그 뒤 실각해 일본으로 도망쳐 와서 가메이 시즈카亀井静香 씨의 국민신당에서 참의원에 출마합니다. 낙선했지만 그 누구도 이중국적 운운하지 않았습니다. 그는 일본에 혈통 기반이 있으니 괜찮지만, 렌호蓮舫 씨[입헌민주당의 여성 정치인]는 대만 출신이니까 공격을 당합니다. 양쪽 모두 이중국적입니다. [이런 문제를 해결하기 위해] 좀 더 무언가를 할 수 없을까, 나는 언제나 생각합니다. 그래서 북방영토[22] 운운하려면, 그쪽 주민에게 우리 일본이 제대로 하겠다고 상대가 깜짝 놀랄 만한 제안을 하면 어떨까 생각합니다. 의견 차이는 있을 수 있지만 야당도 언론도 북방영토에 사는 러시아 주민의 처우에 대해선 화제에 올리지 않는다는 게 마음에 안 듭니다. 제가 지금 특별한 얘기를 하는 게 아닙니다. 이것도 역시 [내 운동의 원점이 되었던] 아시아문화회관에서의 10년이 영향을 주고 있는 것일까요.

그렇다 해도 '공정'에 대한 집착은 어디서 온 것인가요.

음, 10년간 나도 모르게 몸에 밴 것일까요. 그렇지만 저는 공정해야겠다는 생각을 기초로 운동을 하고 있진 않습니다. 다만 굳이 말하자면 프라이드 같은 것을 가져야 한다고 생각합니다. 아까 말한 대로 일단 식민지 지배에 나선 이상, 그 뒤처리를 제대로 한 뒤 그다음으로 나아가야 한다고요. 그런 국가가 되었으면 한다는 생각은 있습니다. 왜일까요. 우익으로 시작해서 그런 것일까요.

---

22 일본과 러시아 사이에 영토 분쟁이 있는 쿠릴열도 남단의 네 개 섬.—옮긴이

보론

일본인의 전쟁관·아시아관에 대한 사적 단상
— 다나카 히로시 히토쓰바시대학 명예교수

1. 적의 대장이 죽었다, 승리가 가까워졌다…

나는 1937년 도쿄에서 태어나 자랐지만, 전쟁 말기 '연고소개緣故疎開' 정책[전쟁 피해를 막기 위해 아이들을 연고지로 피난시킨 정책]으로 인해, '국민학교' 1학년 때인 1944년 3월부터 아버지의 고향인 오카야마로 가 조부모 밑에서 자라게 됐다(국민학교 교사였던 아버지는 도쿄에 남았음). 미국의 프랭클린 루스벨트 대통령이 죽은 것은 1945년 4월이었다. 그때 교문 옆 게시판에 "적의 대장이 죽었다. 가미카제가 불었다. 일본의 승리도 가까워졌다…"는 얘기가 교장 선생님 말씀이라며 적혀 있었던 게 기억난다. 당시 표어는 '폭지응징暴支膺懲'(날뛰는 중국을 응징하자)과 '귀축미영鬼畜米英(미국과 영국은 개돼지와 같다)·동아시아의 해방'이었다.

　　그렇지만 국민학교 3학년 여름, 일본은 패전을 맞았다. 1945년 9월, 여름 방학이 끝나고 학교에 가니 선생님이 교과서의 일부를 수정하라고 명했다. 일본은 역사가 660년 먼저 시작됐다고 속여왔다면서, 예를 들어 그때까지 쓰던 '황기 2600년'을 '서기 1940년'으로 고치게 했던 것이다. 또 부독본·문부성 편 『새로운 헌법 이야기新しい憲法のはなし』(1947)에서는 신헌법 9조에 나오는 전쟁 포기를 설명하면서 전차와 군함을 용광로에 넣으니 자동차와 전차가 나온다는 삽화를 배

치해둬, 가슴이 통쾌해지는 신선함을 느꼈다.

미국 점령군의 방출물자인 추잉 껌이나 초콜릿을 처음 접해보고 감격했다. 본 적도, 먹어본 적도 없는 과자였다. 겉을 싸고 있는 '은박지'는 눈이 부시도록 반짝거렸고, 껌을 입에 넣을 때의 상쾌한 감각은 민주주의가 몸으로 밀려 들어오는 것처럼 느껴졌다. 적성어라며 배제되었던 '영어'가 돌연 부활해 "컴, 컴, 에브리바디…"로 시작하는 NHK 라디오의 영어 회화 교실이 일세를 풍미했다. 처음 배우는 로마자를 사용해, 재빨리 가방이나 노트에 열심히 자기 이름을 적어넣었던 기억이 난다.

미국은 문명이 고도로 발달한 나라로, 각 가정에 영화관이 있고 세탁도 기계가 해준다. 그런 국가를 상대로 일본이 바보 같은 전쟁을 걸어서, 원자폭탄이 투하되며 무조건 항복을 한 것이다. 이후로는 마땅히 미국을 모범으로 삼아, 미국과 같은 훌륭한 국가로 다시 태어나야 한다고 생각했다.

이는 '진주만 공격-미드웨이 해전의 패배-히로시마·나가사키로 원자폭탄 투하-옥음방송-미군 점령'으로 이어지는 흐름을 통해 역사적 사실을 정리한다는 것을 의미했다. 한편으로는 '진주만 공격'에는 '말레이반도 상륙'¹이 대치되고 '옥음방송'엔 대만·조선·동남아시아의 '광복·해방'이 대치되는 것이지만, 당시 나의 의식 안에는 그

---

1   1945년 12월 8일(일본 시간) 발발한 태평양전쟁은 야마모토 이소로쿠 제독이 이끄는 연합함대가 진주만을 공격해 시작됐다고 하지만, 이는 절반의 진실일 뿐이다. 전쟁이 처음 시작된 곳은 당시 영국령이었던 말레이시아의 코타바루이다. 동남아시아 자원 확보를 위해 말레이반도를 점령해야 했던 일본군이 먼저 이곳의 영국군 공군기지를 파괴해 본대의 상륙을 도왔다. 진주만 공격이 시작된 것은 일본 시간으로 8일 새벽 3시 20분이지만 코타바루 공격은 그보다 55분 이른 새벽 2시 25분이었다. —옮긴이

런 시점이 전혀 없었다.

2. 천 엔 지폐에 등장한 '이토 히로부미'

내가 학업을 마치고 얻은 직업은 아시아에서 오는 유학생을 받아들이는 민간단체의 일이었다. 일을 시작한 것은 1962년 2월로, 당시 일본은 중국은커녕 한국과도 국교가 없었기에 받아들이는 유학생은 대만, 홍콩, 동남아시아에서 온 청년들이 중심이 됐다.

1963년 11월의 일이다. 일본의 천 엔 지폐 초상이 '쇼토쿠聖德 태자'에서 '이토 히로부미'로 바뀌었다. 동남아시아에서 온 화교 유학생이 불쑥 이런 얘기를 꺼냈다. "다나카 씨, 일본인은 역사를 어떻게 배우고 있는 거냐. 전쟁 전의 일본이라면 모르겠지만, 전후에 새로 태어난 일본에서 왜 굳이 이토 히로부미를 지폐에 끄집어내나. 이토는 조선 민족에게 원한을 사 하얼빈에서 살해당한 사람이 아닌가. 일본에 가장 많이 사는 외국인인 조선인도 같은 천 엔짜리 지폐로 매일 물건을 사야 하는데 몹시 잔혹한 일이 아닌가. 게다가 매일같이 정부를 비판하는 문화인·지식인이 그렇게 많아도 누구 하나 이토가 등장했다는 사실을 비판하지 않는다. 1억 명이 무슨 생각을 하고 있는지, 어쩐지 섬뜩하다."

'진주만에서 시작해 원자폭탄으로 끝나는' 역사적 사실 안에 있었던 나에게 이 말이 얼마나 큰 충격을 남겼을지 상상해보기 바란다.

유학생 관련한 일을 하며 황준산黃尊三이 쓴 『청국인 일본 유학 일기』(사네토 게슈実藤恵秀 등 역, 도호쇼텐, 1986)라는 책을 접했다. 이토가 하얼빈에서 저격당했을 때 황준산은 메이지대학 학생이었는데, 그 당시의 일기는 다음과 같이 쓰여 있다. "(1909년 10월 26일) 밤, 신문 호외를 읽는다. 그곳에는 이토 히로부미 공작이 오늘 오전 9시, 한국인 안중근에게 하얼빈에서 저격돼 중상을 입고 얼마 뒤 숨졌다고 쓰여 있다. 이 일격은 침략자의 간을 서늘하게 하고, 망국의 백성이 의기를 떨쳐 일어서게 할 수 있는 것으로, 우리 마음을 매우 통쾌하게 했다.”

나아가 다음 날 일기에는 “8시, 등교. 교사가 연설을 통해 ‘이토 공이 숨진 것은 일본제국에게 일대 불행이다. 그러나 제군들은 공이 숨졌다고 해서 사기가 떨어져서는 안 된다. 제군 하나하나가 분투해 이토 공과 같이 스스로 노력하고, 또 이토 공의 뜻을 각자의 뜻으로 삼는다면, 이토 공이 숨졌다 해도 일본의 국력이 발전하는 것은 공이 생존해 있을 때보다 훨씬 더 나을 것이다’라고 했다. 나는 그 얘기를 듣고 매우 화가 났다. 일본인의 침략주의는 사람들의 마음에 깊이 물들어 있다는 사실을 알 수 있다. … 이토의 죽음은 한국에게는 기염을 토해도 좋은 일이고, 일본에게는 손실이라 말할 수 있지만, 중국에게는 ‘휴~’ 하고 한숨을 내쉴 수 있는 일이다. 어찌 되었든 안중근은 영원히 빛을 발하게 될 것이다”라고 적고 있다.

2014년 1월 박근혜 대통령의 중국 방문을 맞아 중국 정부는 하얼빈역 구내에 ‘안중근 기념관’을 새로 개관했다. 그때 일본의 스가 요시히데菅義偉 관방장관은 “안중근은 테러리스트라고 인식하고 있다”며 불쾌감을 드러냈던 것이 기억에 새롭다.[2] 105년 전의 중국인 유학생이 쓴 일기 내용이 도리어 신선하게 떠오른다. 천 엔의 이토 히로부미라고 하면 다음 얘기도 소개하고 싶다.

이토 히로부미의 등장에 대해 당시 어딘가에는 이를 비판하는 글이 나오지 않았을까 해서 이모저모 조사해봤지만 찾지 못했다. 강

---

2   2014년 2월 4일 오전 정례 기자회견에서였다.—옮긴이

연 등에서도 [아시는 게 있으면 알려달라고] 정보 제공을 요청해도 반응이 없었다. 단, 딱 한 번 자이니치 조선인 청중 한 명이 "그러고 보니, 장사를 하던 어머니가 하루 매상을 계산하고 있을 때 천 엔짜리가 나오자 '칫' 하고 혀를 찼던 기억이 납니다"라는 얘기를 해줬던 적이 있다. 그러나 그 목소리가 바로 옆에 살고 있었을 일본인에게는 전해지지 않았던 것이 아닐까.

3. 「아카하타」에 실린 프랑스어 강좌 '광고'

아시아문화회관에서 경험했던 것 중에 이런 일도 있다. 당시 베트남은 남북으로 분단되어 일본에 유학생으로 온 이들은 '남'쪽에서 온 이들뿐이었다. 그들은 나에게 "다나카 씨, 도쿄대 학생은 초일류 엘리트일지는 모르지만, 우리 베트남 유학생을 만나게 되면 프랑스어로 말을 건다. 우리가 일본어를 하지 못한다면 뭐라 하지 못하겠지만, 별문제 없이 얘기할 수 있는데도 그런다. 베트남인이 프랑스어를 할 수 있는 것은 식민지 지배로 인해 강제되었기 때문이다. 도쿄대 학생은 식민지 지배에 대해서 아무것도 배우지 않은 것이냐. 베트남인에게 있어 '프랑스어'가 갖는 의미를 알지 못하는 것이냐. 시치미를 떼면서 [프랑스어로] 말을 거는데, 도대체 왜 이렇게 둔감한지 모르겠다. 다나카 씨, 일본의 장래가 걱정됩니다"라고 말했다.

또 한번은 나에게 신문을 오려낸 종이를 한 장 보여주었다. 일본·베트남 우호협회가 주최하는 프랑스어 강좌의 '광고'였다. 거기엔 "인도차이나 3국에 보급되어 있는 프랑스어를 배워, 인도차이나 인민과 우호를"이라고 쓰여 있었다. 그 광고는 일본공산당 기관지인 「아카하타」에 실린 것으로 1973년 10월 31일 자였다. 당시는 베트남전쟁이 한창 진행 중이어서 일본의 신문 지면에도 이따금 전황이 전해지고 있었다. 그 유학생은 "다나카 씨, 일본의 좌익도 망가질 때까지 망가졌군요"라고 쏘아붙였다.

　일주일 뒤에 또 같은 광고가 「아카하타」에 실린 것을 보고, 공산당 간부도 「아카하타」의 독자도 그 광고에 어떤 위화감도 느끼지 않았던 거라고 생각했다. 예를 들어 좌파 비판에 열심인 「주간신초」 같은 데서 "일본공산당, 바닥에 떨어질 대로 떨어졌다"고 비꼬는 기사가 나왔다면 그것도 재미있었을 테지만 그런 것도 없었다.

　'천 엔 지폐' 얘기도 그렇고, 「아카하타」의 '광고' 얘기도 그렇고, 일본인 사이에선 전혀 화제가 되지 않았던 것이다. 일본에서도 우파와 좌파 사이에 의견이 다른 경우는 자주 있지만, 이런 일에 대해서는 좌우의 의견이 갈리지 않았다고 말할 수밖에 없다. 거기에는 역사 인식과 관계되는 뿌리 깊은 문제가 잠복해 있는 것이라 생각한다. "진주만을 들이받았다가, 원폭으로 패배한 전쟁", 전후에는 미국을 배워 새로운 민주주의 국가로 다시 태어난 일본이라는 자화상으로 인해 [일본이 그동안] 아시아와 맺었던 [침략과 식민 지배라는] 관계는 쏙 떨어져 나가게 된 것이다. 나는 주변의 유학생 A군이나 B군과 대화하면서 이런 것들을 뼈저리게 느끼고 뇌리에 새기게 되었다.

4. 조선인 유학생과 후쿠자와 유키치의 '탈아론'

유학생과 관련된 일을 하게 된 이유도 있어서, 메이지 시대 이후 아시아인 유학생의 역사에 관심을 갖게 되었다. 조사해보니 메이지 이후 가장 먼저 일본에 오게 된 유학생은 조선으로부터였다. 게다가 주로 후쿠자와 유치키福沢諭吉(1835~1902)가 만든 게이오기주쿠慶応義塾가 이들을 받아들이는 장소였다.

　나는 전후 교육을 받으며 미국 링컨 대통령의 연설 "인민의, 인민에 의한, 인민을 위한 정치"를 알고 감명을 받았다. 그때 일본에도 후쿠자와 유키치라는 훌륭한 사람이 있어 "하늘은 사람 위에 사람을 만들지 않고, 사람 아래 사람을 만들지 않는다"고 역설했다고 배운 기억이 있다. 다른 한편으로 후쿠자와는 '탈아론'을 쓴 사람으로도 알려져 있다.

"이달 초순 …조선인 두 명이 본 학교에 입학해, 이 둘을 일단 누추한 집[자기 집]으로 들여놓고, 상냥하게 잘 인도해가고 있습니다." 이는 1881년 6월 런던에 주재 중이던 제자 두 명에게 후쿠자와가 보낸 편지의 일부분이다. 메이지 이후 일본에 온 아시아 유학생에 관한 최초의 기록인 듯하다.

일본은 1876년 2월, 일조수호조규[강화도조약]를 체결해 유럽과 미국에 앞서 조선을 '개국'시키는 데 성공했다. 그러나 이는 구미가 일본에 강제한 것과 같은 바로 그런 불평등조약이었다.[3] 이를 이번엔 거꾸로 조선에 강제했던 것이다. 개국 이후 조선에서 시찰단이 일본을 방문하고, 나아가 조선인 유학생도 일본에 오게 됐다. 이들은 조선 개화파의 중진 김옥균(1851~1894)의 영향 아래 있었던 듯하다. 개화파는 일본에게 배워 근대화를 추진하기 위해 1884년 12월 서울우체국[우정국]의 낙성식을 기회로 삼아 수구파를 배제하기 위한 쿠데

---

3 대표적인 것은 일본인에 대한 치외법권이었다. 예를 들어 1895년 10월 8일 명성왕후를 살해한 일본인 48명은 전원 일본에 소환됐다. 사건 두 달 후인 1895년 12월 히로시마지방재판소에서 심리가 진행됐지만 1896년 1월 히로시마지방재판소와 군법회의는 증거 불충분을 이유로 일본인 관계자 모두를 무죄 석방했다. 조선이 이들에게 형사재판권을 행사하지 못한 것은 조일수호조규에 명기된 치외법권 조항 때문이었다. 주일공사 이하영李夏榮이 오쿠마 시게노부大隈重信 일본 외무대신과 여러 차례 담판을 벌여 범죄자 처벌을 요구했지만 뜻을 이루지 못했다. 조선은 1910년 8월 국권을 잃을 때까지 치외법권 조항을 철폐하지 못했다.―옮긴이

타를 일으켰다. 이는 실패로 끝났다(갑신정변). 『게이오기주쿠100년
사慶応義塾百年史』에도 "(게이오에 입학한) 이들 유학생의 대부분은 (메이
지) 17년의 변란(갑신정변) 때 귀국해, 조선독립당의 중심인물인 김옥
균, 박영효 등을 위해 활동했기 때문에 혹은 전사하고, 일부는 형에
처해졌으며, 혹은 행방을 감췄다. 그 뒤에 상당 기간 일본에 오는 유
학생의 맥이 끊겼다"고 적혀 있다.

  후쿠자와는 조선인 유학생을 돌보는 일을 문하생인 이다 미하
루飯田三治에게 맡기고 여러 가지로 진력했던 듯하다. 남은 후쿠자와의
서간 가운데도 유학생의 일시 귀국을 위해 배편을 마련하는 의뢰장이
나 유학생이 전신電信을 직접 견학할 수 있도록 편의를 봐준 것에 대
한 감사장 등이 포함돼 있다. 한편으로 후쿠자와는 1882년 3월 일간
지 「지지신보時事新報」를 창간하고, 죽을 때까지 이 신문에 사설을 포
함한 여러 논고를 집필했다.

  앞서 언급한 '갑신정변' 전인 1882년 7월 조선에서 일어난 '임
오군란'은 일본의 개입에 대한 하급 군인들의 반발이 그 배경에 있
었다. 그리고 「지지신보」에서 조선에 관한 후쿠자와의 사설이 특히
도드라졌던 것은 임오군란과 갑신정변이 발생했을 때였다. 예를 들
어 "그 일(임오군란)이 다 평정된 뒤에는 하나부사[하나부사 요시모토
花房義質] 공사에게 조선국무감독관朝鮮国務監督官을 겸임하게 해 이 나라
의 모든 정무를 감독하게 하고, 어디까지나 개국주의파 사람들을 보
좌·보호하여 이들에게 이 나라의 정부를 맡겨야 한다"(1882년 8월 1일
자 사설)고 주장하고 있다. 그것이 이윽고 1884년 12월엔 갑신정변의
발생으로 이어지고, 그 실패로 인해 다음과 같은 '탈아론'(1885년 3월
16일 자 사설)이 만들어지게 됐다고 생각할 수 있다.

  "이 지나(중국)와 조선에 접하는 법도 이웃 나라라는 이유로 특
별한 해석에 이르지 말고, 참으로 서양인이 이들과 접할 때 하는 법에

따라 처분하면 될 뿐이다. 나쁜 친구와 친하게 지내는 자는 함께 악명을 피할 수 없다. 우리는 마음으로부터 아시아 동방의 나쁜 친구들을 사절해야 한다.”

조선인 유학생들을 형제처럼 진심으로 돌봐줬는데도, 그 기대가 이뤄지지 못했던 까닭에 아시아를 배제하자는 ‘탈아론’이 생겨난 것은 아닐까. 그렇게 생각해보니 아시아 유학생과 관련된 일을 하는 나는 복잡한 기분에 빠지게 됐다. 게다가 후쿠자와는 링컨에 필적하는 민주주의자라고 배워온 지난 경험과 겹치니 이런 생각은 더 심해졌다. 그러나 이는 나 개인의 문제가 아니라 일본의 근현대가 안고 있는 아시아관, 전쟁관과 깊이 관계되어 있다고 생각하게 된다.

5. 나카지마 겐조의 ‘선언’과 다케우치 요시미의 ‘결의’

어느 날, 유학생이 진보 고타로神保光太郎의 『쇼난일본학원昭南日本学園』(아이노지교샤, 1943년 8월)이란 헌책 한 권을 가져왔다. 그 책에는 저명한 지식인 나카지마 겐조中島健蔵(1903~1979)가 예전에 기초했던 「일본어 보급운동 선언」이 수록돼 있었다. 1942년 2월, 일본군은 싱가포르를 점령한 뒤 이를 ‘쇼난도昭南島’라고 이름을 바꾸고, 육군보도반원으로 많은 문화인을 이곳에 파견했다. 나카지마 겐조도 그중 하나로, 1941년 12월 ‘징용영장’을 받고 싱가포르가 함락된 직후 현지로 들어갔다. 나카지마는 천장절天長節(4월 29일, 히로히토 천황의 생일)을 맞아 「일본어 보급운동 선언」을 쓴 것이다.

이른바, “천장의 가절[명절]을 맞아 말레이시아 반도와 수마트라섬의 주민들이 가야 할 길은 분명해졌다. … 새 국민들이 가령 단 한마디를 걸어오더라도 그때마다 일본어로 말하게 되는 날이야말로 대동아공영권 확립의 열매가 맺히는 날이 될 것이다. … 국기가 펄

럭이는 곳엔 말 또한 일본어로 넘쳐나야 한다. 그리하여 말레이시아 반도도 수마트라섬도 마음 깊은 곳으로부터 일본의 일부가 되는 것이다". 이 경박한 붓놀림에 많은 얘기를 더할 필요는 없을 것이다.

　　나카지마는 프랑스 문학자(도쿄대학 문학부 강사)였고, 전후에는 진보적 지식인으로 반전 평화운동에 참가하는 한편, 1956년부터 일중문화교류협회에서 활동하며 이후엔 이사장으로도 근무했다. 나카지마는 회상록 『쇼와시대昭和時代』(이와나미신쇼, 1957)를 냈고, 또 연재물로 「나의 중국わたしの中国」(「주니치신문中日新聞」, 1973년 1월 16일~2월 8일 석간. 나중에 『후위의 사상―프랑스 문학자와 중국後衛の思想―フランス文学者と中国』, 아사히신문사, 1974)이란 글도 썼다. 나카지마는 전후에 싱가포르에 있던 시절 얘기를 쓰면서도 그곳에서 「일본어 보급운동 선언」을 기초했다는 것, 그리고 귀국 후엔 '일본어를 동아시아의 공통어로 만든다'는 국책에 따라 이런저런 활약을 했다는 것 등 일련의 문화 침략에 대해서는 일절 언급하지 않았다.

　　"'당신은 프랑스 문학자로 알려져 있는데, 왜 중국 관계에 깊이 관여하게 되었습니까'라는 질문을 받는 경우가 있다. 그 계기는 분명하다. 싱가포르에서의 경험이다. … (일본군의 화교 학살 사건을) 화교 입장에서 본다면, (나) 역시 침략자와 한패나 다름이 없었을 것이다"라는 기술은 앞서 언급한 연재물인 「나의 중국」의 한 부분이다. 예전에 했던 행동의 소극적 가해성에 대해 언급하면서, 이를 어느샌가 일중 간 문화 교류에 적극적으로 의의를 부여하기 위한 소재로 활용하고 있다. 같은 연재에선 "일본군의 군사행동이 제국주의 침략 전쟁이었다는 것은 조금이라도 비판력이 있는 사람이라면, 판단하지 못했을 리 없다"고 쓰고, 나아가선 "알제리에서 있었던 프랑스 정부의 노골적인 식민주의적 탄압 보도에 마음이 무거워지기 시작했다. … 당연히 지도적인 프랑스 문화계 사람들로부터 강경한 비판이 일어날 것이라 생각했지만, 의외로 소리를 죽이고 있다는 것을 알고 나는 조용히 환멸을 느끼게 됐다"라는 감상도 적고 있다.

[이런 글을 읽은] 일본의 독자는 나카지마는 전시에 '일본어 보급운동' 같은 일엔 관여하지 않았고, 프랑스 문화인보다 제대로 된 대응을 했으며, 전후에도 일중 문화 교류에 헌신한 저명한 문화인이라고 생각하게 될 것이다. 이 또한 일본인의 역사관이나 전쟁관에 '뒤틀림'을 가져오게 한 게 무엇인지 보여주는 하나의 사례라고 생각한다.

나카지마 겐조가 서구형 지식인이라면, 다케우치 요시미竹内好 (1910~1977)는 동양형 지식인이라 할 수 있다. 다케우치 요시미는 중국의 작가 루쉰을 일본에 소개한 중국문학 연구자로, '다케우치 루쉰'이라는 말도 있을 정도다. 다케우치는 1941년 12월 대동아전쟁이 발발했을 때 잡지 「중국문학中国文学」 80호(1942년 1월)에 권두언 「대동아전쟁과 우리들의 결의大東亜戦争と吾等の決意」라는 글을 썼다.

"역사는 만들어졌다. 세계는 하룻밤 만에 변모했다. 우리는 눈앞에서 이를 봤다. 감동으로 몸이 떨리는 가운데 무지개처럼 흐르는 한 줄기 광망의 행위를 지켜보았다. … 12월 8일 선전포고를 하는 조칙이 내려진 날, 일본 국민의 결의는 하나로 불타올랐다. … 이 세계사의 변혁이란 장거壮挙 앞에서, 생각해보면 지나사변[중일전쟁]은 하나의 희생으로서 견뎌낼 수 있는 밑바탕이었던 것이었다. 지나사변에 도의적인 가책을 느꼈던 연약한 감상에 빠져, 앞길의 대계를 제대로 보지 못했던 우리 같은 것들은 참으로 슬퍼해야 할 사상의 빈곤자였던 것이다. … 대동아전쟁은 멋지게 지나사변을 완수하고, 이를 세계사 위에 부활시켰다. 지금의 대동아전쟁을 완수하고 있는 것은 바로 우리들인 것이다. … 귀를 기울이면 밤하늘을 덮는 먼 곳에서 치는 천둥 같은 울림이 메아리치는 게 들려오지 않는가. 이제 곧 밤이 밝아올 것이다. 이윽고 우리의 세계는 우리의 손으로 우리 눈앞에서 쌓아

올려질 것이다." 또 하나의 경박스런 투의 붓놀림이라 할 수 있을 것
이다.

중국문학 연구자 다케우치로 하여금 "지나사변에 도의적인 가
책을 느꼈던 연약한 감상에 빠져, 앞길의 대계를 제대로 보지 못했던
우리 같은 것들은 참으로 슬퍼해야 할 사상의 빈곤자"라고 말하게 했
던 것은 대체 무엇이었을까. 프랑스 문학자 나카지마를 "국기가 펄럭
이는 곳엔 말 또한 일본어로 넘쳐나야 한다. 이렇게 하여 말레이시아
반도도 수마트라섬도 마음 깊은 곳으로부터 일본의 일부가 되는 것"
이라고 말하게 한 것은 무엇이었을까. 이런 것들이 전후 일본에서 충
분히 해명되어왔다고는 도저히 생각할 수 없다.

6. 야나이하라 다다오 『전후일본소사』와 한건수 「역사적 배경에서 본 한국의 다문화사회」

내가 또 하나 '발견'한 것은 일본에서 발생하고 있는 외국인의 지위
처우에 관한 여러 문제였다. 어떤 베트남 유학생에게서 이런 얘기를
들은 적이 있다. "다나카 씨, 일본인은 점잖으니까 글을 쓸 때 '외국인
外国人'이라고 하지만, 내심으로는 '일본국에 해가 되는 사람=해국인
害国人'이라고 생각하는 것은 아닙니까"[외국인과 해국인은 일본어로
'가이코쿠진'이라고 똑같이 발음된다]. 나는 순간 멈칫했다. 그러나
그 얘기를 듣고 보니, 그들이 의무적으로 상시 휴대해야 하는 '외국
인등록증명서'의 증명사진 바로 밑에 시커멓게 '지문'이 찍혀 있었다.
통상 지문은 범죄와 연결되기 때문에, 외국인은 '범죄자 예비군'으로
취급받고 있는 셈이다. '해국인'이라는 것은 실로 정곡을 찌른 표현이
었다.

앞서 이토 히로부미를 언급할 때 지적했듯, 당시 일본에 사는

외국인 가운데 가장 많았던 것은 자이니치 조선인으로 [전체의] 거의 90퍼센트를 점하고 있었다. 조선은 1910년부터 1945년까지 일본의 식민지였고, 조선인은 '제국 신민'이 되었다. 하지만 전후 조선반도가 일본에서 분리되며 자이니치 조선인은 '외국인'이 되었다. 일본에 있어 옛 식민지 출신자들을 어떻게 처우할지라는 문제는 '일본국'이 '대일본제국'에게 물려받은 커다란 '숙제'였다. 그와 관련해 여러 문제가 발생하고 있었다.

예를 들어 자이니치 조선인은 법무부 민사국장 통달에 의해 1952년 4월 28일(대일평화조약의 발효일)에 '일본 국적'을 상실하고 '외국인'이 되었다. 일본국 헌법 제10조는 "일본 국민이 되는 요건은 법률로 이를 정한다"고 했는데, 국적의 취득과 상실을 '법률'이 아닌 '통달'로 처리한 것이다. 또 대일평화조약발효를 국적 변경의 기준일로 삼았지만, 애초에 대한민국과 조선민주주의인민공화국은 샌프란시스코강화조약에 초대받지 못했다. 그러니 대일평화조약의 당사국이 아닌데, 그 조약의 발효일에 옛 식민지 출신자의 국적 변경을 단행한 것이다.

일본의 옛 동맹국이었던 독일도 이웃 나라 오스트리아를 합병했지만, 독일의 패전과 함께 오스트리아는 분리 독립했다. 서독(당시)은 1956년 5월 특별 입법으로 국적문제규제법을 제정해서 국적 문제에 대한 처리를 단행했다. 즉, 예전에 부여된 독일 국적은 모두 소실한다고 정하는 한편, 서독에 사는 오스트리아인(자이니치 조선인에 상당)에게는 자신의 의사표시에 따라 독일 국적을 회복할 권리를 갖는다고 정해, 국적 선택권을 보장한 것이다.

일본은 자이니치 조선인을 일방적으로 외국인이라고 선고하고, 이후 자이니치 조선인이 일본 국적을 취득하려면 일반 외국인과 똑같이 '귀화' 허가를 받을 수밖에 없도록 취급했다. 귀화의 결정권은 오로지 일본 정부의 수중에 있었다. 그에 반해, 독일에서는 국적 선택의 결정권이 오스트리아인의 수중에 있다. 피아 간의 이 차이는 '천지 차이'라고도 말할 수 있을 것이다.

이런 법 실행에 대해 일본 학계는 어떻게 바라보았을까. 일본의 식민지 연구 제1인자라 할 수 있는 이는 야나이하라 다다오(1893~1961)이다. 저서 『제국주의하의 대만帝国主義下の台湾』(1929)은 명저로 꼽혀서 그는 도쿄제국대학에서 '식민정책론'을 담당했다. 그러나 일본의 만주사변을 비판한 일 등으로 인해, 1937년 12월 교수직을 그만둘 수밖에 없게 됐다고 한다.

그렇지만 전쟁이 끝난 뒤 도쿄대학에 복귀해 1951년부터 2기 6년 동안 도쿄대학 총장을 지냈다. 도쿄대학에 복귀할 때 야나이하라는 "이제 식민지도 없어졌고 식민정책이라는 것도 있을 수 없으니 식민정책론이란 강좌 이름을 국제경제론으로 바꿨다"고 말했다. 하지만 식민지가 사라졌다고 해도 옛 식민지로 인해 발생하는 여러 문제가 사라진 것은 아니었다.

야나이하라 다다오의 편저인 『전후일본소사 상·하戰後日本小史 上·下』(도쿄대학출판회, 1958·1960)라는 책이 있다. 이 책은 도쿄대학의 저명한 교수들이 분담해 집필한 것이다. 하지만 식민지 정책이 전후 일본에 남긴 옛 식민지 출신자=자이니치 조선인과 관련된 여러 문제에 대해선 일절 다루지 않고 있다. 마치 식민지가 사라지면 모든 게 그것으로 끝났다고 말하고 있는 듯하다.

앞서도 살펴본 자이니치 조선인의 국적 문제는 '영토 변경과 주민의 국적'이라는 제국주의·식민지 통치에 수반하는 보편적인 문제이다. 일본이 이와 관련한 '법 집행'을 어떻게 했는지 검증해야 한다. 그러나 이 책은 전술한 '통달'에 의한 국적 변경에 대해 전혀 다루고 있지 않을 뿐 아니라, 그 국적 상실 조치의 결과로서 이를테면 국적

회복 직후의 전쟁 희생자 원호 입법에서 자이니치 조선인이 번번이 배제되는 것에 대해서도 왜인지 관심을 보이지 않는다(이 책의 '법률' 편은 저명한 와가쓰마 사카에吾妻栄 교수가 담당했다). 또 [일본 정부는] 전쟁 전의 동화적 식민지 정책에 의해 빼앗긴 언어, 문화, 역사를 되찾기 위해 자이니치 조선인들이 전후에 자력으로 만들고 키워온 조선학교를 존중하기는커녕 이에 대해 폐쇄 명령을 내렸다. 그 과정에서 '한신교육사건'이 발생하고 일부에선 변칙적인 공립 조선학교가 생기게 된 것에 대해서도, 이 책의 '교육' 편은 전혀 다루지 않고 있다(저명한 가이고 도키오미海後宗臣 교수가 담당했다).

『전후일본소사』의 맺음말에서 편자 야나이하라는 "상·하 두 권을 모아 전후 일본 민주화와 관련된 여러 문제의 소재를 분명히 해 이후 나아가야 할 방향을 보여줄 수 있었다면 다행스런 일"이라고 적었다. 하지만 '일본 민주화의 여러 문제'에 자이니치 조선인이라는 옛 식민지 출신자를 둘러싼 여러 문제가 전혀 포함되지 않은 것은 왜일까. 야나이하라와 같은 연구 방식은 지금도 이어지고 있다. 이를테면 오카자키 시게키岡崎滋樹의 「야나이하라 연구의 계보—전후 일본에 대한 언설矢内原研究の系譜—戦後日本における言説」(『사회시스템연구社会システム研究』 24호, 2012)이나, 그가 사망한 지 50년이 지난 뒤 편찬된 가모시타 시게히코鴨下重彦 등이 편집한 『야나이하라 다다오』(도쿄대학출판회, 2011)를 살펴봤지만 왜인지 옛 식민지 출신자 문제에 대한 시점을 찾아볼 순 없었다.

야나이하라에 대해 조사해보려고 생각하게 된 계기는 사실 우연히 본 다음 문장 때문이었다. "일본의 식민지 지배에 저항하는 과정에서 형성되어버린 단일민족론과 순혈주의는 극복되어야 한다. … 조선 사회의 문화적 우월주의나 문화적 동질성을 내세워 민족 정체성을 형성하는 것은 잘못된 것일 뿐만 아니라 현실에도 맞지 않는다는

것을 먼저 인정해야 한다. 새롭게 재편되는 한국 사회 또는 한국인은 민족과 문화의 다양성을 통해 새로운 역사를 만들어 가야 하기 때문이다"[한건수 강원대학교 문화인류학과 교수, 「역사적 배경으로 본 한국의 다문화사회─민족우월성을 넘어 다양성의 시대로歷史的背景から見た韓国の多文化社会─民族の優越性を乗り越えて多様性の時代へ」(「Koreana (일본어판)」15권 2호, 한국국제교류재단, 2008)]. [한국에선 이런 주장이 나오는데] 식민지 지배를 한 한쪽 당사자인 일본의 모습은 과연 어떨까 생각하던 차에 식민지 연구의 일인자인 야나이하라 다다오가 떠오른 것이다.

나는 다민족 공생사회를 목표로 일한 양쪽에서 외국인에게 지방 참정권을 개방하도록 하기 위해 노력해왔다. 일본에서는 1998년 10월, 야당에 의해 처음 국회에 법률이 제출됐다. 이후 10여 년 동안 [법안은] 계속 국회에 제출됐다. 하지만 2009년 9월에 그런 움직임도 모습을 감추고, 지금은 화제조차 되지 않고 있다. 반면에 한국에선 법률이 국회에 제출된 것이 2001년 11월로 일본보다 늦었지만, 2005년 6월 공직선거법이 개정되어 영주 외국인에게 지방선거에 대한 선거권(피선거권은 제외)을 부여하는 게 현실화됐다. 그 결과 OECD 가맹국 중에 지방 참정권을 전혀 인정하지 않는 것은 일본뿐이다. 그러나 아쉽게도 일본 정부나 일본 사회에서 이에 대한 인식을 찾아볼 순 없다.

식민지가 없어지면 그것으로 끝이라고 말하려는 것처럼 야나이하라는 옛 식민지 출신자인 자이니치 조선인을 둘러싼 여러 문제에 전혀 관심을 보이지 않았다. 한편, 한국의 한건수 교수는 민족의 우월성을 극복하고 다양성의 시대로 가자고 말하고 있다. 이것이[이런 인식이 모여] 외국인에 대한 지방 참정권 개방 조처로 이어진 것은 아닐까 생각한다. 그에 따라 재한 일본인 영주권자는 한국의 지방선거(이미 세 차례)에서 투표하고 있지만, 자이니치 한국인은 여전히 일본의 지방선거에 한 표를 던질 수 없다. 일한의 이런 '비대칭' 안에도 일본인의 역사 인식에 잠재된 큰 문제가 숨어 있는 것처럼 느껴진다.

* 이 원고는 2016년 9월 24일 중국 지린대학(지린 성 창춘 시)에서 열린 '제5회 신문사론 청년논단·베이징대학 신문학연구회 연회'에서 발표한 원고를 약간 추가 보정한 것이다.

서간

이번 조선고교 무상화 문제에 부쳐
— 권순화

다나카 선생께

이번 도쿄지방재판소 판결¹ 결과를 알고 나서, 내 마음속의 무엇인가
가 툭 하고 끊어졌습니다. 그와 동시에 다음 노래가 무표정하게 흘러
나왔습니다.

　"버림받고 말았네/ 사랑하는 사람에게/ 버림받고 말았네/ 종이
쓰레기처럼/ 당신이라면 어떻게 할래요/ 울까요, 걸을까요, 죽어버릴
까요/ 당신이라면, 당신이라면"²

　나는 일본에서 태어나 자라났습니다. 차별받으며 쓰라린 시간
도 보냈지만, 그래도 일본 사회에서 자신을 인식하며 성장해온 것은
사실이고, 일본에 대한 애정도 있습니다. 그러나 도쿄지방재판소의
지나친 판결로 그 애정이 짓밟힌 것 같다는 생각이 들었습니다.

1　　2017년 9월 13일에 나왔다.—옮긴이
2　　「당신이라면 어떻게 할까요」(あなたならどうする)의 노래 가사다. 가수 이
　　시다 아유미いしだあゆみ가 1970년 3월 25일 발표했다. 일본에서 음반이 40만
　　장이나 팔리는 등 큰 인기를 얻었다.—옮긴이

일본의 공립학교에 다녔던 내가 어떤 취급을 받고, 어떤 마음으로 살아왔는지에 대해 여기서 얘기를 쏟아내야 한다고, 글재주는 없지만 어떻게든 의사표시를 해야 한다고 생각하게 돼 펜을 들었습니다.

내가 처음 조선인이라는 이유로 차별을 받았던 것은 보육원을 다닐 때였습니다. 처음에는 "**누더기 조선**"이라고 부르는 실없는 이지메로 시작합니다. 이곳저곳 기운 옷을 입고 있는 것은 나뿐만이 아닌데…. 선생님이 [아이들에게 그러지 말라고] 주의도 주지 않아서, 나는 어머니에게 울면서 호소했습니다. 어느 날 어머니가 학교에 늦게까지 맡겨두고 있던 나를 데리러 왔을 때 선생님과 **누더기**에 대해 얘기했습니다. 결국 "아플리케Appliqué[무늬에 따라 여러 종류의 헝겊을 오려 붙여서 입체적으로 표현하는 수법]처럼 귀엽게 보이도록 해보면 어떻겠냐"는 선생님의 제안을 들은 뒤 어머니는 나에게 입힐 옷에 헝겊을 덧대어 기울 때엔 고심하게 됐습니다. 그게 보람이 있었는지, 이후 옷으로 이지메를 당하는 일은 없어졌습니다. 그러자 아이들의 공격은 "조선으로 돌아가라!"로 바뀌었습니다. 그리고 "화상 흉터가 있는 준카[글쓴이의 이름 '순화'를 일본어식으로 읽으면 '준카'가 된다]"라고 계속 시끄럽게 떠들어댔습니다. 가장 불쾌한 말이었습니다. 왜냐면 내 오른손 손목부터 팔꿈치에 있는 화상 흉터를 놀려대면서 상처를 주는 말이었기 때문입니다. 게다가 내 이름은 '준카'가 아니라 '순화'입니다. 선생님은 아무 말도 하지 않았습니다. 그뿐만 아니라 나를 혼냈습니다. 왜일까요? 상처는 이렇게 늘어갔습니다. 어느 순간부터 나도 울지 않게 되었습니다. 언제부터인가 곤짱[일본인은 권짱이라 발음을 할 수 없어 곤짱이 된다]은 '무서운 사람'이 되고 말았습니다. [어느새] "곤다[권순화 씨의 통명은 곤다權田이다]를 괴롭히면, 무서운 누나한테 혼나니까"라는 소리가 소곤소곤 들려오기 시작했습니다.

언니는 확실히 무서운 사람이었습니다. 소학교 저학년 무렵 같은 동네에 사는 같은 학년 다른 반 남자아이에게 이지메를 당하고 울고 있던 나를 그 넓은 운동장 한가운데서 발견하고 달려왔습니다. 언니는 그 아이의 손을 배수로의 덮개 위에 놓고, 짓밟으려 하면서 낮은 목소리로 "사과해! 사과하지 않으면 밟는다"고 했습니다. 그 아이는 엉엉 울면서 사과했지만, 나는 필사적으로 언니를 말렸습니다. "그만해, 그만해!" 그 이후부터 나는 아이들 속으로 녹아들어갈 수 없는 아이가 되었습니다.

소학교 1학년 때 담임은 할아버지 선생님이었습니다. 언제나 가늘고 긴 막대기를 들고 교실을 걸어 다녔습니다. 그리고 그 막대기를 우리의 머리 위에서 휘둘렀습니다. 어느 때엔 내 머리 위에서 휘둘렀습니다. 나는 놀라 몸이 움츠러들며 굳어버리고 말았습니다.

같은 반에 조선인 남자아이가 있었지만 알면서도 모른 체했습니다. 거짓말을 하고 있는 것 같아서 마음이 아팠습니다.

얼마 없는 어린 시절 동포 친구들 가운데 많은 아이가 북한으로 돌아갔습니다.[3] 학교에서 돌아와도 같이 놀 친구가 없어, 늘 활기찼던 공동주택 광장은 그림자도 없이 쓸쓸해졌습니다. 숙제를 끝내면 같이 놀 상대를 찾아 옆 동네까지 가게 되었습니다.

근처에 농업용 연못이 있어서, 보트를 대여하거나 잉어 양식을 했습니다. 소학교 3~4학년 무렵 가끔 놀러 가면 아저씨가 30분 정도 공짜로 보트를 빌려주면서 언제든 오라고 말해줬습니다. 그 말에 따

---

3   자이니치 조선인들이 북한으로 돌아간 귀국사업을 이른다. 1959년 12월 14일 975명의 자이니치가 '귀국선'을 탄 것을 시작으로 1984년까지 9만 3,340명(일본인 처 등 일본인 6,000여 명 포함)이 북한으로 건너갔다.—옮긴이

라(봄의 꽃구경, 겨울의 스케이트 시즌은 예외) 보트를 마음 놓고 탈 수 있는 날들이었습니다. 지금도 물을 튀기지 않고 노를 저으며 보트를 탈 수 있습니다.

소학교 고학년이던 어느 날, 매일 제출하던 일기장에 쓴 '외할머니'의 의미가 뭐냐고 담임 선생님이 물어보았습니다. 나는 좀 생각한 뒤에 "엄마의 엄마"라고 말했습니다. 선생님이 "오바상ぉばぁさん[할머니]을 말하는 것인가?"라고 말하기에, "네"라고 답했습니다. 하지만 나는 '외할머니' 외에 이를 대체할 말을 찾을 수 없었습니다. '오바상'이라 하면 '일본인'이 되기 때문입니다.

소학교 6학년이던 어느 날, 조를 짜 학급신문을 만들 때 일이었습니다. 보육원 시절부터 이지메를 하던 그 아이가 나를 향해 당돌하게 '야만인'이라는 말을 던지고 도망쳤습니다. 보육원 때부터 알던 이 아이로 인해 내 작은 심장은 몇 번이나 발기발기 찢겼고, 때때로 비명을 지르는 일도 있었습니다. 왜 자꾸 이런 얘기를 하는가, 대체 왜?! 옆에 있는 아이에게 "야만인이라는 얘기를 들었다"고 말했습니다. 다음 날 옆에 있던 아이가 "누나가 『고탄의 휘파람コタンの口笛』[4] 이라는 책을 읽어보라고 했다"고 말해줬습니다. 도서실에서 빌려 읽으려 했지만, 무서워서 읽기를 그만두었습니다. 소심한 나는 한층 더 나 자신이 부정당할까봐 두려웠던 것입니다.

최근 라디오에서 아이누 문화진흥 사업이 홋카이도에서 성과를 내기 시작했다는 얘기를 들었습니다. 그렇지만 그 과정은 얼마나 잔혹했는지요. "'아이누 사람이니까 아이누라고 불러도 좋아요'라는 얘

---

4 일본의 아동문학가 이시모리 노부오石森延男의 소설. 1957년에 발표됐다. 주인공인 아이누 소년이 일본인에게 차별을 당하면서도 화해하는 내용을 담고 있다.—옮긴이

기를 일본인이 하는 것을 듣고 도망쳐버리고 싶었다. 아이누라고는 하지만, 그 문화가 하나도 남지 않았는데 어떻게 아이누라고 부를 수 있나"라는 얘기였습니다. 나는 그 얘기를 들으면서 울었습니다. 나도 어떤 차별과 부딪힐 때, 도망가고 싶어지기 때문입니다….

부모님은 어찌 되었건 [우리는] 조선인이다. 어떤 이름을 쓰든, 무엇을 입든, 무슨 노래를 하든 조선인이라는 것을 감추면 안 되고, 감출 수도 없다고 했습니다. 그런 부모님의 아이였기 때문에 좋든 싫든 조선인으로 자라났지만, [일본 사회에서 성장했기에] 좋든 싫든 일본 문화의 산물이기도 한 나였습니다. 양쪽 모두에게서 튕겨 나간다면 어디로 가게 될까. 어디로 가야만 할까….

지역의 공립중학교에 입학했습니다. 공립중학교에선 모국어를 배울 수 없었습니다. 영어보다 먼저 모국어를 배우겠다는 생각이 나를 바꿨습니다. 가족들에게 주 1회, 모국어와 모국의 문화를 배웠습니다. 어머니는 여섯 살 때 일본에 왔지만, 모국어로 말하고 들을 수 있었습니다. 그러나 읽거나 쓰진 못했습니다. 아버지는 쓸 수가 없었습니다. 역사에 농락당한 세대였습니다.

중학교에서는 담임의 엉뚱한 화풀이 대상이 되었습니다. 난 아무것도 하지 않았는데도 다른 반 아이가 한 일이 무조건 내 책임으로 전가되어 "반성문 다섯 장, 내일까지 써 가져와"라든가, 벌로 타일로 된 복도에서 네 시간 동안 무릎을 꿇고 앉아 있어야 했습니다. 담임을 자극해도 의미가 없다고 느껴져, 반론도 하지 않았습니다.

학부모 모임에 참석했던 어머니가 돌아왔습니다. 어머니가 담임의 체벌에 대해 얘기했지만, 기대와는 정반대의 결과가 나온 듯했습니다. 자신의 아이가 인질로 잡힌 것처럼 졸업할 때까지 아무 말도 할 수 없었다고 합니다. 어머니가 말했습니다. "뭘 위한 학부모 모임이냐! 다신 가고 싶지 않다." 40년 만에 방문한 동급생의 어머니가

"체벌을 당한 것은 정말이었구나. 미안하다"라고 말했습니다. 나는 잠자코 있었습니다. 아줌마도 [그때 일을] 40년 동안 마음속에 담아 두고 있었던 것인가 생각했습니다.

외국인등록증을 받았을 때, 어른이 된 것 같아 동급생이 애들처럼 보였습니다. 지문을 찍었을 때, 공무원이 나쁜 사람처럼 보였습니다. [그때는] 십수 년 후에 지문날인을 거부하게 될 것이라고는 생각지도 못했습니다. 공무원과 나 사이에 흐르는 공기가 싫었습니다. 서로 원치 않는 관계가 거기서 생겨났습니다. 희망하지도 않는데 말이에요. 그리고 날인 거부로[그런 경험을 통해 나중에 날인 거부를 하게 됐습니다]….

고등학교에 입학한 뒤엔 자기소개를 어떻게 해야 할까 고민했습니다. 동포 선배가 고등학교 졸업을 눈앞에 두고 그간 일본식 이름으로 사귀어왔던 친구들에게 자신이 자이니치 한국인이라는 사실을 알렸더니, "[너 우리를] 속였구나"라고 하며 모두 떠나버렸다는 얘기를 들었기 때문이었습니다.

내 일본식 이름은 곤다 준카權田順華입니다. "흔한 이름이 아니어서 좋구나"라는 얘기를 들어왔기 때문에, 이를 실마리로 삼아 자기소개를 했습니다.

내가 칠판 앞에 섰던 날, 전에 없이 교실이 웅성거렸습니다. 마음을 먹고 "나는 조선인입니다"라고 말했습니다. 반 아이들의 시선이 일제히 나를 향했습니다. 교실은 한순간에 조용해졌습니다. 나는 칠판에 권순화라고 쓰고, 그 밑에 읽는 법을 히라가나와 알파벳으로 썼습니다. 'くぉん すんふぁ' 'Kwon Soonhwa'. 그리고 "이게 내 본명입니다. 권순화입니다. 잘 부탁드립니다"라고 말한 뒤 자리로 돌아왔습니다. 돌아올 때 담임이 옆을 지나며 "힘내렴"이라고 하는 말을 들었습니다.(뭘 어떻게 힘내나요!?) [하지만] 며칠 뒤 나를 부르는 호칭은 보

육원에 다닐 때처럼 [한국식 발음인 권짱이 아닌 일본식 발음대로] '곤짱'이 되었습니다.

고등학교 일본사 교과서에 실린 근현대사와 관련된 내용 가운데 조선(한국)과의 관계에 대한 기술은 겨우 세 줄뿐이었습니다. 세계사를 담당하고 있던 교사 그룹은 부교재를 만들었는데, 그 안에 한글로 쓰인 내용이 있었습니다. 관헌이 잘 쓰는 명령형의 말이었기 때문에 나는 언니와 어머니에게 확인을 받고, 다음 수업 전에 교과 담임에게 설명했습니다. 정확하지 않은 내용이기는 했지만, 부교재를 만들어준 선생님들에게 감사하고 싶다는 생각이었습니다. 선생님은 "곤다가 조사해줬으니, 프린트물을 수정해달라"고 말했습니다.

현대국어 수업에서 채점된 용지를 돌려받아, 모두 함께 답을 맞춰봤습니다. 맞았는데 점수를 받지 못한 답안을 발견해서 선생님께 얘기하러 가려고 일어섰습니다. 그 순간, 선생님이 엄청난 눈으로 쏘아보았기 때문에 말하지 못하고 말았습니다. 담임에게 사정을 말하고 점수를 수정하기로 했습니다. 다음 현대국어 수업 시간에 답안을 돌려받았지만, 원고용지 네 장 분량의 반성문을 쓰라고 지시를 받았습니다. 왜 반성해야 할까, 선생님이 반성해야 하잖아요?!

고등학교 2학년 여름, 부모님이 가게(야키니쿠)를 시작했습니다. 유흥가여서 밤에 장사를 했습니다. 밤중에 일어나 일을 도왔습니다. 다시 누울 수 있는 것은 새벽이 될 무렵이었습니다.

그해 여름, 외국에 거주하는 한국 동포 학생들을 위한 '여름학교'에 참가할 예정이었지만, 한국에서 아버지의 고모가 오기로 해 그다음 해로 미뤄졌습니다. 그해는 오사카 만국박람회가 열리던 해[1970년]로 그에 맞춰 아버지가 고모를 불렀다고 했습니다. 그해엔

나와 동생도 가을에 만국박람회에 갔습니다. 마쓰모토[5]에서 오사카까지 가서 하루 만에 돌아오는 것은 좀 힘들었습니다. 오사카는 너무 더웠습니다. 태양의 탑은 박력이 있었지만, 어디를 가도 기다란 줄에 사람들이 가득했습니다. 결국 [박람회의 명물이었던] 달에서 가져온 돌도 보지 못했습니다. 열사병에 걸리지 않고 돌아온 것만으로도 다행이었습니다.

가게는 하루하루 바빠서 [부모님은] 기쁜 비명을 질러대고 있었지만, 나는 아침에 일어날 수 없을 정도로 피곤했습니다. 그러던 어느 날 토요일 11시[까지 늦잠을 잤습니다]. "어머!" 바쁘게 준비하면서, 학교에 가야 한다고 생각하고 있는데, 아버지가 위로 올라왔습니다.[6] 순간적으로 숨으려 했지만, 숨을 방법이 없었습니다. 아버지가 "학교는?"이라고 물었기에, 기지개를 켜며 "지금 갈 참이었어"라고 답하고 계단 아래로 서둘러 내려왔습니다. 학교에 도착해보니, 4교시 담임 선생님의 수업이었습니다. 조금 망설이다가 도중에 입실하면서 "늦은 이유는 나중에 말씀드리겠습니다"라고 담임에게 말하고 자리에 앉았습니다. 수업이 끝나고 청소를 마친 뒤 담임에게 갔습니다. 나는 아래를 보면서 "가게를 돕다가 잠이 들어서 아침까지 늦잠을 자고 말았습니다"라고 말했습니다. 담임은 손으로 가슴을 쓸어내리며 "아, 다행이다"라고 했습니다. 나는 "네에?!"라고 소리를 지르고 말았습니다. 담임은 내가 학교를 그만두겠다고 말하는 게 아닐까 걱정했던 것입니다. 나는 안심해서 "부모님이 허락해주지 않습니다"라고 웃으

---

5   권순화 씨의 고향은 나가노현 마쓰모토시다. 오사카까지는 직선거리로 300킬로미터 정도 되는 먼 거리다.―옮긴이

6   1층에서 야키니쿠 가게를 하고 2층은 살림집으로 쓰고 있는 집 구조였던 듯하다.―옮긴이

며 말했습니다.

그 담임은 가정 사정으로 다른 지역에 부임하고, 고등학교 3학년 때 새 담임이 왔습니다.

어느 날 밤중에 찾아온 정치경제 교과 담임이 불러 계단을 내려가 가게로 가니, 맞은편에 나를 앉히고 술을 따르라고 했습니다. 내가 거절하니 중얼중얼 뭔 소린지 모를 얘기를 잠시 하더니 "나는 차별하지 않는다. 냄새나는 것에는 뚜껑을 덮어두면 된다"라고 하며 입을 삐죽 내밀면서 내 쪽으로 다가왔습니다. 이런 놈들이 동화교육을 할 수 있을까. 내가 다니던 공립학교는 동화교육 지정학교였습니다. 때려눕히고 싶었지만, 그런 생각보다 이런 놈을 만지면 내가 더럽혀진다는 생각이 들었습니다. "계산은 안 해도 되니, 돌아가세요"라고 쫓아낸 뒤, 어머니에게 문 앞에 소금을 뿌리고 두 번 다시 들이지 말라고 하고 내 방으로 들어가 웅크렸습니다. 비참하고, 질려버려서 눈물이 쏟아졌습니다. 어머니는 아무것도 묻지 않았고, 말하지 않았습니다. 내가 이 일을 말할 수 있게 된 것은 몇 년이 지난 뒤였습니다.

그해 여름, 여름학교에 참가한 같은 세대의 자이니치가 800명이나 있다는 사실에 놀라서 일본에 돌아오자마자 무슨 일이 있어도 졸업한 뒤엔 모국(한국)에 유학을 가겠다고 선언했습니다. 특별한 반대 목소리는 없었지만, 정월에 아버지가 저혈압으로 쓰러지셨습니다. 다음 날 아버지는 나를 불러 한국에 가는 것을 포기할 수 없겠냐고 말했습니다. 나는 "가지 않으면, [나중에 아이를 낳은 뒤에 조선 아이로 크도록] 육아를 할 수 없다"고 말했습니다. 방에 돌아와 천장을 흘겨보았지만, 눈물이 멈추지 않고 흘렀습니다. 이런 식으로 포기할 수 없다고 강하게 생각했습니다. 당시에는 민족에 대한 동경이 강해 한국에 가야만 내 민족성을 획득할 수 있고, 내가 제대로 된 정체성을 갖고 있지 않으면 아이에게 전해줄 수 있는 게 아무것도 없을 것이라고 생각했습니다.

가게를 운영하는 데 일손이 없었기에 어머니도 머리를 싸맸습니다. 나중에 봄이 되면 언니가 휴학을 하고 그사이에 일할 사람을 찾겠다는 쪽으로 얘기가 정해져, 나는 예정대로 한국에 갈 수 있게 되었습니다.

고등학교 졸업을 눈앞에 둔 어느 날, 담임이 "졸업증명서에 이름을 어떻게 하겠냐?"고 물어왔습니다. "본명[권순화]으로 해주세요"라고 내가 말했는데도, 도착한 졸업증명서에는 일본식 이름[곤다 준카]이 적혀 있었습니다.

1972년 봄, 한국에 갔습니다. 오사카 공항에서 혼자 가는 한국. 김포 공항에는 언니의 친구가 마중을 나오기로 되어 있었습니다. 두근거리면서 출구로 향하니, 작년 여름에 만났던 은아 언니가 있었습니다. 휴, 하고 안도의 한숨을 내쉬었습니다. 언니가 신세를 지고 있는 선생님의 댁으로 갔습니다. 나도 거기서 신세를 지게 되었습니다. 작년 여름에(여름학교에 갔을 때) 이미 얼굴을 뵈었지만, 긴장되는 마음은 어쩔 수 없었습니다.

1년 동안 어학연수를 마치고, 단기대학(서울교육대)에 입학(일반 한국 학생들과 다른 재외국민 입학)했습니다. 일본어로 배운 것을 우리말로 새로 배우는 과목도 있어서 기뻤습니다. 한편으로는 군사지도를 읽는 법, 비상시에 아이들을 인솔해 피난하는 법 등을 배우면서 38도선의 의미를 다시금 생각하게 되는 일도 있었습니다. 역사에 대해서는 일본에서 전혀 접해보지 못한 것이나 다름없는 일한병합(1910년 이후)을 보는 시점 등 새로 배워야 하는 것들이 많았습니다. 지금까지 완전히 다 배우지 못한, 답이 나오지 않는 문제들이 자이니치를 짓누르고 있는 게 아닌가 생각합니다.

재류 자격 문제로 1년에 한 번씩 일본에 돌아가야 했지만, 한국

에서 수년 동안 지내며 여행이나 등산 등을 통해 모국의 숨결을 전신
으로 빨아들이고, 이를 정수리 끝의 머리털 한 올 한 올에서부터 발끝
까지 깊이 스며들게 해야겠다는 생각뿐이었습니다. 북에 가보는 것은
이뤄질 수 없었고, 조금도 입 밖에 낼 수 없는 시대였지만.

　　졸업 후 어떻게 할 것인가. 한국에 남을 것인가, 일본으로 돌아
갈 것인가를 잘 생각해 장래를 결정해야 하는 때가 왔습니다. 한국에
서 교사가 되기 위해 열심히 공부하면서 교사로서 어떤 삶을 살아야
할까 생각하던 중에, 일본의 공교육에서 내가 만났던 차별적인 교사
들에게 배우고 있는 아이들이 불쌍하다는 생각이 들었습니다. 동포들
뿐 아니라 일본인에게도, 일본 사회에도 그런 게 좋을 리가 없다, 그
런 일본의 교육을 바꾸고 싶다는 사명감이 생겨났습니다. 내가 하고
싶은 일은 일본이 아니면 할 수 없는 것이라는 생각이 들어 일본으로
돌아가기로 했습니다.

　　한국에 있을 때부터 가게 상황이 매우 어려워졌다는 얘기를 들
었기 때문에 엄마가 걱정되었습니다. 결국 일본에 돌아와서 가업인
야키니쿠 가게 일을 도우면서 낮에는 화방에서 일했습니다. 화방에서
일하기 위해 면접을 보러 갈 때, 채용되지 않을 수 있다고 생각하며
갔습니다. 국적을 이유로 들면 따질 각오였습니다. 이름이 딱딱하다
면서 머뭇거렸지만, 뒤에 짱을 붙여 불러달라고 말해[글쓴이의 이름
인 '순화'가 좀 딱딱하게 들린다는 의미. 글쓴이는 여성의 이름을 친
근하게 부를 때 쓰는 '짱'을 뒤에 붙이면 되지 않느냐고 부드럽게 넘
긴다] 채용되었습니다.

　　한국에서 충전했던 모국의 숨결은 무슨 일이 생길 때마다 날아
가기 시작했습니다. 일본의 일상 속에서 무슨 일이 벌어질 때마다 내
안의 민족성이 슬금슬금 사라져갔습니다. 나 자신을 유지하는 것만으
로도 필사적이어서, 정작 중요한 것을 잃어버리고 멍해진 기분에 폭

발해버릴 것 같았습니다. 무언가를 통해 계속 충전하고 싶은데, 충전할 수 있는 것은 한국에서 가져온 서적이나 음악 카세트테이프, 노래집밖에 없어 한계에 봉착하게 되었습니다.

딱 1년 만에 건강을 해쳐 퇴직하고, 집에서 하는 가게 일에 전념하면서 친구를 갈구하는 나날이 이어졌습니다. 가와사키에 사는 언니에게 얘기해 자이니치한국인 인권문제연구소RAIK로부터 '시민 모임'을 소개받았습니다. 편지를 보내니 답장이 왔습니다. 정기적으로 모임을 열고 있다는 사실을 알게 돼 방문하게 되었습니다. 일본인이 열명 정도, 동포가 두세 명 정도 있는 모임이 있었습니다. 다나카 선생님과도 이 모임에서 만나게 되었습니다.

자이니치에 대해 생각하는 일본인이 있다는 사실만으로도 감사했습니다. 동포와의 만남은 덤이라고까지 생각될 정도로, 매우 소중한 만남이었다고 지금도 다시금 생각합니다. 가칭 '동포 모임'을 발족해 선생님에게 외국인등록법과 출입국관리법에 대해 배우면서 우리가 어떻게 일본 사회에서 취급되고 있는지 알게 되었습니다. 이렇게 생각해보니, 선생님과의 사귐도 40년이 되어가는 건가요.

우리말을 일본인에게 가르친다는 생각이 없었지만 '시민 모임'에서 만난 YWCA 분에게서 YWCA의 한국어 강좌에서 강사를 해보지 않겠냐는 얘기를 듣고, 두려운 마음으로 승낙했습니다. 수강생들과 한국 여행도 갔습니다.

선생님의 소개로 아이치현립대학 외국어학부 조선어 강좌의 비상근강사로도 4~5년 일했습니다. 지금 생각해보니 정말로 겁도 없이 한 행동이 아니었나 싶습니다. 학생들은 모두 진지했습니다. 조선에 대해 아무것도 모르니 뭐든 좋으니까 알고 싶다는 이들의 열의에 기대어가면서, 어찌어찌 가까스로 강의를 진행할 수 있었습니다. 아버지, 어머니의 협력도 있었습니다. 집에 학생들을 초대했을 때 내 방책장에서 한국의 책을 발견해서 빌려 간 학생, 식사에 감격한 학생, 치마저고리를 넋을 놓고 보다 입어본 학생도 있었습니다. 내 평소 모습을 보여주는 것뿐이었지만 가족들의 이해가 있었기에 가능한 초대였습니다. 아버지, 어머니에게도 젊은 일본인들과 만날 기회가 생겼다는 게 대단한 일이었던 것 같습니다.

　예전의 나는 민족을 등에 지고 살아간다는 패기가 있었습니다. 조선인인 어머니, 아버지의 아이인 '나'와 공립학교에 다니며 교사나 주변에서 하는 말을 들으며 '그건 틀렸다'고 생각하면서도 따지지 못하고 포기해버리고 마는 '나' 사이에서 주눅 들어 있었습니다. 조선인인 자신을 긍정할 수 있는 민족성과 타자(일본인이었던 동급생이나 교사나 주변 어른)들과의 관계가 있었다면, 이렇게 마음을 다치지 않고 평온하게 성장할 수 있지 않았을까 생각합니다.

　그래서 일본에 돌아와 동포들과 계속해서 만남을 추구했습니다. 나 자신 속에 있는 응어리를 누가 알아주었으면 좋겠다고 생각했고, 동포라면 알아줄 것이라는 마음이 있었습니다. 이윽고 동포들과의 만남을 통해 '민족'이라는 틀 말고도 인간으로서 어떻게 살아야 하는지 생각할 수 있게 되었습니다.

　저는 공립학교에서 다민족 교육이 있는 게 마땅하다고 줄곧 생각해왔습니다. 그런데 조선고급학교 학생들이 아직 불평등한 처사를 당하고 있습니다. 일본이 민족 교육을 부정하지 않고 손을 내밀었다면 북으로부터 굳이 원조를 받지 않아도 되었고, 우리 역시 적어도 모국어를 빼앗기는 일은 없었을 것입니다.

2017년 10월 21일
권순화

추기(2018년 9월 27일)

오사카고등재판소 판결에 대해

사법이 삼권분립을 포기하고 만 판결 내용에
너무 놀라서 눈물조차 안 나옵니다.
우리는 앞으로 어떻게 하면 좋을지요?!
사법이여, 눈을 떠주십시오!

맺음말

외우畏友 나카무라 일성 씨와 인터뷰한 내용이 잡지 「부락해방」에 1년 정도 연재되고, 그것이 이렇게 한 권의 책이 되었다. 인터뷰가 잡지에 실릴 때 지면 관계로 줄여야 했던 부분도 복원돼 이 책에 수록된 듯하다. 그에 더해 연재와 별도로 두 개의 글이 추가되었다.

　하나는 2016년 9월 중국 지린대학에서 열린 학회에서 내가 보고한 내용이다. 이 글이 나오게 된 경위를 조금 써 남기고 싶다. 일본 유학 시절부터 벗이었던 쥐난성(1942년생, 싱가포르 출신)은 1966년에 일본에 와 와세다대, 릿쿄대에서 공부하고, 신문학 박사학위를 취득했다. 그러는 한편, 싱가포르의 한자 신문 「성주일보星洲日報」, 「성주남양연합조보星洲南洋聯合早報」의 주일 특파원과 논설위원으로 근무했다. 또 도쿄대학, 나고야대학, 류코쿠대학에서 교직을 맡은 뒤, 지금은 베이징대학의 신문학 교수로 있다. 이래저래 40년 가까이 교우로 지내고 있다.

　2016년 봄쯤이었나, 중국의 신문학회에서 발표를 해주지 않겠냐는 부탁을 받았다. 대체 무슨 일인데 그러냐, 무엇을 보고하느냐고 물으니 일본과 아시아의 관계에 대해 평소 생각하고 있는 것을 중국인에게 발표해줬으면 한다고 했다. 조금 당황했지만 어쨌든 이런저런 것들을 생각해 초고를 쥐 씨에게 메일로 보냈더니, 이것으로 충분하니 꼭 와서 발표해달라고 했다. 창춘에서는 중국어로 번역된 파워포인트를 띄우며 일본어로 보고를 했다. 중국 각지에서 참가자가 왔지만, 외국에서 참가한 사람은 없는 것 같았다. 지금까지 일본인에게서 들은 적이 없는 시점이어서 신선했다는 평이 나왔던 듯하다.

　나의 첫 책은 『일본을 응시하는 아시아인의 눈日本を見つめるアジア

人の眼』(다바타쇼텐, 1972)이다. 책 모두에 「아시아에게 우리에 대해 물어보자アジアにこそ、われわれを問うてみよう」라는 내 글이 있고, 그 뒤로 싱가포르 중국어 신문에 담긴 일본 평론, 필리핀에서 나온 일본 평론, 그리고 남베트남의 「호아 빈Hòa Bình」지에 실린 일본 평론(베트남 유학생 번역)을 묶은 책이었다. 이 책이 아시아문화회관에서 이뤄진 유학생들과의 만남의 산물이라는 것은 말할 것도 없다. 나중에 알게 되었지만, 실은 중국어 신문의 평론(필자 이름이 없었다) 가운데 쥐 씨가 쓴 것이 몇 편 포함돼 있었다.

이 책이 인연이 되어 내 글을 모은 책인 『아시아인들과의 만남 アジア人との出会い』(다바타쇼텐, 1976)이 출판되었지만, 그 맺음말에 "나는 '아시아인과의 만남'을 통해 나 자신에게 시련이 필요하다는 매우 귀중한 많은 것을 배웠다고 생각한다"고 썼다. 역시 여기에 내 원점이 있다는 사실을 다시금 느낀다.

또 하나 더한 것은 권순화 씨의 편지다. 역시 묘하게도 40년이나 되는 지우다. 지금 내가 해결을 위해 노력하고 있는 커다란 과제는 조선학교 차별 문제이다. 즉, 문부과학성이 고교무상화 대상에서 조선학교를 제외하고, 일부 지방자치단체에서 조선학교에 보조금을 지급하지 않는 문제이다. 고교무상화를 둘러싸고 현재 전국에서 다섯 개의 재판이 진행 중이다. 2017년 7월 도쿄지방재판소는 원고인 고교생들에게 패소 판결을 내렸다. 그 후 나는 「조선학교 차별의 약도 朝鮮学校差別の見取り図」(「세카이」, 2018년 5월 호)라는 글을 쓸 때 "도쿄지방재판소가 원고 패소 판결을 언도한 직후 나는 한 자이니치 분에게서 '일본 학교에 다닌 내가 어떤 취급을 받았는지 토로하고 싶다. … 공립학교에서는 모국어를 배울 수 없다, 그렇기에 조선학교에 다니고 있는데 [고교무상화 배제라는] 불평등한 처사를 당하는데도 재판소는 이를 시정해주지 않는다. 우리는 어떻게 해야 하는 것이냐'라는

비통한 '신음 소리'를 듣게 되었다"고 적었다. 그 '자이니치'가 권순화 씨이다. 그의 마음을 적은 편지를 받았기에 허락을 받고 여기에 첨부했다.

권 씨의 글을 읽고 곧바로 머리에 떠오른 것은 홋카이도 조선학교를 밀착 취재한 기록영화 「우리학교」(2006)를 찍은 한국의 김명준 감독이 한 말이었다. "조선학교는 자신들이 누구인지를 가르치고, 이 땅 일본에서 조선인으로서 살아가는 방법을 가르쳐주는 유일한 학교입니다. 이것은 일본의 학교에서는 할 수 없는 일입니다."

또 한국의 여러 단체를 규합해 2014년 결성된 '우리학교와 아이들을 지키는 시민모임'의 공동대표인 손미희 씨가 일본에 왔을 때 연 회견에서 다음과 같이 말했다. "(일본에 있는 동포들은) 남과 북을 선택할 수 없는 입장인데도, 아이들은 우리 민족의 언어, 문학, 역사를 지켰으면 하는 바람으로 학교를 설립했습니다. 그리고 피눈물을 흘려가면서 지켜왔습니다. 바로 그것이 조선학교입니다. … 일본에서는 조선학교 학생들, 부모님들, 선생님들뿐 아니라 일본의 양심적인 많은 단체나 시민들이 고교무상화 적용을 요구하는 서명운동이나 관련 소송을 진행하고 있다는 사실을 알았습니다. 부끄럽습니다. 드릴 말씀이 없습니다. 우리 동포의 문제입니다. 그래서 늦었지만 시작했습니다. 아이들의 쾌활한 웃음에 조금이라도 힘을 더하자고 모였습니다." 이 말 속에 일본에서는 그냥 지나치기 쉬운 조선학교에 대한 시선이 잘 드러난다.

나카무라 씨가 인터뷰에서 "역사를 종축으로 볼 필요성을 강조"했다고 언급한 점에 대해서도 몇 마디 더하고 싶다. 2012년 12월 제2차 아베 내각이 발족한 직후, 고교무상화로부터 조선학교를 배제하겠다고 발표한 시모무라 문부과학상의 회견 모두에는 "납치 문제에 진전이 없다는 것……"이라는 말이 나온다. 이 회견은 현재 일본에서 진행 중인 조선학교에 대한 차별을 상징한다. 그러나 앞서 본 바와 같이 김명준 감독도 손미희 대표도 진정 역사를 종축으로 보고 있다. 그렇기에 '근시안'적인 일본의 현재 모습과의 괴리가 선명하게 느껴진다.

내가 아시아문화회관에서 관여한 일 가운데 싱가포르 유학생인 추아수이린 군 '사건'이 있다. 1962년 4월 일본 정부의 국비 유학생으로 일본에 와 있던 추아 군은 당시 지바대학 유학생부 3학년에 재학 중이었다. 그러나 일본 정부는 1964년 9월 그의 국비 유학생 신분을 갑자기 말소시켰다. 이어 12월엔 지바대학도 그를 제적 처분했다. 영국 자치주였던 싱가포르는 1963년 말라야 연방 등에 합병되어 '말레이시아 연방'이 되었다. 이에 반대하는 성명을 내놓은 재일유학생회의 회장이 추아 군이었다는 사실이 이런 조처가 이뤄지게 된 배경인 듯했다. 나는 그의 일본 유학을 어떻게 보장할지라는 중대 문제에 직면해 있었다. 그때 어떤 중국계 유학생이 [일본 정부의 이번 조처는] 60년 전 '청국 유학생 취체규칙'과 똑같다고 쏘아붙였다.

1905년 8월 도쿄의 청국 유학생 가운데 쑨원의 중국혁명동맹이 만들어지고, 기관지 「민보民報」도 창간되었다. 청국 정부는 유학생 운동을 단속해줄 것을 일본 정부에 요구해 일본의 문부성은 11월 '청국인을 입학시키려는 공사립학교에 관한 규정'을 제정해 "청국인의 유학을 허가할 때에는 … 청국 공관의 소개장을 첨부해야 한다"(제1조)라고 했다. 일본 정부의 정책은 유학생의 동맹휴교를 부르는 등 맹반발을 불러왔다. 이윽고 청국이 망하고 1912년 1월 '중화민국'이 탄생한다.

60년 전에 있었던 이 '사건'을 떠올리면서, 나는 추아 군 사건을 해결하고자 노력했다. 다행스럽게 지바대의 재입학이 실현되고, 1969년 4월엔 재판에서도 승소 판결을 얻어 [그동안 못 받았던] 장학금을 소급해 지급받았다. 실은 재판 중이던 1965년 8월 싱가포르는 말레이시아 연방과 '협의이혼'을 해서 '싱가포르 공화국'이 되었다. 그에 따라 일본 정부는 "2층에 올라간 뒤에 보니 사다리가 치워진" 결과가 되어 패소한 뒤에도 항소하지 못하고 유학생의 승소가 확정됐다.[1] 여기에 '역사를 종축으로 보는' 나의 원점이 있는 것인지도 모른다.

이 책이 일본의 명예 회복을 위해 조금이나마 도움이 된다면 매우 기쁘겠다. 마지막으로 내 얘기를 끌어내는 최고의 인터뷰를 해준 나카무라 일성 씨, 그리고 가이호출판사에 감사의 말씀을 드리고 싶다.

2019년 6월
다나카 히로시

---

1   일본 정부가 추아 군을 탄압한 것은 말레이시아 정부가 '싱가포르 독립'을 주장하는 유학생들을 본국에 송환해달라고 요청했기 때문이다. 그러나 싱가포르가 독립을 성취하며 일본이 말레이시아의 요청을 들어줄 이유가 사라지게 됐다.—옮긴이

역자 후기

생각의힘 출판사로부터 이 책을 번역해 소개하고 싶다는 검토 요청 메일이 온 것은 벌써 2년 전인 2021년 1월 11일이었다. 표지에서 저자 이름 다나카 히로시를 확인한 순간, 이 책의 번역은 내가 감당할 수밖에 없다고 생각했다.

다나카 선생(히토쓰바시대학 명예교수)을 처음 만나 뵙게 된 것은 「한겨레」의 도쿄 특파원으로 부임한 직후인 2013년 9월 25일(정식 발령은 10월 1일)이었다. 그 무렵 일본 사회에는 이른바 혐한 집회라 불리는 '헤이트 스피치'가 극성을 부리고 있었다.

자이니치 조선인·한국인을 상대로 무조건적인 혐오 발언을 쏟아내는 일본의 모습에 가장 아파했던 것은 다름 아닌 일본 자신이었다. 이 병리적 현상에 맞서 싸우자는 취지로 '혐오 구호(헤이트 스피치)와 인종차별을 극복하기 위한 국제네트워크'(이하 노리코에네트. '노리코에'는 넘어섬을 뜻하는 일본어)라는 조직이 만들어졌다. 그 조직의 결성 행사가 이날 오후 일본의 '한류 거리'라 불리는 신주쿠 신오쿠보에서 열린 것이었다.

이 모임의 공동대표로 이름을 올린 다나카 선생은 이날 행사에서 현재 일본에 혐한 집회가 만연하게 된 이유에 대해 "일본 정부가 고교 무상교육 적용 대상에서 조선학교를 제외하는 등 차별을 조장하고 있다. (국가가 앞장서 차별을 조장하는) 이런 현실이 민간에도 영향을 줬을 것"이라는 분석을 내놓았다. 조선학교에 대한 아베 신조 정권의 '관제 차별'이 민간의 조선인 차별을 부추겨 일본 사회 전체를 병들게 하고 있다는 지적이었다. 그 발언이 '너무' 인상적이어서 다나카 선생의 멘트를 인용해 짧막한 기사를 써 송고했다. 책을 번역하며 당시 찍은 사진을 찾아봤더니, 사진 촬영을 위해 두 줄로 모인 일행 가운데 앞줄에 쭈그리고 앉은 선생의 모습을 확인할 수 있었다.

다나카 선생은 한국에서 일본의 대표적 '지한파 지식인'으로 꼽히는 와다 하루키和田春樹 도쿄대 명예교수나 조선인 비시BC급 전범 연구의 권위자인 우쓰미 아이코 게이센여학원惠泉女学園대학 명예교수만큼 잘 알려진 인물은 아니다. 하지만 이들에 견줄 만한 일본 진보 진영을 대표하는 주요 지식인, 게다가 '실천적 지식인'이라 말할 수 있다.

2013년 가을부터 2017년 봄까지 도쿄에서 일하는 동안 말 그대로 '모든 곳'에서 그의 모습을 볼 수 있었다. 앞서 소개한 헤이트 스피치 반대 집회에서, 지난 식민 지배에 대한 역사와 반성의 뜻을 담은 '무라야마 담화'(1995년)를 지켜내자는 모임 발족식에서, 고교 무상화를 위해 싸우는 조선학교 학생들의 문부과학성 앞 '금요행동'에서, '위안부' 문제나 강제 동원 피해자와 관련한 여러 집회에서 언제나 다나카 선생의 모습을 확인할 수 있었다. 인사를 드리고, 명함을 건네고, 또 만날 때마다 눈인사를 드리고, 집회 뒤풀이 자리에 함께하면서 선생과 나름 친해지게 됐다. 그러다 보니 언젠가부터 '모든 집회'에 참석하는 다나카 선생님이 '공기'처럼 느껴져 그의 존재를 신경 쓰지 않게 됐다. 그래서 그랬는지 3년 반 동안 선생님의 발언을 인용해 쓴 기사가 무려 10건이나 됐지만, 진득하게 앉아 긴 인터뷰를 한 적이 없다는 생각이 든다.

선생에 대해 나름 잘 알고 있다고 생각해 덤벼든 번역이었지만, 작업은 생각보다 쉽지 않았다. 나의 지식 부족 때문이었다. 이 책은 다나카 히로시라는 일본의 한 진보적 지식인의 눈으로 본 '해방 이후 70여 년의 자이니치 투쟁사'라 부를 수 있다. 자칭 '일본 전문 기자'라며 나름 이런저런 토론회나 학술대회에 나와 한두 마디씩 거들어왔지만, 내가 아는 지식의 범위는 철저히 '1980년대 말 이후 한국 관련 투쟁'에 머물러 있었다.

한국 사회에서 일본을 상대로 한 전후 보상 운동이 본격 시작된 시점이 언제냐고 묻는다면, 자신이 일본군 '위안부'였음을 처음으로 공개 고백한 고 김학순 할머니의 기자회견이 열렸던 1991년 8월 14일(이날은 '위안부 피해자 기림의 날'로 지정돼 있다)이라고 답할 수밖에 없다. 같은 의미에서 자이니치들에게 일본 사회를 상대로 본격적인 차별 철폐 운동을 시작한 게 언제냐고 묻는다면, 열에 아홉은 1970년 12월 시작된 자이니치 2세 박종석의 '히타치 취업 차별 재판'을 꼽을 것이다.

이 재판은 자이니치 운동사에서 획기적인 사건으로 기록돼 있지만, 내가 이 사건에 대해 알게 된 것은 일본에 부임하고도 1년 가까이 지난 2014년 여름이었다. 당시 「한겨레」에선 「나들」이라는 이름의 인물 인터뷰 잡지를 내고 있었는데, 당시 편집장의 요청으로 '원전 제조사 소송'을 주도하고 있던 자이니치 2세 최승구 씨(가와사키 거주)를 인터뷰했다(「나들」 2016년 7월 21호). 원전 제조사 소송이란 2011년 3월 11일 후쿠시마 원전 대참사를 겪은 일본에서 후쿠시마 제1원전의 원자로를 만든 히타치, 도시바, 제너럴일렉트릭GE 등의 사고 책임을 따져 묻기 위한 소송을 뜻한다. 그가 자신이 살아온 이력을 설명하는 과정에서 '히타치 취업 차별 재판'에 대해 언급했는데, 그게 자이니치 운동사에서 얼마나 중요한 사건인지 감도 못 잡고 있던 한국 출신 기자는 창피한 줄도 모르고 우렁차게 물었다.

"근데 최 상, 히타치 소송이 뭡니까?"
"아이고, 그것을 모르십니까."

어디서부터 설명해야 할지 몰라 망연자실하던 그의 표정을 지금도 잊을 수 없다.

이 책은 다나카 선생이 지난 반세기 동안 직접 참여하거나 가까이에서 지켜본 자이니치 투쟁사를 시계열 순으로 정리하고 있다. 피폭 치료를 위해 일본에 밀항한 뒤 치료받을 권리를 주장하며 일본 사회를 상대로 법정 투쟁에 나선 손진두의 싸움에서 시작해, 한국 국적으로 사법고시에 합격한 뒤 일본인에게만 입소를 허용했던 사법연수소의 문을 열어젖힌 김경득, 1980년대 일본 사회에 지각변동을 일으켰던 지문날인 거부운동, '잊혀진 황군'이라 알려진 자이니치들의 전후 보상 운동, 공무원·교사 임용의 국적 조항 철폐 투쟁, 외국인 참정권 운동 등의 역사가 파노라마처럼 이어진다.

2000년대로 접어들면, 한국 사회에도 어느 정도 익숙한 에다가와 재판(도쿄조선제2초급학교)이나 조선학교 고교 무상화 배제를 둘러싼 법정 투쟁 등의 움직임이 언급된다. 각각의 운동을 직접 지원한 당사자가 자신의 목소리로 지난 역사를 정리하고 있어 각 투쟁이 진행될 때의 사회 분위기, 핵심 쟁점, 운동에 참여했던 이들의 생각, 일본 사회와 이후 운동에 끼친 영향 등을 일목요연하게 이해할 수 있다.

사회를 더 나은 방향으로 바꾸려는 진보를 둘로 나누자면, 정의의 완전한 실현을 꿈꾸는 '이상주의'(혹은 '원칙주의')와 지금의 불합리한 상황을 한 발씩 개선해나가려는 '현실주의'로 구분할 수 있지 않을까 한다. 그런 관점에서 본다면, 반세기 동안 자이니치들과 함께 투쟁해온 다나카 선생의 입장은 철저한 현실주의로 분류할 수 있다. 이 책에서 대담을 나눈 나카무라 일성은 이런 다나카 선생의 특성을 "내부로부터의 비판도 두려워하지 않고, 어디까지나 눈앞에 있는 차별의 '구체적 개선'을 우선하는 일관된 자세"를 가졌다는 말로 표현하고 있다.

　다나카 선생의 '현실주의'가 가장 분명히 드러난 장면은 '원칙주의'자 김경득과 함께했던 사법연수소 입소 투쟁이었다. 다나카 선생은 한국 국적을 유지한 채 일본 사법연수소에 입소해 변호사가 되려는 김경득에게 "귀화라는 선택지도 포함해 생각해야 한다"고 제안한다. 이 싸움은 일본 사법부의 최고 권력기관인 최고재판소를 상대로 하기 때문에 많은 시간이 걸릴 수 있고, 승리를 장담할 수 없기 때문이었다. 그 때문에 가네야마나 가네다 같은 일본식 씨명으로 바꾸지 않고, 김경득이란 본명 그대로 귀화를 해보는 게 어떠냐는 의견을 제시한 것이다. 그렇게 귀화하면 국적이 바뀐대도 한국인이란 정체성을 유지하며 변호사 활동을 할 수 있다는 '논리'였다. 하지만 김경득은 "지금까지도 막일을 하며 공부해왔고, 이제 와서 1년이나 2년 늦는다고 해도 별다를 것 없다"며 이 제안을 거절한다. 원칙주의자의 원칙적 입장에 다나카 선생은 자신의 생각을 접고 그의 투쟁을 돕게 된다.

　두 번째는 그의 오랜 동지였던 니미 다카시 변호사를 회상하는 장면이다. 다나카 선생은 니미 변호사에 대해 "그는 운동과의 관계도 중시했지만, 역시 직업인으로서 변호사였습니다. 의뢰자가 얻을 수 있는 최대한의 이익을 생각할 때, 어떻게 '타협점'을 찾아낼 것인가를 생각해냈습니다" "구체적인 타협점을 끌어낸 니미 씨는 역시 대단하다고 생각합니다"라고 평가한다. 실제 니미 변호사가 주도한 하나오카 재판이나 에다가와 재판은 원고와 피고 간의 '화해'를 통해 타협점을 찾은 재판이었다. 원칙적 입장을 고수하면서 양보 없는 100 대 0의 싸움을 하는 대신, 서로가 납득할 수 있는 50 대 50(가능하면 51 대 49)의 타협점을 찾은 것이다.

　한국인들에게 익숙한 '위안부' 문제에 대해서도 다나카 선생은 현실주의적 입장을 취하고 있다. 일본은 무라야마 도미이치村山富市 정권 시절인 1995년 '아시아여성기금'을 만들어 위안부 문제를 해결하려 했다. 이 구상의 핵심은 청구권 문제는 최종적으로 해결됐다는 1965년 한일 청구권 협정의 제약을 받아들여 위안부 피해자들에게 일본 정부 예산이 아닌 국민 모금을 통해 '속죄금'을 지급한다는 것이었다. 그에 대해 한일 양국 시민사회에선 엄청난 반발이 일었고, 한국에선 이 돈을 받아선 안 된다는 대대적인 운동이 시작됐다. 이 구상에 대한 찬반으로 한일 시민사회는 지금도 다 회복되지 못한 엄청난 분열을 경험했다. 다나카 선생은 당시 아시아여성기금을 철회하라고 한다면 "기금을 받는 사람이 나올 경우 그를 비난하는 꼴이 된다. 나는 그렇게 오만해지고 싶진 않다. 받는 사람이 있다면 적어도 이를 방해하고 싶진 않다"는 태도를 취한다.

　　다나카 선생의 이런 입장은 한국 사회에 거대한 상처를 남긴 2015년 위안부 합의(12·28 합의)를 어찌할 것이냐는 문제로도 이어진다. 와다 선생, 우쓰미 선생, 다나카 선생, 우치다 마사토시内田雅敏 변호사 등 일본 원로 여덟 명은 2021년 3월 발표한 「위안부 문제 해결을 향해—우리는 이렇게 생각한다」라는 글에서 한일 정부를 향해 "2015년 합의를 재확인하고 그 합의의 정신을 다시 높이기 위한 노력을 요청한다"고 밝히고 있다. 합의를 백지 철회시키자는 원칙론을 내세우는 대신, 한일 양국 정부가 이미 나온 합의의 정신을 잘 살려 위안부 문제를 해결해야 한다고 주장한 것이다. 원로들은 그 연장선상에서 일본 정부에는 "정부의 책임을 통감하고 모든 위안부 피해자에게 사죄와 반성의 마음을 표명한다"는 총리의 발언을 다시 문장으로 써 주한 일본대사를 통해 생존 피해자들에게 그 뜻을 전하고, 한국 정부에는 일본 정부 출연금(10억 엔, 한화 108억 원) 가운데 쓰고 남은 돈(5억 4,000만 엔) 등을 '위안부 문제 연구소' 등의 사업에 사용할 수 있도록 일본 정부에 협의를 요청하라고 권고하고 있다. 일본 정부는 12·28 합의에서 보여준 사죄의 참뜻을 피해자들에게 다시 전해야 하고, 한국 정부는 내키진 않겠지만 이미 맺은 합의를 존중해야 한다는 절충론을 내세운 것이다. 현실론에 기운 듯한 일본 지식인들의 이런 모습을 보며 불편해하는 한국인들이 있겠지만, 지난 반세기 동안 한결같이 일본 사회의 변화를 위해, 자이니치의 권리 향상을 위해 싸워온 다나카 선생님 같은 이들의 모습을 보며 숙연해지는 마음을 감출 수 없는 것도 사실이다.

마지막으로 책을 번역하며 수많은 자이니치 벗들에 대해 생각했다. 한국에선 2000년대 들어 「고」(2001년), 「박치기」(2005), 「우리 학교」(2007) 등의 영화가 소개되며 자이니치나 조선학교에 대한 사회적 관심이 크게 높아졌다. 특히 최근에는 재미 작가 이민진의 소설 『파친코』가 드라마화되며 많은 화제를 모았다. 하지만 살아 있는 자이니치의 역사에 진심으로 관심이 있는 이들이라면, 『파친코』보다 다나카 선생의 육성을 담은 이 책을 읽어야 한다고 생각한다.

내가 만나고 겪은 자이니치들은 『파친코』의 등장인물들과 닮았으면서도 크게 달랐다. 이들은 일본 사회의 차별과 편견 속에서 시름하면서도 스스로의 정체성을 잃지 않으려 노력했고, 필요한 경우 투쟁을 마다하지 않았다. 그래서 이따금 앞뒤가 꽉 막힌 것처럼 보였던 절망 속에서 값진 승리를 얻어냈다. 손진두는 어머니가 죽었으니 싸움을 포기하고 귀국하라는 일본 입국관리소의 유혹을 견뎌내 그 이후 많은 이가 혜택을 보게 될 '원폭 소송'의 첫 문을 열어젖혔고, 평범한 청년 박종석은 거대 기업 히타치와의 싸움에서 본명을 공개하는 결단을 내리며 자기 정체성을 찾아가는 긴 여정을 시작했다. 자신이 조선인이라는 게 싫어 고향 와카야마를 떠나 도쿄로 상경했던 김경득

은 난공불락이라 여겨졌던 일본 사법부의 심장에 작은 균열을 만들어
냈다. 그의 모습에 감화된 일본 최고재판소 판사 이즈미 도쿠지는 말
년에 외국인이라는 이유로 지방자치단체의 관리직 승진시험을 못 보
게 하는 것은 위법이 아니냐고 따져 묻는 자이니치 정향균의 법정 투
쟁에서 그의 손을 들어주는 놀라운 '소수 의견'을 써내게 된다.

지금도 수많은 자이니치가 일본 사회 내에서 크고 작은 차별과
편견과 맞서 싸우고 있다. 이들이 택한 것은 차별과 편견에 분노와 증
오로 맞서는 폭력의 길이 아니었다. 민족적 자긍심을 지키면서도 일
본 사회 속에서 부당한 대우를 받지 않고 평범하고 안온하게 살려는
'공생'의 길이었다. 이 책의 제목이기도 한 공생은 더불어 살아가자는
의미다. 이 책을 통해 한국 사회가 공생을 위해 투쟁해온 자이니치들
의 역사를 돌아보고, 결국 공생할 수밖에 없는 이웃인 일본 사회에 대
해 더 깊이 고민해볼 수 있게 되길 희망한다. 우린 상대를 끈질기게
응시하고 대화해, 마침내 공생의 길을 찾아내야 한다.

*추신
번역을 마치고 나니, 코로나19로 오랫동안 만나지 못한 벗들의
얼굴이 떠오른다. 우에노·이케부쿠로·오카치마치의 야키니쿠 가게
에서, 허름한 주조 긴자의 야키토리 가게나 아사쿠사의 홉피도리에
서 서로에게 상처 주고 서로를 격려하던 수많은 밤을 잊지 못한다. 이
젠 우리 곁에 없는 이일만 선생님, 늘 진솔한 모습의 채홍철 선생님,
첫 번역서(『나는 날조 기자가 아니다』) 원고를 꼼꼼히 살펴봐 주셨던 문
성희 편집장님, 언제나 진지하고 똑똑한 정영환 교수(최근 보내준 『역
사 안의 조선적歷史のなかの朝鮮籍』은 아직 읽지 못했다. 미안), 자이니치 인
권 향상에 늘 열심인 김우기, 술 마시면 무서워지는 김미혜 누나, 내
가 만난 첫 자이니치 조선인 김귀분, 너무나 안타깝게 우리 곁을 떠난

김봉앙 형님과 이귀회 누나, 서울의 조경희 누나와 서대교. 그 밖에 남북교류협력법 30조란 제약 때문에 이름을 밝힐 수 없는 수많은 벗! 모두에게 감사의 말씀을 드린다.

2023년 1월 31일
이문동 서재에서
길윤형

참고문헌

アメリカ合衆国戦時民間人再定住·抑留に関する委員会編, 読売新聞外報部訳編, 『拒否された個人の正義―日系米人強制収容の記録』(三省堂, 1983)

崔昌華, 『かちとる人権とは―人間の尊厳を問う』(新幹社, 1996)

崔昌華, 『金嬉老事件と少数民族』(酒井書店, 1968)

朝鮮時報取材班編, 『狙われるチマ·チョゴリ―逆国際化に病む日本』(柘植書房, 1990)

枝川裁判勝利10周年事業実行委員会編, 『マウメコヒャン=마음의 고향(心のふるさと)―'枝川裁判'終結10周年をむかえて』(枝川裁判勝利10周年事業実行委員会, 2017)

月刊「イオ」編集部編, 『高校無償化裁判―249人の朝鮮高校生たたかいの記録』(樹花舎, 2015)

月刊「イオ」編集部編, 『高校無償化裁判たたかいの記録vol.2―大阪で歴史的勝訴』(樹花舎, 2017)

月刊「イオ」編集部編, 『日本の中の外国人学校』(明石書店, 2006)

長谷川和男, 『朝鮮学校を歩く―1100キロ/156万歩の旅』(花伝社, 2019)

平岡敬, 『無援の海峡―ヒロシマの声 被爆朝鮮人の声』(影書房, 1983)

'ひとさし指の自由'編集委員会編, 『ひとさし指の自由―外国人登録法·指紋押捺拒否を闘う』(社会評論社, 1984)

穂積五一先生追悼記念出版委編, 『アジア文化会館と穂積五一』(影書房, 2007)

自由人権協会編, 『外国人はなぜ消防士になれないか―公的な国籍差別の撤廃に向けて』(田畑書店, 2017)

梶井陟, 『都立朝鮮人学校の日本人教師―1950~1955』(岩波現代文庫, 2014)

金徳龍, 『朝鮮学校の戦後史[増補改訂版]―1945~1972』(社会評論社, 2004)

金敬得, 『在日コリアンのアイデンティティと法的地位』(明石書店, 1995)

江東·在日朝鮮人の歴史を記録する会編, 『東京のコリアン·タウン枝川物語 増補新版』(樹花舎, 2004)

水野直樹, 文京洙, 『在日朝鮮人―歴史と現在』(岩波書店, 2015)

中村一成, 『ルポ 京都朝鮮学校襲撃事件―〈ヘイトクライム〉に抗して』(岩波書店, 2014)

呉永鎬, 『朝鮮学校の教育史―脱植民地化への闘争と創造』(明石書店, 2019)

小沢有作, 『在日朝鮮人教育論 歴史篇』(亜紀書房, 1973)

朴君を囲む会編, 『民族差別―日立就職差別糾弾』(亜紀書房, 1974)

朴三石, 『教育を受ける権利と朝鮮学校―高校無償化問題から見えてきたこと』(日本評論社, 2011)

佐藤勝巳編, 『在日朝鮮人の諸問題』(同成社, 1971)

379

孫振斗さんに'治療と在留を!'全国市民の会編集委員会編,『朝鮮人被爆者孫振斗の告発』(たいまつ社, 1978)

田中宏·金敬得共編,『日·韓「共生社会」の展望―韓国で実現した外国人地方参政権』(新幹社, 2006)

土井たか子編,『「国籍」を考える』(時事通信社, 1984)

ウリハッキョをつづる会,『朝鮮学校ってどんなとこ?』(社会評論社, 2001)

内海愛子, 梶村秀樹, 鈴木啓介,『朝鮮人差別とことば』(明石書店, 1986)

脇阪紀行,『混迷する東アジア時代の越境人教育 ― コリア国際学園の軌跡』(かもがわ出版, 2015)

劉さんを守る友人の会編,『日本人のあなたと中国人のわたし―劉彩品支援運動の記録』(ライン出版, 1971)

在日コリアン弁護士協会編,『裁判の中の在日コリアン―中高生の戦後史理解のために』(現代人文社, 2008)

공생을 향하여

자이니치와 함께 걸어온 반세기

1판 1쇄 펴냄 | 2023년 2월 17일

지은이 | 다나카 히로시·나카무라 일성
옮긴이 | 길윤형
발행인 | 김병준
편 집 | 정혜지·조소영
디자인 | 최초아·권성민
마케팅 | 김유정·차현지
발행처 | 생각의힘

등록 | 2011. 10. 27. 제406-2011-000127호
주소 | 서울시 마포구 독막로6길 11, 2, 3층
전화 | 02-6925-4183(편집), 02-6925-4188(영업)
팩스 | 02-6925-4182
전자우편 | tpbook1@tpbook.co.kr
홈페이지 | www.tpbook.co.kr

ISBN 979-11-90955-85-0(93300)